Japan 21st Century

21세기의 일본

대국 일본 만들기 프로젝트의 실체

구견서 지음

신아사

머리말

전후 일본은 평화헌법에 기초한 평화 및 민주체제를 구축함으로써 새로운 국가 일본을 탄생시키는 기적을 낳았다. 그 결과를 부정적으로 의심하는 사람은 많지 않을 것이다. 정치 영역에서는 민주주의와 평화주의가 살아 움직였고, 사회문화 영역에서는 일본만이 가질 수 있는 일본적 사회문화를 만들어 각광을 받았다. 경제 영역에서는 무모할 정도의 집중과 노력으로 과도한 달성을 이루어 경제대국으로 발돋움하였다. 그런 모습이 20세기 후반 세계에 각인되어 통용되고 있는 긍정적인 일본과 일본인이며 일본 신화의 실체이다.

현재 일본은 일본 신화의 동경과 빛이 현실에서가 아니라 기억 속에서 살아가는 미미한 존재로 남아 점점 쇠약해지고 있다. 다양한 국내 위기나 국제위기가 과장되거나 부풀려지고 있고, 편견과 아집으로 환영을 되살리는 무모한 자료로 이용되고 있다. 그런 현상은 그동안 잘 지켜온 국시를 변경하려는 힘으로 작동하여 평화주의와 민주주의를 버리는 매우 위험한 발상으로 발전하고 있다. 분명한 것은 평화주의와 민주주의가 바로 일본의 초석이 되었고 희망의 시작이었다는 점이다.

일본은 많은 어두운 결과를 초래한 '전전'을 버려 밝고 풍요로운 '전후'를 만들었다. 이번에는 일본적 평화와 성장을 창출하기 위해 '전후'를 버리려 하고 있다. 대조적인 변화를 통해서 얻고자 일본이 구상하고 있는 일본적 평화와 성장의 실체는 무엇인가 하는 점을 명백하게 밝힐 필요가 있다. 왜냐하면 건전한 일본의 전후는 아직 유효하고 가능성이 많기 때문이다. 일본 위정자들은 일본적 평화를 구축하고 성장을 해야 한다는 당위론을 내세워 일본 국민의 마음을 다양하게 유혹하기도 하고 현혹시키고 있다.

일견, 일본이 추구하는 일본적 평화와 성장의 최종 정착지는 강한 일본에 안착하는 것 같다. 지금 일본 정부가 추진하고 있는 강한 일본 만들기에 정치력을 발휘하고 국력을 집중시키는 양상이 증명하고 있다. 강한 일본 만들기는 여러 차례 실시되어 반성공과 실패를 거듭해 왔다. 1980년대 나카소네 야스히로(中曾根康弘)는 경제 대국이라는 자부심에 기초해서 대통령적 수상을 원했고, 전후 총결산을 통해 '국제사회에서 대국일본'의 위상을 구축하는 방향에서 강한 일본 만들기를 시도하였다. 1990년대 고이즈미 준이치로(小泉純一郎)는 강한 일본 지도자라는 측면을 부각시키는 가운데 강한 일본의 부활을 내세웠다.

2000년대 후반에 들어서 아베 신조(安倍晋三) 총리는 그들과는 다른 새로운 강한 일본 만들기를 시도하고 있다. 아베 총리는 그것을 위해 경제성장 정책으로서 재정지출, 금융완화, 성장전략 등에 기초한 아베노믹스(Abenomics), 역사 바로 세우기로서 일본 근대사 옹호정책, 동북아시아에서 기득권을 유지하고 우위를 점하려는 신 냉전정책 등을 적극적으로 실천하고 있다. 부정적인 측면에서 표현한다면, 부풀려 터지기 쉽고, 잘못하면 한 방에 날아갈 수 있으며, 내실보다는 겉으로 드러나는 과시를 중시한다는 의미에서 애드벌룬정책(ad balloon policy : 부상정책)이라고 규정할 수 있다.

현재 아베 내각이 강한 일본 만들기를 위해 추진하고 있는 애드 벌룬정책은 일본과 일본 국민, 동아시아와 세계에 희망을 주는 일본 희망론이 될 것인가, 아니면 일본과 일본 국민을 위기에 빠뜨리거나 동아시아와 세계를 혼란시키는 일본 절망론이 될 것인가 하는 귀로에 서있다. 일본 희망론이 될 수 있는 이유는 국내외적 문제나 사안을 일본 중심적으로 해결하여 국익을 추구하고 국력을 결집시키는 계기가 될 수 있기 때문이다. 일본 절망론이 될 수 있는 이유는 독단적이며, 과거 지향적이며, 반 평화적이며, 반민주적으로 진행되어 국내외적으로 갈등을 촉발 시킬 가능성이 농후하기 때문이다.

일본 희망론과 일본 절망론의 양측 면을 갖고 있는 강한 일본 만들기는 현안으로서 일본국헌법 전문개정, 헌법9조 개정, 자위 대법 개정, 군사대국화, 특별비밀보호법 제정, 집단적 자위권 확보, 적극적 평화주의 실현, 자학사관 부정, 영토 확장과 보호, 아베노믹스, 지방창생, 1억총활약사회 구축, 도쿄올림픽 유치, 낡은 일본 바꾸기, 센카쿠섬 국유화, 독도 갈등화, 방공식별 구역지정, 한중일간 신 냉전 구축, 혐한 · 혐중 운동, 우익 운동 등 다양한 모습으로 구체화되고 있다. 강한 일본 만들기는 희망을 낳을 수 있을 것인지 아니면 불행을 낳을 것인지 알 수는 없지만 희망적이기 보다는 절망적이라는 점이 부각되고 있다. 국가프로젝트로 계획되어 진행되고 있는 많은 요소들은 전후 화려함의 재생이나 새로운 개국이 아니라 일본이 가야할 방향을 거꾸로 돌리고 있다는 점에서 일본 역설이라는 특징이 있다고 규정할 수 있다.

일본 역설의 첫째는 근대사 왜곡이다. 일본은 근대사가 남겨 놓은 부정적인 유산을 일본적인 해석을 통해서 최소한으로 해결하려는 무작위 해법을 동원하고 있는 듯하다. 그런 해법은 과거 근대사에서 발생한 진실을 현대 현실사에서 허구로 만들려는 의도가 있다는 점에서 매우 부정적이다. 둘째는 전후 일본 평화포기이다. 현재 추진하고 있는 적극적 평화는 자국 중심적 평화이고 객관적이기 보다 주관적이며, 내부 결속에 목적을 두고 있어 국제사회에서 다양한 갈등을 불러올 가능성이 있다. 일본 평화헌법을 수정하고 안전보장 관련 법안을 새로 제정함과 동시에 지배시스템을 새롭게 구축해 대응하고 있어 많은 불협화음을 일으킬 가능성이 있다.

셋째는 동아시아 신 냉전체제 구축이다. 일본은 동아시아에서의 패권을 선점하기 위한 전략으로 국가 간 대결 구도를 강화하고 있어 동아시아에서 신 냉전의 뇌관을 만들고 있다. 일본이 영토경쟁, 영공경쟁, 역사경쟁, 해양권경쟁, 군사경쟁 등을 국익이라는 차원에서 본격적으로 대응하여 동아시아의 평화를 위협하고 있다. 넷째는 대국 일본 구축이다. 일본이 추구하고 있는 근대사 왜곡, 동아시아 신 냉전체제 구축, 전후 일본 평화 포기 등은 정치적으로 강한 일본, 경제적으로 강한 일본, 정체성에 기초한 강한 일본을 구축하는 것으로 연결되고 있다.

21세기에 접어든 일본은 위기에 봉착한 자국을 살린다는 명분으로 역설 운동을 벌이고 있는 것이다. 역사적으로 보면, 역설 운동은 일본이 위기에 처할 때 등장시키는 해결 방법이며 전략이다. 이번의 역설 운동은 국가 프로젝트의 형식으로 진행되고 있다는 점에서 일본뿐 아니라 국제사회에 미치는 파급효과가 대단히 크고 위협적이다. 일본은 20세기에 누렸던 장밋빛을 재현하려는 일본 재생과 일본 살리기를 역설 운동에 의존하고 있는 것이다. 강한 일본 만들기는 일본뿐 아니라 동아시아에 독으로 작용할 수도 있다.

지금이야 말로 일본은 새로운 일본을 구축하기 위해서 일본역설을 버리고 일본 정설을 적극적으로 발굴하여 대응할 필요가 있다. 일본 정설의 첫째는 일본 근대사 유산해결이다. 일본 근대사에서 벌어진 사실을 정사로 인정하고 그것이 만들어낸 긍정적 유산을 이어받는 한편 부정적 유산을 말끔하게 해결하는 것이다. 둘째는 친 동아시아 협력체제 구축이다. 과거 동아시아는 갈등과 경쟁의 도가니에서 서로 상생하기보다는 살생의 대상으로 여겨 협력보다는 약육강식에 기초한 힘의 원리를 통해 지배와 피지배 체제를 구축하여 많은 부정적인 유산을 남겼던 것이다. 이제는 역사적 갈등 구조에서 벗어나 동아시아를 위한 미래적 협력 체제를 만들어야 할 것이다.

셋째는 국제적 평화주의이다. 일본은 냉전시대에도 국제적 평화주의에 기초한 평화체제를 구축하여 그 과정에서 안정과 번영을 이루었다. 21세기 일본이 이상적으로 번영하고 안정하기 위해서는 국제적 평화주의를 신봉하고 실천하는 것이 무엇보다도 중요하다. 넷째는 일본적 성장주의이다. 전전 일본은 침략과 갈등을 통한 성장을 해 왔고,

전후에는 지속적인 도전과 인간적인 노력을 통해 성장한 화려한 경험을 갖고 있다. 전후 일본을 성장시킨 건전한 일본적 정신과 구조는 지금에도 여전히 매우 유효하다고 할 수 있다.

현재 일본이 역설을 버리고 정설을 밟아갈 확률은 매우 낮다. 일본 전환의 걸림돌이 되고 있는 강한 일본 만들기가 진행되고 있기 때문이다. 그 와중에서 살아남기 위해 일본과 중국, 일본과 한국, 한국과 중국 등 동아시아 3국은 다양한 영역에서 협조와 경쟁, 신뢰와 배반, 타협과 결별 등과 같은 이중적인 전략으로 서로 대응하고 있어 복잡한 역학관계를 유지하고 있다. 동아시아의 평화체제를 구축하기 보다는 새로운 냉전으로 몰고 가는 중요한 원인이 되고 있다.

현재 동아시아를 구성하면서 변화의 축이 되고 있는 한국, 중국, 일본 등이 만들어 내고 있는 신 냉전은 다양한 모습으로 나타나고 있다. 즉 근대사를 둘러싼 역사 갈등, 영토·영해·영공을 둘러싼 영유권 갈등, 경제패권을 둘러싼 성장경쟁, 정치패권을 둘러싼 지배경쟁 등을 두고 첨예하게 대립하고 있다. 그것은 3국의 역사를 통해서 진행되어온 갈등과 경쟁의 연장선에서 진행되고 있다는 점에서 우려할 만한 것이다. 3국간의 경쟁과 갈등은 감정적이며 무모하게 진행되어 각국의 국력소비뿐 아니라 성장정체를 초래할 위험성이 매우 높다.

따라서 동아시아의 중심국인 한국, 중국, 일본 등이 동반 성장하기 위해서는 새로운 동아시아질서를 만드는 구체적인 작업을 할 필요가 있다. 동아시아 국가의 협력을 통해서 동반 성장하기 위해 새로운 동아시아 공동체를 구축할 필요가 있다. 여기에서는 그런 동아시아 공동체를 ESIA(EAST ASIA COMMUNITY)로 규정하고자 한다. 그것을 구체적으로 보면 다음과 같다.

〈ESIA〉

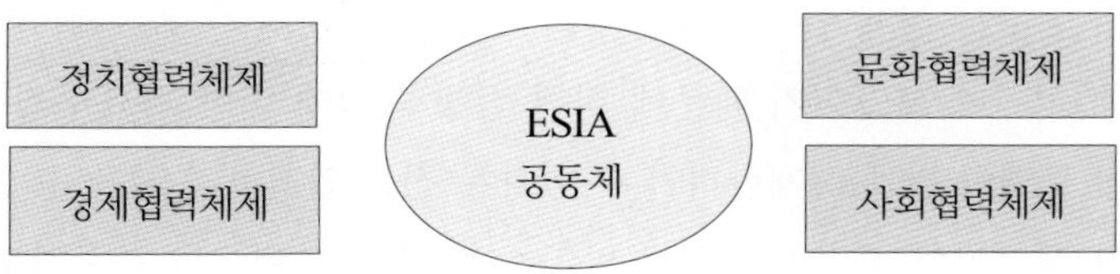

그림에서 보고 있는 ESIA는 한국, 중국, 일본 등이 추구하는 동아시아 국가협력 공동체를 의미한다. ESIA의 어원은 EAST + ASIA에서 조합한 것이다. ESIA는 유럽의 EU처럼 다양한 영역에서 국가 간의 협력을 통해 탈국경화를 구축하고 국력의 상승효과를 극대화하여 서로 성장하고 공존하는데 궁극적인 목적이 있다. ESIA가 구축되면 현재 동아시아에서 발생하고 있는 신 냉전을 극복할 뿐 아니라 국제사회에서 새로운 동아시아의 위상을 높일 수 있다는 데 역사적 의의와 가치가 있을 것이다.

졸저는 일본 성장과 더불어 동아시아가 동반 성장할 수 있는 이론적이며 실천적인 토대를 구축하는데 궁극적인 목적이 있다. 본고에서는 동아시아에 대한 고찰을 유보하고 일본에 대한 연구에 집중하고자 한다. 일본의 현안은 정치적으로 강국, 경제적으로 성장, 사회적으로 안정 등에 기초한 새로운 국가상 만들기이다. 따라서 현재 일본이 강력하게 추진하고 있는 국가상 만들기 프로젝트를 정치영역, 경제영역, 사회영역 등의 관점에서 분석하고 고찰하여 실체를 밝히고 가능성과 실효성을 점검해보고자 한다.

이 연구는 현재 일본에서 진행되고 있는 각종 국가 프로젝트에 대한 분석이나 고찰이기 때문에 정책 진행 과정에 대한 자료수집이나 본인 능력의 한계로 제한적일 수 있다는 점을 인정하지 않을 수 없다. 독자 여러분의 이해와 독려를 바라는 바이다. 그럼에도 불구하고 졸저에서 제시하고 있는 일본 국가상에 대한 힌트가 새로운 일본과 동아시아를 구축하는데 좋은 동기 부여가 되기를 감히 기대해 본다. 끝으로 많은 생각과 고민들이 생명을 얻어 세상 밖으로 나오도록 독려해주신 도서출판 신아사 정현걸 대표님과 한규갑 상무님, 그리고 편집진에게 감사의 마음을 전하고 싶다. 더불어 동아시아가 하나의 운명공동체로 성장하여 공존하는데 공감하는 현자들로부터 새로운 지식을 얻은 기회가 되기를 바란다.

용이동 연구실에서 青思

차례

제2부 신일본경제론 / 125

제1부

신일본정치론

제 1 장 전통정치프로젝트
제 2 장 신정치프로젝트
제 3 장 신국가프로젝트

제1장 전통정치프로젝트

일본 정치는 전통적으로 내려오는 일본적인 사고와 역사에 근간을 둔 전통 정치 프로젝트를 가동하고 있다고 평가할 수 있다. 일본 정치는 전통성을 빼고서 정치행위가 되지 않으며 정통성이나 설득력을 찾기 어렵다. 일본 정치가 정치의 당위성이나 정당성을 현실과 미래에 의존하기 보다는 전통에서 찾기 때문에 오는 현상이다. 정치가가 되려고 하는 자는 정책의 시비를 가리기 이전에 가동되고 있는 전통정치 프로젝트에 몸과 사고를 의존하여 자기의 정치적 주장을 할 필요가 있다.

또한 국내외적으로 비판을 받을 수 있는 용기를 가지고 있어야 하고 뻔뻔함을 드러낼 수 있어야 하며 일본적인 사고와 역사를 자랑할 수 있어야 한다. 물론 일본 정치가 모두가 그런 룰에 적용되고 있는 것은 아니다. 일본 정당을 보면, 일본적 색깔을 강조하거나 주장하는 정치집단이 의회에서 다수를 차지하고 있다. 반대로 일본적 사고와 역사의 시비를 가리려는 정당이나 정치가는 소수로 존재한다. 이런 일본 정치의 분위기가 바로 그것을 반증하고 있다.

일본 정치의 기본적인 토대가 되고 있는 전통정치 프로젝트를 보면 다음의 그림과 같다고 할 수 있다.

〈그림 1〉 전통정치프로젝트

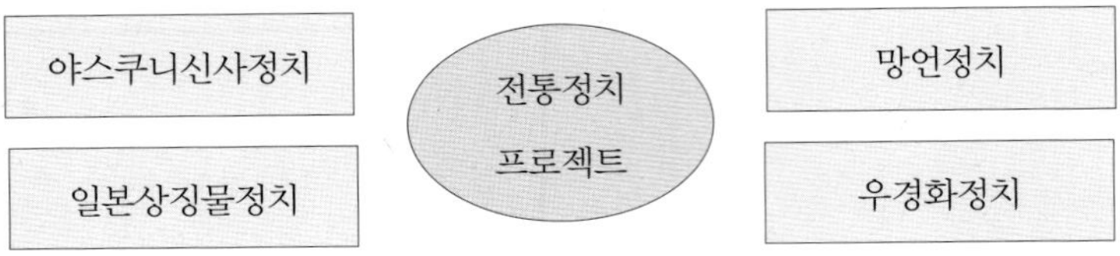

〈그림 1〉 전통정치 프로젝트를 구성하고 있는 것은 전쟁전몰자가 합사되어 있는 야스쿠니신사를 이용하는 야스쿠니신사정치, 전통적으로 계승되어 형상화 한 것을 사용하는 일본 상징물정치, 과거사를 무기로 하는 망언정치, 일본적인 요소를 과격하게 이용하는 우경화정치 등이라고 할 수 있다.

야스쿠니신사정치

국내외적으로 말도 많고 탈도 많은 야스쿠니신사(靖国神社)는 근대사에서 벌어진 전쟁에서 죽은 전몰자를 합사한 곳으로 알려지고 있다. 도쿄 도심 한복판에 있고, 일본 천황이 기거하고 있는 황궁에서 걸음으로 10여분 정도 걸리는 곳에 있다. 도쿄돔 야구장 2배 크기로 마치 공원처럼 조성되어 있다. 야스쿠니신사는 태평양전쟁 당시 일본 젊은이들이 조국 일본을 위해 목숨을 걸고 전쟁터로 떠날 때 다시 만나자는 약속을 한 장소이기도 하다. 근대사에서 일본이 벌인 전쟁에서 전사한 병사의 위폐를 안치하고 전쟁기념일에 묵도와 묵념을 하는 곳이어서 전쟁과 깊이 관련되어있다. 야스쿠니신사는 종교시설로 인식하기보다는 군국주의 시설이라는 의미로 해석되고, 군국주의 상징물로서 논란의 대상이 되기도 한다.

야스쿠니신사는 1869년에 창건되었다. 에도막부(江戸幕府)부터 메이지유신(明治維新), 다이쇼기(大正期), 쇼와전기(昭和前期) 등에 걸쳐 전사한 사람들의 위폐를 안치하여 제사하는 곳이다. 1853년 페리호 이후 일본의 국내외 사변, 전쟁 등에서 국가를 위해 순직한 군인과 군속의 전몰자를 영웅으로 칭해 제사를 하고 있다. 야스쿠니신사에는 1868년 무진전쟁과 메이지유신, 1877년 서남전쟁, 1874년 대만 출병, 1875년 강화도사건, 1882년 임오사변, 1882년 경성사변, 1894년 청일전쟁, 1900년 의화단사건, 1904년 러일전쟁, 1918년 제1차 세계대전, 1928년 제남사변, 1930년 무사사건, 1931년 나카무라대위사건, 1931년 만주사변, 1937년 지나사변, 1945년 태평양전쟁 등에서 전몰한 246만 6,532여 명이 합사되어 있다.

신사명 야스쿠니(靖国)는 『춘추좌씨전』(春秋左氏伝) 제6권 "吾以靖国也"(吾以って国を靖んずる : 우리가 국가를 편안하게 한다)에서 유래한 것으로 메이지 천황이 1879년 새롭게 명명하였다. 국가와 군부가 관련되어 있어 초기에는 군무관, 내무성, 대일본제국 육군과 해군 등이 총괄적으로 관리했다. 그런 의미에서 국가 시설로 인식되었고, 군국주의의 본산으로 상징화되었다. 태평양전쟁에서 패한 1946년 이후에는 도쿄도지사의 승인 하에 단립종교법인(単立宗教法人)으로 운영되고 있다. 야스쿠니신사는 정교분리 원칙에 따라 국가 관리에서 벗어나 종교 법인이 되어 일본 정부와는 직접적인 관계가 없다. 따라서 공직에 근무하는 총리나 국회의원 등 공직자가 전몰자를 제사하거나 참배하거나 봉납을 하는 것은 정교분리 원칙에 벗어나는 행위로 인식되고 있고, 또한 군국주의를 두둔하거나 칭송하는 것으로 받아들여져 국내외로부터 비판 받고 있다.

전후 일본을 점령한 GHQ(미점령군)는 1945년 야스쿠니신사를 소각하여 개 경기장으로 하려고 하였지만, 찬부양론으로 갈라져 결론을 내지 못하였다. 그 와중에 로마 교황청 대표인 상지대 학장 브르노 비터(Bruno Bitter)신부는 어떤 나라든 그 국가를 위해 순직한 전사에 대해서 경의를 표할 권리가 있고, 그것은 승전국이든 패전국이든 관계없이 평등하게 보장되어야 하며, 야스쿠니신사를 소각하는 것은 연합군의 점령 정책과 어울리지 않는 범죄 행위라고 하였다. 그리고 야스쿠니신사가 국가 신도의 중추라고 잘못 인식하여 국가주의의 근원이라고 해석하고 있어 배제할 것은 국가 신도라는 제도이지 야스쿠니신사가 아니라고 하였다. 신앙의 자유가 완전히 인정되고, 신도, 불교, 크리스트교, 유대교 등 어떤 종교를 숭배하든지 간에 국가를 위해 죽은 혼을 합사한 야스쿠니신사에서 제사하는 것은 자연스러운 것이라고 진언하였다. 그런 진언에 따라 야스쿠니신사는 소각되지 않고 보존되었던 것이다.

그렇게해서 야스쿠니신사에서는 전몰자 246만여명의 명부를 보관하고 매년 이들에게 제사를 지내고 있다. 한국 출신도 2만여 명이 있다. 1978년에는 도조 히데키(東條英機)를 비롯한 태평양전쟁의 A급 전범 14명을 합사하면서 극우 정치인들의 참배가 이어지기 시작했다. 현재는 국회의원이나 우익론자들이 참배를 통해 애국자가 되는 듯한 관행이 이루어져 참배가 의도적이며 정치적으로 행해지고 있다. 야스쿠니신사는 애국자가 되는 장소이고, 참배는 애국자가 되는 의식이라고 착각할 정도로 오용되고 있다. 일본이 항복한 1945년 8월 15일 정전 일에는 행사를 하지 않지만, 신사 지원 단체에 의한 식전, 전몰자의 유족, 전우, 일반국민, 야스쿠니신사를 참배하는 국회의원의 모임에 참가하는 정치가, 야스쿠니신사를 지지하는 사람 등이 참배하고 있다. 각지의 우익 단체, 재특회(제일특권을 허용하지 않는 시민모임), 힘내 일본 전국 행동위원회, 애국단체, 보수계 시민단체, 중국공산당 정부에 항의하는 민족파, 납치 피해자 지원단체 등이 참배를 지지하고 있다.

야스쿠니신사는 전몰자에 대한 제사뿐 아니라 다양한 행사를 하고 있다. 야스쿠니신사 본당 입구 게시판에는 태평양전쟁 당시 25살에 전사한 육군 중위의 유서가 전시되어 있다. 신사 내 매점에는 '강한 일본을 되찾자' 등 아베 총리의 총선공약을 담은 포스터가 붙어있고, 대동아전쟁(태평양전쟁) 70주년 특별전시회가 열린다는 안내문도 있다. 본당 오른쪽에는 유슈칸(遊就館)이라는 부속 박물관이 있는데 그곳에는 침략 전쟁을 찬양하는 전시물이 가득하다.

야스쿠니의 신들이라는 전시관에는 태평양전쟁 당시 자살 특공대원들의 출사표가 적힌 빛바랜 욱일승천기가 전시되어 있다. 기념품점에는 욱일승천기가 그려진 제국주의 시대의 군가, CD, 열쇠고리 등을 판매한다. 관내 2곳의 영화관에서는 침략전쟁을 미화하는 영화를 상영하기도 한다. 영화는 천황이 전쟁을 피하기 위해 끝까지 노력했다는 내용이나 점령군이었던 맥아더는 물론 미국 측 검사와 재판관도 도쿄 재판의 잘못을 인정했다고 주장하는 내용도 포함되어 있다.

각종 전시실에는 태평양전쟁 당시 가미가제(神風) 자살 공격에 동원된 전투기, 인간 어뢰 등이 전시되어 있고, 한일합방의 길을 열었던 을사조약의 계기가 된 러일전쟁을 소개하면서 아시아 전체 민족에게 큰 희망을 주었다는 설명이 붙어 있다. 다른 전시물에는 아시아 국가의 독립이 실현된 것은 대동아전쟁을 통해 일본군이 식민지 권력을 타도했기 때문이라고 적혀있다. 태국, 필리핀, 라오스, 미얀마, 베트남, 파키스탄 등이 모두 일본의 침략전쟁 덕에 독립했다고 인식하고 있는 것이다. 또한 일본의 아시아 침략이 서양의 침략으로부터 구하기 위한 정의의 전쟁이었다는 이른바 대동아 공영권을 교육하고, 근대사 전쟁을 찬양하는 장소로도 역할을 하고 있다.

야스쿠니신사는 전몰자에게 제사를 지내고, 과거 침략전쟁을 미화하는 장소로 활용되며, 정치가들이나 국민들이 자신의 국가에 대한 충정과 애국심을 내보이는 장소나 수단으로 이용되고 있다. 일본 각료의 야스쿠니신사 참배는 많은 정치적 의도를 가진 정치적 행위이며 다양한 의미를 표출시키는 상징적인 의식이다. 일본 각료들은 전범이 합사되어 있는 야스쿠니신사를 당당하게 참배하여 일본 내의 결속과 민족주의를 고양시키고 있다. 그런 의미와 상징성을 가지고 있는 것이 야스쿠니신사이다.

일본 편향적인 우익적 분위기에 힘을 받은 아베 총리는 제1차 내각 때 야스쿠니신사를 참배하지 못해 통한이라고 반성했던 것을 실행하기 위해 결단을 내리게 된다. 2013년 12월 26일 내각 출범 1주년을 맞이하여 각국의 반대를 무릅쓰고 기습적으로 야스쿠니신사를 참배하였다. 참배했을 때 아베 총리는 관용차를 이용하였고, 내각 총리 대신 아베 신조라는 명의로 헌화료를 헌납했다. 아베 총리는 한국이나 중국에게 상처 줄 마음은 없다고 하면서 참배한 이유를 두 번 다시 전쟁의 참화에 괴로워하는 사람이 없는 시대를 만들어 가겠다는 결의를 전하기 위해서라고 하였다.

국내외의 강력한 경계와 반대에도 불구하고 아베 총리가 기습적으로 야스쿠니신사를 참배한 것에 대한 각국의 반응을 소개하면 다음과 같다.[1)]

1) 자료는 조선일본 2014년 1월 8일자 A2면에서 재구성한 것임.

〈표 1〉 아베 총리의 야스쿠니신사 참배에 대한 반응

반응주체	반응내용	비고
일본주재 미국대사관	일본이 주변국과 갈등을 악화시키는데 실망했다.	미국 의견
미 국무부성명	일본이 이웃 국가와 긴장을 일으킨 행위에 실망했다.	
미 국무부 대변인	일본이 우호적인 방식으로 과거사를 해결할 것을 당부해 왔고 앞으로도 계속 그렇게 할 것이다.	
척 헤이글 미국방장관	일본은 주변국과 관계를 개선하라.	
유럽연합	중국이나 한국과의 관계 개선에 도움이 되지 않는다.	유럽 의견
대만	일본은 역사적 사실과 교훈을 마주해야 한다.	대만 의견
프랑크푸르트 알게마이너차이퉁	일본의 추도문화가 독일과 전혀 달라 놀랐다.	독일 의견
독일 총리실	모든 나라는 20세기의 끔직한 사건에서 자신들의 행동에 책임을 져야 한다.	
싱가포르 외무부	야스쿠니신사 참배는 유감이다.	싱가포르 의견
러시아 외무장관	야스쿠니신사 참배에 관해 러시아는 중국과 완전히 같은 입장이다.	러시아 의견
중국 대변인	일본군국주의에 대해 거둔 정의의 심판을 뒤집으려는 시도이다.	중국 의견
한국 정부	앞으로 벌어질 모두 사태는 일본 정부가 책임져야 한다.	한국 의견

표에서 보는 것처럼, 직간접적으로 일본의 침략전쟁과 관련된 미국, 러시아, 독일, 중국, 유럽, 대만, 싱가포르, 한국 등의 정부나 국민은 아베 총리의 야스쿠니신사 참배에 반대하고 있다. 아베 총리의 야스쿠니신사 참배는 국내외적으로 다양한 형태로 비판과 반향을 일으키면서 국제관계에 영향을 주고 있다.

정치가들의 참배를 둘러싼 문제에 대해서 일본 법원은 2004년 총리의 야스쿠니신사 공식 참배가 위헌 소지가 있다는 판결을 내렸다. 정교분리 원칙에 위반되기 때문이었다. 그 이후 정치가의 야스쿠니신사 참배는 국내외적으로 강하게 비판을 받게 되었다. 분명한 것은 야스쿠니신사가 태평양전쟁과 관계된 시설이며 그런 시설에 안치된 전몰자에 대한 참배가 전쟁에 대한 반성이 없다는 것을 의미한다고 해석되고 있다는 점이다. 신사의 존재나 역할에 대해서 반대하는 사람, A급 전범 합사에 반대하는 모임, 공산당계열, 재일중국인 단체, 재일한국인 단체, 반천련(反天連), 중국 정부나 국민, 한국 정부나 국민 등은 반대하고 있다.

중요한 것은 야스쿠니신사 참배가 일본의 역사에 대한 인식 및 해결안과 연결되고 있다는 점이다. 야스쿠니신사 참배는 근대사를 일본적인 입장에서 정당성을 내세우거나 은폐하는 행위로 인식되고 있고, 근대사에 대한 올바른 역사인식을 보편적이고 객관적으로 밝혀야 하는 과제를 무시하는 의미를 담고 있다. 둘째는 한국과 중국에게 과거사에 대한 반성이나 각성 없이 말하고 행동하는 것으로 비춰져 많은 우려와 함께 각국 간의 역사에 대한 논쟁과 긴장을 부추기고 있다.

셋째는 일본 정치가의 근대사에 대한 올바르지 못한 역사 인식을 하고 있다는 비판의 근거가 되고 있다. 그와 더불어 일본 국내에서 야스쿠니신사 참배에 대한 찬반양론을 불러 일으키고 있고, 근대사 에 대한 논쟁으로 국론을 분산시키는 원인이 되고 있다. 넷째는 과거사를 부정하고 언행을 노골화함으로써 우익적 분위기를 조성 하여 일본의 우경화를 촉진시키고 있고, 근대사의 부정적 인식을 망언과 충정으로 인식하고 선전하는 정치가를 애국자로 만드는 계기가 되고 있다. 다섯째는 역사적 사실을 왜곡하는 교육을 통해 일본의 편파적인 역사관을 일반화하고 있어 국제 감각을 떨어뜨리고 있을 뿐 아니라 부정적인 이미지를 제고 시키는 계기가 되고 있다. 역사 민족주의를 고조시켜 대외적 국제관계를 경직시키고, 동아시아에 신 냉전을 불러 일으키고 있다. 한국이나 중국의 일본에 대한 강경대응이나 반응을 촉발시켜 중국과 한국에서 민족주의를 부추기는 역할을 하고 있다. 그런 분위기는 국제사회에서 일본의 역할이나 위상을 약화시키는 계기가 되고 있다.

야스쿠니신사 참배는 일본 정치가의 역사인식에 대한 부정적인 반향을 일으키는 계기가 되고, 동아시아 국가와 일본과의 외교 관계를 더욱 어렵게 만드는 원인이 되고 있다. 아베 총리의 야스쿠니신사 참배는 앞으로도 일본 정치가의 정책이나 행보, 방향성, 외교 정책, 과거사에 대한 해결책 등을 가늠할 수 있는 중요한 이정표가 될 수 있다. 그런 점에서 본다면, 야스쿠니신사 참배가 지속되는 한 동아시아 국가간의 외교는 더욱 경색될 것이며, 역사 문제는 해결되지 않을 것이고, 동아시아 국가간의 협력은 더욱 난항을 거듭할 것으로 보인다.

망언정치

일본에서 정치가나 사회적 명망을 얻고 있는 인물들이 일본과 동아시아와 관련된 역사를 왜곡하는 말을 망언이라고 한다. 망언이 시대와 상황에 따라 지속적으로 이어져 형성된 망언 역사가 망언사이다. 동아시아에서 망언(妄言)이라는 용어는 일반적으로 일본인이 근대사에 대한 각종 사실을 왜곡해서 말하는 것을 한국이나 중국의 입장에서 비판하는 용어로 쓰이고 있다. 용어에는 일본이 가해자이며, 한국이나 중국이 피해자라는 의미가 함의되어 있고, 망언자가 근대사를 반성하거나 각성하는 것이 아니라 왜곡하고 오용하고 있다는 비판이 내재되어 있다. 반면 망언에는 일본 입장에서 보면, 일본 역사를 두둔하고 일본적 애국심을 촉발시키는 의도가 충분히 반영되어 있다. 그런 점에서 망언은 동아시아에서만 발생하여 존재하는 특이한 정치적 현상이기도 하다.

일본에서 망언이 계속되는 이유로 첫째는 일본을 둘러싸고 있는 국내적 환경 또는 국제적 환경을 유리하게 조성하려는 정치적 의도와 목적이 있고, 과거사나 근대사를 일본적으로 해석하고 주장하는 신념과 충언의 표시로 인식되고 있기 때문이다. 일본의 정당성을 주장하고, 일본에 충성스러운 자신을 드러내어 정치적 사회적 입지를 굳히는 수단이 되고 있다. 둘째는 분열되고 있는 국민을 결속시켜 봉착된 난제를 해결하거나 선거에서 승리하고 집권을 연장하기 위한 정치적 수단으로 이용하고 있기 때문이다.

셋째는 역사적으로 일본과 동아시아와의 관계에서 생긴 과제를 외면하여 책임을 회피하는 동시에 과거사에 대한 정당성을 주장하는 수단으로 이용하고 있기 때문이다. 넷째는 극우적 역사관을 일본사회에 심고, 동시에 그것에 기초한 일본 민족주의를 강화하기 위한 수단으로 이용하고 있기 때문이다. 일본에서 망언은 애국이고 망언자는 애국자로 규정되지만, 반대로 국제사회에서 망언은 역사 왜곡, 망언자는 국수주의자 등으로 평가되는 경향이 있다.

망언의 효과는 현실적으로 일본 정치가의 정치적 이익으로 연결 되고 있는 듯한 면이 없지 않다. 예를 들면, 일본적 입장을 과격하게 주장해 온 정치가로서 아베 신조는 총리를 두 번하고 있고, 이시하라 신타로는 도쿄지사를 4번을 연임하는 한편, 시모무라 하쿠분(下村博文)

은 문부과학상, 이나다 도모미(稲田朋美)는 행정개혁상 등으로 입각하는 계기가 되었다. 하시모토 이사무는 오사카부지사, 시장 등으로 당선되고 일본의 정치적 스타로 부상하여 국제정치 무대로까지 진출하고 있는 실정이다. 그리고 일본 유신회는 각종 선거에서 많은 의석수를 확보하는 상황이 되었으며, 아베 정권은 중의원과 참의원에서 역전 국회를 해소하는 절대다수의 의석수를 확보하는 계기가 되었다.

대외적으로는 일본 정부 관련 기관의 주요 요직에 망언의 시비를 가진 인사를 등용하여 주변 국가로부터 심한 비판과 이의가 제기되는 원인이 되고 있다. 시민 수준에서 한국 드라마나 영화를 혐오하는 혐 한류, 한국인을 혐오하는 인종차별주의자, 독도가 일본 영토라고 주장하는 민족주의자 등과 같은 우익들이 활개 치는 환경을 만들거나 조성해주고 있다. 망언은 일본에서 편향적인 정치가, 시민 및 시민단체, 지식인, 문화, 국가 등을 양산하고 촉발시키고 있어 영향은 매우 부정적이라고 할 수 있다.

망언은 시시비비를 가리기 위한 목적보다는 역사를 덮고 가려는 의도가 있기 때문에 그리고 일방적으로 행해지기 때문에 국내외적으로 많은 갈등과 대립을 촉발시키는 원인이 되고 있다. 현실적으로 관련국이나 관련자에게 많은 상처를 주는 동시에 인권을 유린하는 경우도 종종 발생한다. 그럼에도 불구하고 일본사회에서나 국제사회에서 망언에 대한 법적 구속력이나 강제성이 없어 자제나 금지할 수 있는 방법이 없다. 현재는 망언을 하고 난 후의 파장에 대해서 국내외적 여론이나 지위를 고려해 취소나 사과 등으로 무마하고 있는 실정이다. 취소나 사과는 잘못된 것을 수정하거나 올바른 역사관을 갖겠다는 도의적이거나 양심적인 책임이 결여된 것이라는 점에서 효과는 없다.

전후 일본은 평화주의와 민주주의를 주창하고 그것에 기초한 평화

민주국가를 최고의 국시로 규정하였지만 역사관에 대해서 올바로 보자는 국가적인 차원에서 답을 여전히 내놓지 않고 있다. 그런 이유 때문에 전후 일본에서는 많은 망언이 자행되어 왔고 여전히 현재진행형이다. 전후 일본 정치가의 발언을 소개하면 다음과 같다.

〈표 2〉 전후 일본 정치가의 발언내용

이 름	발언내용
요시다 시게루 (吉田茂)	창씨개명은 조선인이 원해서 했다. (1951년)
구보타 칸이치로 (久保田貫一郎)	일본이 36년 동안 한국을 통치한 것은 은혜를 베푼 것이다. (1953년)
하시모토 도미사부로 (橋本登美三郎)	일본은 장형이고 한국은 말제(末弟:막내동생)이다. (1964년)
오노 반보쿠 (大野伴睦)	한·일 관계는 부모자식 관계이다. (1964년)
시나 에쓰사부로 (椎名悦三郎)	한일합병이 제국주의라 한다면 이는 영광스러운 일이다. (1965년)
타나카 카쿠에이 (田中角栄)	일본의 식민지 지배는 한국인에게 유익했다. (1974년)
타케시다 노보루 (竹下登)	침략전쟁 여부는 사가(史家)들이 평가할 몫이다. (1989년)
나가노 시게도 (永野 茂門)	위안부는 공창(公娼)이었으며, 남경대학살은 날조됐다.(1994년)
이시하라 신타로 (石原慎太郎)	- 제2차 세계대전과 관련해서 침략이라고 규정하는 것은 자학이다. 역사에 관해서 무지한 것이다. - 일본이 행한 식민주의는 그래도 인도적이고 인간적이었다. - 한일합방은 조선인이 선택한 것이다. - 한국인이 일본에서 흉악범죄를 범한다.
노다 노부히코 (野田信彦)	독도는 일본의 고유영토이다.

니시오 간지 (西尾幹二)	20세기 초까지 한반도는 법의 공정성도 없고 부(富)의 합리적 배분도 없는 북한의 김정일 체제와 같은 극빈 열악한 비인간적인 상태였다…한국인은 일본의 보호를 받으며 사는 것보다 합병을 해서 세계 1등 국민으로서 일본인과 동등한 대우를 받는 게 낫다고 생각해서 100만 명이 넘는 일진회가 합방을 요청하는 정치적 운동을 전개했던 것이다.
아소 타로 (麻生太郎)	- 창씨개명은 조선인이 원한 것이었다. - 독일바이마르헌법은 나치헌법으로 눈치 채지 못한 사이에 바뀌었는데, 그 수법을 배우면 어떤가?
하시모토 이사무 (橋本徹)	- 모든 나라가 전쟁에서 여성을 이용했다. - 미국, 영국, 프랑스는 물론 제2차 세계대전 후 베트남전쟁에서 한국군도 전쟁터의 성 문제로 여성을 이용했다. - 과거 전쟁 당시 모든 군대에 위안부가 있었다. - 전쟁에서 위안부 제도도 필요하다. - 왜 일본군 위안부만 문제되나 주일 미군들이 풍속업(매춘)을 좀더 활용했으면 좋겠다. - 강제위안부와 관련한 일본의 보상 문제는 한일기본조약으로 모두 해결된 상태라 한국이 납득할 수 없다면 독도문제와 함께 국제사법재판소에 제소하라.
니시무라 신고 (西村真悟)	- 최근 일본에 한국인 매춘부가 우글거린다. 오사카에서 만나는 한국인에게 위안부라고 말해도 된다. - 외국미디어가 하시모토대표의 발언을 조작하기 시작했다. 위안부를 성노예로 바꾸었고, 이것이 확산되면 반일폭동과 모략이 성공할 수 있다.
다카이치 사나에 (高市早苗)	침략이라는 표현이 들어간 무라야마 담화가 적절하다고 생각하지 않는다.
나카야마 나리아키 (中山成彬)	김복동 할머니가 하시모토와의 만남을 취소한 사안에 대해서, "할머니들이 하시모토씨에게 강제연행의 내용을 추궁당할 것이 두려웠는가, 가면이 벗겨지는 장소가 될 수 있었는데 아쉽다."
아베 신조 (安倍晋三)	- 한국에는 기생하우스가 있어 매춘은 많은 사람이 일상적으로 하고 있다. (위안부가)생활 속에 정착되어 있다고 생각한다. (1997년) - 위안부는 지어낸 이야기이다. (2005년) - 위안부는 사기꾼이 쓴 책 때문에 조작된 것이다. (2012년) - 위안부가 강제 동원된 증거가 없다. (2007년) - 일본의 독도탐사는 국제법상 아무 문제가 없다. (2006년)

	- 집권할 경우 (침략전쟁을 사과한)과거사 담화를 모두 고치겠다. (2012년) - 총리재임 시 야스쿠니신사를 참배하지 않은 것이 통한이다. (2012년) - 침략의 정의는 정해지지 않았다. 어느 쪽에서 보느냐에 따라 다르다. (2013년)

자료: yahoo.co.jp : 자료: 조선일본 2012년 12월 17일 월요일 A8면에서 재구성

망언이라고 불리는 일본 정치가의 발언은 식민지 지배 미화, 제2차 세계대전 정당화, 일방적 영토주권 주장, 아시아인 비하, 위안부 부정 및 비하 등 다양한 내용을 주제로 하고 있다. 또한 역사적 사실을 왜곡하거나 식민지를 획득하고 탈취했던 식민지 정책을 미화시키는 내용도 포함되어 있다. 그것은 착취적 행위를 은폐하고, 인종차별을 하는 인종차별주의에 해당되며, 위안부나 강제 노역자에게 인권을 유린할 위험성을 내포하고 있다. 그런 의미에서 망언은 엄청난 사실을 말 한마디로 숨기고 은폐하려는 의도가 있다는 점에서 반역사적이며 반인륜적인 언어폭력에 해당될 수 있다.

일본 정치가가 한일 간의 역사적 사실에 대해서 언급하고 표현하는 망언은 하나의 역사적 사실을 두고 사실로 인정하지 않고 있다는 특징이 있다. 따라서 역사적 사실의 진의는 당사자 간에 누가, 언제, 어떻게, 왜하였는가 등에 대한 질문에 객관적이고 사실적인 답을 내서 밝혀야 한다. 현재 한일 간에는 역사적 사실을 둘러싸고 주장과 논란은 있고 답은 상충하고 있어 분쟁, 갈등, 대립 등이 지속되고 있다. 주장과 논쟁이 분분해도 분명한 것은 역사적 사실을 구성하고 있는 생존자들이 있고, 그들이 역사적 사실 자체라는 점이다. 지나간 사실은 잘 알지 못할 수도 있지만 경험한 증인은 지나간 사실을 잘 알고

있다. 한일 간에는 우선 살아 있는 역사적 증인의 말부터 인정하고 해결하는 것이 급무일 것이다. 그렇지 않으면 한국과 일본은 미래 역사에서도 지금과 같은 갈등과 반목을 지속적으로 해야 할 운명에 처하게 될 것이라는 사실은 자명하다.

일본 상징물정치

일본은 전전 전쟁을 수행하는데 이용한 전쟁 상징물을 공식적인 행사에 사용하거나 일상화하고 있어 전쟁에 대한 향수를 갖게 하며 과거 제국주의에 대해서 자부심을 갖도록 유도하고 있다. 전쟁 상징물은 일본이 일으킨 전쟁을 수행하거나 동원하는데 사용한 까닭에 반 평화적인 상징물로 인식되어 전후에는 국내외적으로 배척되어 왔다. 국가에 대한 충성이나 국가의식을 고취시키는 역할을 하고 있어 반 전쟁주의나 평화 민주주의를 추구하는 전후 평화국가 일본과는 모순된 일면이 있다.

그리고 각종 교육기관의 행사, 스포츠 행사, 정부공식 행사 등에 애국이라는 이름으로 전쟁 상징물의 사용을 강요하거나 강제하고 있어 현장에서 많은 갈등을 일으키고 있다. 일본 우익론자들이 맹목적인 애국주의를 표현하거나 결속을 다지는 기회가 있을 때 내세우거나 사용하고 있어 국내외적으로도 위화감을 조성하는 경향이 있다. 전쟁 상징물은 일본적인 상징물이기 이전에 전쟁을 상징하는 것이기 때문에 반 전쟁을 갈구하는 사람들에게 정서적으로도 위화감을 주고 있다. 욱일기(旭日旗), 히노마루(日の丸), 기미가요(君が代) 등이 대표적이다.

첫째는 욱일기(旭日旗 : しょくじつき)이다. 욱일기는 일장(日章:태양을 형상화한 붉은 동그라미표시)과 욱광(旭光: 아침햇빛)을 의장화한 것이다. 욱일(旭日)과 홍백(紅白)을 기의 의장으로 하는 일장기를 기본으로 백지에 태양을 표현한 붉은 광선을 사용한 것으로 일본 자위대가 군대기로 사용하고 있다. 그것과 비슷한 것으로 일본 국가가 공식적으로 사용하고 있는 일장기는 하얀 백지에 태양을 형상화한 붉은 동그라미 표시를 한 것을 사용하고 있다. 욱일기와 일장기는 기본적으로 일본을 상징하고 있고, 일본이 일으킨 전쟁을 연상하게 하는 부정적인 측면이 있다는 점은 공유하고 있다. 전자는 일본 자위대가 사용하고 있어 여전히 군국주의를 연상하게 하고 있고, 후자는 국가가 공공행사나 외교관계에 사용하고 있어 점차 일본 국가를 연상하게 하고 있다는 점에서 의미가 약간 다르다고 할 수 있다.

욱일기는 건군당시 제국 육군의 공식기로 사용한 것으로 일장(日章)의 위치가 일장기와 동일하게 중앙에 위치하고, 16조의 광선(十六条旭日旗) 모양을 의장으로 한 기였다. 현재 해상자위대에서 사용되고 있는 군함기의 디자인은 가로와 세로비가 2 : 3, 일장의 직경은 세로의 1/2,일장의 중심 위치는 기의 중심으로부터 장대 측으로 세로 1/6 가깝게, 그리고 광선의 폭과 간격은 일장 중심으로 11과 1/4도 넓이로 하고, 바탕은 흰색으로 하고, 일장 및 광선을 홍색하고 있다. 그 모양을 보면 다음과 같다.

〈그림 2〉 욱일기의 모양

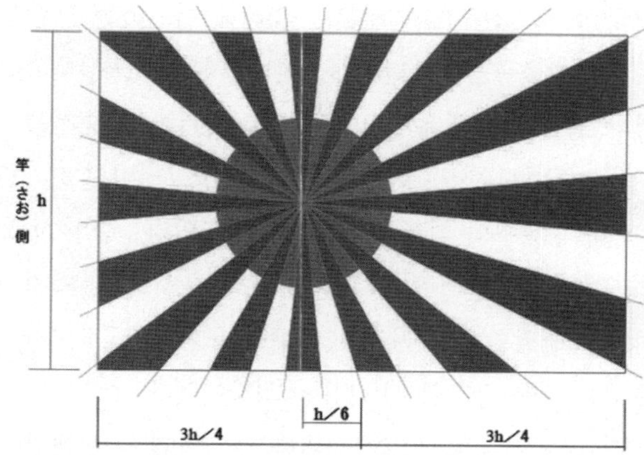

* h : height의 약자임. 竿側 : 장대 측

욱일기는 일본 역사상 처음으로 1870년 5월 15일 태정관포고 제355호에 의해 육군어국기(陸軍御国旗)로 지정되었다. 육군어국기의 의장은 일장 위치와 동일하게 중앙에 위치하고, 광선이 퍼지는 도안으로 육군성의 전신인 병무성이 고안하였다. 신생일본의 각 번을 통합한 육군의 상징이 된 육군어국기는 근대 육군편제의 기간부대인 연대에 수여한 것으로, 폐번치현이 끝나고 본격적으로 육군이 발족한 1874년 1월 23일 대원수인 천황으로부터 코노에 사단의 코노에 보병 제1연대와 코노에 보병 제2연대에 친히 수여되었다. 메이지 천황이 군대에 수여한 육군어국기가 군기로 칭하게 되었고 그것이 공식적으로 일반화되었다. 그 이후 육군은 1889년 칙령 제111호로 종래의 일장기에서 변형된 형태로, 해군은 육군 군기와 다르게 일장 위치를 기장대측(旗竿側)에 가깝게 한 16조욱일기를 군함기로 지정하였다. 현재 자위함도 이 군함기를 그대로 답습해서 사용하고 있다.

육군 군기는 1894년 일청전쟁 그림에 그려져 있고, 1894년 일청전쟁 당시 한국의 아산전투에서 일본이 승리해 개선하는 모습을 그린 비단 그림 '일본제국육군아산전승개선지도(日本帝國陸軍牙山全勝凱旋之図)'에도 있다. 중앙상부에 욱일기인 군기를 배치하고, 승전을 축하하기 위해서 좋은 날에 마시는 음료인 일본 술이 그려졌고, 만국일(万国一)이라는 축하의 문구와 함께 '욱일'이 그려져 있다. 욱일이라는 의정 자체는 비교적 오래전부터 일본에 존재했다. 욱일은 몇 가지 종류가 있고, 광선이 사방팔방으로 퍼지는 의장을 표현하고, 경사나 즐거운 일, 경기가 좋은 것을 강조할 때 사용된 의장이었다.

태평양전쟁 당시 일본해군은 욱일기를 달고 전쟁을 수행했다. 그런 의미에서 욱일기는 단순한 해군 군기가 아니라 전쟁의 상징으로 각인되어 있다. 따라서 욱일기를 들거나 노골적으로 보이는 행위는 전쟁을 찬양하는 의미를 담고 있어 군국주의 찬양으로 비판을 받는 것이다. 일본의 제국기인 욱일기는 중심에서 외곽으로 퍼지는 방사형 구조이다. 방사형은 기호학에서 말하는 심벌의 개념으로 일방적 소통을 뜻한다. 또한 확장성을 의미하는 것으로 발전을 의미하지만 그것이 지나치면 진출로 치부되거나 침략으로 해석될 수 있다.

전후에 상관대전쟁지도(箱館大戦争之図)에 그려진 제국 육군에 의해 사용된 8조욱일기(八条旭日旗)는 제2차 세계대전 패전과 함께 일본의 육해군이 해체되어 군기로서 일단 중단되었다. 1954년에 발족한 육상자위대는 육군시대의 군기를 기초로 고안한 8조욱일기를 자위대기로 사용하고, 동년 발족한 해상 자위대는 해군 시대의 군함기와 동일의 장인 자위함기로 욱일기를 사용하였다. 그러나 제국기인 욱일기를 사용하는 것은 전쟁 피해 당사자나 국가에게 위화감을 줄 수 있어 부정적인 상징물로 인식되고 있다.

전후 처리과정에서 독일과 일본은 매우 다른 방법과 자세로 대응하고 있어 비교되는 가운데 독일의 철저한 처리방법과 일본의 어설픈 처리 방법이 종종 도마에 오르고 있다. 독일에서는 나치 문양의 휘장, 배지, 깃발 등을 공공장소에 전시하면, 〈반 헌법 상징물 금지법〉에 따라 3년 이하의 금고나 벌금형에 처해진다. 반면 일본 극우 정치인들이나 우익들은 침략을 진출이라며 군국주의 상징인 제국기의 사용을 공식화하려는 방안을 추진 중이다. 히로시마 원자폭탄이 떨어진 바로 그날 요코하마(横浜)에서 열린 항공모함급 호위함 이즈모(出雲) 진수식에서 배 위에 보란 듯이 욱일기가 나부꼈다.

최근 미국 LA시내 도로 표지판에 욱일기 스티커가 나붙더니 한인타운 부근에 대형 욱일기 벽화가 등장했다. 또한 스포츠 경기장에서도 욱일기가 등장하였다. 2013년 7월 28일 서울 잠실 운동장에서 동아시안컵 축구 대회 한일전이 열렸다. 경기 시작 전 한국의 국가인 애국가가 끝나고 공교롭게도 일본 팬이 욱일기를 흔들었다. 그러자 곧바로 안전요원의 제지를 받았다. 그 후 그 경기장에서 한국 축구팬 그룹인 붉은 악마는 '역사를 잊은 민족에게 미래는 없다'라고 쓰인 대형 플래카드를 내걸었다. 이순신 장군 초상화 현수막과 안중근 의사의 초상화 현수막도 관중석에 등장했다. 한국 축구협회 관계자는 정치적이라는 이유로 철거를 요구했다.

그런 움직임에 대해 일본 정부와 언론은 한국 관중들의 행위에 대해서 정치적 주장을 담은 것이라며 문제를 제기했다. 일본 정부 대변인 스가 요시히데(菅義偉) 관방 장관은 2013년 7월 29일 기자회견을 통해서

"국제축구연맹은 응원 시 정치적 주장을 금지하고 있다면서 현수막과 관련한 사실 관계를 확인하고 있으며, 국제축구연맹 규약에 근거

해 대응할 것"이라고 하였다. 또한 〈아사히신문〉(朝日新聞), 산케이신문(産経新聞), HNK 등 일본언론은 FIFA 규정에 저촉될 가능성이 있다고 보도했다. 그런 반응에 대해서 〈조선일보〉 등 한국 언론은 일본 정부와 언론이 일본 관중의 욱일기에 대해서 함구하였고 보도도 하지 않았다고 보도하였다.

위의 사안에 주목하고 싶은 것은 일본의 문제 제기와 한국의 문제 제기이다. 일본 정부나 언론은 한국 관중의 행동이 스포츠 정신에 위배되는 정치적 주장이라고 하는 입장에서 문제를 제기하고 있다. 그것은 분명히 스포츠 경기장에서 정치적 주장을 했다고 인식한 반응이었지 역사적 사실에 대한 문제 제기가 아니었다. 한국 정부나 언론은 일본 정부나 언론이 욱일기를 흔든 사실을 일본 국민에게 감추려는 의도에 대해서 비판하는 자세를 보였다. 욱일기는 일본이 일으킨 전쟁과 군국주의를 연상시키는 전쟁 상징물이기 때문에 숨기고 싶었던 것은 아닌가라는 의심이 간다.

둘째는 히노마루(日の丸)이다. 히노마루라 불리는 일장기(日章旗)는 1999년 성립된 〈국기 및 국가에 관한 법률〉(국기국가법)의 규정에 의하면, 기의 형태는 세로가 가로 3분의 2 정도 길이를 가진 장방형이다. 일장(日章)의 직경은 가로 5분의 3 정도 크기로 기의 중심에 둔다. 색채는 바탕으로 백색을 사용하고, 일장은 홍색으로 하고, 상하좌우 대칭으로 한다. 일장기의 모양을 보면 다음과 같다.

〈그림 3〉 일장기의 모양

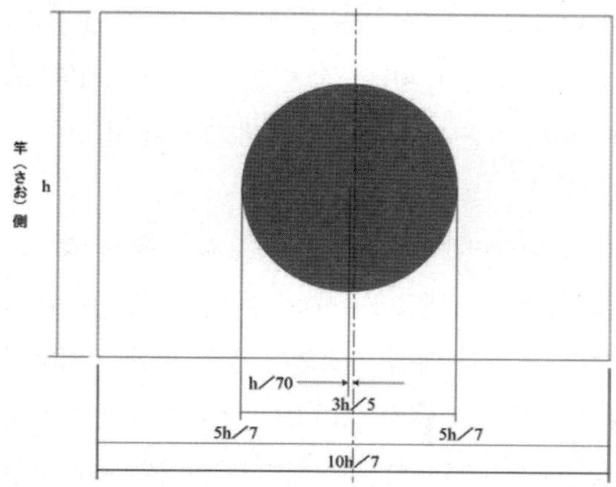

* h : height의 약자임. 竿側 : 장대 측

일본 국기로 사용하고 있는 일장기는 태양과 관련되어 있다. 고대로부터 일본인의 신앙으로서 신도로 분류되는 원시종교는 자연숭배와 정령숭배를 포함하고 있으며 특히 농경이나 어로에서 태양을 신앙의 대상으로 해 왔다. 고대 신앙에서 중시하던 태양이 일본 국기인 일장기로 표현되었다고 할 수 있다.

일장기의 유래는 다양하게 전해지고 있다. 제10대 스이신(崇神)천황은 이세의 제신으로 궁전 내에서 제사를 지낸 태양신 아마 테라스오카미(天照大神)를 궁정 밖에서 제사하였다. 이윽고 제40대 텐무천황(天武)시대에 황조신으로 숭배하게 되면서 국가 통치와 태양이 연결되었다. 성덕태자는 수나라 황제에게 일출처천자(日出処天子)로 시작되는 편지를 보냈다. 이후 아스카(飛鳥)시대 말기에는 국호를 일본이라고 명명하였고, 의식해서 '태양이 뜨는' 현상을 중시하였다. 태양을 그린 기를 사용하게 된 것은 654년 대화개혁(大化改革) 이후, 천황에 의한 친정이 확립된 시기부터라고 전해진다. 문헌에 의하면 797년『속일본기』(続日本紀)에서 분무(文武)천황 701년 정월 초하루 의식회(儀式会)의 장식으로 태양상(日象)의 기를 세우게 되었는데 그것이 히노마루의 원형이 되었다고 전한다.

일본에서 백지적환(白地赤丸)이 일장기로서 사용된 경위는 여러 설이 있다. 하나는 겐페이전쟁(源平合戦)의 결과가 영향을 주었다고 전해지고 있다. 헤이안(平安)시대에 조정의 상징인 비단 어기(御旗)는 적지에 금색의 태양과 은색의 달이 그려졌다. 헤이안시대 말기에 헤이씨(平氏)는 스스로 관군을 상징하는 어기로서 적기를 사용하고, 그것에 대항해서 겐지(源氏)는 백기를 내세워 겐페이전쟁(源平合戦)에 대응하였다. 고대부터 국가통치와 태양은 밀접하게 관련되어 있었고 태양은 천하통일의 상징이 되었다. 헤이씨는 어기와 관련해서 적지금환(赤地金丸)을 사용하고, 겐지는 백지적환(白地赤丸)을 사용했다. 헤이씨가 망하고, 겐지에 의해 무가정권이 출범하고 장군은 겐지 후예를 자칭하여 백지적환(白地赤丸)의 히로마루를 천하통일을 성취한 자의 상징으로 승계하였다고 전해지고 있다. 다른 설은 민속학적으로 하레(ハレ=赤)와 케(ケ=白)의 감각에 기초하고 있다는 설로, 그것은 겐페이전쟁(源平合戦)에서 유래한다고 전해지고 있다.

현존하는 최고의 일장기는 야마나시현 코슈시(山梨県甲州市)의 열석산운봉사(裂石山雲峰寺)가 소장하고 있는 것으로 알려지고 있다. 그것은 고레이제이(後冷泉)천황이 미나모토 요시미쓰(源義光)에게 하사한 것이 전승된 것으로, 어기(御旗:미하타)로 불려 요시미쓰의 계보에 연결되는 카이겐지(甲斐源氏)종가의 카이다케다가(甲斐武田家)의 가보가 되었다. 진위는 불분명하지만 중세후반 귀중품으로 여겨졌다. 또한 동일한 중세의 일장기라고 알려진 것은 나라현 오조시(奈良縣五條市)의 호리가(堀家)에 전해지는 것으로 고다이고(後醍醐)천황이 하사한 것으로 알려지고 있다. 중세 히노마루는 무로마치시대의 감합무역(勘合貿易)에 사용하였다. 토요토미 히데요시(豊臣秀吉)로부터 도쿠가와 이에미쓰(徳川家光)의 제3차 쇄국령이 내려진 1635년까지 행해진 주인선(朱印船)무역을 할 때 일본의 선적을 표시하는 것으로 배의 후미에 히노마루의 기를 내걸었다. 또한 전국시대에는 이다치씨(伊達氏)가 군기로서 히노마루대용(日之丸大竜)을 사용했다.

에도기에 '백지에 적환'(白地に赤丸)은 의식이나 소유를 나타내는 표시의 하나로서 보급되었다. 에도시대의 에마키모노(繪巻物)에는 종종 백지에 적환의 부채 모양이 보이기도 하였고, 특히 가노파(狩野派)등도 붉은 원에 욱일의 표현을 다양하게 사용하였다. 에도시대 후반에는 엔기모노의 정번(縁起物の定番)으로 인식되었다. 도쿠카와 막부는 공용기로서 사용하고, 아타미유(熱海の湯)를 에도성(江戸城)까지 운반할 때 히노마루를 세워 운반하였다. 그 과정에서 '아타미좋은 곳 히노마루를 세워 어혼마루에 온천물이 간다'(熱海よいとこ日の丸たてて御本丸へとお湯が行く)라는 노래가 생겨났다. 에도기의 히노마루는 예술품, 공용기 등으로 사용되기도 하였다.

19세기에 그려진 어선도(御船図)에는 배의 후미에 다수의 히노마루가 있다. 근세에 있어서 배의 기와 관련된 자료로는 관에이기(寛永期)에 그려진 에도 병풍의 막부선단의 장대가 있다. 선단 중앙에는 일본마루(日本丸)를 개조한 대용마루(大竜丸) 등이 그려진 히노마루의 장대를 세웠다. 또한 1635년 에도막부 도쿠가와 이에미쓰가 명령해서 건조한 사상 최대의 군함 아타케마루(安宅丸)에서 히노마루의 장대가 사용되어진 것으로 알려지고 있다. 도쿄 국립박물관이 소장하고 있는

어선도(御船図)에도 아타케마루가 그려져 있고, 배 후미에 다수의 히노마루 장대가 그려져 있다. 에도막부가 소유하고 있는 배 표시로서 일반적으로 도쿠가와 가문 '마루에 3개엽발'(丸に三つ葉葵:둥근 3개의 접시꽃잎)을 사용하였지만 쇼군가의 소유 배에는 히노마루를 사용하였다.

일본 국가기로서의 역사를 보면, 에도시대 센다이번(仙台藩) 이다테 마사무네(伊達政宗)가 파견한 요시나가파견서구사절(慶長遣欧使節)은 1615년 1월 30일 에스파니아 국왕 훼리페3세, 동 11월 3일 로마교황 파우로스 5세를 알현할 때 군기인 히로마루대용(日之丸大竜)을 세웠다. 막말 1854년 3월 일미화친조약 조인 후 외국선과 구별하기 위해 표식이 필요하게 되어, 일본국 공통의 선박기를 제정할 필요가 있었다. 막부 신하들은 당초 오나카구로(大中黒:徳川氏の先祖である新田氏の旗。白地に黒の横一文字)를 일본 선박 표시로 생각했다.

아베(阿部正弘)는 도쿠가와 나리아키(徳川齊昭)에게 서면으로 제언하였다. 그에 따라 도쿠가와 나리아키(徳川齊昭)는 국기 제정이 일본 대대로 이어질 국가의 상징을 정하는 것으로 매우 중요하게 인식하였다. 아베는 제정하려고 노력하고 있는 국가기가 일본의 보물이며, 제정된 후에는 반드시 서양에서 만국기장도(万國旗章図)에도 게재되는 것을 전제로 진언하였다. 그렇게 해서 히노마루의 장대를 이용하게 되었고, 1854년 7월 11일 아베에 의해서 보고되었다.

1855년 시마쓰(島津斉彬)는 양식군함 쇼헤이마루(昇平丸)를 막부 해군에 헌상했을 때 처음으로 일장기가 배 후미에 게양되었다. 이것이 일장기를 일본의 선기로 게양된 제1호이다. 에도시대 1854년 도쿠가와 나리아키(徳川齊昭)가 일본배의 선박표시로서 막부에 채용된 일장기 노보리(장대)는 1859년 일장기가 되어 사실상 일본의 국기(御國總標)가

되었다. 개국 이후 일장기는 메이지유신 정부 하에서 1870년 1월 27일 태정관포고 제57호에 의해 어국기(御國旗」=商船旗 · 軍艦旗)가 되어 공식적인 일본의 국기로 사용되었다. 원래 백지에 동그라미 붉은 표시의 의장은 헤이안시대(平安時代) 말기부터 사용되었고, 연기물(縁起物)로 에도시대에 넓게 보급되었다.

메이지기 1870년 2월 27일 제정된 상선 규칙에 어국기로 규정하고 일본선의 표시로서 채용되었다. 그것을 기념해서 국기 협회는 국기 제정 기념일을 제정하고 국기 게양의 날로 하고 있다. 메이지부터 쇼와 종전까지 일장기는 국기로서 취급되었지만 국기로서의 법적 근거는 태정관 포고에 의한 것으로 법령으로 존재하지 않았다. 1931년 제59회 제국의회에서 대일본제국 국기 법안이 중의원의원 이시하라 젠지로(石原善三郎)에 의해 제안되어 동년 3월 26일 중의원 본회의에서 가결되었다. 그러나 귀족원 송부 후 3월 28일 회기 종료로 폐안되었다. 이어 제60회 제국의회에 다시 제안되었지만 중의원 해산으로 다시 폐안되어 결국 성립되지 못했다.

패전 후 1945년 GHQ의 지령으로 일장기 게양이 원칙적으로 금지되었다. 축일에 한정된 특례로서 일장기 게양 허가를 거쳐야 했다. 1949년 1월 1일 맥아더는 일본이 자유롭게 국기를 사 용하도록 하여 정식으로 일장기의 자유게양이 인정되었다. 제2차 세계대전 후 부터 1999년 〈국기 및 국가에 관한 법률〉 (국기국가법)제정까지 반 히노마루를 주장하는 사람들은 국기로서 일장기의 법적 정당성에 의문을 제기해 왔다. 일장기를 국기로 인정하는 사람들은 일장기가 일본 국기라는 것이 일종의 관습법 이라고 주장하고, 그 근거로서 상선규칙, 대상중(大喪中)의 국기 게양, 기타 법령 조문 등을 들어 그 정당성을 주장하고 있다.

국기국가법 성립 후 일부 교육현장에서 국기게양 반대파와 찬성파의 대립이 지속되고 있다. 그 때문에 2006년 10월 31일 중의원의 〈교육기본법〉에 관한 특별 위원회에서 자민당의 이나다 토모미(稲田朋美) 의원 등은 학습 지도요령의 국기 국가 조항에 따라 교직원이 입학식, 졸업식에 국기를 향해 기립하고 국가를 제창하는 직무상의 의무가 있는지 없는지 질문을 하였다. 그 질문에 대해 이부키 분메이(伊吹文明) 문부과학성 장관과 민주당의 후지무라 오사무(藤村修)등은 교직원에게 그 의무가 있다고 답변하였다. 그러나 교육계(日本教職員組合, 全日本教職員組合), 일부 사회활동가 등은 국기게양이 강제되고 있다고 인식하여 비판하고 있다. 그리고 일본사회당 등을 중심으로 역시 비판하고 있다. 비판하고 있는 중요한 점은 히노마루와 기미가요는 전쟁 상징으로 인식하고 있어 전쟁 책임론의 관점에서 사용하는 것에 반대하고 있는 것이다.

셋째는 기미가요(君が代:きみがよ)이다. 기미가요는 메이지유신 이후 1880년 곡이 만들어졌고, 법률로 정해지지 않았지만 일본의 국가(国歌)로서 채용되었다. 전후에는 1999년 〈국기 및 국가에 관한 법률〉에서 공식적인 국가로 제정되었다. 애당초 그것은 헤이안(平安) 시대에 불리어진 와카(和歌)였다. 기미가요의 주제는 황통의 영원성이고, 가사는 10세기 편찬된 『고금와가집』(古今和歌集)에 수록되어 있는 단가의 하나다. 국기 및 국가에 관한 법률 별기 제2조에서는 "君が代は, 千代に八千代に, さざれ石のいわおとなりて, こけのむすまで" 로 되어 있다. 기미가요의 가사를 보면 다음과 같은 의미를 함의하고 있다.

〈표 3〉 기미가요의 가사

구분	가사내용
원래가사	君が代は，千代に八千代に，さざれ石のいわおとなりて， こけのむすまで
가사의미	汝(なんじ) の治世が幸せな数千年であるように われらが主よ、治めつづけたまえ、今は小石であるものが 時代を経て、あつまりて大いなる岩となり 神さびたその側面に苔が生(は)える日まで
한글해석	그대의 치세가 행복한 수 천 년이 있었던 것처럼 우리들 주인이여 치세가 계속되기를, 지금의 작은 돌이 시대를 거쳐, 모아져 큰 바위가 되고 오래되어 거룩한 이끼가 낄 때까지

일본에서 기미가요는 개국한 막말기 외교 의례상 필요하여 제정되었다. 메이지기 1869년 설립된 사쓰마(薩摩)밴드의 대원인 군악대장 훼튼이 국가나 의례음악을 만들어야 한다고 진언을 하게 된다. 당시 훼튼이 작곡된 곡은 서양풍의 곡으로 일본인에게 익숙하지 않아 보급되지 않았다. 1876년 해군 음악장인 나카무라(中村祐庸)가 해군 군무국장 앞으로「천황폐하를 칭송하는 악보개정지의」(天皇陛下ヲ祝スル楽譜改訂之儀)를 제언하였다. 그 후 서남전쟁이 일어나고 훼튼이 임기를 마치고 귀국하였다. 1880년 궁내성의 오쿠요시이사(奥好義:작곡가)가 붙인 선율을 하야시 히로모리(林広守)가 곡을 만들었고, 독일 출신의 음악가 엣켈트가 서양풍화성(西洋風和声)을 붙였다. 1880년 10월 25일 시연하고 26일 군무국장상신서에 의해 국가로서 기미가요가 개정되었고, 11월 3일 천장절(天長節)에 처음으로 공개석상에서 피로되었다.

기미가요는 1876년 해군악장인 나카무라(中村裕庸)가 해군 군무 국장 앞으로 제출한 기미가요 악보를 개정한 상신서에 포함되어 있었다. 기미가요 가사의 기본이 된『고금와가집』의 초구는「わが君は」로

되어 있어 지금의 기미가요와는 완전하게 일치하고 있지 않다. 즉 와가집에서는 "我が君は 千代にやちよに さざれ石の 巌となりて 苔のむすまで"로 되어있다. 에도시대에는 성(性)을 함의하는 의미로 「君が代は千代にやちよにさゞれ石の岩ほと成りて苔のむすまで」에서 '岩'는 남자의 성기, 'ほと'는 여성의 성기를, 「成りて」는 성교를 의미하는 것으로 변형되기도 하였다고 전해진다.

1893년 8월 12일 문부성이 기미가요를 실은 「축일대제일가사병악보」(祝日大祭日歌詞並楽譜)를 관보에 고시하였고, 하야시(林広守)가 작곡자로 게재되었다. 1914년 시행된 해군 예식령에 의해 기미가요가 사실상 국가가 되었다. 1903년 독일에서 열린 세계 가요대회에서 기미가요가 일등을 수상하였다. 제2차 세계대전을 수행하는 과정에서 기미가요가 등장하고 수신 교과서에서는 「君が代の歌は、天皇陛下のお治めになる御代は千年も万年もつづいてお栄えになるように、という意味で、国民が心からお祝い申し上げる歌であります」라고 기록되었다.

제2차 세계대전후 GHQ가 일본을 점령한 후 히노마루 게양을 금지하고 기미가요 제창을 전면적으로 금지하였다. GHQ는 엄격하게 제한하고 특정한 경우에 한해 게양하고 제창을 인정했다. 1947년 5월 3일 헌법시행 기념식전에서 제창되었다. 기미가요 가사에는 제2차 세계대전 때 국체로 불린 천황을 중심으로 한 체제를 칭송하는 것으로 해석되어 일부 국민이 국가에 어울리지 않는다고 주장하게 되었다. 당시 〈요미우리신문〉은 '국가주의적 자기찬미나 신성화하는 구사상을 내용으로 하고 있기 때문에 자연스러운 마음으로 부를 수 없다'하여 신 국가를 만들어야 한다고 주장하기도 하였다. 전후 일본 정부의 애매한 대응으로 기미가요는 일본 국가임에도 불구하고 전면에 내세우는데 소극적인 측면이 있었다.

1999년 일본 정부는 〈국기 및 국가에 관한 법률〉을 제정하여 기미가요를 일본 국가로 규정하였다. 일본 정부는 제출한 국기 국가법에서 공식적으로 기미가요가 일본국 헌법하에서 일본국 및 일본 국민 통합의 상징인 천황이라고 해석하는 것이 적당하다고 하였다. 일본국 헌법하에서는 천황을 일본 및 일본 국민 통합의 상징으로 하고, 일본국의 영원한 번영과 평화를 기념하는 것으로 이해하는 것이 적당하다는 의견을 밝혔다. 그럼에도 불구하고 기미가요에 대한 논쟁이 일어나고 있다.

1998년 교육현장에서 문부성의 주도로 일장기 게양과 기미가요 제창의 통달이 강화되었다. 일본 교직원 노조는 헌법이 보장하는 사상 및 양심의 자유에 반하는 것으로 히노마루 게양과 기마가요 제창은 행하지 않는다고 주장했다. 그러나 2007년(헤이세이19년) 2월27일 최고재판소(日野「君が代」伴奏拒否訴訟), 2011년(헤이세이23년) 5월 30일 최고재판 제1소법정판결(須藤正彦裁判長), 2011년(헤이세이23년) 6월 6일 최고재판 제1소법정판결(白木勇裁判長), 2011년(헤이세이23년) 6월 14일 최고재판 제3소법정판결(田原睦夫裁判長), 2011년(헤이세이23년) 6월 21일 최고재판 제3소법정판결(大谷剛彦裁判長)등에서 교장의 직무명령은 사상 및 양심의 자유를 보장한 헌법19조에 위반되지 않는다고 합헌의 판단을 내렸다. 최고재판소는 합헌이라고 판결을 내려 국기국가법을 따르는 것은 합헌이며 합법적이라고 하였다.

그러나 여전히 평화 민주주의를 주장하고 있는 그룹은 그것의 사용이 평화헌법에 저촉된다고 보고 있다. 사용에 긍정적으로 보는 입장은 사실상 메이지 이후 일본 국가로서의 전통을 중시해야 하며, 정치적 배경과는 관계없이 일본적 곡이어서 국가로 어울리며, 국민은 애국심을 가지기 위해 기미가요를 불러 그 의식을 강화하고 기미가요로 천황폐하에게 충성을 함양하는 것이라는 점 등을 들어 찬성하고 있다. 부정적으로 보는 입장은 대일본 제국시대의 국가이며, 가사는 천황승배의 의미가 강하고, 주권 재민의 신헌법에는 어울리지 않으며, 가사가 일종의 멸사봉공의 내용을 담고 있어 새로운 국가가 필요하다는 것이다.

2004년 일본 천황은 학교 현장에서 히노마루 게양과 기미가요 제창을 강제로 하는 것은 바람직하지 않다는 의견을 제시하였다. 히노마루와 기미가요의 사용을 강하게 추진하고 있는 일본 정부와는 다르게 완곡하게 표현한 일본 천황의 입장은 선언적이지만 일본은 여전히 평화를 존중하고 추구하는 국가라는 것을 강조하려는 의도가 있었다고 볼 수 있다. 국기국가법에 의해 공식화 되었지만 현장에서는 일본의 국가와 국기를 둘러싸고 다양한 의견이 나오고 있는 것이 현실이다. 일본이 전쟁이나 근대사로부터 자유롭지 못하다는 것을 의미하는 동시에 전쟁이나 근대사가 남긴 유죄를 말끔하게 해결할 필요가 있다는 것을 함의하고 있다.

우경화정치

일본이 국제사회를 향해 발신하는 내용 중에서 가장 돋보이는 것은 우익론자의 발언과 행동으로 구성된 우경화 퍼레이드이며 우경화 놀이이다. 우경화 놀이는 정치가뿐 아니라 지식인, 시민 단체 및 일반 국민까지도 참여하고 있어 주체는 매우 다양하며 표현 방식도 다르지만 오로지 일본을 편파적으로 드러내고 있다는 점에서 일치하고 있다. 우익론자는 집단이나 개인들이 일본 입장에서 강경 발언이나 행동을 하는 부류로 정의할 수 있다. 국내외 관계를 일본 입장에서 강변하고 행동하는 특징이 있어 비민주적이거나 비평화적인 사고와 행동으로 도마에 오르는 경우가 많아 애국자이기 보다는 극단주의자로 평가받는 경향이 있다. 활동하고 있는 우익활동가를 보면 역사적으로 잘 정리된 계보를 통해서 이어지기도 하지만 불특정하게 시대 흐름에 따라 나타나 활동하고 있는 특징이 있다.[2] 그들은 의도하고 있는 목적과 내용에 따라 개인적으로 활동하기도 하고, 단체로도 활동하여 일본 국내뿐 아니라 국제사회에도 많은 영향을 주고 있다.[3]

---

2) 우익활동가들을 보면 다음과 같다. 즉 赤尾敏, 阿形充規, 浅沼美智雄, 朝日平吾, 阿部勉 (民族主義者), 有田正憲, 池尻泰顏, 石井一昌, 石川準十郎, 井上日召, 岩田愛之助, 岩田富美夫, 牛嶋徳太朗, 内田良平 (政治運動家), 浦口鉄男, 大島竜珉, 大原義剛, 岡崎功, 岡崎一郎, 岡村吾一, 小沼正, 木村三浩, 木本幸雄, 葛生能世, 来島恒喜, 黒田保久二, 河野孔明, 古賀裕也, 児玉誉士夫, 許斐氏利, 小林順一郎, 小林楠扶, 小山豊太郎, 齋藤晃, 佐郷屋留雄, 笹川良一, 品川司, 四宮正貴, 柴田徳次郎, 清水亘, 白倉康夫, 進藤一馬, 末永節, 鈴木邦男, 千代信人, 高橋岩太郎, 田形竹尾, 只野直三郎, 橘孝三郎, 立花良介, 辻山清, 津田光造, 頭山満, 直隆志, 中村忠志, 中山忠直, 西山広喜, 野村秋介, 野依秀市, 橋本欣五郎, 肥後亨, 深作清次郎, 藤沢親雄, 藤田卯一郎, 藤元正義藤原政秀, 堀川辰吉郎, 牧田吉明, 松本明重, 万年東一, 三浦義一, 見沢知廉, 三島由紀夫, 蓑田胸喜, 村上一郎 (建国義勇軍), 持丸博, 森田政治, 森田必勝, 山浦嘉久, 山縣慶次郎, 山口二矢, 吉田コクラ, 四元義隆, 若島和美, 渡邊謙二, 若島征四郎, 若宮卯之助 등을 들 수 있다. www.yahoo.com 참조

3) 대표적인 우익 단체들을 보면 다음과 같다. 즉 亜細亜義塾, 亜細亜民族同盟, 新しい歴史教科書をつくる会, 夷王会, 一水会, 街宣右翼, 釜宿組, キリストの幕屋, 黒住教, 敬天新聞社, 建国義勇軍, 皇化連盟, 皇尊会, 行動する保守, 国際反共連盟, 黒竜会 (2008年-), 小桜会, 国家社会主義者同盟, 国家社会主義日本労働者党, ザイン (団体), 正氣塾, 松魂塾, 崇教真光, 正義と人権を守り明日の日本を考える救国斬奸党, 生長の家, 青年自由党, 清和塾, 全日本愛国者団体会議, 大化会, 大行社, 大行社政治連盟, 大東塾, 大日本愛国党, 大日本朱光会, 大日本誠流社, 大日本同胞社, 日本教育正常化促進連盟, 日本国民政治連合, 日本皇民党, 日本青年社, 日本平和神軍, 防共挺身隊, 民栄主会, 民族派学生組織, 憂国清心同友会, 立憲養正会, 松葉会, 九州誠道会, 双愛会, 三愛同志会, 東洋青年同盟, 日本人連盟, アジ

일본에서 정치적 우익 활동은 오늘 내일의 문제가 아니기 때문에 쉽게 사라지거나 방향을 전환시키지 못할 것이다. 왜냐하면 일본에서 우익 정치가 매우 깊은 뿌리를 갖고 있는 동시에 생존 메커니즘이 형성되어 살아가기 때문이다. 우익 정치는 우익 정당을 낳고 우익 정당은 우익 정부를 낳고 우익 정부는 우익 일본을 낳고, 우익 일본은 우익 국민을 낳는 것으로 연결되고 있다. 우익 생존 메커 니즘은 의도적으로 생존하기도 하지만 자기 조직성에 의해서 스스로 움직이고 자생하는 특징이 있는 것이다. 일본이 존재하는 한 정치적 우익은 존재할 것이다.

정치적 우익은 국내외적으로 국익을 위해서 과감하게 언어로 표시하거나 과격한 행동으로 표현하는 특징이 있다. 언행은 일본을 위한다는 명분에 기초해서 정당성을 찾고 있다. 대내적으로 일본을 극단적으로 옹호하기 때문에 선호하는 그룹으로부터 큰 환호를 받기도 하고 그들을 부추기는 역할도 하고 있다. 다른 한편으로는 왜곡되고 편견에 기초한 사실을 주장내지 유포하고 있다고 하여 비판을 받기도 한다. 또한 과도한 언행을 하고, 무분별하게 일본 입장과 이익만을 두둔하는 관계로 내외적으로 마찰과 갈등을 야기하고 있어 그 정당성이 의심받고 있다.

일본에서 정치적 우익은 다양한 모습으로 나타나고 있다. 정치적 우익은 기본적으로 일왕신성주의를 강하게 내포하고 있다. 일본적 가치와 정당성을 일왕에게서 찾고 있는 것이다. 한일간의 일왕을 둘러싼 사건이 터져 한일 간의 관계를 냉랭하게 만든 사실이 있다. 2012년 8월 14일 한국 대통령은 이례적으로 일왕의 사과를 요구하여 일본

ア建国党, 国誠塾(崔正夫) 등을 들 수 있다. www.yahoo.com 참조

정부와 우익 단체를 자극하는 가운데 한일관계가 경색되는 상황으로 이어졌다.

일본에서는 일왕 사과 발언에 반발한 우익 시민 단체인 〈일본청년사〉, 〈민족동맹〉 등이 2012년 8월 15일 도쿄 주일 한국 대사관 앞에서 시위를 하였다. 일본 우익 단체들은 확성기를 단 차량을 타고 대사관 주변에서 시위를 벌였다. 그들은 야스쿠니신사를 참배한 후 주일 한국 대사관 앞을 점거하고 한국 대통령은 천황에게 사과하라, 남조선인(南朝鮮人)은 일본에서 나가라라는 등 반한적인 구호를 외쳤고, 일부는 한국 대사관에 항의문을 전달하였다. 우익 단체는 시민단체 모습을 하고 있지만 명백한 정치적인 의도와 목적을 갖고 있다.

당시 총리였던 노다 요시히코(野田佳彦)는 한국 대통령의 발언에 대해서 이해하기 어려운 발언으로 매우 유감스럽다고 대응하였다. 민주당 각료로서 맨 처음 야스쿠니신사를 참배한 마쓰바라 진(松原仁) 국가공안원장 겸 납치문제 담당상은 예의를 잃은 발언이라고 혹평했다. 일본 정부 겐바 고이치로(玄葉光一郎)외상은 일왕 사과 언급에 대해 한국 정부에 공식적으로 항의하였다. 그리고 〈아사히신문〉은 일본에 대한 비판이 역대 대통령 수준을 훨씬 넘어섰고, 국가 원수로서의 품격을 잃었다고 할 수 있다고 비판했다.

전통적으로 일본 우익은 직접적인 행동을 통해서 활동하고 있지만 최근 일본 우익은 네트워크를 이용해서 활동하는 네트우익이 새롭게 등장하고 있다.[4)] 네트우익은 인터넷을 중심으로 활동하는 극우 젊은

4) 일본에서 네트우익(ネット右翼)은 인터넷 상에서 우익적, 국수주의적, 국가주의적, 보수적인 주장이나 발언을 하는 인물을 지칭한다. 그들을 네트보수라고도 한다. 네트우익의 주요연령대는 40대 후반으로 알려지고 있다. 고바야시(小林よしのり)는 네트우익을 국가를 빙자해서 자의식을 높이는 인간이라고 비판하고, 사쿠라이(櫻井よしこ)는 감정에 치우쳐 반도로 돌아가라고 절규한다면 그것은 애국도 보수도 아니라

이들을 지칭하는 신조어이다. 네트우익의 탄생은 젊은 층을 중심으로 크게 확산되고 있어 새로운 효과를 낳고 있다. 한 예로 2014년 2월 9일 일본 도쿄도지사 선거에서 당시 극우후보로 알려진 다모가미도시오(田母神俊雄) 전 항공막료장(공군참모총장)이 젊은 층으로부터 높은 지지를 받았다. 그는 일본의 대동아전쟁으로 인하여 인종평등이 100년 이상 앞당겨졌고, 2008년 현직이었을 때 일본 전쟁을 옹호하는 논문 〈일본은 침략 국가였는가〉에서 대동아전쟁은 여러 아시아 국가를 백인국가의 지배로부터 해방 시켰다고 주장한 극우적인 인물로 알려졌다.

그는 도쿄지사 선거에서 자학사관을 비판하고 야스쿠니신사 참배를 지지하였다. 선거결과 61만 표를 획득하여 4위를 차지했지만 일본 선거 조사기관의 출구조사에서 20대 득표율은 2위를 차지했고, 30대

고 비판하고 있다. 네트우익은 네트워크상의 익명성과 군집성을 가진 공격적 성향이 있고, 극단적이며 위협적인 표현을 하는 경우가 많아 긍정적으로 보지는 않는다. 인터넷상에 'J우익' (J右翼)이라는 표현은 <2ちゃんねる>에서 등장하였지만, 네트우익(ネット右翼)이라는 용어가 매스미디어에 등장한 것은 2005년 5월 18일 <산케이신문>(産経新聞) 칼럼『「ネット右翼」は新保守世論』에서 소개한 것이 처음이다. 2006년 3월 14일 <ジャパンタイムズ>의「Net uyoku」가 표기되었다. 그리고 2013년 4월 <産経新聞(大阪本社版)>에서 인터넷상을 주요한 활동범위로 하는 자칭 우익단체간부에 의한 상해사건을 「ネット右翼幹部を逮捕」라고 보도하였다. 한국에서는 2012년 10월 인터넷상에서 혐한동화(嫌韓動画)나 모욕 코멘트를 흘리는 일본인 유저(日本人ユーザー)를 네트유익이라고 소개하였다(中央日報「キム・テヒ、日本から出て行け」はなぜか? 韓国の時事番組が嫌韓流を集中取材 2012年03月08日16). 우익단체 <一水会>대표 기무라(木村三浩)는 네트우익에 대해서 우익의 품격이 없다고 평가하였고, 가토 코이치(加藤紘一) 중의원은 종래의 민족계 우익과는 다르다고 평가하였으며, 우익단체 동혈사(同血社)회장 가와하라(河原博史)는 네트우익의 배외주의, 인종차별적 행위나 발언에 대해서 어떤 민족을 자민족보다 열등하게 보고 있어 중화사상에 대표되는 에스노센트리즘에 불과하다고 평가하였다(『SPA!』 2009年10月13日号). 그리고 보수잡지로 알려진 <SAPIO>는 2012년 8월 22일/29일호에 <네트망국론>이라는 특집을 내었다. 그것에 대해서 <WiLL>은 2013년 2월호에 <네트망국론>에 이의를 제기하였다(『SAPIO』第24巻 12,2012年 8月 22・29日号).

는 3위였다. 그리고 네트지지율은 1위를 차지하여 우익들이 SNS를 우익 활동에 이용하고 있다는 것이 증명되었다. 선거에서 20대나 30대의 지지를 받은 것은 중년층의 우경화보다는 젊은층의 우경화가 심화되고 있다는 증거이다.

일본의 네트우익은 인터넷을 통해서 다양한 우익적 활동을 하고 있다. 2013년 홋카이도 사루후쓰(猿払) 마을은 한반도 강제징용 피해자를 위해 추모비 건립을 계획하였다. 사루후쓰 마을에서는 약 10년 전부터 지역주민과 시민단체가 피해자 시신을 발굴하는 조사를 통해 강제징용 피해자 유골 39구를 발견했다. 일본 네트우익의 방해와 협박으로 포기하였다. 2014년 7월 네트우익의 위협과 협박으로 군마현은 다카사키시(高崎市) '군마의 숲'에 있는 조선인으로 강제적 동원된 희생자를 위한 추도비 설치허가 갱신을 불허하였다. 2014년 4월 나라현 덴리(天理)시도 네트우익이 옛 일본군 비행 장터의 안내문에 조선인 노동자와 위안소 여성이 강제적으로 연행됐다는 문구가 있다는 이유로 항의운동을 벌였기 때문에 안내문을 철거하였다. 그처럼 현재 일본에서는 네트우익이 SNS를 이용해서 전국적으로 반한운동이나 반역사적인 활동을 하고 있다.

일본에서 자생하여 생존하고 있는 우경화는 다양한 모습으로 현실정치에 관여하고 있다. 아시아에서 평화를 주장하면서 영토 분쟁을 일으키고 있고, 평화헌법 개정이나 자위대 강화를 주장하고 있으면서 선린관계를 강조하고 있고, 영수회담을 원하면서 영수가 화를 내는 일을 자초하고 있으며, 한류문화를 즐기고 있으면서 한류문화를 비하하고 있고, 외국인의 존재를 인정하면서도 차별하고 있으며, 일본 위기가 일본과 일본인을 덮고 있는데도 불구하고 마이웨이만을 이야기하게 하고 있다. 우경화 전략과 정책은 선을 빙자해서 악을 강화하려는 방법에 불과하며, 일본과 일본인을 우매하게 할 수 있으며, 동아시아나 국제사회로부터 일본의 고립을 자초하게 하는 원인이 될 수 있다는 점에서 경계해야 할 필요가 있다.

제2장 신정치프로젝트

일본은 21세기에 들어서 새로운 정치적 행보를 하고 있다는 점에서 신정치를 하고 있다. 일본의 색깔을 전면에 내세운 정치이다. 일본은 신정치를 통해서 안고 있는 현안을 일시에 그리고 일괄적으로 해결하려는 의도가 있다. 즉 국내 결속위기, 경제 침체, 국제위상 위축, 동아시아에서의 패권 갈등 등을 극복하여 국력을 향상시키려는 신정치프로젝트라는 특징이 있다. 예단하기 어렵지만 신정치는 국내외적으로 희망과 위기를 동시에 낳을 수 있다는 점에서 양날의 칼과 같은 역할과 의미를 함의하고 있다. 잘 쓰거나 활용하면 희망으로 실현될 수 있지만 잘못 쓰거나 악용되면 위기를 초래할 수 있기 때문이다.

본고에서 말하는 신정치는 전후 일본이 국시나 신념으로 추진해왔던 정치적 틀을 새롭게 구성하려는 의도로 진행되고 있는 정치적 프로젝트를 의미한다. 일본이 추진하려는 새로운 정치적 논리와 활동을 함의하고 있다. 일본에서 가동되고 있는 신정치프로젝트의 구성을 보면 다음의 〈그림 4〉와 같다.

〈그림 4〉 신정치프로젝트

〈그림 4〉에서 보듯이 일본 정부가 가동하고 있는 신정치프로젝트는 신평화민주정치, 신정치가정치, 신헌법정치, 신통치정치 등으로 구성되어 있다. 신정치가 일본 성장을 추구하고 위기를 극복할 것이라고 단언할 수도 없고, 그렇다고 국제적 위기를 극복하고 화합을 증진시킬 것이라는 확신도 없다. 다만 일본만을 위해서라는 차원에서 보면 긍정적으로 기능할 수도 있지만, 국제 사회라는 차원에서 보면 부정적으로 작동할 가능성이 높다.

신평화민주정치

전후 일본이 추구하는 평화민주정치는 전쟁수단을 갖지 않고, 전쟁을 하지 않는 상태에서 국내외 사회에 평화적으로 공헌함으로써 실현되는 것이다. 평화주의와 민주주의는 정부가 독단적으로 국가를 운영하거나 방향을 결정하기 보다는 국민 의견을 충분히 반영하여 결정하는 상태에서 국내외 사회에 평화적 공헌을 하는 것을 의미하고 있다. 그런 점에서 본다면, 일본이 추구하는 평화주의와 민주주의는 일본을 평화민주 체제로 구축하여 국내외 사회에 공헌하는데 최대 가치와 의의가 있는 이념이다.

주지하는 바와 같이 전후 일본이 최고 이념으로 평화주의와 민주주의에 기초해 구축해온 평화민주 국가는 버리고 싶어도 버릴 수 없는 것으로 선택의 대상이 될 수 없는 절대가치를 갖고 있다. 평화주의와 민주주의는 전후 일본이 패전을 겸허하게 인정하는 차원에서 일본국 평화헌법으로 구체화되었다. 당시 패전국 일본을 점령했던 GHQ는 자율적 선택 기회를 제한하였지만 평화주의를 최고의 목표 가치로 그리고 민주주의를 실천 가치로 규정하여 일본이 평화민주 체제를 구축하는데 국력을 집중하도록 하였다. 그래서 전후 일본은 냉전에 휘말리지 않고 성장과 발전을 이룰 수 있었다. 여러 사정이 변했다고 해서 일본이 평화주의와 민주주의를 다른 방향에서 해석하거나 배제한다면 군국주의나 제국주의에 대한 반성을 저버리는 것은 물론 현재 일본의 존립 가치와 정당성을 잃어버리게 된다.

역사적으로 보면, 일본이 평화주의와 민주주의에 기초한 평화 민주 체제를 구축해야 하는 근거로 한 것이 포츠담 선언이다. 미국과 소련을 중심으로 한 승전국은 1945년 7월 17일 '포츠담 선언'을 발표하고 일본이 수용할 것을 강하게 요구하였다. 패전을 목적에 두고 있던 제국국가 일본은 1945년 8월 9일부터 10일 오전 2시 반에 걸쳐 천황, 중신, 각료, 대본영 간부 등이 출석한 어전 회의에서 포츠담 선언을 원칙적으로 수락하게 된다. 이 선언의 수락으로 점령군은 일본 국가의 존속을 인정하고 일본이 가야할 방향을 결정하였다.[5] 포츠담 선언에

5) 특히 포츠담 선언에는 항복후의 대일정책이 함축되어 있다. 이 선언은 전체 13조로 구성되어 있다. 일본과 관련된 중요한 내용 중 첫째는 일본에 있어서 군국주의 일소, 완전한 무장해제, 평화적이며 생산적인 생활로의 복귀, 전쟁범죄인처벌 등을 규정하고 있다. 둘째는 민주주의 부활 및 강화, 자유 및 기본적 인권의 확립 등에 대한 규

서 규정한 일본의 비군사화, 비군국주의화, 민주화, 자유화, 비제국주의화, 평화경제화 등은 일본이 실천해야 할 가장 기본적인 사항이다. 포츠담 선언은 단순히 일본이 추진해야 할 명분적 규정이 아니라 실천해야 할 국시적 규정인 것이다. 일본은 평화주의와 민주주의를 토대로 해서 평화체제와 민주질서를 확립하고 궁극적으로 평화민주 국가를 구축해야 할 역사적 책임이 있다.

포츠담 선언의 수용은 전쟁을 종식시키고 제국주의를 버리는 대신에 평화주의와 민주주의를 일본이 실천해야 하는 중요한 사명으로 수용하는 것을 의미하였다. 당시 승전국은 일본이 제국주의를 극복할 수 있는 사상으로 평화주의와 민주주의를 규정하였다. 그 이유는 일본이 제국주의와 식민지주의를 실천하는 과정에서 태평양전쟁을 수행하였고 인류에게 많은 불행을 안겨주는 사태를 일으켰기 때문이다. 따라서 평화민주 국가를 구축하고 실천하는 것은 당시 일본이나 현재 일본을 성립하게 하는, 그리고 가치를 갖게 하는 최소한의 조건이라고 할 수 있다.

포츠담 선언은 패전국 일본이 국가로 존재하기 위해 지켜야 할 절대적 규칙을 정한 것이기 때문에 그 핵심인 평화주의와 민주주의를 실천하지 않는다면 그로부터 자유로울 수 없다. 일본이 추구해온 평화민주 국가는 평화민주정치, 평화민주경제, 평화민주사회, 그리고 평화민주문화 등으로 귀결된다고 할 수 있다. 만약 일본이 평화민주국

정이다. 셋째는 연합국이 결정하는 여러 섬에 대해서 일본의 주권을 제한하는 것이다. 넷째는 비군사 산업과 그를 위한 원자재 입수의 허용, 장래에 있어서 세계무역관계 참가를 허가하는 것이다. 다만 전쟁을 위해 재구축을 가능하게 하는 산업은 허용하지 않는 것이다. 다섯째는 신질서 건설까지 연합군에 의한 일본점령이 이루어지는 것이다. 여섯째는 그런 목적을 달성하기 위해서 일본 국민이 자유롭게 표명한 의사에 따라 평화를 책임지는 정부가 수립되면 점령군은 철수한다는 것을 명시하고 있다.

가를 거부하거나 이행을 하지 않는다면, 일본이라는 국가는 그것에 상응하는 국가적 · 국민적 책임을 엄중하게 져야 할 것이다.

일본 정부는 전후에 구체적으로 추진하고 체계화 해온 평화민주 국가 구축이 점령군의 의지에 의해서 강제된 것이지 일본의 의지에 기초한 것이 아니라는 차원에서 그리고 일본 위기와 일본 성장의 이름으로 버리고 있다. 정치영역에서는 평화적이며 민주적이며 협력적인 국제관계나 국내관계가 무시되고 있고, 국민의 민주적 목소리보다는 우익적인 목소리가 반영되는 일본 중심적이며 일본 일변도의 강경정책이 추진되고 있어 신 일본 민족주의와 신 냉전주의를 발생시키고 있다.

또한 시민의 권리를 위협하고 강제하는 각종 안보관련 법이나 제도를 제정하여 반인권적인 정책을 추진하고 있어 민주 질서를 해할 위험성이 있다. 뿐만 아니라 국가 편향적인 정체성을 강조하고 평화 시민 정체성과 사회 질서를 흔들어 놓고 있다. 그리고 문화 공유시대에 역행하는 문화 차별화가 사회 저변에 확산되고 있는 가운데 한류로 불리는 한국의 대중문화를 경계하는 현상뿐 아니라 반대하는 반한류운동이 벌어지고 있어 문화적 위화감을 조성하고 있다. 일본 정부는 반문화적인 운동에 대해서 적극적으로 옹호하거나 반대하고 있지 않다. 일본 정부의 대외 대응 방식과 일맥상통하고 있기 때문이다.

일본 정부 주도로 진행되고 있는 정치 독점적인 내외적 정책과 전략은 반평화주의적이며 반민주주의적인 성격을 강하게 갖고 있어 국내외적으로 많은 불협화음을 발생시키는 동시에 일본이 추구해온 평화민주 국가를 위기로 몰아가고 있는 중요한 요인이 되고 있다. 일본에서 벌어지고 있고 일련의 반국제적이며 갈등 지향적인 흐름은 국제사회에서 반일운동으로 일어나 확장될 가능성이 있다. 동아시아에서 각종 사회영역간의 충동이나 갈등으로 비화될 수 있다는 점에서 경계할 필요가 있다. 이 시점에서 보면, 일본은 신 정치가 초래할 여파를 판가름하기 위해 저울질할 때가 온 것이다.

신헌법정치

일본이 패전국임에도 불구하고 전쟁을 하지 않는 평화국가로 새롭게 태어날 수 있었던 것은 평화주의와 민주주의에 기초한 일본국헌법을 제정했기 때문이다. 인류 보편적인 개념들이 구체적으로 체현된 것이 평화 헌법으로 불리는 '일본국헌법'이다. 평화를 최고의 가치로 규정한 일본국헌법은 전쟁을 하지 않는 국가뿐 아니라 전쟁을 할 수 없는 국가가 될 것을 헌법적인 차원에서 규정하고 있어 반전의 의미를 가진 유일한 헌법이다. 평화국가는 전쟁하기 위해 필요한 무력 수단을 만들지 않을 뿐 아니라 갖지 않고 사용하지 않는 절대적 평화국가를 의미한다. 전후 일본 국가는 인류 최고의 가치로 평가받는 '전쟁을 하지 않는 평화국가'를 지향하는 전무후무한 국가라는 특징이 있다.

일본국헌법은 다양한 과정을 거쳐 제정되었다. 1945년 10월 12일 맥아더는 시데하라 수상과의 회견을 통해 대일정책과 관련된 성명서를 발표하였다. 그 가운데는 부인참정권, 노동조합 촉진, 노동자의 발언 강화와 아동노동의 악폐 교정, 자유주의적 교육을 위한 교육 개설, 압정 및 전제 제거, 산업 및 무역에 있어서 독점 시정 과 경제기구 민주화 등이 포함되었다. 맥아더는 1946년 2월 2일 민정국장 호잇트니 준장에게 신 헌법의 기본적 내용이 되는 3가지 원칙을 지시했다. 즉 하나는 세습제 천황을 원수로 하지만 그 의무 및 권능은 헌법에 근거해서 행사하고 국민의 기본적 의사에 대해서 책임질 것, 둘째는 국가의 주권적 권리로서 전쟁을 포기하고, 일본은 분쟁해결의 수단으로서 그리고 자기 안전을 보호하는 수단으로서 전쟁을 포기할 것, 셋째는 봉건제도의 폐지, 황족을 배제하고 화족의 권리는 생존자 1대에 한정하고, 화족의 수여에는 정치권력을 포함하지 않으며, 예산 형태는 영국 제도로 하는 것 등이었다.

이런 원칙에 근거해서 민정국은 신 헌법 초안을 만들어갔다. 이 작업의 총괄은 법률가 출신 육군 대좌 케디스가 담당하였고, 초안은 맥아더의 승인을 받았다. 시데하라 수상은 1946년 2월 22일 GHQ의 초안에 기초해서 헌법을 개정하는 각의 결정을 하였다. 초안 요강에는 천황을 상징적인 존재로 하고, 주권 재민을 명백히 하였고, 전쟁 포기와 비무장을 선언하였으며, 기본적인 인권과 자유, 양성평등, 사회복지나 노동자의 단결권보장 등을 규정하였다. 시데하라 내각은 1946년 4월 17일 헌법개정 초안을 발표하고, 10월 17일 제국의회에서 가결되었으며, 추밀원에서 10월 29일 가결된 후 11월 3일 공포되어 1947년 5월 3일 시행되었다. 일본국헌법의 구성을 보면 다음과 같다.

〈표 4〉 일본국헌법의 구성

구분	내용	구분	내용
총칙	전문(前文)	제1장	천황(天皇:1条 - 8条)
제2장	전쟁의 포기(戦争の放棄 9条)	제3장	국민의 권리 및 의무(国民の権利及び義務:10条 - 40条)
제4장	국회(国会:41条 - 64条)	제5장	내각(内閣:65条 - 75条)
제6장	사법(司法:76条 - 82条)	제7장	재정(財政:83条 - 91条)
제8장	지방자치(地方自治: 92条 - 95条)	제9장	개정(改正:96条)
제10장	최고법규(最高法規: 97条 - 99条)	제11장	보칙(補則:100条 - 103条)

표에서 보는 것처럼 일본국헌법은 총칙과 전체 11장으로 구성 되어 있다. 헌법에서 중요한 것은 상징천황제, 전쟁포기와 비무장선언, 인권과 자유이념 확립, 사회적 권리 보장과 건강한 문화적 최저한도의 생활을 영위할 권리, 그리고 선거법 개정, 주민의 직접선거에 의해 지방자치단체장을 선출하는 지방자치법, 교육개혁 등이다. 천황에 대한 권능과 임무에 대해서는 제1장에서 규정하고 있고, 전쟁포기에 대한 규정은 제2장 9조에 구체적으로 규정하고 있다. 맥아더와 GHQ는 이 헌법을 일본의 자주적인 선택이라고 주장하였고, 평화주의, 민주주의, 자유주의 등을 규정한 헌법을 일본 국민이 선택한 것으로 인식하여 환영한다는 태도를 표명하였다. 평화헌법은 점령군의 주도로 진행되었지만 일본 정부의 의지도 나름대로 반영된 것이라고 할 수 있다.

일본국헌법이 최고의 가치로 규정한 평화주의와 민주주의는 결국 전쟁과 관련 없는 국가를 만들어 민주적인 평화국가를 지켜 나간다는데 의미가 있다. 평화주의는 전쟁을 할 수 있는 일체의 수단을 제거하고 다시는 갖지 않음으로써 실현되는 것이다. 민주주의는 국민이 주인으로서 전쟁하지 않는 국가를 만들기 위한 의지를 표현함으로써 실현되는 것이다. 그 과정에서 중요하게 작용하는 요식행위가 선거이다. 만약 국가가 독단적으로 나서서 국민이나 시대의 운명을 결정하도록 강제하거나 선거를 왜곡하는 것은 민주주의 원리에 위배되는 것이다. 따라서 일본국헌법에 기초해서 구축해 온 평화민주 국가 일본이 그런 규정이 있는 헌법을 개정하거나 폐기하게 되면 평화주의와 민주주의를 포기하는 것이 된다.

전쟁이 끝난 후 일본을 살린 이념은 국가에 의한 제국주의가 아니라 국민을 주인으로 등장시킨 민주주의, 군사성장이 아니라 경제 성장을 최고의 가치로 한 경제지상주의, 자국의 평화와 세계평화에 기여하는 영구평화주의, 군사적 무장을 하지 않고 핵무기를 만들지 않고 사용하지 않고 들여오지 않아 전쟁을 하지 않는다는 탈군사 주의 등이다. 헌법을 버리는 것은 일본을 살리고 평화를 구축해 온 이념과 체제를 버려 전쟁을 하겠다는 의미를 함의하는 것이다. 그렇기 때문에 헌법을 뒤집는 것은 전후 평화민주 국가 일본을 뒤집는 것이다.

그럼에도 불구하고 전후 일본에서는 일본국헌법을 개정해야 한다는 목소리가 정치권이나 우익인사들을 중심으로 끊임없이 이어져 왔다. 일본국헌법이 자주적으로 제정된 것이 아니며 현실에 맞지 않는다는 이유에서다. 일본정부는 일본국헌법 제9조에 기초해서 군사적 행동보다는 경제적 행동을 통해서 세계평화에 기여해 왔지만 표시가 나지 않기 때문에 군사적으로 공헌하는 보통 국가로서 활동 해야 한다고 주장하고 있다. 21세기에 들어서 아베 신조는 일본 총리로 취임한 후 일본국헌법의 개정을 추진하고 있고, 전쟁포기를 규정한 헌법 제9조를 개정해야 한다는 주장을 하였다. 헌법 제9조의 포기는 평화민주국가의 포기로 이어지는 것이다.

일본 정부는 군사적 행동을 통해 세계평화에 공헌하기 위해서 유엔헌장과 상충되는 일본국헌법을 개정해야 한다고 주장하고 있다. 아베 정부가 헌법전문을 시작으로 헌법 제9조를 개정해야 하는 정당성을 다음과 같은 규정에 근거하고 있다. 그것은 유엔헌장 제7장이다. 유엔헌장 제7장은 집단안전보장의 근거가 되고 있는 것으로 유엔안전보장이사회가 특정국가에 대해 경제제재로는 충분하지 않다고 판단한 경우, 유엔군을 구성해 군사행동을 할 수 있도록 한 규정이다. 유엔이 군사적 행동이 필요하다고 결의한 사안에 대해 군사적으로 공헌을 해야 한다는 논리이다. 이면에는 군사적 강화를 통해 일본 군사력을 키워야 하는 일본 내외적인 이유와 사정이 있다.

전후 일본을 전쟁하지 않는 국가로 규정하고 있고, 군사적 공헌보다는 경제적 공헌을 하게 한 일본국헌법 제2장 제9조의 내용을 보면 다음과 같다.

> "日本国民は、正義と秩序を基調とする国際平和と誠実に希求し、国権の発動たる戦争と、武力による威嚇又は武力の行使は、国際紛争を解決する手段としては、永久にこれを放棄する。②前項の目的を達するため、陸海空軍その他の戦力は、これを保持しない。国の交戦権は認めない。"(일본 국민은, 정의와 질서를 기조로 하는 국제평화와 성실을 희구하며, 국권발동이 되는 전쟁과, 무력에 의한 위구 또는 무력행사는, 국제분쟁을 해결하는 수단으로서, 영구히 그것을 포기한다. ② 전항의 목적을 달성하기 위해 육해공군 그이외의 전력은 그것을 보유하지 않는다. 국가의 교전권은 인정하지 않는다.)

일본은 위와 같은 헌법조항 때문에 유엔의 분쟁 해결을 위한 본격적인 군사 활동에 소극적이었다. 따라서 아베 총리는 평화 헌법인 일본국헌법의 개정을 통해서 유엔의 집단안전보장 활동에 적극적으로 참여하여 평화를 구축하는데 공헌할 수 있도록 신 일본국헌법을 만들려 하고 있다. 신 일본국헌법은 신 국가 체제를 구축하려는 것과 연결되고 있다.

헌법 개정에 함의되어 있는 진의는 국제사회에 평화적 공헌을 하기 위해 국가 역량을 강화하기 보다는 군사적으로 활동이 가능한 일본 국가를 만들고, 일본군의 역할과 활동을 제한 없이 할 수 있는 군사대국 일본을 구축하는 것이다. 그렇게 해서 국제사회에서 벌어지고 있는 이해 관계를 해결하는데 일본 군대를 동원해 적극적으로 대응하겠다는 것이다. 국제평화 유지군으로서 활동하여 국제위상을 높이는 동시에 동아시아에서 벌어지고 있는 각종 이권경쟁에서 군사적으로 대응해 국익을 확보하려는 의도가 있는 것이다.

헌법 개정을 위해 선행되어야 할 것은 우선 헌법 제96조에 규정하고 있는 국민투표 발의 요건을 참의원과 중의원 각각 3/2 동의에서 각각 2/1 동의로 낮추는 것이다. 헌법 제9조를 개정하는 전략을 갖고 있다. 현재 중의원에서 개헌 찬성파는 3/2를 확보하고 있지만 참의원에서 아직 미달하고 있다. 아베 총리는 자민당, 공명당, 일본유신회 등 우호적인 정당의 지지를 통해 개헌을 위한 전제 작업을 진행하고 있다. 앞으로 진행되는 참의원 선거는 의원을 선출하는 의미도 있지만 헌법 개정에 필요한 찬성파를 선출하는 의미를 함의하고 있어 매우 중요한 선거가 될 전망이다.

현 시점에서 보면, 적어도 '일본국헌법의 수호'를 통한 평화국가 일본 만들기는 1945년부터 시작되어 2016년 현재까지 60여 년 간 진행되어 어느 정도 성공을 거두었다고 평가할 수 있다. 그럼에도 불구하고 일본 정부가 평화헌법인 일본국헌법을 개정하는 것은 평화국가 일본을 버리는 결정적인 계기가 된다는데 정당성에 대한 의문이 생기는 한편 적극적인 반대자를 부추기는 경향이 있다. 더욱이 동아시아에서 신 냉전을 촉발시키고 평화 역사를 깨는 것을 의미한다는 점에서, 동아시아에서 전쟁 도발의 가능성을 높이고 있다는 점에서 많은 위험성을 내포하고 있다.

일본 국내에서는 일본국헌법을 개정하려는 움직임에 대해서 제어하거나 제동을 거는 힘이나 세력이 약화되거나 사라지고 있다. 전쟁을 직접적으로 경험하지 못한 전후세대가 주류를 형성하고 있고, 개인주의와 개인 이익에 관심을 갖고 동일하게 움직이는 개인적 대중이 정치적 의도와 목적을 방관하고 있기 때문이다. 헌법 개정과 정치권의 의도에 대한 무관심은 일본 정부의 움직임을 쉽게 해주는 중요한 요인이 되고 있다. 일본이 일본국헌법의 개정을 통해 평화국가를 포기한다면, 전쟁국가 일본으로 전환될 가능성이 매우 높다. 동아시아에서 벌어지고 있는 국가 간의 갈등이나 경쟁관계가 직간접적으로 증명하고 있다. 분명한 사실은 전후 일본이 평화헌법에 기초해서 구축해온 평화국가가 일본을 살렸다는 역사적 사실을 망각하거나 잊어서는 안 된다는 점이다.

신정치가정치

21세기에 들어서 일본에서는 일본적 정치가가 각광을 받으며 한 시대를 풍미하고 있다. 일본을 두둔하고 편파적인 자긍심을 자랑하는 정치가가 인기와 지지를 얻고 있다는 점에서 일본적 정치가 시대가 도래 했다고 할 수 있다. 일본적 정치가는 일본만을 위해서 정치적인 사고와 행위를 하는 일본인의 정치가로 정의할 수 있다. 일본과 관련된 국내외적 문제를 일본 편향적으로 생각하고, 일본 이익만을 추구하는 독점적이고 경사된 행위를 하는 특징이 있다. 그런 이유 때문에 정치계에서는 일본적 정치가가 많이 포함되어 있는 우향적인 정당이 지지를 얻고 여론 몰이를 주도하고 있다.

자유민주당 총재인 아베 신조 총리가 얻고 있는 지지는 그와 같은 일본적 정치가라는 인식에 기초한 옹호 때문에 일어난 현상이라고도 할 수 있다. 그런 점에서 본다면 지금의 아베 총리에 대한 지지와 평가는 비정상적인 현상이다. 일본적인 정치가가 많이 소속된 자유민주당에 대한 지지도 그와 같은 사정과 연동되어 있는 것이다. 일본적인 정치가가 전면에서 활동할 수 있는 것은 그들을 추종하고 지지하는 이른바 일본적인 시민이나 단체가 있기 때문이다. 당분간 일본적인 분위기와 색깔은 아베 총리의 지지율과 자민당의 지지, 아베 총리나 자민당의 독재를 지속시키는 힘으로 작용할 것으로 보인다. 그러나 그런 사고와 행동은 일본을 바르지 못한 방향으로 이끄는 원인이 되고 또한 국내외적으로 갈등을 일으킬 소지가 많다는 문제점을 내포하고 있다.

아베 총리는 일본인의 기대와 인내를 끌어내고 있는 경기 부양책으로서 아베노믹스를 등에 업고 국내외 정책을 방만하게 추진하고 있으며, 일본적 색깔을 노골적으로 표현하는 퍼포먼스를 통해 자신과 자민당 정권, 일본의 운명을 걸고 있다. 아베 총리가 지지받고 있는 요인은 아베 총리가 추구하는 각종 정책에 대해서 일본적 정치가들이 적극적으로 지지하고 두둔하고 있기 때문이며, 그것을 등에 업고 추진하고 있는 각종 정치적 퍼포먼스 때문이다. 본고에서는 아베 총리가 중심이 되고 주위에서 서성이는 일본적 정치가가 적극적으로 옹호하는 가운데 추진되고 있는 각종 정책이나 행동을 통틀어 아베포먼스(Abe + Performance)라고 규정한다.

아베포먼스는 아베 총리가 벌이고 있는 의도적이며 편애적인 정치 정책 퍼포먼스를 의미하는 것이다. 즉 강한 일본 만들기 선언, 각종 위기 상황으로 추락한 일본 위상이나 자존심 높이기, 일본적인 문제에 대한 일괄적 해결 방식, 현안에 대한 편향적 해결 시도, 일본 위기 극복책의 일환으로 추진된 올림픽 유치, 시장원리를 벗어나 진행되고 있는 즉흥적인 경기회복 정책, 731항공기 탑승, 야스쿠니신사 참배, 역사적 사실을 왜곡하는 각종 이벤트성 발언, 아베노믹스, 독도와 센카쿠 열도 자국화의도, 평화헌법 개정과 집단적 자위권 선언, 안보 관련 법안 처리 등과 같은 것이 대표적인 아베포먼스이다.

아베포먼스는 여당인 자민당이 중의원 및 참의원을 지배하도록 하는 원동력으로 작용하고 있고, 다른 우향적 정당에도 영향을 주고 있다. 2015년 현재 우향적 정당인 자민당은 참의원 115명과 중의원 294명, 공명당은 참의원 20명과 중의원 31명, 일본유신회는 참의원 9명과 중의원 53명, 우리 모두의 당은 참의원 18명과 중의원 18명 등으로 참의원과 중의원에서 월등히 앞서고 있다. 그것은 아베포먼스 효과라고도 할 수 있다. 일본 내에서 우향적 정당이나 의원이 활발하게 활동함으로써 계속해서 우향적인 정책과 이벤트를 할 수 있게 하는 환경이 만들어지고 있다. 그런 영향 때문에 아베포먼스는 계속될 것이고, 그 과정에서 일본 내의 긴장과 분열, 동아시아의 긴장과 갈등도 지속될 것으로 예상된다.

다음은 2015년 2월 15일 NHK가 조사한 각 정당 지지율이다. 정당 지지율 가운데 현재 여당인 자유민주당이 야당을 압도하고 있다.

〈표 5〉 각 정당의 지지율 현황

정당명	자유민주당 自由民主党	민주당 民主党	유신의 당 維新の党	공명당 公明党	일본공산당 日本共産党	차세대의당 次世代の党	사회민주당 社会民主党
지지율	45.7%	9.9%	4.2%	3.6%	3.4%	0.1%	0.6%
정당명	일본을 건강하게 하는 모임 日本を元気にする会	생활의당 生活の党と山本太郎と仲間たち	신당 개혁 新党改革	오사카 유신회 おおさか維新の会	그 이외	정당지지 않음	미답
지지율	0.1%	0.0%	0.1%	–	0.2%	26.6%	5.7%

자료 : 지지율은 NHK世論調査 2015年 2月 15日, 정당 : フリー百科事典『ウィキペディア(Wikipedia)』(2015/11/06)에서 재구성

표에서 보면, 자유민주당이 45.7% 지지를 받고 있어 압도적으로 우위를 차지하고 있다. 지지율은 아베 내각이 주도하고 있는 각종 정책에 대한 반향, 일본적 정치가가 속한 자유민주당 등과 연관되어 있는 것이다. 그리고 자유민주당과 노선을 같이하고 있으면서 일본적 정치가가 속한 정당이 지지를 받고 있다. 즉 연립 내각을 구성한 공명당, 정치적 노선과 입장에 대해서 동일선상에서 움직이고 있는 우향적 정당인 유신의 당이나 오사카 유신회 등도 그에 해당된다고 할 수 있다. 국회에서 자유민주당이나 일본적 정치가가 속한 정당에 의한 지배는 헌법 개정과 같은 전후 문제를 일괄적으로 타결할 수 힘으로 작용할 수 있다는 점에서 매우 의미가 있다. 2013년 7월 21일 참의원 선거에서 압승한 자유 민주당은 일본이 안고 있는 사안 중에서 중요한 개헌 논의를 시작하였고, 국력을 강화시키기 위한 통치법이나 통치기관을 구체화하고 있다.

아베 신조는 2006년 총리에 취임한지 1년 만에 낙마했던 사실이 있다. 2013년 제2차 내각을 구성한 아베 총리는 제1차 내각 때와는 달리 일본적 정치가 중심으로 내각을 구성하고 국내외 현안에 대해서 강경 노선으로 대응하여 새로운 돌파구를 찾고 있다. 경제 정책에서는 아베노믹스를 주장하여 새로운 해결안을 모색하고 있고, 정치적으로는 대외강경 노선을 추구하여 동아시아에서 신 냉전을 촉발시키고 있다. 그런 정치 경제적 행보는 제1차 내각의 실패에 대한 반성과 학습에서 나온 것이어서, 그리고 거기에서 일본의 희망을 찾고 있는 것이어서 당분간 지속될 것으로 보인다.

〈표 6〉에서 보면, 제2차 아베 내각이나 제3차 아베 내각에 입각한 인물들은 일본적 색깔을 강하게 표현하고 아베 총리를 적극적으로 지지 하는 일본적 정치가라고 할 수 있다.

〈표 6〉 제2차 아베 내각 및 제3차 아베 내각 인물

<table>
<tr><th rowspan="3">담당영역</th><th colspan="3">장관명</th></tr>
<tr><th rowspan="2">2012년12월
2차내각 이름</th><th colspan="2">2015년 10월 7일 3차내각</th></tr>
<tr><th>이름</th><th>특징</th></tr>
<tr><td>내각총리대신</td><td>아베 신조
(安倍晋三)</td><td>아베 신조
(安倍晋三)</td><td>아베노믹스 주창자</td></tr>
<tr><td>부총리/재무대신/
금융담당대신</td><td>아소타로
(麻生太郎)</td><td>아소타로
(麻生太郎)</td><td>내각법9조의
제1순위 지정대신,
아베노믹스 추진</td></tr>
<tr><td>총무대신/
지방분권개혁
담당대신</td><td>신도요시타카
(新藤義孝)</td><td>다카이치 사나에
(高市 早苗)</td><td>아베 총리와 정치적 동지</td></tr>
<tr><td>범무대신</td><td>다니가키사다카즈
(谷垣禎一)</td><td>이와키미쓰히데
(岩城 光英)</td><td>자민당참의원</td></tr>
<tr><td>외무대신</td><td>기시다 후미오
(岸田文雄)</td><td>기시다 후미오
(岸田文雄)</td><td>아베 총리의 잠재적
경쟁자</td></tr>
<tr><td>문부과학성</td><td>시모무라하쿠분
(下村博文)</td><td>하세 히로시
(馳 浩)</td><td>교육재생담당대신
보수국가로의 대전환 주장</td></tr>
<tr><td>후생노동대신</td><td>다무라 노리히사
(田村憲久)</td><td>시오자키야스히사
(塩崎 恭久)</td><td>아베 총리와 정치적 동지</td></tr>
<tr><td>농림수산대신</td><td>하야시요시마사
(林芳正)</td><td>모리야마 히로시
(森山裕)</td><td>총리가 야스쿠니신사
참배하는 것 문제없음</td></tr>
<tr><td>경제산업상/
원자력손해배상
지원기구담당대신</td><td>모테기토시미쓰
(茂木敏充)</td><td>하야시 모토오
(林 幹雄)</td><td>산업경쟁력담당/
내각부특명담당대신/
이시하라신타로 지지자</td></tr>
<tr><td>국토교통대신</td><td>오타 아키히로
(太田昭宏)</td><td>이시이 게이이치
(石井啓一)</td><td>순환정책담당
공명당</td></tr>
<tr><td>환경대신/
원자력방재
담당대신</td><td>이시하라노부테루
(石原伸晃)</td><td>마루가와 다마요
(丸川珠代)</td><td>내각부특명담당대신
아베 총리로 정계입문</td></tr>
<tr><td>방위대신</td><td>오노데라이쓰노리
(小野寺五典)</td><td>나카타니겐
(中谷 元)</td><td>안보관련법개정담당</td></tr>
<tr><td>내각관방장관</td><td>스가요시히데
(菅義偉)</td><td>스가요시히데
(菅義偉)</td><td>아베 총리와 정치적 동지</td></tr>
</table>

부흥대신	네모토타쿠미 (根本匠)	다카기 쓰요시 (高木毅)	후쿠시마원발 사고대책총괄담당
국가공안위회 위원장/ 방재담당대신	후루야케이지 (古屋圭司)	고노타로 (河野太郎)	행정개혁담당/ 국가공무원제도담당/ 소비자및식품안전규제 개혁방재
오키나와 및 북방대책/ 과학기술정책/ 우주정책담당대신	야마모토이치타 (山本一太)	시마지리아이코 (島尻 安伊子)	내각부특명담당대신 오키나와 및 북방대책/ 과학기술정책/ 해양정책영토문제담당/ 정보통신기술정책담당/ 재팬전략담당/ 아베 총리지원
소비자 및 식품안전/ 소자화대책 남녀공동참가 담당대신	모리마사코 (森まさこ)	없음	- 3차내각 때 타부서로 이전
경제재정정책 담당대신	아마리아키라 (甘利明)	아마리아키라 (甘利明)	사회보장세일체 개혁담당 아베노믹스 추진자
규제개혁담당대신	이나다 토모미 (稲田朋美)	없음	- 3차내각 때 타부서로 이전
1억총활약담당상, 여성활약담당/ 챌린지담당, 납치문제담당. 국토강인화담당. 내각부특명 담당대신	없음	가토 가쓰노부 (加藤 勝信)	3차내각 때 신설 비판신문사 무너뜨리자 선언
지역창생담당 내각부특명 담당대신 국가전략특명 담당대신	없음	이시바시게루 (石破 茂)	3차내각 때 신설 아베 총리의 잠재적 경쟁자

도쿄올림픽 경기대회. 도쿄패럴린픽 경기담당	없음	엔도토시아키 (遠藤 利明)	3차내각 때 신설 아베노믹스 추진자

아베 총리가 구성한 내각에 대한 지지율의 추이는 2015년 7월 〈시사통신사〉 조사에 의하면 2013년 1월부터 2015년 6월까지 부지지보다 지지가 많은 것으로 나타나고 있다. 2013년 아베 내각에 대한 지지율은 50% 후반에서 60% 후반까지 오르락내리락하고 있지만 비교적 높은 편이다. 2013년 12월 특정 비밀 보호법안 통과, 야스쿠니신사 참배 등의 영향으로 지지율은 49%로 하락하였다. 2014년 7월에는 아베 총리 취임 후 최저 지지율 45.2%를 기록하였다. 2015년 2월에는 다시 아베포먼스 효과로 50% 지지율을 회복하였다. 아베포먼스가 반드시 지지율을 높이는 요인으로만 작용하는 것은 아니지만 아베 내각 지지율의 토대가 되고 있다는 것을 부인할 수 없다.

아베 내각은 60% 전후의 지지율에도 불구하고 아베 총리의 방사능 대응에 대한 발언이나 대책 그리고 소비세 증세에서 보듯이 하락 요인도 다수 가지고 있다. 그것을 보면 아베 총리나 아베 내각에 대한 지지율은 롤러코스트를 타고 있는 것처럼 변화가 심할 것으로 보인다. 아베포먼스에 대한 지지율의 의미를 해석해 보면, 총론적 차원에서 어느 정도 지지한다는 것을 의미하지만, 각론 차원에서 보면 신뢰하기 어렵거나 부정적인 측면이 있다는 민심이 함의되어 있는 것이다. 그런 현상은 아베 내각이나 일본의 아킬레스건으로 작용할 것으로 예상 된다. 왜냐하면, 총론 찬성 각론 유보는 아베 내각이나 정책에 대해 거시적 차원에서 기대하는 것을 의미하지만 최종적으로는 각론의 결과를 보고 판단하겠다는 의미가 함의되어 있기 때문이다. 각론에서 실패하면 아베 내각과 정책은 일시에 버림 받을 가능성이 매우 높다.

2013년 취임한 후 자유민주당의 지지를 지탱하고 있는 아베 내각은 장기 집권할 것이라고 예상되고 있다. 일본의 시사주간지 〈슈칸아사히〉(週刊朝日)에 따르면, 아베 총리가 이끄는 자민당이 2016년 7월 선거에서 중의원과 참의원 의석 중에서 3분의 2이상을 차지할 것으로 예상하고 있다. 시나리오가 크게 틀리지 않을 것이라는 증거는 우선 일본 국내외 정치적 환경이 아베 총리에게 유리하게 작동하고 있다는 점이다. 아베 총리가 도쿄올림픽 유치에 성공하면서 65% 이상의 지지율을 기록하였다. 그리고 일본 정치가 중에서 아베 총리에게 도전할 수 있는 유력 후보가 떠오르지 않고 있다. 자민당 2인자 이시바 시게루(石破茂) 의원, 전 총리를 지냈고 현재 내각 2인자 아소 타로(麻生太郎) 부총리도 아베 총리의 경쟁 상대가 되지 못하고 있다는 설이 나오고 있다.

아베 총리가 전면에 나서서 일본 살리기라고 적극적으로 추진하고 있는 아베포먼스로 대표되는 일본적 정치 쇼는 일본에 발흥하고 있는 강경 내셔널리즘을 부추기는 힘으로 작용하고 있고, 정치 쇼를 주도하고 있는 일본적 정치가는 강경 민족주의자로 부각되어 시대적 아이콘으로 자리 잡고 있다. 일본적 정치가들은 국제사회에서 벌어지고 있는 역사적, 영토적, 영공적, 근대사적 문제를 일본적으로 해석해서 적극적으로 대응하고 있다. 그 과정에서 우향적 성향의 일부 국민은 국내외적 감각이 경사된 일본적 정치가를 지도자로 열렬히 지지하고 있는 것이다.

일본적 정치쇼를 주동하고 있는 일본적 정치가들은 아베포먼스가 정책적으로 대실패를 하거나 일본을 큰 위기로 내몰거나, 동아시아에서 국지전과 같은 대형사고로 좌초되지 않는 한 그들의 노선과 함께 살아남을 수 있을 것으로 예상되고 있다. 이 시점에서 본다면, 아베포먼스와 같은 형태의 일본적 정치 쇼가 일본 위기를 극복하고 일본인을 먹여 살려 생존하게 하는 사상적이며 실천적인 토대가 허술하게 되면 한정적인 결과만을 내고 막을 내릴 가능성도 배제하기 어렵다. 일본적 정치가가 뜨고 있는 점을 감안해 보면, 아베 정부가 추구하는 아베포먼스, 강경민족주의, 동아시아와의 대결에 따른 신냉전주의 등은 당분간 지속될 것으로 보인다.

신통치정치

일본 정부는 신통치 정치를 하기 위해서 신통치 법을 제정하거나 신통치 기관을 설치하여 실천하고 있다. 전후 일본은 일본국헌법에 기초해서 강한 통치 법이나 기관을 구축하는데 자유롭지 못하였다. 비민주적이거나 반평화 주의적 법이나 기관에 대해서는 강한 거부감을 가지고 있었다. 그러나 1980년대 동서 냉전이 종결되고 국제사회의 군사적 긴장이 중동을 중심으로 확산되어 미국은 일본이 군사적 역할을 해줄 것을 강하게 요구하였다. 그에 대한 호응으로 일본은 만안 전쟁 후 자위대를 페르시아만에 파견하였다. 1992년에는 국제평화유지활동협력법(PKO법)을 제정하여 제한적이나마 국제평화유지군을 파견하고 있다.

또한 지금까지 전수방위에 초점을 두고 있던 일미방위 협력을 위한 기본 방침 〈일미 가이드라인〉이 1997년 한반도를 염두에 두고 수정되었다. 국제사회에서 발생하는 테러리즘이나 반평화주의적 움직임에 적극적으로 대응하기 위해 군사적이며 정치적 역할을 할 수 있도록 관련법이나 기관을 구축하고 있다. 그런 흐름에 일본적으로 대응하고 있는 아베 내각은 적극적 평화주의, 집단적 자위권 등을 반영한 〈일미 신 가이드라인〉에 합의하였다. 국가 안전보장에 대한 기본자세나 대응방안을 담은 안전보장 관련 법안을 일괄적으로 성립시켜 통치 법과 통치 기관을 동원할 수 있는 환경을 만들어 놓았다.

일본 정부가 국가 통치를 강화하는 이유는 국내외 사회에서 다양하게 발생하여 일본에 직접적으로 영향을 주고 있는 각종 국내외 위기를 극복하고 경쟁에서 우위를 점하려는 정치적 목적이 있기 때문이다. 동아시아에서 영토, 영해, 영공 등을 둘러싸고 발생하고 있는 국가 간의 갈등과 경쟁구도에 적극적으로 대응하려는 의도가 있다. 일본 정부는 도전론과 위기론에 기초해서 국민적 결집을 유도하는 정치적 해결을 시도하고 있는 것이다. 또한 일본과 관련된 역사적 문제나 현실적 과제를 정치적으로 일시에 해결하려는 의도도 내포하고 있다.

다른 한편으로는 현실적으로 봉착해 있는 국내외적 도전에 적절하게 대응할 수 있는 다른 방안이나 묘안이 없기 때문이기도 하다. 일본적 색깔의 확립을 통해 정권 재창출과 유지, 연장을 위한 수단으로 활용하려는 당리당략도 작용하고 있다. 특히 국제사회에서 화려하게 활동하여 높은 위상으로 자리 매김 되었던 과거 향수와 명예를 회복하고, 동아시아에서 상대적으로 소외된 정치적 구도를 일시에 바꿔보려는 탈 소외운동의 일환으로도 추진되고 있다. 일본 정부는 그런 다양한 목적을 이루기 위해서 통치법과 기관을 강화하고 있지만 많은 부작용과 위기를 표출시키고 있다는 점을 간과해서는 안될 것이다. 신통치법과 통치기관의 움직임은 다음과 같은 특징과 내용을 갖고 진행되고 있다.

첫째는 통치법의 제정이다. 대표적인 것이 특정비밀 보호법(特定秘密に関する法律)이다. 전후 일본은 기본적으로 민주주의와 평화주의를 근간으로 하여 구축된 새로운 일본으로 재출발하였다. 민주주의와 평화주의에 위협을 가하거나 위협이 되는 법제정과 기관을 설치하는 데 매우 인색하였다. 그럼에도 불구하고 국가 기밀에 대한 법적 근거를 마련하기 위해 다각적으로 노력해 왔다. 그 과정과 흐름을 〈표 7〉에서 보면 다음과 같다.

〈표 7〉 전후 국가기밀관련법의 흐름

구분	내용	경과
비밀보호법 (1954년)	- 1954년 미일상호방위원조협정에 동반한 법 - 특별방위비밀에 대해서 보호상 필요한 조치를 취하고, 특별방위비밀을 탐지 및 수집하는 자, 특별방위비밀을 타인에게 누설한 자에 대한 형벌 규정	불성립
스파이 방지법 (1985년)	1985년 국가비밀에 관련된 스파이행위 등의 방지에 관한 법률이 제102회 국회에 의원입법으로 제출되었지만 제103국회에서 심의 만료로 폐기됨	폐기됨
비밀보전법 (2011년)	국가기밀의 관리체제 강화를 목적으로 비밀보전법이 검토되었지만, 법안국회 제출은 유보됨	국회유보
특정비밀 보호법 (2013년)	- 2013년 8월 27일 아베 내각은 동법안의 개요를 '지식인 비밀보전검토프로젝트팀'에게 제출해서 승인받음 - 2013년 10월 4일 특정비밀보호법 내용공개 - 동법안과 일본판 NSC(National Security Council)창설, 동시 진행 - 10월 25일 동법안이 각의 결정됨 - 2013년 12월 10일 성립되어 13일 공포됨 - 2014년 12월 10일 〈特定秘密に関する法律〉이 시행됨 - 2014년 12월 14일 특정비밀보호법의 관계법령과 운영기준 각의결정	통치법으로 국회 성립되어 실시됨

2013년에 들어서 구체화되고 있는 특정비밀보호법안(特定秘密保護法案)은 국가에 크게 영향을 미치는 특정 비밀을 국가 차원에서 보호하기 위해 제정하는 법률이다. 일본 국가와 국민의 안전보장에 관한 정보 가운데 비밀로 할 필요가 있는 정보에 대해서 특정 비밀로 지정하고 그것을 취급하는 공무원도 일정하게 제한하는 한편 비밀을 누설할 경우 처벌할 수 있는 등 강한 구속력을 가진 통치법이다. 국가가 비밀 정보를 밝히지 말아야 할 권리와 국민이 그것을 알아야 할 권리 간의 충돌이 예상되는 법이기도 하다. 그 점뿐 아니라 국민을 강하게 통치하기 위해서 만드는 통치법의 성격을 가지고 있어 많은 논란이 있다.

일본 정부가 강하게 추진하고 있는 특정비밀보호법안은 "일본의 안전보장에 관한 사항 가운데 특히 비밀로 해서 은닉해야 할 필요가 있는 것에 대해서 행정기관이 특정 비밀 지정, 특정 비밀 취급 업무를 행하는 자에 대한 적정성 평가 실시, 특정 비밀 제공이 가능한 경우 규정, 특정 비밀 누설 등에 대한 벌칙 등을 정하고, 그것의 누설을 방지하고, 국가 및 국민의 안전보장에 가치가 있다"는 취지를 가지고 있다. 정부가 국가의 안전과 국민의 안녕을 확보하기 위한 법이라는 표면상의 특징이 있지만 마음만 먹으면 독단적이고 독점적으로 정보를 활용하거나 이용할 수 있다는 점에서 국민의 기본권을 해하거나 언론의 자유를 제한할 가능성이 있다.

특정비밀보호법안은 특정비밀보호법안 구성, 특정비밀 적정성 평가의 대상사항, 처벌대상이 되는 취득 행위 등으로 구성되어 있다. 구체적인 구성과 내용을 보면 다음과 같다.

〈표 8〉 특정비밀보호법의 구성과 내용

구분	내용	비고
특정비밀 보호법안 구성	제1장 총칙 1조 취지 : 일본의 안전보장에 관한 사항가운데 특히 비밀과 은닉을 요하는 것에 대해서, 그것을 적절하고 확실하게 보호하는 법제를 확립하고 수집, 정리 및 활용하는 것이 중요하여 해당사항의 보호를 위해 특정비밀의 지정 및 취급자의 제한, 그 이외 필요한 사항을 규정하여, 그 누설을 방지하고 국가와 국민의 안전을 확보할 가치가 있다. 2조 : 특정비밀관리에 관한 조치 제2장 특정비밀의 지정 등 3조-5조, 제3장 특정비밀의 제공 제6조-10조, 제4장 특정비밀취급자의 제한 제11조, 제5장 적정성평가 제12조-17조, 제6장 잡칙 제18조-21조, 제7장 벌칙 22조-26조 부칙 (시행기일, 경과조치, 자위대법 일부개정, 내각법의 일부개정, 정령에의 위임), 별표 제3조, 제5조-제9조	특정비밀에 대한 포괄적 구성과 내용 규정함
특정비밀의 지정대상이 되는 정보	- 방위에 관한 사항 -외교에 관한 사항 - 외국의 이익을 추구할 목적으로 행하는 안전위협활동의 방지에 관한 사항 -테러방지에 관한 사항	정보취급자의 적정자만이 정보취급가능
적정성평가의 대상사항	- 테러활동 등의 관계 -범죄나 징역의 경력 - 정보취급에 대한 비위력(非違歷) -약물남용 영향 -정신질환 -음주에 대한 절도 –경제적 상황	정보취급자의 제한규정
처벌대상이 되는 취득행위	- 사람을 속이고, 폭행, 협박하는 행위 - 재물의 착취 - 시설에의 침입 - 부정한 접근행위 - 특정비밀 보유자의 관리를 침해하는 행위	정보취득 행위의 미수, 공모, 교사, 선동 처벌

특정비밀보호법의 구성과 내용에서 보듯이 직접적으로 국민의 권리를 침해하거나 제한 할 수 있는 법이다. 그 중에서도 특정비밀의 지정대상이 되는 정보에 관한 개별사항은 국민이나 이웃국가에게도 큰 영향을 미칠 것으로 예상되고 있다. 그것의 구체적인 내용을 보면 다음과 같다.

〈표 9〉 특정비밀의 지정대상이 되는 정보

구 분	내 용
방위에 관한 사항 (자위대법 별표제4항해당)	1. 자위대의 운용 및 그것에 관한 견적, 계획, 연구 2 .방위에 관해서 수집한 전파정보, 화상정보, 그 이외의 중요정보 3. 2항에 관련된 정보의 수집정리 및 그 능력 4. 방위력의 정비에 관한 견적, 계획, 연구 5. 무기, 탄약, 항공기 그 외의 방위용에 제공하는 물자의 종류 및 수량 6 .방위용으로 제공되는 통신망의 구성 및 통신 방법 7. 방위용으로 제공되는 암호 8. 무기, 탄약, 항공기 그 외의 방위용으로 제공되는 물자 및 그 물자의 연구개발 단계 상황, 성능 및 사용방법 9. 무기, 탄약, 항공기 그 외의 방위용으로 제공되는 물자 또는 그 물자 연구단계의 제작, 검사, 수리 또는 시험의 방법 10. 방위용으로 제공되는 시설의 설계, 성능 또는 내부의 용도
외교에 관한 사항	1. 외국 정부 또는 국가기관과의 교섭 또는 협력의 방침 또는 내용 가운데 국민생명 및 신체보호, 영역보전 그 외의 안전보장에 중요한 것 2. 안전보장을 위해 일본이 실시하는 화물의 수출 또는 수입의 금지, 그 외의 조치 또는 방침 3. 안전보장에 관해서 수집한 조약 그 이외의 국제조약에 기초해서 보호할 것이 필요한 정보 그 이외의 중요정보 4. 제3에 제시된 정보의 수집정리 또는 그 능력 5. 외무성본성과 재외공관과의 사이에 통신 그 이외의 외교용으로 제공되는 암호
외국 이익을 추구할 목적으로 행하는 안전위협활동의 방지에 관한 사항	1. 특정유해활동 방지를 위한 조치 또는 그것에 관한 계획과 연구 2. 특정유해활동 방지에 관한 국제기관 또는 외국의 행정기관으로부터의 정보 그 이외의 중요한 정보 3. 제2항에 제시된 정보의 수집정리 또는 그 능력 4. 특정유해활동 방지용으로 제공되는 암호
테러활동 방지에 관한 사항	1. 테러리즘의 방지를 위한 조치 또는 그것에 관한 계획 또는 연구 2. 테러리즘방지에 관해서 수집한 국제기관 또는 외국의 행정기관으로부터의 정보 그 이외의 중요한 정보 3. 제2항에 제시한 정보의 수집정리 또는 그 능력 4. 테러리즘의 방지용으로 제공되는 암호

위와 같은 구성과 내용을 가진 특정비밀보호법안은 2013년 12월 중의원에서 자민당의 힘으로 통과되었다. 자민당은 상임위원회에서 법안 관련 야당 의원의 질의를 중단시키고 기습적으로 법안을 상정하고, 공명당의 찬성을 얻어 통과 시켰다. 자민 공명 연립은 중의원 480명 중 325석(자민 294)을 점하고 있고, 참의원 정원 242명 중 134명(자민당 114석)을 차지하고 있다. 숫자에서 우위를 점한 자민당은 자력으로 법안을 통과시켜 성립시켰다. 여당인 자민당과 연립정당이 많은 반대에도 불구하고 강제적으로 법안을 성립시켰다는 사실만을 봐도 논란이 여지가 많은 법안이라는 것을 알 수 있다.

일본 정부가 추진하고 있는 특정비밀보호법안은 현실적으로 포괄적인 정보에 대해서 자의적으로 정부가 개입하고 제한할 수 있어 국민의 기본권을 해할 가능성이 있고, 또한 정부의 독단적인 정보 통제를 통해서 군국주의나 국가 비밀주의에 기초한 독재 국가로의 행보를 추진할 수 있다는 위험성이 있다. 일본 내에서 벌어지고 있는 특정비밀 보호 법안을 둘러싼 찬성과 반대 현황을 보면 다음과 같다.

〈표 10〉 특정비밀보호법안의 찬성과 반대현황

구 분	특정비밀보호법안에 대한 찬반 의견
자유민주당	자유민주당은 대체로 찬성, 그러나 1987년 스파이법안을 반대했던 무라카미(村上誠一郎)는 반대
공명당	검토프로젝트팀을 구성하여 알권리, 보도의 권리 등의 수정요구, 최종안 승인함
민주당, 모두의당(みんなの党)	찬성 또는 묵인하는 의원이 있고, 반대하는 의원이 있음
공산당, 생활의 당, 사민당	적극적으로 반대의견 제시함
헌법학자, 미디어법학자	헌법학자 및 미디어법학자 142명 법안 반대성명 발표

발의 헌법학자	야마우치(山内敏弘, 발기인, 히토치바시대학 명예교수), 다지마(田島泰彦, 발기인, 죠지대학교수)등외 다수 찬성함
형사법연구자	120명 이상의 형사법 연구자가 법안 반대성명 발표
발의 형사법연구자	무라이(村井敏邦, 대표, 히토치바시대학 명예교수), 모리모토(森本益之, 오사카대학 명예교수) 외 다수 찬성함
일본변호사협회	사생활침해, 행정기관의 독단적 판단 등의 우려로 반대함
일본펜클럽	알권리 침해 우려로 반대의견 제시함
일본신문협회	국민의 알권리 침해 우려 위험 표명함
미야자키하야오(宮崎駿), 노벨물리학상 수상자 마스카 도시히데(益川敏英)	반대성명서를 통해 특정비밀보호법은 기본인권과 평화주의를 위협할 것이라고 표명
각종여론조사	여론대상자 중 60%가 반대 입장 표명

각계의 반대이유는 기본적 인권의 근간을 흔드는 것으로 사생활 침해, 언론의 자유, 국민의 알 권리, 행정기관의 자의적 판단, 정보 차단 등의 우려로 나타나고 있다. 근본적인 것은 일본 정부의 독재 가능성에 대한 우려라고 할 수 있다. 동 법안을 통해 국가 중심적인 통치를 강화하고 대국민의 정보 통제를 통해 통치 우위를 점하는데 있다. 국내외 위기론을 조장해서 일본 통치를 강화 시킬 가능성과 개연성이 있으며, 국제사회와의 갈등을 증폭 시킬 수 있다는 점에서 부정적인 측면이 강하다. 그런 일련의 움직임과 의도는 편향된 대국 일본 만들기이고, 21세기형 일본 민족주의의 발흥이며, 신 냉전의 도화선에 불을 지필 수 있는 위험성도 담고 있다.

둘째는 통치기관의 신설이다. 대표적인 것이 국가 안정 보장 회의(NSC : National Security Council)로 특정비밀보호법에 기초해서 설립된 것이다. 국가 안전 보장 회의는 통치기관의 성격을 가지고 있고, 그것을 지탱하는 특정비밀보호법은 통치법의 성격을 가지고 있다. 일본은 패전 후 미국 CAI를 모델로 한 정보기관 창설을 추진하였으나 군국주의로의 회귀라는 논란과 비판 때문에 포기한 적이 있다. 2012년 중의원의원 총선에서 자민당은 정권 공약으로 관저의 사령탑 기능을 강화하기 위해 국가 안전 보장 회의를 설치한다고 하였다. 제2차 아베내각 하에서는 2013년 1월 발생한 알제리아인 인질 구속 사건에서 알제리 군이 행한 작전이나 일본인의 안부 확인 등에 대한 정보 수집이 곤란하다는 판단이 계기가 되어 일본판 NSC를 설치하려는 기운이 급물살을 탔다.

2013년 1월 외교 정책 및 안보 정책의 사령탑 기능을 할 수 있는 '국가안전보장회의'(NSC)를 만들기 위해 정보 수집과 분석 기능을 강화하기 위해 내각정보국을 신설하였다. 그리고 국가안전보장회의의 출범을 위해 국가 안전 보장 전략을 작성하였다. 동년 2월 14일 국가안전보장회의의 창설에 관한 유식자 회의를 출범시키고 제1회 회의를 하였다. 6월 7일 일본 정부는 국가안전보장회의 창설을 위해서 관련 법안인 〈안전보장회의설치법〉의 일부를 개정한 법안을 만들었다. 같은 해 11월 27일 제185회 국회에서 법안이 제출되어 자민당, 공명당, 민주당, 우리모두의 당, 일본유신의회 등의 찬성으로 참의원 본회의에서 성립되었고, 12월 4일 안전 보장 회의가 국가안전보장 회의로 재편되었다. 2014년 1월 7일 국가안전보장회의 사무국인 국가 안전보장국이 발족했다. 아베 총리는 국가안전보장회의 현판식에서 '국민의 생명과 재산, 국익을 지키는 사령탑 기능을 할 것'이라고 하였다.

일본판 NSC는 일본의 안전 보장에 대한 업무와 역할을 위해서 다양한 정부 조직과 관리가 참여하도록 구성되어 있다. 일본판 NSC의 운영, 구조, 업무 내용 등을 보면 다음과 같다.

〈그림 5〉 일본 안전보장회의(NSC)의 구조

구분	설치, 구성, 임무 등의 특징
설치	2013년(平成25년) 12월 4일, 전신은 안전보장회의
의장	아베 신조(安倍晋三:內閣總理大臣)
의원	아소타로(麻生太郎:副總理兼財務大臣), 다카이치사나에(高市早苗:總務大臣) 기시타후미오(岸田文雄:外務大臣), 미야자와요이치(宮澤洋一:経濟産業大臣) 오다아키히로(太田昭宏:國土交通大臣), 나카타니겐(中谷元:防衛大臣) 스가오시히데(菅義偉:內閣官房長官), 야마타니에리코(山谷えり子:國家公安委員会委員長)
조직	국가안전보장국(67명 : 총괄, 동맹, 전략, 정보, 중국·북한, 중동 등 6개팀)
자문 사항	내각총리대신은 안전보장회의에 다음의 사항을 자문해야 한다. 또한 무력공격사태, 주변사태 및 중대 긴급사태에 관해서 특히 긴급 대처할 필요가 있을 때는 필요한 조치에 대해서 내각총리에게 건의할 수 있다.(동법 제2조) - 국방의 기본방침 -방위계획대강 -방위계획에 관련한 산업 등의 조정계획대강 - 무력 공격사태 등 대처에 관한 기본적인 방침 -무력공격사태 대처에 관한 중요사항 - 주변사태 대처에 관한 중요사항 -자위대법제3조제2항2호의 자위대활동에 관한 중요사항 -그 이외 국방에 관한 중요사항 -국가안전보장에 관한 외교정책, 방위정책의 기본방침, 그것들의 정책에 관한 주요사항 -그 외 국가안전보장에 관한 외교정책, 방위정책의 기본방침, 그것들의 정책에 관한 중요사항

국가안전보장회의의 의장은 총리가 되고, 총리, 방위상, 외무상, 관방 장관 등으로 구성되는 4인 각료 회의가 의사 결정을 한다. 4인 각료 회의는 국가안전보장국에 지시하고 안전보장국은 정보를 일원화해서 4인 각료 회의에 보고하도록 하였다. 국가안전보장회의의 핵심기구인 국가안전보장국은 미국 NSC와 영국 NSC와 핫라인을 형성하여 협조하고, 각 정보기관에 지시하며 정보기관에 의해 수집된 정보를 보고 받는다. 초대 국가 안전보장국 국장은 아베 총리의 외교칙사로

알려진 야치 쇼타로(谷内正太郎) 전 외무차관이 취임했다.[6] 국장 사무실은 총리관저 5층에 있는 아소 타로(麻生太郎) 부총리 집무실을 사용한다. 그는 아베 총리의 적극적 평화주의와 야스쿠니신사 참배에 대해서 설명하기 위해 유럽, 동남아, 중국, 한국 등을 방문할 것으로 알려졌던 인물이다

국가안전보장회의에서는 총리, 외무상, 방위상, 관방 장관 등이 참여해 외교 및 안보 전략을 결정한다. 긴급 사태가 발생할 경우 국가안전보장회의에 긴급 사태 장관회의를 설치해 대책을 마련하게 된다. 현재 일본 정부가 상정하고 있는 긴급 사태는 동아시아에서의 영공, 영해 등을 둘러싼 군사적 갈등, 한반도에서의 전쟁이나 국지전, 국제적인 테러 등 다양하게 예상된다. 구체적으로는 중국군의 센카쿠의 영해 침범 및 무장세력 상륙, 대일본테러, 한반도에서의 비상사태 등과 같은 것들이다. 국가안전보장회의 창설과 더불어 일본은 방위, 외교 등에 관한 국가기밀을 유출한 경우 최고 징역 10년형에 처하는 내용의 비밀 보전법도 제정하였다. 일본판 NSC는 아베 총리가 국가 통치의 강화를 통해 강한 일본 만들기의 일환으로 추진되고 있는 특징이 있다.

---

6) 국가안전보장국은 국가안전보장회의를 지원하기 위해 내각관방 산하에 배치한 사무조직이다. 임무는 성청간의 조정, 긴급 시 정책제언, 중장기적 외교 안보정책입안, 외무성, 방위성, 경찰청, 공안 조사청, 경제산업성, 국토교통성, 내각정보조사실 등에 정보를 요구한다. 2014년 1월 7일 67명 체제로 발족했다. 국장산하에는 방위성과 외무성출신의 내각관방부장관보가 겸임하는 2명의 국차장, 동성출신의 3명 신의관이 배치된다. 국내에는 6개 팀으로 구성되어 있다. 즉 총괄과 국가안전보장회의의 사무를 맡는 <총괄 조정반>, 미국, 유럽, 아세안 등을 담당하는 정책 제1반, 북동아시아와 러시아를 담당하는 <정책 제2반>, 중동·아프리카·중남미를 담당하는 <정책 제3반>, 방위계획의 대강이나 국가안전보장전략 등 중장기적인 안전보장정책을 담당하는 <전략 기획반>, 기밀정보를 취급하는 관계성청등 정부 내의 연락조정을 맡는 <정보반> 등이다.

셋째는 안전보장 관련 법이다. 안전보장 관련 법의 개정안은 2015년 7월 17일 오후 2시 6분 자민당과 공명당이 중의원 본 회의에서 통과시켰다. 이날 자민당, 공명당, 군소야당 차세대(2석)만 남아 찬성 표시로 기립해서 통과되었다. 2015년 9월 9일 미명 참의원특별위원회에서 강제로 체결되고 본 회의에서 가결되어 법안으로 성립되었다. 안전보장 관련 법안의 구성을 보면 다음과 같다.

〈표 11〉 안전보장 관련 법안의 구성

법안명	특 징	비 고
평화안전법제정비법안		
무력공격사태법(武力攻撃事態法)	존립위기사태가 되면, 집단적 자위권 행사가 가능함	군사적행동가능
중요영향사태법(重要影響事態法)	주변사태법을 개정해서 행동범위의 지리적 제약을 없앰	전 세계지역대상
자위대법(自衛隊法)	존립위기사태, 그레이존(gray zone:막연한 영역)사태에 대한 대응규정, 무기사용완화	무기사용가능
미군 등 행동관련조치법(米軍等行動関聯措置法)	미군이외의 외국군대도 대상으로 함	군사협력가능
특정공공시설이용법(特定公共施設利用法)	미군이외의 외국군대도 대상으로 함	군사협력가능
해상수송규제법(海上輸送規制法)	존립위기사태에 대한 대응	해상대응
포로취급법(포로취급법)	존립위기사태에 대한 대응	포로규정
선박검사활동법(船舶検査活動法)	일본주변의 해역이외에도 적용가능	해역통제
국가안전보장회의설치법(国家安全保障会議設置法)	존립위기사태 등을 심의 대상으로 함	일본판NSC

PKO협력법PKO協力法)	정전감시등 PKO이외에 업무확대, 긴급경호	평화유지군
국제평화지원법안		
국제평화지원법 (国際平和支援法)	외국군대의 후방지원 등을 위해 자위대 파견 가능함	자위대 파견가능

위에서 보는 것처럼, 안전보장 관련 법은 2015년 제3차 아베 내각이 국회에 제출한 〈평화안전법 제정비법〉과 〈국제평화지원법〉등으로 구성된 법안이다. 그것은 집단적 자위권을 행사하는 것을 목적으로 하고 있다. 전자는 자위대법 등 안전보장에 관련된 10개 법률 개정을 일괄적으로 행하는 것이다. 후자는 유사시 외국 군대에 협력 지원을 가능하게 하는데 목적이 있고 신법으로 제정된 것이다.

국회에서 안전보장 관련 법안의 처리를 두고 국회 의사당 앞에는 많은 시민들이 나와 반대시위를 벌였다. 그런 현상은 아이러니하게도 1960년 7월 15일 미일 안보조약 개정에 항의하는 시위가 있었음에도 불구하고 당시 국회를 통과 시킨 기시 노부스케(岸信介, 아베 총리의 외할아버지)의 행위와 연결되고 있다. 많은 일본 국민들은 아베 총리의 퇴진을 요구하는 운동을 벌이고 있다. 안전보장 관련법에 대한 반응은 표에서 보는 것처럼 다양하게 나타나고 있다.

〈표 12〉 안전보장 관련 법안의 중의원 통과에 대한 각계의 의견

구 분	내 용	특 징
시민그룹	아베 야메로(그만둬)	반대
오카다 가쓰오 (岡田克也)	민주당대표는 국민 과반이 반대하는데 강행처리한 것은 민주주의의 오점	반대

시시 가즈오 (志位和夫)	공산당 위원장은 일본이 해외에서 전쟁하는 나라가 되는 길을 연 최악의 위헌입법	반대
요미우리신문	- 안보법안참의원 통과로 일본의 평화확보에 중요한 전진 - 일미동맹과 국제연대강화, 철저한 방위체제구축, 억지력고조 분쟁사전 방지, 그런 목적 실현에 중요한 전진	찬성
산케이신문	- 안보법 중의원통과는 일본 수비향상에 전진 - 국민 이해 높이는 노력추진	찬성

〈아사히신문〉 여론조사에 의하면, 안전보장 관련 법에 대해서 반대가 51%, 찬성이 30%로 나타났다. 참의원 특별위원회에서 체결이 강행되자 본회의 가결 성립된 국회의 진행 방식에 대해 좋지 않았다가 67%, 좋았다가 16%에 불과했다. 안전보장 관련법이 헌법에 위반되는가 또는 아닌가에 대한 질문에서 위반되고 있다가 51%, 위반되지 않고 있다가 22%로 나타났다. 국회를 통과해서 성립한 안전보장 관련법은 국민의 반수가 확실하게 반대하고 있고 찬성 수는 30%에 불과하다. 일본국 평화 헌법에도 위반되고 있다고 인식하고 있는 것으로 나타났다.

안전보장 관련법은 다음과 같은 특징이 있다. 첫째는 존립 위기 사태에 발동한다. 일본과 밀접하게 관련된 타국에 대해서 무력 공격이 발생하고, 그것으로 일본의 존립이 위협받고, 국민의 생명, 자유 및 행복추구의 권리가 근본적으로 침해 받을 명백한 위기가 있는 사태이다. 둘째는 중요 영향 사태이다. 그것은 그대로 방치하면 일본에 대해서 직접 무력공격이 가해질 염려가 있는 사태 등으로 일본의 평화 및 안전에 중요하게 영향을 미치는 사태를 말한다. 셋째는 후방 지원으로 중요 영향 사태에 즈음해서 합중국 군대등에 대한 후방 지원 활동 등을 행한다. 그런 성격을 가진 안전보장 관련법은 일본이 직접적으로 무력공격을 할 수 있고, 전쟁을 할 수 있도록 하는 법적 근거를 마련했다는데 의의가 있다.

안전보장 관련 법안의 성립은 국내외적으로 다양한 과제를 촉발시키는 계기가 되었다. 첫째는 안전보장 관련 법안이 일본국헌법에 위반되고 있는가 하는 점이다. 많은 헌법학자나 내각법 제국의 OB들은 헌법 위반이라고 판단하는 경향이 있다. 일본 헌법 제9조는 전수 방위를 목적으로 하고 있고, 군사적 방법으로 분쟁이나 갈등을 해결하는데 제한하고 있기 때문이다. 상위법인 일본국헌법을 하위법이 거부하거나 어기면 안된다. 그리고 국민의 과반수가 안전보장 관련 법 개정안에 반대하고 있는 것은 역시 헌법 위반이 된다는 판단에 기초하고 있는 것이다.

둘째는 자위대가 타국 영토에 파견 가능한가 하는 점이다. 개정법에는 '일본국과 밀접하게 관련된 타국에 대해서 무력공격이 있고, 그것으로 일본국의 안전과 존립이 위협받아 국민의 생명, 자유 및 행복추구 권리가 위협받는 명백한 위험이 있는 것'으로 존립 위기사태가 인정되면, 일본국은 '존립 위기 무력공격을 지속적으로 배제하고, 신속하게 종결을 꾀한다'라는 의무가 있다. 일본과 밀접하게 관련된 국가에 대해서도 일본이 군사적 관여를 할 수 있는 것을 전제하고 있어 시행하는데 많은 충돌이 예상된다. 역시 자위대가 다국적군으로의 역할이 가능한가 하는 점과도 연결되고 있다.

셋째는 자위대법과 관련된 내용이다. 자위대법의 성립으로 자위대의 활동과 기능이 확대되어 자위대를 지탱하는 방위비의 증액 문제가 중요한 화두로 등장했다. 일본의 국방예산은 5년간 방위 예산 총액에 대해서 일정하게 한도를 설정하고 있다. 중기 방위력 정비 계획(2014년-2018년)에는 방위비의 총액을 23조 9700억 엔으로 제한하고 있지만 법제정의 결과로 예산을 대폭 증액하지 않으면 안되는 상황이 되었고, 증액을 둘러싼 내외적 논쟁이 일어날 것으로 예상된다.

다양한 논의에도 불구하고 명백한 것은 안전보장 관련 법안으로 비 전쟁국가에서 전쟁국가로 전환할 수 있는 법적 근거가 마련 되었다는 점이다. 국제사회와의 관계에서 전쟁을 멀리하고 경계하는 국가에서 상황에 따라 전쟁을 일으키거나 참여하는 국가가 된 것이다. 지금 당장의 변화는 어려울 수 있지만 제2의 제3의 인물이 나와 다양한 형태의 적극적인 국방전략을 추진할 것으로 예상된다. 예를 들면, 일본국 헌법개정, 자위대의 정식 일본 군대화, 국민의 국방 의무법적 규정, 국민 개병제 도입, 국방비증액 등으로 이어질 가능성이 높아졌다. 군 위상과 역할을 중시하는 가운데 군정권의 창출로 진전될 가능성이 매우 농후하다. 그 가능성은 일본의 역사가 증명하고 있다.

그렇게 되면, 국내적으로 일본은 신 냉전비를 과하게 부담하는 경우가 발생하여 경제 집중이라는 최대 장점이나 이점이 사라져 경제의 위축과 변화가 예상된다. 군사정권이라는 잊어진 용어와 정치현상이 일어날 것이다. 지금까지는 비 군인 출신의 정치가가 정권을 잡아 평화를 우선하였지만 점차 군이 정권을 장악하거나 군 출신의 정치가가 나오게 되어 군인통치로 전환되어 정치판을 바꾸는 한편 전쟁을 수행하는 경우도 종종 발생할 것이다. 또한 국제사회에서 일본의 위상변화와 동아시아에서 일본과 둘러싸고 벌어지는 갈등이 군사적 갈등으로 비화될 가능성이 있다. 21세기 평화와 공존을 강조하는 국제환경에서 일본의 변화는 국내외적으로 제2차 세계대전이나 태평양 전쟁으로 각인된 전쟁 트라우마와 일본 트라우마를 부츠기는 계기가 되어 일본에 대해서 기존보다는 냉혹하고 냉소적인 경계, 견제, 경쟁, 비판 등이 이루어질 것으로 보인다.

제3장 신국가프로젝트

일본 정치나 정치가가 지향하고 있는 근본적인 목적은 강한 국가 일본 만들기이다. 다른 말로 표현하면 대국 일본 만들기이다. 강한 일본 만들기는 대국 일본 만들기와 상통하고, 정치적 수준에서 표현하면 일본의 정치대국 만들기이기도 하다. 전후 일본은 보통국가론에 기초해서 일반적인 정치적 행위를 할 수 있는 국가를 만들어야 한다는 명분을 내세워 국가개조를 주장해 왔다. 그러나 대국을 구축하려는 강한 의지가 함의되어 있었기 때문에 찬반양론을 일으켰다.

21세기 후반에 들어서는 보통국가론이 아니라 노골적인 대국국가론이라고 불릴 수 있을 정도의 강한 정치적 주장과 개혁이 이어지고 있어 새로운 국면에 접어들었다. 아베 정권은 국내결속을 다져 집권당의 장기적이며 안정적인 지배체제를 구축하는 동시에 신국가프로젝트를 가동시켜 충실하게 이행하고 있다. 그런 움직임은 일본의 내부적 결속을 다지는 민족주의적 성격을 초월해서 대국주의적 성격을 띠고 있고, 대외적으로는 동아시아뿐 아니라 국제사회에서 일본의 대국적 위상을 자리매김하려는 목적을 함의하고 있다. 아베 정권이 추진하고 있는 신국가프로젝트의 내용을 보면 다음과 같다.

〈그림 6〉 신국가프로젝트

〈그림 6〉에서 보듯이 일본이 추진하고 있는 신국가프로젝트는 적극적 평화국가, 집단적 자위국가, 군사대국 국가, 유엔안전보장이사회 상임이사국가 등으로 구성되어 있다고 할 수 있다. 신국가 프로젝트는 전전 전쟁으로 인하여 생긴 유죄 의식, 헌법적 제약, 국민적 평화 약속, 대외적 신뢰 확보 등을 일시에 뒤엎는 의도가 엿보이고 있다는 점에서 매우 부정적인 측면이 있다. 다른 한편으로는 일본이 생각하는 살길을 스스로 찾아가겠다는 강한 의지의 표현이라고 해석할 수 있다.

적극적 평화국가

일본 정부는 적극적 평화국가를 만들기 위한 신국가프로젝트의 하나로 '적극적 평화주의'를 추진하고 있다. 적극적 평화주의라는 용어는 〈일본국제포럼〉 (日本国際フォーラム) 이사장이었던 이토 켄이치(伊藤憲一)가 1991년 『「2개의 충격」과 일본』의 제1절 「소극적 평화주의와 적극적 평화주의」에서 처음 제시하였다.[7] 여기에서는 일본국헌법 제9

7) 伊藤憲一, 1991,『「二つの衝撃」と日本』, PHP연구소, pp 117-120

조의 조항을 가해자가 되지 않도록 한다는 의미에서 자기금욕적인 의미로 해석하여 소극적 평화주의라고 보았다. 그러나 일본국헌법 전문에서 공헌자가 되어야 한다는 의미를 이타적 자기희생으로 해석하여 적극적 평화주의로 보았다. 이후 이토 켄이치는 적극적 평화주의에 대한 구상을 2007년 저서인『신전쟁론 : 적극적 평화주의에 대한 제언』에서 명확하게 밝혔다.[8)]

그 후 〈일본국제포럼 정책위원회〉는 2009년「적극적 평화주의와 일미동맹의 존재방식」을 통해서 정책 제언을 발표했다.[9)] 거기에서는 적극적 평화주의를 추구하기 위해서 비핵삼원칙 등 방위정책 기본의 재검토, 동아시아 지역에 대화와 협력의 주도권 획득, 국제 평화협력 일반법의 제정, 글로벌 집단안전보장 공헌 등을 제언하였다. 2014년에는「적극적 평화주의와 일본의 침로」(積極的平和主義と日本の針路)에서 정책 제언을 발표하였다. 국제연합의 집단적 안전보장 조치로서 군사적 조치가 동반하는 것을 포함하여 참가할 것, G7과 함께 러시아의 힘에 의한 일방적 영토 주장을 거부하고 불승인 정책의 관철, 일본

8) 伊藤憲一, 2007,『新・戦争論 : 積極的平和主義への提言』, 新潮新書, pp117-120

9) 공익사단법인 <일본국제포럼>(The Japan Forum on International Relations, JFIR)은 민간수준에서 외교문제 및 국제관계에 관한 회의제 정책을 지향하는 싱크탱크이다. 1977년 외무성을 퇴관한 이토 켄이치(伊藤憲一)는 외교 국제문제에 관한 종합적인 연구 및 제언기관을 설립할 필요가 있어 경제계, 정치계, 언론계 등 각계의 유력자를 초청하여 12명의 대표발기인과 51명 발기인의 찬동으로 설립하였다. 2015년 현재 회장은 이마이(今井敬)이다. 2011년 공익재단법인 일본국제포럼으로 이행 등록하여 활동하고 있다. 포럼의 활동은 내부에 설치된 정책위원회 및 긴급제언위원회가 외교 국제문제에 관해서 정책연구 및 정책제언을 작성해서 정부에 제출하는 방식으로 활동하고 있다. 중요 정책제언은 1992년「国連の平和機能の強化と日本の役割」, 佐藤誠三郎, 1996,「アジア・太平洋地域における安全保障体制の可能性と役割」, 渡邉昭夫, 2001,「新しい国際主義 : 集団的人間安全保障を目指」, 猪口邦子, 2005,「新しい脅威と日本の安全保障」, 佐瀬昌盛, 2014,「積極的平和主義と日本の針路」, 伊藤憲一, 2015,「『戦後70年安倍首相談話』に関する意見交換」등이 있다.

은 지역 규모의 여러 문제에 대해서 리더십을 발휘할 것 등을 제시하면서 내각 총리대신에게 적극적 평화주의에 기초한 외교 정책을 추진할 것을 주문하였다.

일본 학자나 일본 국제포럼이나 산하 정책 위원회가 정책으로 제언한 적극적 평화주의는 일본 국가의 정책 주무 기관인 내각 총리의 외교정책으로 급부상하였다. 정책 제언과 아베 총리가 구상하는 강한 일본 만들기가 연결된 것이다. 아베 내각은 강한 일본 만들기의 일환으로 적극적 평화주의를 도입하였다. 그 연장선에서 2013년 12월 14일 〈국가안전보장설치법〉이 개정되고 〈국가안전보장회의〉가 설치되었다. 2013년 12월 17일 국가 안전보장 전략이 제2차 아베 내각의 각의로 결정되었고, 적극적 평화주의는 국가 안전보장 전략의 기본 방침으로 명시되었다.

제2차 아베 내각에서 사용되고 있는 적극적 평화주의는 다음과 같은 의미를 함의하고 있다. 즉 일본국을 둘러싸고 있는 안전보장 환경이 한층 더 중요해지고 있는 것이나 일본국이 복잡하고 중대한 국가 안전보장상의 과제에 직면하고 있는 것을 생각하면, 국제 협력주의의 관점에서도 보다 적극적인 대응이 불가결하다. 일본의 평화와 안전은 일본 하나로는 확보할 수 없고, 국제사회 또는 일본이 국력에 어울리는 형태로 국제사회의 평화와 안전을 위해 한층 적극적으로 역할할 것을 기대하고 있다. 그것에 기초해서 일본은 이후 국가 안전보장 환경하에서 평화국가로서의 행보를 지속하며, 또한 국제 정치 경제의 주요한 역할자로서 국제 협력주의에 기초한 적극적 평화주의의 입장에서 일본의 안전 및 아시아태평양 지역의 평화와 안전을 지속적으로 실현하고, 국제사회의 평화와 안전 및 번영 확보에 지금 이상 적극적으로 기여 하는 것 자체가 일본이 내걸어야 할 국가 안전보장의 기본

이념이라고 밝히고 있다.[10)]

아베 총리는 사적 자문기관 〈안전보장과 방위력에 관한 간담회〉를 통해서 국가 안전보장 전략을 구상하였다. 적극적 평화주의에 기초한 국가 안전보장 전략 제2장 1절에서 제시하고 있는 일본사회의 모습을 보면 다음과 같다.

〈표 13〉 국가안전보장전략의 기본이념

목 표	내 용	비 고
이상 사회	- 자유주의, 민주주의, 기본적 인권존중, 법지배가 행해지는 사회 - 새로운 문화를 창조하고 자유로운 발언이 허용되는 한편 전통문화를 존중하는 사회 - 많은 사람이 고등교육, 전문교육을 받을 기회가 있고, 계속적으로 능력을 발휘하는 장이 존재하는 노동생산성이 높은 사회 - 시장메커니즘에 기초해서 자유롭게 국내외에 개방된 경제활동을 행하는 사회	인간기본권보장
이상 해양	- 배타적 경제수역의 권익을 지키고, 해상교통로의 안전이 확보되고 국제법이 준수된 질서 있는 해양	해양권 확보
이상 국가	- 전수방위에 철저하고 타국에 위협을 가하는 군사대국이 되지 않고 비핵삼원칙을 견지하는 국가 - 미국과의 동맹을 유지하고 미국 이외의 국가와 함께 협력관계를 강화하고 결코 고립주의를 취하지 않은 국가 - 인간의 안전보장이념에 입각한 저개발국가에 대한 개발원조, 환경파괴, 에너지문제 등 지구적 규모의 국제적 과제에 적극적으로 대응하는 국가 - 외국과의 무역 투자관계는 상호호혜관계를 원칙으로 하고 일방적인 경제적 착취를 행하지 않는 국가 - 국제연합헌장을 준수하고 국제연합을 시작으로 하는 국제기관과 연계해서 그 활동에 적극적으로 기여하여, 국제연합평화유지활동을 포함한 국제평화협력활동에	일본의 국제공헌

10) 國家安全保障戰略 第2章 1節참조

	적극적으로 참가하는 국가 - 전쟁 피폭 국으로서 군축, 대량파괴 병기 불 환산에 대응하는 핵무기 없는 세계의 실현에 공헌하는 국가 - 국제협조주의에 기초하고, 국제사회의 평화와 안정을 위해 적극적인 역할을 달성하는 국가	

자료: 內閣官房 サイトマップ : トップページ 內閣官房の概要 所管法令 記者会見 報道發表 資料集

아베 총리의 강한 리더십에 의해 구축된 국가 안전보장 전략은 국가 안전보장 회의 및 각의에서 심의되어 결정되었다. 한편 국가 정책을 구체적으로 실시하기 위해서 관계하는 개별 행정법 제정 및 개정이 이루어졌다. 또한 일본국헌법과의 적합성을 꾀하기 위한 법제화가 진행되었다.

국가 안전보장 전략에 나타난 국제적 평화주의는 제4장 〈일본 국가가 취해야 할 국가 안전보장 상의 전략적 접근방법〉에 잘 나타나 있다. 그 내용을 보면 다음의 표와 같다.

〈표 14〉 국가 안전보장 전략에 나타난 국제적 평화주의

항 목	내 용	특 징
제4장 일본 국가가 취해야할 국가안전보장상의 전략적 접근방법	국가안전보장상의 과제를 극복하고 목표를 달성하기 위해서는 국제협조주의에 기초한 적극적 평화주의의 입장에서 일미동맹을 기축으로 각국과의 협력관계를 확대 및 심화시킴과 동시에 일본이 가지고 있는 다양한 자원을 유효하게 활용해서 종합적 시책을 추진할 필요가 있다.	일미동맹 강조
	국제협조주의에 기초한 적극적 평화주의 하에서 국제사회의 평화와 안전실현에 일층 적극적인 역할을 달성하고 일본에 있어서 바람직한 국제질서나 안전보장환경을 실현할 필요가 있다.	일본의 국제 질서역할

	방위장비 및 기술협력 : 국제협력주의에 기초한 적극적 평화주의의 관점에서 방위장비품의 활용에 의한 평화공헌, 국제협력에 일층 적극적으로 관여함과 동시에 방위장비품의 공동개발 및 생산 등에 참여하는 것이 요구되고 있다.	방위 활용 방향
	국제협력주의에 기초한 적극적 평화주의에서 국제사회의 평화와 안전을 위해 적극적인 역할을 담당할 필요가 있다. 국제연합 외교 강화 : 국제연합에 있어서 국제평화안전의 유지 회복을 향한 실천에 더욱 적극적으로 관여해야 한다. 상임, 비상임 쌍방의 의석확대 및 일본의 상임이사국 진입을 포함한 안보리개혁의 실현을 추구할 필요가 있다.	상임이상국 진입 강조

자료: 内閣官房 サイトマップ : トップページ 内閣官房の概要 所管法令 記者会見 報道發表 資料集

2013년 〈마이니치신문〉에 따르면, 2013년 9월 미국 〈허드슨 연구소〉 강연에서 아베 총리는 적극적 평화주의를 추진하기 위해서 집단적 자위권이 필요하다는 인식을 밝혔다. 집단적 자위권과 적극적 평화주의를 연결시킨 것이다. 적극적 평화주의는 전범국가가 아닌 경제대국 일본이 경제력에 맞게 군사 외교 측면에서도 역할을 강화해야 한다는 내용이 함의되어 있다. 그는 미국이 역할을 맡고 있는 지역 및 세계 안보 틀에서 일본이 약한 고리가 되어서는 안된다면서 주어진 역사적 사명은 일본인에게 적극적 평화주의의 깃발을 자랑스럽게 짊어지도록 촉구하는 것이라고 주장했다. 또한 유엔 평화유지 활동에 자위대와 함께 참여하는 국가의 군대가 공격 당해도 집단적 자위권 행사를 금지한 현행 헌법 해석 때문에 도울 수 없다고 인식하였다.

일본 정부는 적극적 평화주의를 외교정책 및 안보정책의 기본 방침인 국가 안전보장 전략에 명기하였다. 적극적 평화주의는 2013년 9월 유엔 총회 연설을 통해서 제기한 국제 평화 유지 활동(PKO) 등에 자위대가 적극적으로 군사력을 강화해 전쟁을 할 수 있는 일본을 만든다는 구상의 근거가 되고 있다. 아베 총리의 자문기구인 〈안전보장과 방위력에 관한 간담회〉는 2013년 9월 30일 회의를 열어 안보정책 기본 방침에 국제 협조에 기초한 적극적 평화주의 입장에서 세계평화와 안전, 번영의 확보에 기여한다는 내용을 부가하였다. 아베 총리는 유엔 강연에서 적극적 평화주의가 새로운 일본의 자화상이며, 향후 일본을 이끌어나갈 가치이며 세계에 대해 적극적 평화주의의 깃발에 어울리는 임무를 완수하는 나라가 될 것이라고 주장하여 적극적 평화주의와 집단적 자위권을 추진할 의지를 국제사회에 표명하여 불필요한 논쟁을 불식 시키려 하였다.

아베 정부가 추진하고 있는 적극적 평화주의는 집단적 자위권 획득과 관련되어 있고, 군사대국화나 군사력 증강의 이유가 되기 때문에 매우 중요한 의미를 함의하고 있다. 적극적 평화주의는 일본 정부가 주장하는 긍정적인 측면 이외에 많은 부정적인 측면과 위험성을 내포하고 있어 비판을 받거나 반대하고 있다. 전후 일본의 안보정책인 일본 영토만 최소한으로 방어한다는 전수방위(伝守防衛)와는 정반대 개념이고 전수방위를 깨는 파격적인 개념이다. 적극적 평화주의는 집단적 자위권 도입, 자위대 해외 파견, 군비 증강 등으로 구체화되고 있다.

일본이 적극적 평화주의를 내세워 구체적인 정책을 추진할 경우 집단적 자위권과 헌법9조와의 관련성에 많은 영향을 줄 것으로 판단된다. 일본국헌법의 개정과 자위대의 정식 일본 군대화와 연결되기 때문이다. 더욱이 전수방위해서 공수방위로의 전환을 의미한다. 그런 흐름이 강화되면 동아시아에서 군사적으로 긴장관계에 있는 중국과의 군비경쟁이 본격화될 전망이고, 한국의 군사적 역할이나 경계를 강화하는 촉진제 기능을 할 것으로 보인다. 아베 총리가 집단적 자위권 도입을 적극적 평화주의로 포장한 것은 일본 내부에서 일본을 전쟁하는 국가로 만들려고 한다는 비판이 나오는 것과 무관하지 않다.

집단적 자위국가

일본 정부는 집단적 자위국가를 추진하기 위한 프로젝트로서 집단적 자위권을 확보하는 노력을 하고 있다. 집단적 자위국가는 일본의 안전보장을 위한 조치뿐 아니라 동맹국의 보호가 필요할 때 동원 가능한 국가로 해석되고 있다. 그 기초가 되는 집단적 자위권은 일본의 안전보장을 직접적으로 위해하는 공격뿐만 아니라 동맹국이 공격을 받았을 때 자국이 공격받은 것으로 간주하여 공격할 수 있는 권리를 함의하고 있다. 예를 들면, 일본과 안보동맹을 맺고 있는 국가가 적의 공격을 받게 되면 일본도 참전할 수 있는 권리를 말한다. 미국과 안보동맹을 맺고 있어 미국이 공격 당하면 일본은 참전할 수 있는 권리이다.

일본 정부는 집단적 자위권을 공식화하기 위해 일본국헌법을 개정하고 동시에 자위대를 공격과 방어가 가능한 국방군으로 바꾸려는 작업을 하고 있다. 법적 근거의 개정을 통해서 자의적 판단으로 군사적인 공격과 방어에 대한 결정을 하겠다는 의도이다. 또한 유사시 군사적 위협을 직간접적으로 받을 때 자위대를 동원하여 전쟁 수준의 전투를 할 수 있는 근거를 마련하는 의미를 함의하고 있다. 그렇게 되면 일본국헌법이 평화헌법이라는 특수한 지위를 잃게 된다. 일본이 태평양전쟁에 대한 반성으로 시작한 전쟁하지 않는 평화노선을 버리는 계기가 된다는데 역사적 비극의 출발점이 될 수 있다.

일본이 추구하고 있는 집단적 자위권은 일본의 위상이나 방향을 크게 변하게 하는 전환점이 됨에도 불구하고 다양한 근거를 통해서 정당성을 주장하고 있다. 첫째는 집단적 자위권의 근거로 〈유엔헌장〉을 들고 있다. 일본 정부는 집단적 자위권이 1945년에 서명되어 발효된 국제연합헌장 제51조에 처음으로 명문화된 권리로서 국제연합 가맹국에게 인정된 권리로 보고 있다. 국제연합헌장 제51조에서는 "이 헌장의 어떤 규정도 국제연합가맹국에 대해서 무력공격이 발생할 경우에 안전보장 이사회가 국제평화 및 안전 유지에 필요한 조치를 취하기까지의 사이, 개별적 또는 집단적 자위의 고유권리를 해하지 않는다. 이 자위권의 행사에 즈음해서 가맹국이 취한 조치는 즉시 안전보장 이사회에 보고해야 한다. 또한 이 조치는 안전보장이사회가 국제평화 및 안전유지 또는 회복을 위해 필요하다고 인정되는 행동을 언제까지라도 취할 이 헌장에 기초한 권능 및 책임에 대해서는 어떤 영향도 미치지 않는다"라고 규정되어 있다.[11)]

국제연합헌장 제51조에서는 집단적 자위권과 개별적 자위권을 고유 권리로 규정하고 있다. 자국을 스스로 방위할 수 있는 권리인 개별적 자위권은 동 헌장이전부터 국제법상 승인된 국가의 권리였다. 그것에 비해 집단적 자위권은 동 헌장 성립 이전에 국제법상 승인된 것이라는 사례나 학설이 존재하지 않는다. 그런 점에서 개별적 자위권과 집단적 자위권간에는 차이가 있다. 문제가 되는 것은 고유권리로 인정된 개별적 권리가 아니라 타국과 관련된 권리로 인정되고 있는

11) 国際連合広報センター,『国連憲章テキスト』, 国連憲章第51条

집단적 자위권이 어느 정도, 그리고 어떤 때 허용되는가 하는 점이다.

일반적인 해석에서 보면, 집단적 자위권은 공격 받지 않은 제3국의 권리인 이상, 실제로 집단적 자위권을 행사하는지 아닌지는 각국의 자유이다. 통상 분쟁의 직접적인 당사국이 아닌 제3국은 무력공격을 받은 국가에 대해서 원조 의무를 지는 것이 아니다. 그런 이유 때문에 구주 상호원조조약, 북대서양조약, 일미 안전보장 조약처럼 체약국 간의 집단적 자위권을 권리에서 의무로 전환하는 조약이 맺어진 것이다. 국제관습법상 상대국이 공격 당하고 있고, 다른 선택의 여지나 시간이 없다고 하는 필요성과 선택된 조치가 자위조치 한도 내이어야 한다는 균형성이 담보되는 조건하에서 개별적 자위권의 연장선으로 행사되는 것을 의미한다.[12)]

일본 정부는 국제연합 제51조에 규정한 내용을 동맹국이 제3국으로부터 공격 받았을 때 자국에 대한 공격으로 간주하여 반격할 수 있는 권리로 해석하고 있는 것이다. 일본은 유엔 회원국이기 때문에 집단적 자위권을 가지고 있다는 해석이다. 그러나 일본은 자국헌법 제9조에 "분쟁을 해결하는 수단으로서 전쟁과 무력 행사를 포기하고 교전권 역시 갖지 않는다"라고 규정하고 있어 집단적 자위권 행사를 제한하고 있다.[13)] 종래 일본 정부의 공식 입장은 일본이 집단적 자위권

12) 豊下楢彦, 古関彰一, 2014,『集団的自衛権と安全保障　』, 岩波新書

13) 일본국헌법 제2장 제9조의 내용을 보면 다음과 같다. 즉 "日本国民は、正義と秩序を基調とする国際平和と誠実に希求し、国権の発動たる戦争と、武力による威嚇又は武力の行使は、国際紛争を解決する手段としては、永久にこれを放棄する。②前項の目的を達するため、陸海空軍その他の戦力は、これを保持しない。国の交戦権は認めない。"(일본 국민은, 정의와 질서를 기조로 하는 국제평화와 성실을 희구하며, 국권발동이 되는 전쟁과, 무력에 의한 위구 또는 무력행사는, 국제분쟁을 해결하는 수단으로서, 영구히 그것을 포기한다. ② 전항의 목적을 달성하기 위해 육해공군 그 이외의 전력은 그것을 보유하지 않는다. 국가의 교전권은 인정하지 않는다.)

을 갖고 있지만 행사할 수 없는 것으로 해석하였다. 일본의 법제국도 집단적 자위권을 발동하려면 개헌이 필요한 것으로 인식하고 있다. 일본이 도입하고 있는 집단적 자위권은 유엔헌장과 일본 국내법의 충돌이라는 법적 혼란에 빠져 있는 것 또한 사실이지만 일본 정부는 다양한 해석을 통해서 집단적 자위권을 행사하기 위한 절차와 법적 근거를 마련하였다.

둘째는 동아시아 위협론이다. 동아시아에는 전전의 상태와는 전혀 다른 갈등과 경쟁이 작동하고 있다. 중국이나 다른 동아시아국가의 국력 상승으로 일본의 일방적인 움직임에 제동을 걸고 있어 다양한 갈등과 경쟁이 일어나고 있다. 중국과 일본 간의 대립과 갈등, 한국과 일본 간의 갈등과 대립, 북한과 일본 간의 갈등, 국가 간의 연합과 비연합에 따른 갈등과 경쟁 등이 그것이다. 대표적인 사례가 중국의 굴기로 표현되는 중국 국력의 상승이다. 그것은 일본에 중국 위협론으로 작용하여 중일 간의 갈등을 증폭시키는 원인이 되고 있다.

아베 총리는 2013년 9월 25일 미국을 방문했을 때 중국 위협론을 거론하면서 집단적 자위권의 필요성을 역설하였다. 미국 〈허드슨연구소〉의 강연에서 일본 옆에서 군비 지출이 일본의 2배에 달하고, 매년 10% 이상 군비 증강을 20년 이상 계속하고 있는 나라가 있다고 말하여 중국의 군비 증강을 직간접적으로 경계하면서 비판했다. 덧붙여 11년 만에 방위비를 증액했지만 0.8% 올리는데 그쳤음에도 불구하고 자신을 우익 군국주의자라고 평하고 있는 중국을 의식한 발언을 피력하였다.

아베 총리의 발언은 동아시아 질서에 깊이 관여하면서 입김을 넣어 주도 해 왔던 일본적 동아시아 질서 세우기에 힘이 빠지고 있다고 인식하고 있기 때문에 발생되는 대응이라고 할 수 있다. 딸리는 일본의 힘을 키우기 위한 전략이 바로 집단적 자위권이다. 중국에 대응하고 중국 굴기 현상과 중국적 아시아 질서 세우기에 제동을 걸기 위한 포석이 바로 집단적 자위권 행사인 것이다. 일본 정부는 그런 해석, 염려, 경쟁, 국익 등을 전제로 집단적 자위권 선언을 통해서 동아시아에서 군사강국으로서 기능과 역할을 할 수 있도록 다양한 기반을 정비하고 있다

셋째는 일본국헌법 제9조의 적극적 해석이다. 일본국헌법 제9조에 의해 집단적 자위권을 행사할 수 없다는 정부의 해석이 있어왔지만 2014년 7월 1일 제2차 아베 내각은 집단적 자위권을 한정적으로 행사할 수 있다는 헌법 해석을 변경하는 각의 결정을 내렸다. 변경의 필요성은 일본을 둘러싸고 있는 안전보장 환경이 변화했다는 사실 인식에 기초해서 설명하고 있다. 각의 결정에 의하면, 일본에 있어서 집단적 자위권 행사의 요건으로서 일본에 대한 무력 공격, 또는 일본과 밀접한 관계가 있는 국가에 대한 무력 공격이 행해지고, 그에 의해 일본 국민에게 명백한 위험이 생겨 집단적 자위권 행사 이외 방법이 없고, 필요 최소한의 실력 행사에 머무를 것 이라고 제시하고[14] 자위 조치로서 무력 행사의 신3요건이라고 하였다.

또한 헌법9조와 집단적 자위권과의 관계이다. 종전 일본 정부는 헌법9조에 기초해서 자국이 무력공격을 받지 않는 상황에서 동맹국 등을 위해 무력행사 하는 것을 허용하지 않는다고 하였다. 〈방위백서〉 13년도 판에서 집단적 자위권은 헌법9조에서 허용되는 법위를 넘는 것을 허용하지 않는 것으로 하였지만 〈방위백서〉 14년도 판에서는 헌법상 허용할 수 있다고 하였다. 일본 정부는 '헌법은 제9조에서 이

14) 閣議決定 (2014年7月1日). <国の存立を全うし,国民を守るための切れ目のない安全保障法制の整備について>. p.7

른바 전쟁을 포기하고 전력의 소유를 금지하고 있지만, 전문에서 전 세계의 국민이..... 평화롭게 생존할 권리를 가진다는 것을 확인하고, 또한 생명과 자유 및 행복추구 등과 같은 국민의 권리에 대해서는.... 국정상 최대 존중할 필요가 있다'는 뜻을 규정하고 있어 일본은 스스로의 존립을 위하고 국민이 평화롭게 생존하는 것을 포기하고 있지 않는 것은 명백한 사실이라고 하였다. 따라서 자국의 평화와 안전을 지지하고 그 존립을 위해서 필요한 자위조치를 취하는 것을 금지하는 것은 이해되지 않는다고 해석하고 있다.[15)]

일본국헌법의 전문과 제9조에 대한 일본지향적인 해석변경에 대해서 아베 신조 총리는 분쟁중인 외국에서 피난하는 일본인을 태운 미국 수송함을 일본 자위대가 수호할 수 있는 것으로 보고 있어 집단적 자위권 발동에 대해 명확한 상황을 제시하여 설명하였다. 내각관방장관은 2014년 7월 국회답변에서 세계적인 석유 공급부족이 발생해서 국민생활에 사활적인 영향이 생겨 일본 국가의 존립이 위협받는 사태가 발생할 수 있다고 대변했다. 따라서 신3요건을 충족하면 중동 페르시아 만의 호루무즈 해협에서 원유를 수송하는 중요한 항로에 지뢰가 있으면 국민생활에 사활적인 문제가 되기 때문에 지뢰 제거가 가능하다고 인식하였다.[16)]

일본 정부는 집단적 자위권에 대한 적극적인 헌법 해석에 기초해서 집단적 자위권을 행사하기 위해 필요한 법안을 정비하고 있다. 즉 방위성 설치법, 자위대법, 무력공격사태법, 국민보호법, 주변사태법,

15) 第66回参議院決算委員会 提出資料

16) 일본에서는 집단적 자위권 행사를 용인한 각의결정의 무효를 요구하는 재판이 있었지만 2015년 7월 29일 최고재판소는 그런 주장을 기각하였다. 즉 "集団的自衛権無効の却下確定 = 閣議決定めぐり - 最高裁". 時事ドットコム. (2015년 7월 31일).

PKO협력법, 해적대처법, 선박검사 활동법, 미군행동 원활화법, 국가안전보장 회의 창설관련법 등이 그것에 해당된다. 안전보장 관련법 개정안은 2015년 7월 17일 오후 2시 6분 일본여당 자민당과 공명당이 중의원 본회의에서 통과시켰고, 2015년 9월 9일 미명 참의원 특별위원회에서 강제로 채택된 후 본 회의에서 가결되어 법안으로 성립되었다. 기본적인 안보 관련 법안이 성립된 이후 후속조치로서 일본국헌법 개정과 자위대의 정식 군대화, 개전 규정이나 교선 규정 정비, 군법회의 등을 설치할 것으로 보인다.[17)]

일본 정부가 강력하게 추진하게 될 집단적 자위권의 근거는 〈특정비밀보호법〉에 의한 비밀지정에 기초하고 있다. 2014년 10월 중의원 예산위원회에서 아베 신조 총리는 집단적 자위권에 관해서 행사조건이 되는 무력행사 신3요건을 둘러싼 시비판단 재료가 되는 정보가 〈특정비밀보호법〉에 지정되고, 정부의 감시기관에게 제공되지 않을 가능성이 있다는 생각을 피력하였다. 더불어 내각부에 설치예정인 특정비밀의 감시기관 〈독립공문서관리감〉(独立公文書管理監)에 대해서 검증에 필요한 권한을 부여하는 것을 검토하고 있다고 하였다.[18)]

아베 총리는 집단적 자위권 도입을 위해 설치한 〈안전보장의 법적 기반 재구축에 관한 간담회〉를 두어 구체적인 방안을 추진하고 있다. 집단적 자위권의 내용과 영향을 보면 다음과 같다.

〈표 15〉 집단적 자위권의 내용과 영향

구 분	내 용	세 부 영 향
대원칙	적극적 평화주의 실현	군사대국화

17) 豊下楢彦, 古関彰一, 2014,『集団的自衛権と安全保障』, 岩波新書

18) <中日新聞> 朝刊2面 2014年10月7日

주체	- 아베 총리 - '안전보장의 법적 기반재구축에 관한 간담회' 산하 '소위원회'	집단적 자위권 도입 준비
목적	- 동맹국에 대한 공격을 자국의 공격으로 인식하여 대응	- 헌법 개정 또는 헌법적극해석 - 주변국에 대한 참전 가능성 일본의 군사대국화
	- 사이버 공격대응	- 정부 정보통제 및 지배력강화
	- 우주개발 진전에 대비한 대응검토	우주활동을 '평화적 목적에 한정한다'라고 규정한 우주항공연구개발기구(JAXA)설치법에서 평화부분을 삭제함
	- 자위대 파병	- 자위대법개정 또는 적극해석 - 해외자위대 파견을 통한 참전

일본 정부는 2013년 10월 의견 청취를 거쳐 12월 장기 방위정책인 〈방위계획대강〉과 함께 집단적 자위권을 공식 확정하였다. 일본 정부가 세계평화에 기여한다는 명분을 내세워 집단적 자위권 행사 등 일본의 재무장을 합리화하기 위한 포석이라는 해석이 나오고 있다. 〈아사히신문〉에 따르면 야당 공산당은 아베 총리가 내건 적극적 평화주의를 호전주의라고 불러도 좋다고 비판했다. 일본은 유사시 자위대의 역할을 확대하는 방향으로 〈미일방위협력지침〉을 개정하였다. 집단적 자위권 논의를 위해 설치한 자문기구 〈안전보장의 접적 기반 재구축에 관한 간담회〉는 2014년 4월 정부에 정식 보고서를 제출하였고, 이후 아베 총리는 헌법해석 변경을 각의 결정하여 논의를 종결하는 한편 국회에서는 2015년 자위대법 등 관련법을 개정하여 통과시켰다.

일본에서는 아베 총리가 추구하고 있는 집단적 자위권 도입에 대해서 다양한 의견이 나오고 있다. 〈교토통신〉이 실시한 여론 조사에서 반대가 47.5%, 찬성이 20%로 나타났다. 〈아사히신문〉이나 〈마이니치신문〉 조사에서도 비슷한 결과가 나왔다. 일본 국민은 찬성하는 것보다는 반대하는 것으로 나타났다. 일본 내의 집단적 자위권에 대한 논쟁은 매우 다양한 형태로 진행되고 있다.[19)]

다음의 표는 일본 내의 정치가, 여론, 단체 등의 집단적 자위권에 대한 입장을 간단하게 소개한 것이다.

〈표 16〉 집단적 자위권을 둘러싼 헌법에 대한 견해

구분	내용	특징
아베 신조총리	집단적 자위권행사를 위해 '각의를 통해 헌법해석만 바꾸면 된다'는 입장 주장	개헌반대에 대한 돌파구
사카다마사히로(阪田雅裕)	아베 총리의 헌법해석은 법치자체를 부정하는 행위라고 비판함	반대입장
다카미가쓰토(高見勝利)	정치가 헌법의 통제에서 벗어나는 것을 의미하며 법의 지배가 아니라 사람의 지배이자 아베의 지배라고 규정	반대입장
아사히신문	총리판단 하나로 수정되면 민주국가의 토대인 입헌주의는 무너진다고 비판	반대입장
나루히토(徳仁)왕세자	평화헌법을 준수해야 한다고 발언함	반대입장
일본변호사연합회	헌법문제대책본부 결성, 아베 정권의 해석개헌의 문제점 시민에게 홍보	반대입장
시민단체	9조의 모임 결성, 아베 총리의 입헌주의부정에 대한 비판	반대입장

19) 집단적 자위권에 반대하는 운동 단체가 많다. 즉 <安全保障関連法案に反対する団体>], <革労協主流派>, <中核派>, <戦争をさせない1000人委員会>, <自由と民主主義のための学生緊急行動> (SEALDs) <安全保障関連法案への反対デモを国会前で展開する学生グループ>, <九条の会>, <立憲フォーラム>, <安全保障関連法案に反対する学者の会>, <安保法制に反対するママの会> 등 다양하다.

일본 정부는 집단적 자위권을 고유 권한으로 인식하여 제반 사항을 정비하였다. 지금부터는 성립된 집단적 자위권을 행사하는 일만 남아 있다. 앞으로 집단적 자위권은 반평화적으로 반민주적으로 자행될 가능성이 있고, 제3국의 지원이나 지지가 일본 과 갈등이나 경쟁관계에 있는 국가와는 국지전으로 비화될 가능성이 있다는 점을 잊어서는 안 될 것이다. 동아시아에서 진행되고 있는 신냉전은 구성국가간의 전쟁으로 비화될 소지가 있기 때문이다. 어디까지나 집단적 자위권은 일본 국민을 지키기 위한 것이지 타국을 위한 것이 아니다. 아무리 밀접한 관계가 있다고 하더라도 타국민의 보호를 위해서 행사할 수 있는 데는 헌법적 제한이 있는 것이다. 또한 일본이 평화국가로서 구축한 국제적 위상을 한 번에 무너뜨릴 수 있는 것이며 일본의 미래세대를 위험에 빠뜨리는 결과를 초래할 수 있다는 점을 간과해서는 안 될 것이다.

군사대국국가

일본은 군사대국국가를 구축하기 위해서 전수방위를 초월한 전공수방위를 구축하고 있다. 그것을 구체화하기 위해 자위대를 공수 방위가 가능한 국방군으로 지위를 바꾸려는 움직임을 활발하게 전개하고 있다. 기본적으로는 일본국헌법 개정을 통해서 자위대법의 개정, 군장비 확대, 군역할의 강화, 군대외활동 강화 등을 추진하는 것이다. 일본 총리가 집단적 자위권 도입을 위해 설치한 〈안전보장의 법적기반 재구축에 관한 간담회〉가 자위대의 활동범위를 규정한 자위대법을 '포지티브 리스트(허용목록)'에서 '네거티브 리스트(금지목록)'로 전환하기로 결정하였다.

현행 자위대법은 방위나 치안 출동이나 해상경비 등과 같이 시나리오를 정해 활동 가능하도록 대응 조치하는 포지티브 리스트를 규정하고 있다. 포지티브 리스트는 자위대의 행동을 제한하고 있는 원인이 되고 있는 것이다. 따라서 자위대 활동 리스트를 민간인 공격, 포로학대 등 국제법으로 금지된 것 이외의 모든 활동이 가능하도록 네거티브 리스트로 자위대법을 고치려고 하는 것이다. 〈안전보장의 법적기반 재구축에 관한 간담회〉는 센카쿠열도에 중국 군대가 아닌 무장 세력이 점령할 경우 자위대 출동이 쉽지 않다는 점을 근거로 법 개정의 필요성을 인식하고 있다.

일본은 군사력 증강을 위해 헌법과 군사 관련법의 확대해석과 개정, 관련법제정을 통해서 제도적이며 현실적인 준비를 하고 있다. 군사력 강화는 군사대국화를 위해 추진되는 기본과 군사 체력다지기라는 차원에서 진행되고 있다. 일본의 군사력증강은 동아시아에서 중국과의 군사경쟁을 촉발시키는 동시에 미군의 역할과 활동 강화를 위한 군사력증강으로 이어질 전망이다. 군사력 증강경쟁은 동아시아에서 벌어지고 있는 각종 갈등을 증폭시켜 신냉전과 지역분쟁을 일으킬 요인으로 작용할 가능성이 농후하다는 점에서 매우 경계해야 할 점이다. 그러나 현재 일본은 다양한 각도에서 군사력증강에 힘을 모으고 있다.

첫째는 국방비 증액이다. 일본은 타국과의 섬을 둘러싼 분쟁, 영해권과 영공권을 둘러싸고 벌어지는 갈등이 잦아지는 가운데 방위력 증강의 필요성을 절감하여 우선적으로 방위비를 증액하고 있다. 방위비 증액은 운영하고 있는 자위대의 능력을 향상시키는 동시에 군사력을 증강 시키는 가장 기본적인 전략이라고 할 수 있다. 다음 그림은 2009년부터 2014년까지 일본의 방위비 추이를 나타낸 것이다.

〈그림7〉 일본의 방위비 추이

(단위 : 년 조 엔)

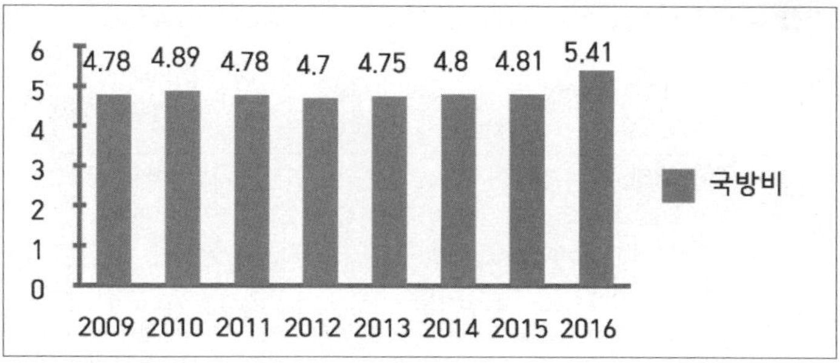

자료: www.yahoo.com에서 재구성함

방위비 예산은 2009년에 4조 7천억 엔을 넘었고, 2010년에는 4조 9천억 엔에 다다랐지만 2011년부터 2012년까지는 감소세로 돌아섰다. 그러나 아베 정부가 들어서면서 방위비예산은 점차 증가하는 추세에 있다. 2014년도 방위비 예산은 중국의 해양 진출과 맞물려 새로운 방위대강과 중기방위력 정비계획에서 주장된 이도(離島)방위 강화책을 실시하기 위해 2013년보다 2.8% 증가한 4조 8,848억 엔으로 책정하였고, 그것은 전체 예산 95.9조엔 중 5.11%에 해당된다. 아베 정부의 방위비는 2년 연속적으로 증가하고 있다.[20] 2015년도 당초 예산안 96조 3,420억 엔 중 국방비는 4조 801억 엔이었다. 2016년도 총 예산안은 96조 7,218억 엔으로 그 중에 국방비는 5조 541억 엔으로 책정되어, 전년도에 비해 약 1.5% 증가한 740억 엔 증액되어 4년 연속 증가되었다.

둘째는 군인력 증강과 군장비 증강이다. 일본 정부는 국방비 증액을 군인력 증강과 군장비 증강으로 연결시키고 있다. 일본 자위대의 인적 구성과 장비 내용을 보면 다음의 표와 같다.

20) 原田洋介, 2016,『今がわかる最新時事用語』成美堂出版. p20-21

〈표 17〉 일본자위대의 국방력 현황

구분	육상자위대	해상자위대	항공자위대
자위군현황	14만 8,000명	4만 4,000명	- 4만 5,000명 - 예비자위관 54,000명
군장비현황	주요장비는 전차 910량, 장갑타 950량, 야전포 660문, 항공기 500기	주요장비는 함선 151척(호위함53척, 잠수함 16척), 42.8만 톤, 항공기 310기	주요장비는 항공기 500대(전투기 370대)
군편성	군단을 담당하는 방면대(方面隊)가 5개 편제됨. 북방방면대, 동북방면대, 동부방면대, 중부방면대, 서부방면대 등이 있음 그리고 방면대와는 별도로 기동운용부대가 있고, 사단과 여단으로는 8개사단과 6개여단을 지리적 구분에 기초해 14개소로 배치함	기동작전을 담당하는 자위함대와 근해경비를 담당하는 5개지방대가 있음	주요작전부대는 항공총대로 3개항공방면와 1개항공혼성단을 관할함

자료: www.yahoo.com에서 재구성

자위군의 총수는 육상자위대 14만 8천 명, 해상자위대 4만 4천 명, 항공자위대 4만 5천 명 등 총 23만 7천 명으로 다른 국가의 군인력에 비하면 적은 숫자라고 할 수 있다. 일본의 군인력은 다른 국가와 비교해보면, 육상병력에서 2015년을 기준으로 중국, 북조선, 일본, 극동러시아 등의 순이다. 해상병력은 중국, 극동러시아, 일본, 북조선 등의 순이며, 항공병력은 중국, 북조선, 일본, 극동러시아 등의 순이다.[21] 중요한 것은 현제 세계 각국이 점차 군인력을 줄이고 있는데 비해 일본은

21) 防衛省編集, 2014,『防衛白書』, 防衛省

점차 늘리고 있다는 점에서 괄목할 만한 변화이다.

일본의 군장비는 표에서 보듯이 육상 자위대의 주요장비는 전차 910량, 장갑차 950량, 야전포 660문, 항공기 500기, 해상자위대의 주요장비는 함선 151척(호위함 53척, 잠수함 16척), 42.8만 톤, 항공기 310기, 항공자위대의 주요장비는 항공기 500대(전투기 370대) 등으로 구성되어 있다. 일본 방위성은 무인 정찰기 〈글로벌 호크〉를 2014년-2017년에 3대를 도입하여 배치하기로 하였다. 그리고 준항공모함 진수에 이어 해병대 창설을 서두르고 있으며, 연일 대규모 실탄훈련을 하고 있다. 또한 북한 핵미사일 공격을 저지하기 위해 적 기지 선제공격을 전제로 한 집단적 자위권을 구축하고, 동시에 중거리 순항미사일 개발과 배치를 저울질하고 있다.

2013년 9월 14일자 교토 통신에 따르면, 일본은 대륙간 탄도미사일(ICBM)로도 전용 가능한 신형 고체 연료 로켓발사에 성공했다. 일본 우주항공연구개발기구(JAXA)는 신형로켓 엡실론 1호를 14일 오후 2시 가고시마(鹿児島)의 우치오우라 우주공간 관측소에서 발사했다. 이 로켓에 실린 행성 관측위성은 발사 1시간 만에 지구를 도는 우주 궤도에 성공적으로 진입했다. 전문가들은 이 로켓이 대륙간 탄도미사일(ICBM)로 전용될 수도 있다고 우려했다. 일본이 자체 개발한 엡실론은 무게 91톤, 길이 24미터로 기존에 시용하던 M5로켓(무게 130톤, 길이 30미터)을 대체한 것이다. 크기를 줄이고 컴퓨터와 자동화 시스템을 대거 도입한 것이 특징이다. 발사비용은 기존 로켓의 절반 수준인 38억 엔이다. M5로켓은 관제작업에 100여명이 필요했지만, 이 로켓은 관계 요원 5명으로도 발사가능하다. 총 42일 걸리던 발사 준비도 7일로 단축했다.

로켓과 미사일은 기술적으로 큰 차이가 없다. 일반적으로 우주 발사체에 위성을 실으면 로켓이 되고, 탄두를 탑재하면 미사일이라고 불린다. 한국의 나로호처럼 액체 연료를 쓰면 로켓은 연료 주입에 오랜 시간이 걸린다. 반면 고체 연료로켓은 발사준비가 간편하고, 오랫동안 보관할 수 있어 미사일로 전용하기에 훨씬 유리하다. 일본은 2006년 9월 M5를 마지막으로 발사한 이후 약 7년 만에 고체 연료 로켓을 다시 발사했다. 일본 의회는 우주활동을 평화적 목적에 한정할 것을 규정한 JAXA 설치법 중 평화 부분을 삭제한 개정법을 통과시켰다.

일본의 군사력 증강은 동아시아에서 군사경쟁을 촉진시키고, 동시에 중국, 한국, 북한 등의 반발을 유발시킬 것으로 보인다. 아베 총리는 일본 국력 증강을 국방력 증강으로 인식하여 국방강화에 적극적으로 나서고 있다. 아베 정부 하에서 부총리 겸 재무상을 맡고 있는 아소타로(麻生太郎)는 자민당 내 자신의 계파의원과의 연수회에서 미국의 국력이 1960년대 냉전시기인 미일 안전보장조약 체결 당시보다는 현저하게 저하됐다고 평가하고, 미국이 도움 줄 수 없는 상황이 될 경우를 대비해 일본이 동북아 평화와 안전을 위해 책임질 수밖에 없을 것이라는 점을 강조하고 군사대국화의 필요성과 가능성을 공개적으로 표출했다.

셋째는 방위장비 이전원칙이다. 일본은 무기수출 3원칙을 폐기하고 방위산업 수출과 관련된 규칙을 새롭게 정하였다. 그것은 앞으로 무기수출을 확대하는 것을 의미하며, 일본의 군사 대국화를 위해 초석을 다시는 것이라고 볼 수 있다. 무기수출 3원칙은 1967년 당시 수당이었던 사토 에이사쿠(佐藤栄作)총리가 채택하였다. 그는 공산국가, 유엔이 금지하는 국가, 국제분쟁 당사국과 그 우려가 있는 국가 등에 대해서 무기를 제공하거나 수출 하지 않겠다는 〈무기수출 3원칙〉을 발표했다. 사토 전수상의 발표는 일본이 국제사회에서 평화를 해치는 침략 행위에 동조하지 않으며, 군사대국화를 추진하지 않겠다는 일본의 내외적 평화주의를 함의하고 있다는데 큰 의의가 있었다. 즉 국제사회의 평화에 공헌하겠다는 의미를 가지고 있다.

일본이 무기수출 3원칙을 충실하게 이행하기 위해서 국익을 포기하면서까지 지키려 했던 노력들이 서서히 사라지고 있어 많은 우려를 낳고 있다. 일본이 고수해 왔던 무기수출 3원칙의 흐름을 보면 다음과 같다.

〈표 18〉 일본의 무기수출 3원칙의 흐름

구분	사토에이사쿠 (佐藤栄作) 1967	미키다케오 (三木武夫) 1976	나카소네야스히로 (中曾根康弘) 1983	노다요시히코 (野田佳彦) 2011	아베 신조 (安倍晋三) 2014
내용	공산국가, 유엔이 금지한 국가, 국제분쟁당사국가와 우려가 있는 국가 등에 대한 무기 수출금지	무기 수출 자제 대상을 모든 국가로 사실상 확대	미국에 대한 무기 기술 제공을 예외로 함	예외 적용 대상국 대폭 확대	- 국제분쟁당사국과 유엔결의 위반국에 무기 수출금지 - 평화공헌과 일본안보에 기여하는 경우 무기 수출허용 - 수출상대국이 무기를 목적 외로 사용하거나 제3국에 이전할 경우에도 적정한 관리가 담보되면 무기수출 가능
의미	무기 수출 금지 3원칙	무기전면 금수정책	예외조항으로 수출 가능함		방위장비 이전 원칙 발표 타국과 무기공동 개발 사실상 무기수출 가능하게 됨

일본이 추진해온 무기수출 3원칙은 평화헌법을 수호하고 헌법 제9조를 준수하는 것으로 평화주의 상징처럼 여겨져 왔다. 그러나 나카

소네 야스히로 총리 이후 미국에 무기기술을 제공하게 되었고, 2004년 고이즈미 준이치로 때는 미 일미사일방어(MS)시스템 공동개발을 허용하게 된다. 2013년에는 일본 기업의 F35스텔스 전투기 부품 제공과 남수단 주둔 한국군에 대한 실탄 제공을 허용했다. 1983년부터 지금까지 무기 수출3원칙 예외 사례는 21건에 달했다. 그런 변화과정에서 알 수 있는 것은 일본이 국익보다 세계 평화에 가치를 두었던 모습에서 점차 국익을 추구하는 방향으로 전환해 왔다는 사실이다.

최근에 급격한 변화가 일어났다. 2014년 4월 1일 아베 총리는 무기수출3원칙 대신에 방위장비3원칙을 새로운 정부방침으로 정하였다. 핵심은 특정 조건을 충족하면 무기 수출이 가능하다는 점이다. 다음의 표는 무기수출 3원칙과 방위장비이전 3원칙의 내용을 소개한 것이다.

〈표 19〉 무기수출 3원칙과 방위장비이전 3원칙의 내용

구 분	무기수출 3원칙	방위장비이전 3원칙
제1원칙	공산국가에 대한 수출금지	이전을 금지하는 경우의 명확화
제2원칙	국제연합결의로 무기 수출이 금지된 국가에 대한 수출금지	이전승인을 얻는 경우 한정, 엄격심사 및 정보공개
제3원칙	국제분쟁 당사국, 그 위험이 있는 국가에 대한 수출금지	목적 외 사용 및 제3국 이전과 관련되어 적정관리 확보
특징	공산국과 분쟁국가에 대한 무기 수출금지	평화공헌이나 일본의 안전보장에 가치가 있는 등 일정한 조건을 충족하면 수출 가능함

자료: 原田洋介, 2016,『今がわかる最新時事用語』, 成美堂出版. p39

새로운 원칙에 따른 무기수출 여부는 경제산업성을 중심으로 방위성과 외무성이 우선 판단을 한다. 다만 중요안건에 대해서는 총리와 각료가 참석하는 국가안전보장회의(NSC)에서 심사한다. 일본은 공산

국가나 분쟁지역 국가, 그리고 에너지안보를 내세워 필리핀 등 해상 석유수송로 연안국에 대한 무기수출도 가능해졌고, 팔레스타인과 분쟁 중인 이스라엘에도 무기수출이 가능해졌다. 실제로 일본은 방위장비 3원칙에 기초해서 2014년 7월 국가안전보장의 각료 회합을 열고, 미국으로부터 타진한 영격 미사일용 부품 수출과 전투기용 미사일에 대해서 영국과의 공동연구를 승인했다.

새로운 원칙은 일본 정부가 수출의 가부를 임의적으로 결정할 수 있다는 점에서 매우 포괄적이며 일본이 지향하는 방향대로 선택을 할 수 있다는 특징이 있다. 방위장비이전 3원칙을 부정적인 측면에서 본다면, 국익원칙에 평화원칙이 굴복한 것이라고 평가할 수 있을 것이다. 아베 총리는 일본의 군사적 역할을 통해 세계평화에 기여한다는 명분으로 적극적 평화주의를 추진하고, 더불어 무기수출 3원칙을 수정하여 〈방위장비이전 3원칙〉을 실천하고 있다. 일본이 평화헌법을 버리고 군사적 방어뿐 아니라 공격이 가능하며 군사대국으로의 전환과 첨단무기를 통해서 군사적 경제적 효과를 높여 군사경제대국으로 전환하겠다는 의미이다.

일본은 방위력 증강이 효과적인 결과를 얻을 수 있도록 제도 개혁으로서 일본국헌법개정, 자위대법개정, 기구 강화로서 국가안전보장회의(NSC)창설과 기능 강화, 안전보장관련법 제정 및 개정, 글로벌 호크, 중거리 순항미사일, 준항공모함, F35스텔스기 등을 보유 내지 보유할 예정에 있다. 세계평화를 명분으로 군사력을 강화해서 자위대를 자유롭게 활용할 수 있는 군사대국을 만들려는 의도이다. 분쟁지역이나 군사 핵심기술을 수출할 수 있는 길을 열어놓고 경제적 효과를 증대시키고 있다. 그런 정책과 전략이 추진되는 가운데 궁극적으로 일본은 그동안 금기시해 온 핵무장을 통해 완전한 군사대국으로 진행할 가능성도 없지 않다.

넷째는 미일군사협력 강화이다. 일본은 군사적 동맹을 맺고 있는 미국과 협력을 통해서 군사협력을 강화하고 있다. 그것은 이른바 미일밀월관계로 나타나고 있다. 미일은 의제에 관계없이 일본의 움직임에 미국이 무조건 지원하고 미국의 움직임에 일본이 무조건 동조하는 무조건적 밀월관계를 유지하고 있다. 구체적으로는 〈미일안전보장협의위원회〉의 활동으로 나타났다. 2013년 10월 3일 미국의 척 헤이그 국방장관과 존 케리 국무장관, 일본의 기시다 후미오 외무상과 오노데라 이쓰노리 방위상이 도쿄에서 〈미일안전보장협의위원회〉를 통해 공동성명을 발표함으로써 시작되었다. 다음은 미일안전보장협의위원회가 채택한 공동성명을 소개한 것이다.

〈표 20〉 미일 안전보장 협의위원회 공동성명

구분	내용	비고
집단적 자위권	- 미국은 일본의 집단적 자위권 행사지지 - 미국은 일본 방위예산증액 등 환영	미일방위 증강
동맹관계	- 균형 있고 실효적인 동맹관계를 위한 파트너가 되기로 결의함 - 사이버 공격에 대비하기 위한 작업회의설치	군사협력
대외군사관계	- 중국에 대해 국제적 행동규범을 준수하고 군사상 투명성 확보요구 - 북한 핵미사일 개발에 대한 미국, 일본, 한국, 호주협력강화	중국견제
영토문제	센카쿠섬을 미일안보조약의 적용대상으로 함	영토보위
무기증강	- X밴드 레이더 2기 일본배치 -P8초계기를 일본에 배치 - 2014년 무인정찰기 글로벌 호쿠 배치 - 2017년 미해병대 F35B 전투기 배치	군비강화

군사기지	난세이제도를 포함한 지역의 자위대 강화를 위해 군사시설 공동사용	공동군사 행위

미일 밀월관계는 미일 군사훈련 및 군사협력으로 이어지고 있다. 이미 2013년 6월 미국 캘리포니아주 펜들턴 기지에서 실시 된 〈돈 블릿츠〉 (dawn blitz 새벽의 기습)훈련에 일본 육상자위대, 해상자위대, 항공자위대 등이 참가 하였다. 미일간의 군사훈련은 미국 해병대와 일본 육상자위대의 협동으로 8번에 걸쳐 펜들턴 기지에서 섬 탈환 훈련을 했지만 해상자위대와 항공 자위대가 참가하는 것은 이번이 처음이다. 그 미일 합동 훈련에서는 육상자위대 300명, 해상자위대 소속 호위함 3척, 수송함 1척, 그리고 항공자위대 요원들이 참가하였다. 이번 훈련에 참가하는 자위대는 센카쿠동 중국해를 담당하는 부대이다.

일본과 미국의 군사적 협력을 강화하기 위해서 일본은 미국과도 자위대 역할 확대를 논의하였다. 오노데라 이쓰노리(小野寺五典)방위상은 2013년 8월 28일 보루나이에서 열린 제2차 아세안확대 국방장관 회의에서 척 헤이글 미국 국방장관과 자위대의 적기지 공격능력 보유 문제를 협의하였다. 동아시아에서 계속되는 북한의 위협에 대처하기 위해서, 그리고 중국의 군사적 활동 강화에 대응하기 위해서 미일간의 역할을 조율할 필요가 있었기 때문이다.

그 결과 미일은 군사적 협력을 강화하고 미국의 군사력을 강화하는 선택을 하였다. 한 예로 미국은 일본명 센카쿠(중국명 댜오위다오) 공격 등을 상정하는 군사훈련에 일본 육상자위대, 해상자위대, 항공자위대 등을 참가시키기로 하였다. 일본의 영토분쟁에 미국이 군사적 대응을 구체화하고 있는 것이다. 일본의 영토분쟁에 미국이 군사적으로 개입하는 문제는 국제질서를 바로 잡기 위한 부분이라는 해석도

가능하지만 미일동맹관계에 대한 군사적 협력뿐 아니라 무조건적 밀월관계에서 오는 군사 행위라고 평가 받을 수 있는 여지가 있다.

미일군사 협력증강은 일본에 주둔하고 있는 미군의 군사력을 증강시키는 것으로 나타나고 있다. 다음의 표는 일본에 주둔하고 있는 미군의 배치현황이다.[22]

〈표 21〉 일 주둔 미군의 배치 현황

일미군 주둔지역	주둔미군 군사력	비고
미사와	공군 35전투비행단	공군전력
요코다	주일미군사령부, 5공군사령부, 공군 374수송비행단	공군전력
자마	주일미육군사령부 9전구지원사령부	육군전력
요코스카	해군기지, 미7함대, 8만6천톤 급 항공모함 키티호크, 이지스함 4척, 순양함 2척 등 총11척 배치함	한반도유사시대비, 전면전과 민간인구출임무
사세보	미공군기지	공군
아쓰기	서태평양함대, 항공부대사령부	태평양방위
이와쿠니	12해병항공전대	해상방위
오키나와	- 가데나 공군기지 : 1해병항공단, 공군18비행단, F15전투기54대, E3공중조기경보통제기, KC135급유기, RC135 전략정찰기 등 항공기 120여대 - 후텐마 해병대기지 :3해병 원정군, 3해병사단	해공군전력

일본에는 주일미군 기지와 군사력 재편 바람이 불고 있다. 전 세계 주둔 미국 재편계획(GPR)에 따라 미일 양국 간 재편 논의가 활발하게 이루어지고 있다. 한국에 주둔하는 주한미군은 3만 7천명에서 1만2천

22) www.yahoo.com에서 재구성함

5백 명으로 감축할 것으로 알려지고 있다. 반면 주일미군 재편 계획에 따르면, 일본에 주둔하는 미군 병력을 늘려 군사력을 강화하고 있다. 미국의 군사력 증강과 더불어 일본의 군사력 증강으로 이어지고 있다는 특징이 있다.

위에서 보는 것처럼, 미국과 일본의 군사적 밀월관계를 유지할 수 있는 요인은 매우 다양하다. 하나는 미국이 일본의 집단적 자위권 행사와 군사력 증강을 환영하는 형태로 국제사회에 어필한 것은 쇠퇴하는 슈퍼 미국의 군사적 기능의 약화에 따른 미국의 전략에 의해서 벌어진 것이라는 점이다. 미국은 정부 지출 자동삭감(시퀘스터) 제도에 따라 국방비를 비롯한 안보 예산을 향후 10년간 1조 달러 이상 대폭 삭감해야 할 처지에 놓여있다. 미국 외교협회(CFR)는 미국의 국방예산삭감으로 군사력 쇠퇴는 피할 수 없다고 진단하고 있다. 그것은 곧 한반도를 포함한 세계각지에서 미국의 전쟁 억지력, 방어력, 대응력 등이 약화되는 것을 의미한다. 미국은 일본의 군사력강화를 통해서 그런 문제들을 해결하려는 의도를 가지고 있다.

다른 하나는 동아시아에서 중국의 급부상으로 미국과 일본의 협력이 더욱 필요해졌기 때문이다. 미국은 동아시아에서 북한의 핵 미사일 위협과 미국의 패권을 위협하는 중국의 부상이라는 군사적 도전에 직면하고 있다. 또한 일본은 동아시아 국가 간에 발생하고 있는 영토분쟁, 역사 분쟁, 군사 분쟁, 영해공 분쟁 등과 같은 신냉전에 직면하고 있어 군사적으로 대응할 필요가 생겼다. 미국은 동아시아에서 벌어지고 있는 각종 위협을 극복하고 역할을 대신할 수 있는 친한 동맹국이 필요한 것이다. 미국은 중국, 한국, 북한, 일본 가운데 일본을 선택한 것이다. 일본도 역시 가장 친한 형님과 같은 존재의 동맹국이 필요 했던 것이다. 그것이 미일 밀월관계의 정체인 것이다.

유엔안전보장이사회 상임이사국가

일본 정부는 신 국가를 구축하기 위해서 유엔안전보장이사회의 상임이사국 입성을 바라고 있다. 일본은 강한 경제력에 기초한 역할증대, 군사적 공헌에 대한 열망, 정치경제적 강대국으로서 국제사회에서의 위상 증대, 그리고 국제관계에서 발생되는 다양한 이해관계에 대한 적극적 관여 필요성 등 때문에 유엔 안전보장회의 상임이사국(이하 안보리상임이사국이라 함)진출을 노리고 있다. 그리고 현실적으로 유엔가맹국 중에서 미국에 이어 2번째로 유엔 분담금을 많이 내는 국가라는 점을 근거로 삼고 있다.

일본이 유엔 정책에 부응하여 국제평화활동에 적극적으로 참여하겠다는 의도가 있는 반면에, 다른 한편으로는 국제사회에서 일본의 영향력을 발휘하여 국익을 추구하는데 이용하고자 하는 의도도 있어 이중적인 목적이 있다. 일본의 속내를 들춰보면, 경제력과 국력이 안보리상임이사국이 되는데 부족함이 없고, 국제 사회에서 그것에 걸맞는 대우를 받고 역할을 하고자 하는 의도 도 있어 보인다. 최근에서 일본이 구상하고 있는 적극적 평화주의를 실현하기 위해서 유엔 설립 70주년을 기점으로 유엔안전보장회의 상임이사국이 되려고 총력전을 펴고 있다.

다음은 전후 세계평화와 안전을 도모하기 위해서 설립되어 중심적인 역할을 하고 있는 국제연합 안전보장회의 상임이사국과 비상이사국의 현황을 본 것이다.

〈표 22〉 유엔안전보장회의 상임이사국 및 비상임이사국의 현황

구 분	상임이사국(5개국)	비상임이사국(10개국)
국가명	미국, 영국, 프랑스, 러시아(1992년 이전 소련연방), 중국(1971년 이전 중화민국)	- 2015년 1월 1일 – 2016년 12월 31일 : 앙골라, 말레시아, 베네수엘라, 뉴질랜드, 스페인 - 201년 1월 1일 – 2017년 12월 31일 : 이집트, 세네갈, 우크라이나, 우루과이, 일본
특징	제2차 세계대전의 승전국 중심으로 안보리상임이사국 구성함	비상임이사국은 임기 2년으로 상임이사국외의 국제연합가맹국에서 선출하고, 매년 5개국을 개선함. 재임은 할 수 없고, 선출은 각 지역그룹이 후보를 선출하고 국제연합총회에서 3분의 2이상 찬성지지로 승인됨
일본의 경우	일본은 국제연합개혁의 일환으로 독일, 인도, 브라질 등과 4개국 동시 상임이사국진출을 요구하고 있음. 미국과 프랑스가 일본 진출을 지지하지만 한국이 강하게 반대하고 있음	일본의 비상임이사국진출은 2015년 현재 11회에 걸쳐 선출됨

국제연합 안전보장이사회는 기본적으로 5개 상임이사국과 10개 비상임이사국으로 구성되며, 임기 2년의 비상임이사국은 매년 반수인 5개국이 개선된다. 일본은 국제연합창설 70주년을 맞이하는 해에 안보리상임이사국 진출을 목적으로 유엔관련기구를 통해 발언력을 높이고 국제사회에 존재감을 나타낼 수 있는 기회를 늘리고 있다. 그런 노력의 일환으로 2016년-2017년까지 활동할 비상임이사국 선출 선거에서 3분의2 이상이 되는 184개국의 지지를 획득하여 선출되었다.

일본은 속이나 겉으로 드러난 다양한 이유 때문에 1993년부터 전격적으로 안보리상임이사국 진출을 노려왔다. 아베 총리가 2004년 7월

사적 자문기관인 〈안전보장과 방위력에 관한간담회〉를 설치해서 국가안전보장전략을 구체화하여 안보리상임이사국에 진출하는 목적과 이유를 분명하게 하였다. 일본이 만든 국가안전보장전략 '제4장 일본국가가 취해야 할 국가안전보장상의 전략적 접근방법'에서 적극적 평화주의 실현을 위해서는 일본의 안전보장상임이사국의 진입을 필수요건으로 하고 있다.

구체적인 내용을 보면 적극적 평화주의에 기초해서 국제사회의 평화와 안전을 추구하기 위한 역할을 담당할 필요가 있다는 것을 천명하고 있다. 또한 국제 연합과의 관계에서 외교력을 강화하여 국제평화안전의 유지 회복을 위한 실천에 더욱 적극적으로 관여할 것을 스스로 주문하고 있다. 그런 차원에서 안보리 상임이사국이나 안보리비상임 이사국의 의석확대 및 일본의 상임이사국진입을 포함한 안보리 개혁의 필요성을 강조하고 있다.[23] 아베 총리는 2006부터 2007년 재임시절 안보리 상임 이사국 진출을 시도하였지만 국제사회의 호응을 얻지 못해 실패했다.

그러나 2013년 제2차 내각을 구성해서 강한 일본 만들기를 국내외 정책을 통해서 적극적으로 추진하는 가운데 일본의 안보리상임이사국 진출을 재시도하고 있다. 아베 총리는 2013년 9월 26일 유엔가맹국의 유엔 대표들 앞에서 안보리 상임이사국에 진출하려는 의지에는 변함이 없다는 연설을 하여 의도를 분명하게 표출시켰다. 또한 안보리상임이사국 진출을 추진하고 있는 일본, 독일, 브라질, 인도 등의 외교장관은 동일 뉴욕에서 회담을 하고 유엔 창설 70주년이 되는 2015년까지 안전보장회의 개혁을 통해 구체적인 성과를 내겠다는 성

---

23) 内閣官房 サイトマップ : トップページ 内閣官房の概要 所管法令 記者会見 報道発表 資料集

명을 공동으로 발표하여 역시 안보리상임이사국에 되겠다는 강한 의지를 표명했다.

특히 유엔 연설을 통해 일본이 앞으로 추진하려고 하는 적극적 평화주의를 주창하는 가운데 유엔평화유지활동(PKO)하에 다국적군에 자위대를 적극적으로 파견하겠다는 의지를 보였다. 안보리상임이사국 진출을 노리고 있는 아베 총리는 적극적 평화주의를 실현하기 위해서 필요하다고 그 당위성을 주장하고 있다. 일본이 구상하고 있는 적극적 평화주의는 일본국헌법이나 국내법의 규정을 벗어난 내용과 실천을 포함하고 있어 보편적 평화주의와는 성격이 다르다는 점에서 국내외적으로 논쟁과 저항을 불러일으키고 있다. 그런 관점에서 본다면, 일본이 추진하고 있는 적극적 평화주의는 안보리상임이사국이 되기 위한 정당성을 가진 이념인 동시에 다른 한편으로는 진출을 방해하는 장애 이념도 되고 있다는 점에서 매우 아이러니하다.

일본의 안보리상임이사국 진출과 관련된 안보리 개혁을 둘러싸고 벌어지고 있는 안보리상임이사국, 비상임이사국, 기타 직간접적으로 관련된 국가들의 주장을 보면 다음과 같다.

〈표 23〉 안보리상임이사국 개편에 대한 의견 현황

구 분	구성 국가	주장 내용
5개 상임이사국	미국, 영국, 프랑스, 중국, 러시아	미국은 일본의 상임이사국진출을 찬성하고, 중국은 반대함
G4(상임이사국진출희망국)	일본, 독일, 인도, 브라질	상임이사국 확대주장
커피클럽 (중견국가모임)	이탈리아, 스페인, 한국, 아르헨티나, 파키스탄	상임이사국을 유지하되 비상임이사국 확대주장
아프리카연합	이집트, 나이지리아, 남아공등	아프리카에 상임이사국 2국가 배정 주장

위에서 보는 것처럼, 일본의 안보리상임이사국 진출문제, 안보리 개혁 등을 둘러싸고 의견이 첨예하게 대립되어 있다. 그것은 자국의 이해 관계가 관련되어 있을 뿐 아니라 각 국가 간 그리고 각 대륙간의 이익을 둘러싼 경쟁이 치열하다는 것을 의미한다.

현재 일본의 안보리상임이사국 진출에 적극적으로 지지하는 국가가 미국이다. 유엔을 비롯한 각종 국제기구의 운영권이나 입김을 발휘하는데 일본이 나름대로 미국편에서 역할하기 때문에 진출을 적극적으로 지지하고 있다. 일본은 막강한 힘과 운영권을 가지고 있는 미국의 지원이 진출할 수 있는 호기라고 생각하여 적극적으로 로비를 하고 있다. 국제사회에서 미국과 일본의 연합은 필연적인 것이며 결연관계 내지는 피를 나눈 혈연 형제로도 받아들여지고 있다.

미국의 지원과 지지에도 불구하고 일본을 둘러싼 여러가지 국제환경이나 관련 국가의 이해관계에 의해 지원을 받지 못할 뿐 아니라 적극적으로 반대하는 국가가 생겨나고 있다. 안보리상임이사국인 중국이 일본의 진출을 반대하고 있다. 그 배경에는 중국이 동아시아에서나 국제사회에서 경쟁하고 있는 일본의 국제적 지위를 통한 힘의 부여나 성장을 바라지 않기 때문이기도 하다. 또한 동아시아에 대한 국제사회의 시선과 관심이 실리게 됨으로써 그 구성국인 중국, 일본, 한국 등의 역할이 중요해졌고, 중국, 일본, 한국간의 협력과 경쟁, 갈등 등이 신 냉전의 씨앗이 되고 있기 때문이다.

동아시아에서 벌어지고 있는 패권경쟁이 강화되고 있어 일본의 안보리상임이사국 진출에 대해서 매우 민감하게 반응하고 있다. 일본 정부는 한국과 중국에 대해서 강경 외교정책을 추진하고 있어 갈등을 야기하고 있다. 동남아시아나 기타 대륙 국가와의 외교정책과는 현저하게 다른 기조로 진행되고 있다. 일본 외교정책은 한국과 중국과의 협력이 아니라 대결 구도에 기초하고 있는 특징이 있다. 만약 일본이 안보리상임이사국에 진출하게 되면 태평양전쟁을 수행했던 제국국가로 급회전 할 것이라는 염려와 동아시아에서 일본과 관련된 각종 이권에 개입을 할 수 있는 여지가 많아 바람직하지 않는 것으로 평가되고 있다. 그런 이유 이외에도 유엔 회원국 중에는 근대역사에서 일본이 벌인 전쟁이나 전후 전쟁 후유증에 대한 깨끗한 조치가 결여되어 있다는 점을 들어 반대하고 있다.

따라서 일본이 안보리상임이사국에 진출하기 위해서는 그에 따른 다양한 문제를 해결하는 것이 전제 되어야 할 것이다. 첫째는 동아시아에서 일본과 벌이고 있는 각종 이권경쟁이나 갈등을 해결 해야 한다. 센카쿠열도와 영토분쟁을 벌이고 있는 중국이나 독도의 영유권을 둘러싸고 경쟁하고 있는 한국과의 갈등을 해결하는 것이다. 또한 해양권이나 영공권을 둘러싸고 벌어지는 경쟁을 그만 두든지 아니면 타협을 하든지 하는 구체적인 해결책이 나와 문제를 말끔하게 해결하는 것이다. 그런 문제의 해결 없이는 일본이 중국이나 한국의 지원이나 지지를 받기 어려울 것이다.

둘째는 과거 일본이 근대화하는 과정에서 발생시켰던 각종 역사적 유죄를 말끔하게 한 점의 의혹도 없이 인정하고 해결해야 할 것이다. 일본의 식민지 정책이 정당하고 역사가 정당하다고 하는 일본 중심적 역사를 주장하면서 안보리상임이사국에 진출하는 것은 매우 어려운 일일 것이다. 세계평화에 공헌하기 위해서 안보리 상임이사국에 진출한다는 명분은 과거사 해결 없이 정당해 지거나 내세울 수 있는 이유가 되기 어렵다. 근대사에서 일본과 관련된 불행한 사실들을 왜곡 없이 해결할 필요가 있다.

따라서 앞으로 일본이 전진적으로 발전하고 한층 성장하기 위해서는 국제사회나 동아시아의 환심과 지지가 절대적이다. 일본은 평화주의와 같은 보편원리를 잘 이행하고, 과거사를 성실하고 진실하게 해결하는 동시에 현재 건전한 일본 국가를 만들어 가고 있다는 확신과 신뢰를 주어야 할 필요가 있다. 왜냐하면 국제사회는 별도로 하더라고 동아시아로부터 근현대사와 현재에 대한 일본의 신뢰도가 낮기 때문이다. 일본이 안보리상임이사국에 진출하는 문제뿐 아니라 다양한 발전을 추구하기 위해서는 무엇보다도 동아시아로부터 신뢰를 쌓은 것이 최소한의 조건이라고 할 수 있다.

제2부

신일본경제론

제4장 전통 경제 프로젝트

일본은 전통적으로 몇 가지 일관된 경제정책을 추진해 왔다. 일본 경제가 낮은 성장을 하는 저성장 경제체제, 변화에 둔감한 정체 경제체제, 부양 중심적 선심 경제체제 등을 극복하기 위한 정책이었다. 그러나 일본 경제는 물가가 낮아지는 디플레이션, 국내외에서 엔 가치가 높아지는 엔고, 각종 예산 지출로 발생하고 있는 정부부채 증가, 성장이 이루어지지 않는 성장 한계 등으로 나타나 효과를 거두지 못하고 있다. 일본이 추진해온 전통 경제 프로젝트는 경제위기극복 정책, 경제체력 강화정책, 신화 경제정책, 정부 주도 경제정책 등으로 구성되어 있다고 할 수 있다. 그것을 그림으로 보면 다음과 같다.

〈그림 8〉 전통 경제 프로젝트

일본 경제에 미치는 요소는 매우 다양하다. 일본 정부는 경제를 활성화하기 위해서 그림과 같은 전통 경제 프로젝트를 실현하고 있지만 좋은 성과를 얻고 있다고 평가하기는 어려운 실정이다. 일본이 전통적으로 추진해온 경제정책이 실효적인 성과를 거두는데 한계가 있기 때문이다. 따라서 앞으로는 실용적이고 실효적인 성과를 거두는 새로운 경제정책을 추진할 필요가 있다.

경제위기 극복정책

잘 나가던 일본 경제는 20세기 후반에 들어서 새로운 경제 패러 다임을 요구하는 내외적 충격파가 전달되는 과정에서 영향을 받아 크게 흔들리고 있다. 그것은 일본 경제위기론으로 집약되었고, 디플레이션 쇼크, 엔고 쇼크, 성장한계 쇼크 등으로 나타났다. 물론 그런 요소 이외에도 일본 경제를 위기로 몰아가고 있는 요인들은 다양하다. 경제 내외적 요인뿐 아니라 정치적인 요인, 사회문화적인 요인, 국제적인 요인 등도 일본 경제가 위기에 봉착하게 된 중요한 요인이라는 점을 무시할 수 없다. 그럼에도 불구하고 일본은 경제를 위기로 몰고 있는 요인으로 지적한 3요소를 극복하기 위한 경제정책을 지속적으로 추진해 왔다.

첫째는 디플레이션 극복정책이다. 디플레이션은 유통되거나 가처분할 수 있는 돈이 적어 물가가 낮아지는 현상을 의미한다. 일반적으로 디플레이션은 상품과 서비스에 대한 총체적인 수요의 급격한 감소에 의하여 발생한다. 디플레이션이 진행되면 소비자나 기업은 소비와 투자지출을 더 줄이기 때문에 생산된 상품은 팔리지 않는다. 따라서 상품 재고가 급증하게 되면서 생산자는 가격을 낮추고 생산을 줄인다. 디플레이션이 극도로 진행되면 생산, 판매, 고용, 소득 등이 악화되어 경기가 나빠질 뿐 아니라 경제 공황으로 연결 될 수 있다.

디플레이션은 기본적으로 소비자, 기업, 정부 등에 다양하게 악영향을 준다. 소비자의 입장에서 보면, 돈의 가치를 높여주어 돈의 구매력을 올려준다. 돈의 가치가 올라가면 돈이 귀해지고, 그러면 사람들은 돈 쓰는 것을 주저하게 된다. 예를 들면, 디플레이션이 지속되면 소비자들은 집이나 자동차와 같은 고가품의 구매를 유예한다. 가격이 떨어지는 중간 시점에서 집을 사놓고 나서 추가적으로 주택가격이 더 떨어지면 많은 손해를 볼 수 있기 때문이다. 물가가 떨어지고 돈의 가치가 올라가면 소비자들은 소비를 해야지만 실제로 더 떨어질 것으로 예상하여 물가의 최저 한계점까지 기다리는 것이다. 소비하기까지 상품이 팔리지 않는 것이다. 그런 소비 한계 상황은 상품시장, 생산시장, 고용시장, 소득 등을 위축시켜 경제 상황을 악화시키게 된다.

기업 입장에서도 많은 변화가 일어난다. 디플레이션이 지속되면, 돈의 가치가 올라가고 구매력이 좋아져 공격적인 투자를 해야 하지만 실제로는 그렇지 못하다. 설비투자를 계획하고 있는 기업은 가격 하락이 멈출 때까지 투자를 유보한다. 새로 매입하려는 공장 부지나 기계의 구매가격이 더욱 떨어질 가능성을 배제할 수 없기 때문이다. 또한 생산한 상품 가격이 하락하면 이윤이 감소하기 때문에 기업은 신규 투자를 단행하기 어렵다. 생산기업은 상품이 팔리지 않으면 재고가 많아져 돈의 흐름이 막히고, 돈의 가치가 높아져 물가가 떨어지면 수익이 줄어들어 생산라인 축소, 생산 축소, 구조조정, 임금하락, 저고용, 감량경영 등을 하게 되어 기업 축소와 실업자를 양산하게 된다.

결국 소비와 투자 감소는 전반적으로 상품가격을 하락하게 한다.

가격하락은 생산 위축을 초래하고, 생산 위축은 고용 감소와 임금하락을 초래하고, 실업증가와 소득감소는 상품과 서비스의 수요를 감소시켜 추가적인 가격 하락을 초래한다. 이러한 현상을 디플레이션 소용돌이(deflationary spiral)라고 한다. 디플레이션이 스스로 다시 디플레이션을 만드는 악순환이 지속되는 것이다. 그것은 결국 상품시장의 위축이나 대체상품의 수입증가, 국가세수축소 등으로 이어져 국가경제의 위축을 가져오게 된다. 국제적으로는 상품생산이 축소되어 수출이 약화되거나 위축을 가져오고, 국제경제력 약화를 초래할 가능성이 있다. 경제성장보다는 정체, 또는 마이너스 경제성장을 초래할 가능성이 있다.

금융시장에서 디플레이션은 채무자의 채무 실질가치를 더욱 상승시킨다. 가중되는 채무압박에서 벗어나고자 채무자는 소유한 자산과 재고를 처분하려 한다. 따라서 시장에서 자산과 상품 가격은 더욱 하락하게 되어, 채무자가 미처 갚지 못한 잔여 채무의 실제 가치는 더욱 상승한다. 채무부담을 줄이려는 노력이 역설적으로 채무 부담을 더욱 높이는 것이다. 채무를 청산하려는 군중 심리로 인한 쏠림 현상이 심화되면 결국 개인과 기업이 줄이어 파산하고 은행이 도산하는 공황으로 진전되는 것이다. 1930년대의 세계 대공황이 대표적인 사례이다. 이러한 가능성을 제시한 경제학자 피셔(Irving Fisher)는 경제 전 영역에 걸친 파산이 이루어진 후에야 상황이 궁극적으로 안정될 수 있을 뿐이라고 분석했다. 디플레이션이 인플레이션보다 더 위험한 이유가 거기에 있다.

전후 세계에서는 경기과열을 제어하기 위해서 인플레이션 억제 정책을 적극적으로 추진하는 경우가 많았다. 공정 이율의 인상, 중앙은행 대출의 억제 및 회수, 공개시장조작(公開市場操作) 등을 중심으로 하는 디플레이션 정책에 의존하였다. 따라서 현금 통화의 유통량은 감소되고, 이에 수반하여 은행 대출도 축소되고 예금 통화량도 감소된다. 더욱이 신용 긴축에 의하여 기업 활동이 위축되어 물가 하락, 실업 증가를 초래함으로써 불황으로 전화될 가능성이 높다. 이러한 폐해를 피하면서 인플레이션 진행을 저지하고 디플레이션을 방지하는 정책을 채택하는데, 이를 디스인플레이션(disinflation)이라고 한다. 전후에 경기 과열로 치닫던 일본뿐 아니라 각국이 취한 정책은 이러한 의미에서 인플레이션 극복정책으로서의 디플레이션 정책이었다.

일본은 경제 성장기에 경기과열로 등장한 인플레이션 억제 정책으로 추진한 디플레이션 정책을 인플레이션 활성화정책으로 전환해야 하는 역사적 아이러니를 경험하고 있다. 인플레이션 억제 정책에서 다시 디플레이션 억제정책으로 전환하였다. 일반적 이며 원론적으로 디플레이션을 극복하는 방법은 돈을 풀어 물가를 높이고 상품의 가치를 높여 상품을 소비자가 구매할 수 있게 하는 것이다. 이어서 수익을 높여 상품을 생산하는 기업의 생산 활동을 극대화하고, 임금 상승과 투자 활성화를 통해 일자리를 창출하고 고용자 수를 늘려 실업률을 낮추며, 가계소득을 늘려 소비를 촉진시키는 것이다. 돈을 풀어 대출이자를 낮춰 대출을 많이 해주고, 재정지출을 늘려 돈의 가치를 떨어뜨려 돈의 유통을 극대화하는 것이다.

그러나 일본의 디플레이션 문제는 인플레이션과 디플레이션 현상에 대한 경제적 대책뿐 아니라 경제원리 외적인 관점에서의 정책이 필요하다고 할 수 있다. 하나는 값비싼 일본 상품의 가격이 상품에 대한 수요 감소로 이어지고 있다. 더욱이 중국을 비롯해 제3세계로부터 질 좋고 가격이 싼 상품들이 들어와 일본소비자를 빼앗아갔기 때문이다. 그 동안 질 경쟁에서 우위를 점했던 일본 제품은 가격에 관계없이 많이 팔렸지만 외국 상품의 질 향상과 낮은 가격은 국내외 상품시장에서 일본 상품의 경쟁력을 떨어뜨리는 한편 일본의 디플레이션을 일으키는 요인으로 작용 하였다고 할 수 있다.

다른 하나는 일본인의 구매력 저하이다. 일본인의 인구 분포를 보면, 소비가 왕성한 세대보다는 소비가 왕성하지 못한 세대가 인구 분포에서 많은 부분을 차지하기 때문에 상품소비가 적어지는 것이다. 소비가 왕성한 소비층은 소득이 상대적으로 적어 소비하는데 한계가 있다. 또한 일본은 전통적인 검소 절약정신이 오히려 악으로 작용하고 있는 것이다. 전통적으로 일본인을 지배해온 검소 절약정신은 소비가 미덕이라는 경제 도덕과 상충하는 경제 감각을 키워왔다. 소비는 되도록 합리적으로 하고 돈은 검소하게 사용하는 것이 습관화되었다. 일본은 과감한 디플레이션 억제 정책과 더불어 경제 환경을 바꾸지 않으면 지금의 경제위기를 극복하기 어려울 것으로 보인다. 21세기 문턱에서 봉착하고 있는 경제 위기 극복을 위해서는 경제 원리 외적인 환경에 대한 적극적인 정책이 필요한 실정이다.

둘째는 엔고 극복정책이다. 엔의 가치가 높아지는 것은 소비라는 측면에서 보면, 수입 소비품에 대한 구매력이 높아지는 것을 의미하여 국내 제품을 소비하기보다는 수입 제품을 소비할 가능성을 높여주는 요인이 된다. 일본 상품이 상대적으로 비싸져 상품시장에서 일본 상품이 팔리지 않는 원인이 된다. 소비 위축은 국내생산 기업의 위축을 가져오고 확대 재생산을 불가능하게 하여 고용창출이 어려워지고 실직자가 늘어날 가능성이 높아지는 동시에 가계소득이나 근로소득의 악화를 초래해서 경기 전반에 어두운 그림자를 드리우게 하는 중요한 요인이 된다.

엔고는 국내보다는 국외에서 위력을 발휘하기 때문에 국내 소비보다는 국외소비를 하게 하는 경향이 있다. 전형적인 예로는 해외여행, 해외브랜드 상품구매, 국외 투자 등이다. 그런 소비행태는 국부유출로 이어지는 것이다. 또한 엔의 가치가 높아지면 구매력이 높아지는 동시에 안정적인 재산확보 수단으로 이용되어 금융시장에서 엔에 대한 수요가 극대화되고 그렇게 되면 엔의 가치가 더욱 높아져 시장에 돈이 돌지 않는다. 국제 금융 시장에서 투자 가치가 높은 엔을 구매하기 때문에 엔의 가치는 더욱 높아져 그에 대한 수요가 많아져 엔 품귀현상이 일어나 역시 엔이 부족하게 된다. 엔고로 나타나는 현상은 기업이나 경제를 침체하게 하는 악영향을 주게 된다.

성장기 일본은 엔의 가치가 올라가 전체적인 국부 자체를 높이는 효과를 거두었다. 그런 이유 때문에 한때는 NTT의 주식가격이 한국주식시장에 상장된 주식가치 만큼이나 가치가 있다는 평가를 한 적이 있다. 일본 도쿄를 팔면 다른 나라를 살 수 있다는 말도 돌았다. 일본 투자가들이 미국의 자존심인 록펠러 재단 빌딩을 사들이거나, 고고미술작품을 고가에 사들이며, 전통이 있는 영화사를 사들이는 현상이 벌어졌다. 엔을 가진 일본인은 쇼핑이나 각종 영역에서 엔의 가치를 만끽할 수 있었던 것이다. 그런 현상들이 사실이든 아니든 숨겨진 의미는 엔의 가치가 높아져 일본의 국부가 더욱 커졌고 일본인들은 한동안 엔의 효과를 누리고 있었던 것도 사실이다. 엔에 대한 국내외적 신화와 신뢰가 엔고를 억제하지 못하게 하는 원인이 되었다고 할 수 있다.

셋째는 성장한계극복 정책이다. 전후 일본은 다양한 경제 성장 정책을 통해서 경제대국으로 발돋움하였고 성장정책에 관한한 자신감을 갖고 있었다. 그러나 1980년대 이후 성장을 하면서도 성장에 대한 한계가 서서히 다가왔고 1990년대 버블경제를 기점으로 저성장시대 또는 성장한계시대에 돌입하였다. 일본의 최대난적은 일본이 잘하는 것으로서 자부심을 가졌던 경제를 어떻게 성장시키느냐 하는 것이 되어버렸다. 현재도 경제를 어떻게 성장시킬 것인가에 대해서 답을 내지 못하고 있다.

일반적으로 경제성장은 무엇을 의미하며 어떻게 판단하고 있는가 하는 점을 볼 필요가 있다. 경제성장을 나타내는 것은 명목 성장(名目成長)과 실질성장(實質成長)이 있다. 경제규모의 측정은 국내총생산(GDP)을 사용한다. 원칙적으로 국내총생산(GDP)은 시장에서 거래된 재화나 서비스의 생산만으로 계산된다. 일본의 경우 국내총생산은 내각부가 추계하고, 상세한 계산방식에 대해서는 다른 나라와 동일하게 공개하지 않는다. 국내총생산은 명목가격으로 계측된 가치를 합산한 명목 GDP와 기준 연도의 가격을 기초로 계측한 가치를 합산한 실질 GDP가 있다. 명목 GDP의 변동을 명목경제성장률이라고 하고, 실질 GDP의 변동을 실질경제 성장률이라고 한다.[24)]

원론적으로 이야기하면, 경제를 성장시키기 위해서는 경제를 성장시키는 요소를 성장시키면 되는 것이다. 일본 경제의 성장을 저해하

---

24) 여기에서 명목경제성장률(%)=(금연도 명목 GDP-작년 명목 GDP)÷작년 명목 GDP ×100이고 실질경제성장률(%)=(금연도 실질 GDP-작년 실질 GDP)÷작년 실질 GDP ×100으로 나타낸다. 예를 들면, 1년간 버터를 10엔짜리 10개, 철포를 20엔짜리 5개를 만드는 경제가 있다. 이 경우 이번 해의 명목 GDP는 버터 100엔(10엔×10개)+철포 100엔(20엔×5개)합한 200엔이다. 이번 해를 기준으로 하면 실질 GDP도 200엔이 된다. 다음해 버터가격이 상승해서 12엔이 되었다면 생산도 증가해 11이 되었다고 하고, 철포의 생산과 가격은 변동하지 않았다고 한다면, 명목 GDP는 232엔(버터12엔×11개=132엔+철포20엔×5개=100엔)이 된다. 한편 기준년도 가치로 계측한 실질 GDP는 210엔(버터10엔×11개=110엔+철포100엔)이다. 물가지수=실질 GDP×GDP데프레터이다. 즉 232엔÷210엔=1.1047이다. 1이상이면 물가상승을 의미하고 인플레이션을 의미한다. 이 경우 명목경제성장률은 16%((232엔-200엔)÷200엔×100), 실질경제성장률은 5%((210엔-200엔)÷200엔×100), 물가상승률은 10.47%((1.1047-1)×100)가 된다.

는 요인으로 디플레이션과 엔고를 들고 있다. 그렇다면 그 두 가지만 해결하면 일본 경제는 성장해야 하다. 실제로 일본은 디플레이션과 엔고 현상으로부터 탈각하기 위해서 다양한 각도에서 정책을 추진해 왔지만 이렇다 할 만한 효과를 거두지 못하고 있는 실정이다. 그 두 가지 이외의 많은 요인이 경제성장을 저해하고 있는 것이다.

일본은 디플레이션이나 엔고 이외의 요소를 극복하는 차원에서의 성장정책을 추진해야 한다. 정부는 의도적으로 재정지출을 늘리는 경기부양 정책을 시행해 왔다. 특히 전후 일본은 성장기를 제외하고 경기 불황이 오면 재정 지출을 늘리는 경기부양 정책을 즐겨 사용해 왔다. 그 결과는 21세 일본의 열악한 재정이 말해주듯이 예상한 만큼의 효과를 거두지 못하고 있다. 오히려 정부 재정을 악화시켜 경기부양 정책의 개연성을 제한하는 원인이 되었고, 국가예산의 불균형을 초래하고 있다.

일본 정부는 1,000조 엔이 넘는 국가부채를 지고 있어 국가 지출을 늘리는데 많은 어려움을 겪고 있다. 정부 부채증가는 지출해야 하는 이자가 많아지고, 지출 예산이 축소되어 경제성장 정책을 추진하는데 장애로 작용하고 있다. 또한 정부지출을 늘려 경기부양 정책을 추진하거나 미래 산업을 위한 지원에 나설 경우 국가부채는 더욱 늘어나게 되어 자유롭지 못한 상황에 처하게 된다. 일본 경제의 속을 잘 들여다보면, 일본 정부는 상환 능력이 유보된 채무자이며, 파산 신청을 할지도 모르는 상황에 있는 것이다. 그것을 보면 정부 주도의 성장 정책은 한계상황에 처해진 것이다.

일본이 저성장을 극복하고 경제성장을 추구하기 위해서 추진하고 있는 탈 디플레이션정책이나 엔고정책, 성장정책 등은 여전히 일본 경제가 성장하지 못하는 상황을 극복하는데 한계를 드러내고 있다. 일본 경제의 둔화나 침체가 증명하고 있다. 일본 경제는 일자리를 만들어 내지 못하며, 임금을 올리지 못하고, 기업이익을 저하시켜 파산이나 위축을 가져오고, 성장하지 못하고 있다. 새로운 미래투자를 하지 못하고 있으며, 미래 먹거리 개발에 국력을 다하지 못하고 있고, 국가경쟁력이나 국제경쟁력의 약화를 초래하여 국제경제에서 국가위상이나 신용도까지 낮춰지는 현상이 벌어지고 있다.

따라서 경제성장을 하지 못하게 하는 원인을 제거하기 위해서, 일본 경제를 둘러싸고 있는 국내외적 경제 환경에 대해 적극적인 대책이 필요한 시점이다. 우선 일본 정부는 경제성장에 가장 적합한 국내외적 경제 환경을 구축해야 할 것이다. 그 동안 만사를 형통하게 해온 정부라는 신이 추진해온 정부중심의 경기 부양책을 쓰기 보다는 조아리거나 눈치를 보는 가운데 힘과 능력을 키워온 민간 기업, CEO, 경제인, 개인 등이 주도하여 경기부양을 할 수 있는 제도개선이나 개혁이 절실하다.

경제체력 강화정책

성장기 일본 경제는 경제적 신진대사가 왕성하여 기능 부전 현상이 일어나지 않는 건강 체질이었다. 일본 경제의 약화는 경제 구성 요소의 기능이 약화되거나 기능부전 현상이 일어나 제대로 작동하지 못하고 있는 것을 의미한다. 경제의 기동력이나 체력이 약화되어 경제적 신진대사가 원활하지 못한 것이다. 현실적으로 일본 경제를 지탱해온 구성요소들이 낙후되고 국내외 경쟁력이 떨어져 성장시키지 못하고 있는 것이다.

구체적으로 보면, 일본 경제를 구성하고 있는 경제이론, 소비자, 소비인구, 금융, 상품시장, 기업문화, 노동자, 산업구성, 기업, 조직, CEO, 기술, 구조와 정신, 정부 경제정책과 목표, 미래먹거리, 자산, 투자, 후계구도 등 다양한 요소의 기능이 약화되어 있을 뿐 아니라 악화되고 있는 것이다. 문제가 되는 것은 그럼에도 불구하고 새로운 신진요소나 세력이 대체하지 못하고 있고 헛바퀴만 돌고 있다는 것이다. 따라서 일본 경제가 성장하기 위해서는 구성 요소의 혁신적인 쇄신이 필요하고 새로운 신진세력의 대체가 필요한 실정이다.

일본 경제가 위기에 몰리는 가장 큰 이유 중의 하나는 경제의 핵심이 되고 있는 일본 기업의 체력약화이다. 기업의 체력약화는 경쟁력 약화로 이어져 전반적인 경제의 건전성을 낮추는 원인이 되었고, 위기로 몰아가는 역할을 하였다. 일본 기업의 체력약화는 다양한 요인에 기인한 것이다. 즉 기업 상황 에 맞지 않는 경제정책, 기업CEO의 실력저하, 사원의 실력저하, 기업 구성원의 노화, 기술과 제도의 노화, 생산성과 소비성의 둔화, 신구불연속성, 재산 소유노화, [25] 기업 전망

---

25) 일본에서는 재산소유의 불균형을 전형적으로 나타내고 있는 노노상속(老老相續)이 문제가 되고 있다. 노노상속은 80세내지 90세가 되는 사람들이 죽을 때까지 재산을 갖고 있다가 물려줄 때 물려줄 자식이 60대에 접어든 상황을 말한다. 현재 일본에서 1,600조 엔에 달하는 개인 금융자산 가운데 60% 가량을 60세 이상 고령자 층이 쥐고 있다. 일본 노인들이 일찍 상속을 하지 않은 것은 핵가족과 최고 50%에 달하는 상속세 때문이기도 하지만, 재정난으로 연금의 지속성에 대한 우려가 커지면서 노후가 불안하기 때문이기도 하다. 일본의 평균수명은 83세로 매년 60조 엔에 달하는 상속재산이 노인에서 노인으로 이동을 반복하면서 일본사회의 소비가 혁신적인 신개발상품에 쏠리지 못하고 위축되는 현상이 지속적으로 나타나고 있다. 생필품을 중심으로 한 소비만이 이루어지고 있다. 따라서 고가의 부가가치를 생산하는 자동차, 스키, 골프, 고급상품, 각종신제품 등의 소비가 약화되고 있다. 일본 정부는 노노상속을 줄이기 위해 비과세제도를 통해 전환하는 사전증여제도를 만들어 실천하고 있다. 비과세제도를 통해서 노노상속에서 노청(老青)상속으로 이동을 유도하기 위한 의도이며 그것을 통해 경기부양을 촉진시키기 위한 전략이기도 하다. 일본의 비과세 증여제도는

과 도전의 약화 등에 의한 것이기도 하다. 일본 기업과 경제가 오랜 기간 불황에 허덕이고 있는 것은 그런 이유 때문이며 여전히 앞으로도 쉽게 극복될 수 없는 이유가 바로 거기에 있다.

일본 경제의 위기는 기업 전반에 걸쳐 발생하고 있는 위기와 연결되어 있다. 각종 위기에 봉착하고 있는 기업 가운데서도 중소 기업이 타격을 받고 있고, 새로운 동력을 찾지 못하는 제조대기업이 흔들거리고 있다. 중소기업도산은 기업 CEO의 고령화와 기업 후계 불연속이 원인으로 작용하고 있다. 〈제국데이터뱅크〉에 따르면, 중소업체 사장의 평균 연령은 58.9세이며, 이중 60대 이상이 50%, 70대 이상이 20%정도다. 특히 고도성장기 창업을 주도했던 단카이세대(団塊世代, 1947-1949년 태어난 베이부머) 경영자들이 본격적으로 은퇴기를 맞고 있어 상황은 더욱 심각해지고 있다.

일본 신용조사회사 〈TRS〉에 따르면, 후계자를 찾지 못하여 휴업 이나 폐업을 하거나 상업 등기에서 말소된 사례가 2013년에 2만 8,943건으로 나타났고 점차 증가하고 있다. 후계를 잇지 못해서 제조업체 생산시설이 해외로 이전함으로써 사라지는 일자리는 연간 약 20만 개정도 되는 것으로 추정된다. 경제성장기에 중요한 허리역할을 해 왔던 중소기업의 경쟁력이 약화되거나 사라짐으로써 산업 전반, 상품시장, 노동시장, 상품시장 등에 부정적으로 작용하고 있다.

그런 이유 때문에 일본 정부는 중소기업 후계자를 지원하는 제도

학비증여비과세 제도로 구체화되었다. 조부모나 부모가 사전 신탁을 통해 학비를 증여할 손주나 자녀 1인당 1500만 엔까지 비과세 혜택을 주는 제도이다. 증여세 부담이 컸던 중산층 조부모들의 신탁 계약률이 압도적으로 높아졌다. 2013년 4개 신탁은행의 예상계약건수는 2015년 말까지 5만 4000건이었다. 하지만 시행 1년 만에 6만 5천건에 달하였고, 계약액은 4300억 엔에 이른다. 노인들의 돈이 풀리면서 소비 진작 효과로 이어지고 있다(조선일보기사, 2014년).

를 다각적으로 강구하고 있다.[26] 예를 들면 다음과 같은 정책을 도입하고 있다.

〈표 24〉 중소기업 후계자 지원제도

구 분	내 용	특 징
사업승계세제	- 가족이 경영인수할 경우 5년간 세금납부유예 - 일본 정부, 직원 등 경영에 기여한 사람에게도 혜택 확대추진 - 가족이 중소기업을 인수하여 경영하다 도산할 경우 세금납부면제	세제혜택
상담센터	- 전국에 상담센터를 설치해 후계자가 없는 기업의 인수합병유도	기업구조 재편
금융기관	- 은행들이 전문펀드를 설치해서 경영승계지원 - 중소기업경영자 교체를 지원하기 위해 개인부채해소 협조	금융지원

또한 화려했던 제조업 향수에 빠져 경제 위기를 자초하는 대기업이 많다. 미국경제 전문지 〈월스트리트저널〉은 2012년 일본 가전제품을 생산하는 기업들이 여전히 이익을 창출하지 못하고 적자를 보면서도 회복되기를 바라며 종사하고 있어 도박판을 떠나지 못하는 도박꾼이라고 보도했다. 과거 세계 전자시장을 장악했던 빅3 소니, 파라소닉, 샤프 등은 2011년 합계 1조 6,000억 엔 적자를 냈다. 절대 우위의 경쟁력을 자랑했던 소니는 브라운관 TV에 집착하다 평판 TV등장으로 경쟁력과 시장성을 잃었다. 파라소닉은 PDP에 전념하다 LCD가 출현하여 위기에 빠졌다. 일본 기업은 과거에 지배했던 제품신화에서 벗어나지 못하고 새로운 도전을 게을리 하여 성장 동력과 상품 시장에서 힘

26) 2014년 4월 1일 조선일보

을 잃었다.[27)]

경제영역에서의 생존과 성장을 두고 경쟁이 치열해지는 가운데서도 일부 일본 기업은 국내외적 변화와 전환에 대한 요구를 외면하거나 소극적으로 대응하여 위기를 자초하였다. 전환과 변화를 두려워했던 기업은 적자에 허덕이거나 도산을 면하지 못하였고, 그런 영향은 일본 경제의 위기로 연결되었다. 다음의 표는 전후 1952년부터 2014년까지 각 시기 경제적 환경과 일본 기업의 도산 현황을 나타낸 것이다.

〈표 25〉 일본의 경제환경과 기업 도산 현황1 (1952년부터 1970년까지)

(단위 : 백만 엔)

구 분	도산 건수	부채 총액	경제환경	당시 총리
1952	178	10,800	강화조약발효, GHQ폐지, IMF가맹, 회사갱신법 공포	요시다시게무 (吉田茂)
1953	413	35,800	독금법개정, 합리화 · 불황카르텔용인, NHK방송 개시	
1954	845	76,900	SEATO(동남아시아조약기구) 창설, 제5후쿠류마루(第五福竜丸) 피폭, 1엔 미만(1円未満小銭) 폐지	하토야마이치로 (鳩山一郎)
1955	605	44,200	짐무경기(神武景気 55 - 57년까지), GATT 가맹, 일본 생산성본부 결성, 창가학회 진출, 하토야마 경제자립 5개년 계획	

27) 전통적 향수나 신화에 빠져있던 대기업이 고전을 면하지 못하는 가운데 2008년 이후 글로벌 위기이후 종합전기 빅3인 히타치, 도시바, 미쓰비시 전기는 대대적인 기업 전환을 통해서 흑자를 기록하는 변신에 성공하였다. 전자 빅3은 비용절감으로 대응하는 동안 종합전기 빅3은 수익성 없는 사업을 접고 과감하게 쇄신을 단행하였다. 히다치는 TV, 도시바는 휴대폰, 미쓰비시전기는 세탁기를 각각 버렸다. 그 대신 IT기술을 활용해 도시 전력, 가스 등 기반시설을 운용하는 스마트 인프라 사업으로 전환하여 성공하였다.

1956	1,123	46,385	경제백서「이미 전후가 아니다」(もはや戦後ではない) 선언, 일소국교 회복	이시바시 탄잔(石橋湛山)
1957	1,736	76,674	아마테라스경기(天照景気), 나베소코불황(なべ底不況), 국제연합가입, 국산 로켓트1호 발사	기시노부스케(岸信介)
1958	1,484	58,013	이와토경기(岩戸景気), 1만엔권발행, 도쿄타워 완성	
1959	1,166	48,444	황태자결혼, 최저임금법, 국민연금법 공포	
1960	1,172	65,157	국민소득배증계획(国民所得倍増計画:고도경제성장정책), 일미안보조약조인, 미쓰이쟁의, 컬러텔레비전 방송	이케다하야토(池田勇人)
1961	1,102	80,394	농업기본법, 일미무역경제합동위원회개최, 일미경제협력강화, 주식제2부 신설	
1962	1,779	184,038	15개신산업도시지정, 전국종합개발계획, 국가만들기(国づくり) 간담회 개최	
1963	1,738	169,459	올림픽경기(オリンピック景気), 메이신(名神) 고속도로 개통, 신 천엔권 발생	
1964	4,212	463,115	도쿄올림픽개최, 동해도신간센(東海道新幹線)개통, OECD가맹, 일본 IMF8조국 이행	사토에이사쿠(佐藤栄作)
1965	6,141	562,410	증권불황(証券不況), 야마이치증권(山一証券)에 일본은행특별융자, 전후최초 적자국채발행, 일한기본조약과 부속협정조인, 베트남전쟁	
1966	6,187	398,759	이자나기경기(いざなぎ景気), 중국문화대혁명, 국채발행으로 호경기	
1967	8,192	485,433	수도고속도로 전구간개통, EC · ASEAN성립, 비핵3원칙 선언	

1968	10,776	797,489	GNP1,428억 달러로 세계2위 부상, 오가사하라섬(小笠原諸島) 일본복귀, 미일경제마찰 시작	
1969	8,523	548,464	신전국종합개발 계획, 도메이(東名)고속도로전선 개통, 인류 최초 달 착륙	
1970	9,765	729,223	인구 1억 달성, 오사카박람회(大阪万博), 신일본제철 발족, 일본항공요도호(日航よど号) 사건	

자료: www.yahoo.com에서 재구성

전후 1952년부터 1970년대 일본 경제의 특징은 자립과 성장을 초과달성 하였다는데 있다. 국내적으로는 성장정책을 추진하는 가운데 대외적으로는 한국전쟁, 베트남전쟁 등과 같은 특수 경제 현상이 있었다. 이 시기 일본의 경제성장 정책은 인간이 기획하고 추진하기 보다는 신이 주도한 것으로 평가할 정도로 계획 이상의 목표를 달성하였다. 그 결과 국내총생산이 세계2위로 등극하게 되어 단숨에 경제대국으로 올라섰다. 다른 한편으로는 무역최대 상대국이자 협력국인 미국과 경제 마찰이 시작되어 일본은 다양한 경제정책을 구상하지 않으면 안 되었다.

다음의 표는 경제위기와 성장이 동반된 1971년부터 1990년대 까지의 경제 환경과 기업도산 현황을 소개한 것이다.

〈표 26〉 일본의 경제환경과 기업 도산 현황2 (1971년부터 1990년까지)

(단위 : 백만 엔)

구분	도산 건수	부채 총액	경제환경	당시 총리
1971	9,206	712,554	달러쇼크, 엔 변동 상장제 이행, 재일권업은행 발족, 비핵 3원칙 결의	佐藤栄作

1972	7,139	497, 841	삿포로 올림픽(札幌オリンピック), 다나카가쿠에이(田中角栄) 일본열도 개조계획(日本列島改造論), 오키나와 반환(沖縄返還)	다나카가쿠에이(田中 角栄)
1973	8,202	705,356	엔 변동 상장 이행으로 엔 급등, 석유공급 5개회사 공급 삭감 통보로 제1차 석유 위기	
1974	11,681	1,649, 005	소비자물가 25.4% 상승으로 광란물가, 전후 최초 마이너스성장, 전후 최고 임금인상, 일본의 이기적 경제 진출에 반감 폭발	미키다케오(三木武夫)
1975	12,606	1,914,645	제1차 불황 타개책 결정, 제1회서미트회의, 베트남전쟁 종결	
1976	15,641	2,265,778	록키드사건(ロッキード)으로 다나카 체포, 방위비GNP 1% 이내 결정	후쿠다다케오(福田 赳夫)
1977	18,471	2,978, 061	중소기업 도산방지 공제법(中小企業倒産防止共済法)공포, 외화준비고 사상최고(195억7천만 달러)	
1978	15,875	2,475,635	나리타 공한개항, 일중평화 보호 조약비준	오히라마사요시(大平正芳)
1979	16,030	2,191,279	국제석유자본의 대일원유공급삭감통보 제2차 석유위기, 도쿄서미트 개최	
1980	17,884	2,722,486	공공사업억제, 자동차생산세계1위(1,100만 대)	스즈키젠코(鈴木善幸)
1981	17,610	2,692,453	자동차수출제한, 국철경영재건특별조치법시행령	
1982	17,122	2,393,193	도호쿠신간센(東北·上越新幹線) 개통	나카소네야스히로(中曾根康弘)
1983	19,155	2,584,108	수출주도로 경제확대, 추고쿠(中国)자동차도로전구간 개통	
1984	20,841	3,644,105	일미무역마찰, 도쇼다우지수평균1만엔돌파(東証ダウ平均1万円突破), 방위비 GNP 1% 이내 수정	

1985	18,812	4,235,618	G5프라자 합의, 일본은행엔고 유도, 과학박람회, 일본전신전화회사 발족, 국철민영화기본 방침	
1986	17,476	3,831,428	엔고 및 디플레이션(円高デフレ)	
1987	12,655	2,122,362	도쿄주택지, 상가 토지가격 급등, 블랙먼데이(ブラックマンデー), 국철분할민영화, 초상장NTT주가구매 쇄도, 방위비 5.2% 증 GNP 1% 이상 돌파	다케시타노부로(竹下 登)
1988	10,122	2,000,964	쇠고기 오렌지자유화, 내수확대, 세도대교(瀬戸大橋) 개통	
1989	7,234	1,232,296	도쇼평균사상 최고 (東証平均史上最高) 38, 915엔, 소비세 3% 도입, 리쿠르트(リクルート)사건, 아키히토 황태자 즉위	가이부코시키(海部 俊樹)
1990 (헤이세이 원년)	6,468	1,995,855	버블경제(バブル経済) 파탄	

자료: www.yahoo.com에서 재구성

1970년대와 1980년대 일본 경제는 천당과 지옥을 왔다 갔다 하는 경험을 하게 된다. 지옥은 전후 처음으로 마이너스성장을 기록한 것을 의미한다. 국내적 요인이라기보다는 국제적 요인에 의한 것이다. 원유가격이 폭등하고 세계경제가 흔들리는 상황이 일본에 영향을 주었던 것이다. 그러나 일본은 제조기업 중심의 기술 향상과 개혁, 경제구조개혁, 일본적 경영 추구, 구조조정 등과 같은 위기극복 정책과 성장정책을 동시에 추진하는 유연성을 보였다. 지옥이 오히려 일본 경제의 토대를 튼튼하게 하는 기회가 되었고, 기업이나 경제가 국제경쟁력을 높이는 계기가 되었다는데 의의가 있다.

천당은 국제사회에서 일본이 경제대국으로서 위치 지워지고 경제 영향력이 전 세계에 미치는 힘을 가진 것을 의미한다. 일본은 이념적 경계를 넘어 세계 곳곳에서 경제활동을 할 수 있었고, 일본인, 일본 기업, 일본 상품, 일본 돈이 국경을 넘나들었던 것이다. 일본 기업에서 세계기업으로 성장하는 결정적인 계기가 되었고, 일본인이 경제적 동물이라고 평가받으면서 일본은 경제대국이라는 새로운 경제 정체성이 국제사회에 확립되었다. 일본은 경제적 측면에서 세계 평화를 위해 공헌하는 몇 안되는 국가가 되었다.

다음의 표는 고도경제 성장기를 넘어 경제 대국으로서의 위상이 국제사회에서 확립되는 가운데 경제영역에서의 급격한 변화에 부응하지 못하여 당황하는 일본으로 비춰진 1990년대 이후 경제 환경과 기업도산 현황을 나타낸 것이다.

〈표 27〉 일본의 경제환경과 기업 도산 현황3 (1991년부터 2014년까지)

(단위 : 백만 엔)

구 분	도산 건수	부채 총액	경제환경	당시 총리
1991	10,723	8,148,750	4대증권손실보전발각, 이토만사건(四大証券損失補填発覚・イトマン事件), 경제기획청 이자나기 경기 초과 발표	미야자와기이치 (宮沢 喜一)
1992	14,069	7,601,499	헤이세이 복합불황, 도시은행 등 21개은행 부채 12조 3천억 엔 발표	
1993	14,564	6,847,689	오쿠라쇼 경상흑자1,260억 달러 과거 최고 발표	호소카와모리히로 (細川 護熙)
1994	14,061	5,629,409	가격파괴, 칸사이(関西)국제공항 개항, 자동차 생산 3년연속 감소	무라야마도미이치 (村山富市)
1995	15,108	9,241,100	은행파산 현재화, 한신(阪神)대지진, 도쿄외채시장 1달러=79.75엔 과거 최고, 오쿠라쇼주전(住専)부채 8조 4천엔 발표	

<table>
<tr><td>1996</td><td>14,834</td><td>8,122,881</td><td>주전문제(住專問題)로 태평양은행파산, 도쿄미쓰비시은행 발족, 소비세 5% 각의 결정</td><td rowspan="2">하시모토류타로
(橋本竜太郎)</td></tr>
<tr><td>1997</td><td>16,464</td><td>14,044,704</td><td>신용축소, 일본판빅뱅, 소비세 5%, 홋카이도척식은행 파산, 야마이치증권파산, 국내총생산(GDP)전년대비 0.7% 감소, 23년 만 마이너스성장</td></tr>
<tr><td>1998</td><td>18,988</td><td>13,748,377</td><td>금융재생법성립, 나가사키(長銀 · 日債銀)일시국유화, 금융감독청 발족, 경제전략회의 설치, 나가노올림픽</td><td rowspan="2">오부치게이조
(小渕 恵三)</td></tr>
<tr><td>1999</td><td>15,352</td><td>13,621,436</td><td>특별보증(特別保証)20조 효과, 은행파산속출, 상공론(商工ローン)문제</td></tr>
<tr><td>2000</td><td>18,769</td><td>23,885,035</td><td>국세청토지 가격 8년 연속하락, 민사재생법, 제로금리정책 해제, 국채의존율 34.2%</td><td>모리요시로
(森喜朗)</td></tr>
<tr><td>2001</td><td>19,164</td><td>16,519,636</td><td>전후 최초 디플레이션 인정, 평균주가 17년만에 1만 엔 이하 하락</td><td rowspan="5">고이즈미준이치로
(小泉純一郎)</td></tr>
<tr><td>2002</td><td>19,087</td><td>13,782,431</td><td>상장회사 도산29사, 종합디플레이션대책 결정, 식품위장사건, 다이에산업재생법 신청, 일본경단련 출발, UFJ은행 출발</td></tr>
<tr><td>2003</td><td>16,255</td><td>11,581,841</td><td>리소나(りそな)공적자금 투입, 아시긴(足銀)국유화, 산업재생기구 발족(産業再生機構発足), 일본우정공사 발족</td></tr>
<tr><td>2004</td><td>13,679</td><td>7,817,675</td><td>원유철강재 급등, 연금개혁법안 성립, 국가부채 700조엔 돌파</td></tr>
<tr><td>2005</td><td>12,998</td><td>6,703,458</td><td>우정민영화법 성립, 개인정보보호법 시행</td></tr>
<tr><td>2006</td><td>13,245</td><td>5,500,583</td><td>경기확대 이자나기경기 초과, 일본은행양적완화 정책, 제로금리 해제</td><td>아베 신조
(安倍晋三)</td></tr>
<tr><td>2007</td><td>14,091</td><td>5,727,948</td><td>원유가격고, 식품위장 문제 발생</td><td>후쿠다야스오
(福田 康夫)</td></tr>
</table>

2008	15,646	12,291,953	상장기업도산 33건, 원유원자재 폭등, 세계금융 위기	아소타로 (麻生太郎)
2009	15,480	6,930,074	긴급보증제도 효과, 3년 5개월만에 디플레이션 인정	하토야마유키오 (鳩山 由紀夫)
2010	13,321	7,160,773	15년 만에 1달러 = 80엔 엔고, 일본 항공회사재생법 신청	간나오토 (菅直人)
2011	12,734	3,592,920	동일본대지진발생, 엔고 전후 최고치 경신	노다요시히코 (野田佳彦)
2012	12,124	3,834,563	사회보장세 일체개혁관련법성립(社会保障 · 税一体改革関連法成立)무역수지 적자지속, 아베노믹스 출발	아베 신조 (安倍晋三)
2013	10,855	2,782,347	아베노믹스 효과, 엔저, 주가고, 일본은행금융 완화, 2020년 도쿄올림픽 개최 결정	
2014 (H26)	9,731	1,874,065	소비세 8%, 일본은행 추가완화	

자료: www.yahoo.com에서 재구성

1990년대와 2000년대 일본 경제는 버블경제 붕괴로 인하여 새로운 국면에 접어들게 된다. 이 시기를 일본은 잃어버린 10년, 또는 잃어버린 20년 등으로 표현하고 있다. 일본 경제가 파탄에 빠져 버려 많은 것을 잃었고, 성장하지 못하는 성장정체기로 고통을 받고, 앞으로의 희망을 기대하지 못하는 총체적 암흑기라는 의미를 함의하고 있다. 다른 한편으로는 국제적으로도 경제대국 일본이 점차 흔들리는 가운데 각종 영역에서 국제신용등급이 저하되어 자존심을 잃는 시기라는 의미도 있다.

일본 경제가 당면한 문제는 재정 악화, 국가부채 증가, 엔고와 디플레이션 등으로 경제성장이 되지 않은 임계성장경제(critical growth economy) 체제로 경화되고 있는 점이다. 임계성장경제는 한마디로 저성장(under growth)과 마이너스(minus growth) 성장선에서 벗어나지 못하는 것을 의미한다. 잘하면 저성장, 잘못하면 마이너스성장을 하는 구조라는 의미이다. 임계성장경제를 극복하기 위해서는 국가경제 체질과 기업경제 체질, 경제인 체질, 산업체질 등을 한꺼번에 개혁하고 변화시켜야 하는 등 많은 숙제를 감내해야 할 것이다.

일본이 경제체력을 강화하기 위해서 추진하고 있는 것이 2013년에 제시한 아베노믹스이다. 아베노믹스는 일본의 경제체력을 강화해서 처해있는 경제위기를 극복하고, 성장경제를 하기 위한 경제 정책으로 추진된 것이다. 그러나 많은 위험성과 기대감을 동반한 경제정책이기 때문에 그리고 잘 적용하여 성과를 거두는 것을 염려하는 측면이 있다는 점에서 아이러니한 경제정책이라고 할 수 있다. 아베노믹스는 반 정도 성공하고 반 정도 실패하면 성공하는 정책이라는 평가를 받고 있기 때문이다. 그 이면에는 많은 위험성을 동반할 것이라는 점과 반 정도 성공하지 않으면 일본 경제를 패닉 상태로 몰고 갈 가능성이 있다는 것을 의미한다.

일본 경제는 저성장과 마이너스성장을 반복하고 있다. 일본 경제가 저출산과 고령화의 영향을 받고 있고, 전통 강소기업의 도산이나 제자리걸음, 저 투자와 저생산, 국내외 경쟁력 약화, 수요와 공급의 불균형, 국가부채 증가와 일자리 축소, 소득 저하, 성장 정체 경제, 소비위축, 수출 부진, 노동생산성 저하, 기술력 약화, 저 고용과 저 이익, 투자처 한계, 미래산업 미개발 등과 같은 총체적인 체력 약화 체제로 경화되고 있기 때문이다. 더욱 큰 문제는 그런 요인들은 일시적인 경제정책이나 전략으로 해결하기 어렵다는 점이다.

신화경제정책

전후 일본에서 형성된 신화는 한마디로 표현하면 일본 성장 신화이다. 일본 정부, 국민, 기업, 경영인, 노동자, 소비자 등이 하나가 되어 성장을 지속적으로 이어간 것을 지칭한다. 정치 영역에서는 55년 체제에 기초해서 자민당이 독선적이지만 일본을 하나로 결집시키는 역할을 하여 안정적인 정치체제를 구축하는 일본 정치 신화를 남겼다. 경제영역에서는 경영 삼종신기, 경제대국, 불패경제, 경영가족주의, 경제적 동물, 경제 배우기, 일등경제와 상품 등의 흔적을 남기면서 부와 명예를 누리는 경제신화를 구축했다. 사회영역에서는 전통적인 정신과 구조에 기초한 사회관계와 구조로 압축된 독특한 사회 신화를 구축 했으며, 문화영역에서는 전통문화와 신흥 문화의 창조에 기초한 일본 문화론을 구성하면서 문화 신화를 만들어 냈다. 일본 신화는 일본론으로 수렴하였다.[28]

일본 신화는 일본과 일본인의 위상을 높이고 정신적이며 물질적 결과물을 만끽하는 시대와 세대를 구축했다는데 최대 가치가 있다고 평가할 수 있다. 일본 정부나 엘리트들의 의도적인 국가정책과 전략, 기업정책과 전략, 국민정책과 전략 등에 의해서 추진된 부분도 있다. 더불어 전통적으로 계승해오고 발전시켜 온 것들이 새로운 일본을 만드는데 공헌한 측면도 있다. 일본신화는 국내외적으로 일본이라는 국가의 국력을 향상시키고, 일본인의 역량과 능력을 향상시키는데 가운데 형성된 것이다. 그런 흐름은 국제사회에서 일본의 총체적 가치를 높이는데 결정적인 역할을 하였다.

---

28) 구견서, 1999, 『현대일본사회론』, 지문당. 구견서, 2000, 『현대일본문화론』, 시사일본어사. 구견서, 2001,『현대일본사회의 이해』, 한울출판사

그러나 현재 일본은 전후 일본 신화가 언제 있었느냐는 듯이 잃어가고 있고, 자신했던 경제 성장도 하지 못하고 있다. 잃어버린 10년, 잃어버린 20년 등으로 대변되는 불황으로 이어지고 있다. 아마도 일본 경제 신화의 주인공인 기업, CEO, 사원, 기업경영, 신뢰, 열정 등이 제대로 기능하지 못한데서 오는 것은 아닌가 하는 의심이 간다. 일본 경제가 성장하지 못하고 위기에서 벗어나지 못하는 것 중의 하나는 경제정책의 한계, 약한 본사, 불성실한 CEO, 비전문가의 낙하산 인사, 현실 안주적 기업 총수, 기업 비전의 불투명, 국제 경쟁력 약화, 기업 충성도의 저하, 인간과 상품에 대한 불신 등이 범람하기 때문이라는 분석이 있다. 이른바 일본 신화의 붕괴에 기인한 것이기도 하다.

다양한 요인 가운데서도 일본 경제가 위기로 내몰리고 있는 요인은 다양한 형태의 엇박자 경제놀이를 하고 있기 때문이라고 할 수 있다. 즉 경제정책과 경제현상의 엇박자, 경제정책 결정자와 기업경영자의 엇박자, 기업 경영자와 사원간의 엇박자, 생산자와 소비자의 엇박자, 일본 경제와 세계 경제간의 엇박자 등으로 나타나고 있는 것이다. 일본이 경제위기를 극복하는 길은 각 영역에서 벌어지고 있는 엇박자를 제자리로 돌려 박자를 맞추는 것이다. 예를 들면, 정책과 현상의 엇박자를 극복하는 길은 경제 현상에 알맞은 경제정책을 추진하는 방법 이외는 없다.

무엇보다도 문제가 되는 것은 전통적인 개척정신과 구조에 기초했던 기업의 현실적 엇박자가 다양한 위기를 촉발시키고 있는 것이다. 전통적으로 경영자와 사원이 건강하게 지켜온 기업정신과 문화가 약화되어 올바른 걸음을 걷지 못하게 하고 다양한 기업위기를 촉발시키고 있다. 일본 기업은 상품과 시장구조의 변화와 기대에 대응하지 못하고 있다. 기업과 사원이 하나로 일치단결하여 소통하면서 해결하던 기업문화가 사라지고 있는 것이다. 강한 공장과 약한 본사간의 의사소통이 되지 못하고 있다. 상품을 구상하고 생산하는 현장에서는 성과를 거두고 있지만, 본사에서는 전문성과 리더십이 떨어져 기업방향을 잘못 잡아가고 있어 기업과 경제의 위기를 양산하고 있는 것이다. 기업 위기뿐 아니라 기업 구성원의 위기, 크게는 일본 경제 위기로 연결되고 있는 것이다.

전후 일본 기업은 경영자의 개척정신, 사원의 충성과 협력, 선진화되고 세밀한 기술력, 높은 생산성, 불량 없는 질 좋은 상품 등의 측면에서 우위를 점하여 경제영역에서 좋은 실적을 낳아 괄목할만한 성과를 거두었다. 그러나 일본이 갖고 있던 우위성이 여전히 잘 작동하도록 경쟁국과 시장은 내버려 두지 않고 있다. 일본과 경쟁하는 기업과 상품이 나타나 위협하는 상황이 발생하고, 기업인의 창조력이 바닥을 보이고 있다. 예를 들면, 기술력과 생산성, 품질 등에서 앞서가던 닛산자동차가 외국 자동차 회사 르노와 손을 잡았고, 회사의 미래 정책을 구상하지 못한 일본 항공이 위기에 빠진 것이다. 개척정신으로 일본기업을 키워온 경영자들이 갈 길을 찾지 못하고 헤매고 있는 것이다.

더불어 기업을 지탱하고 있는 다른 한 축인 사원이 흔들리고 있다. 일본 기업에서 사원 정신이 사라져가고 있다. 선배와 후배 간의 기술이전이 잘 안되고 있을 뿐 아니라 소통이 단절되어가고 있다. 현장에서 사원 간에 서로 격려하던 간밧테 구다사이(頑張ってください:열심히 하세요)라고 하는 격려의 말이 사라지고 있고, 잇쇼켄메이 시마스(一生懸命します: 목숨을 다해 하겠습니다)라는 힘 있는 대답이 사라지고, 기업인의 창조력이 바닥을 보이고 있다. 기업 현장을 달구던 용어들은 말이 아니라 열정, 성실성, 책임감, 격려의 표시이고, 사원간의 충성과 열정의 표현으로 일본이 갖고 있는 사원 정신의 핵심이며 기업을 살리는 힘이었다.

기업에 충성과 성심을 다하는 기업 전사로 활동하는 가운데 자부심을 갖고 일본 기업이나 경제를 튼튼하게 하던 사원들이 나태해지고 있다. 기업이 지켜야 할 의무와 충심을 다하지 않고, 규칙과 룰을 위반하고 있다. 상품 거래에서뿐 아니라 사람 관계에서 배반하고 속이는 행위를 하고 있다. 신뢰와 신의를 바탕으로 하던 관계가 이익과 생존을 위한 관계로 전환되어 일본 기업신화가 사라지고 있는 것이다. 사원정신과 기업정신의 붕괴는 상품의 붕괴, 기업의 붕괴, 경제의 붕괴로 이어지고 있다. 붕괴 연결망은 개인의 붕괴, 가정의 붕괴, 지역사회의 붕괴, 국가사회의 붕괴를 부추기고 있어 매우 심각한 문제이다.

사원 정신과 기업정신의 붕괴는 일본 신뢰 붕괴로 현실화되고 있다. 일본 신화 중에서도 변하지 않을 것이라고 믿는 것 중의 하나는 신뢰였다. 무엇보다도 경제영역에서 일본과 일본인은 신뢰할 수 있다는 전통적으로 승계 되어온 일본 신화가 국내외적으로 깨지고 있다. 즉 일본인, 일본사회, 일본기업, 일본상품, 일본제도, 일본정신, 일본기술, 일본가치, 일본원칙, 일본성실성, 일본근면성 등이 국내외에서 깨지고 있다. 돈으로도 얻을 수 없는 명성과 명예이기에 그것을 잃는다는 것은 일본에게 매우 위험한 것이며 치명타로 작용할 수 있다. 신뢰붕괴는 일본을 붕괴시키는 원인이 될 수 있다고 해도 과언이 아니다.

국제사회에서 탄탄하게 자리 잡고 있던 경제신뢰가 무너져가고 있는 것이다. 국제사회에서 일본 신화 붕괴는 일본과 국제사회에 충격을 주었을 뿐 아니라 경쟁국가에게는 반가운 소식으로 작용하였다. 제1차 신뢰 쇼크는 도요타 자동차 리콜 사태로 발생했다. 도요타는 1,200만대를 리콜하였다. 도요타는 당시 일본의 기술력만 믿고 품질관리를 제대로 하지 못한 것이다. 그것은 도요타 자동차 리콜이 아니라 일본 제품의 리콜이고 일본인 신뢰의 리콜이라고 할 수 있는 대형 경제사건인 것이다. 도요타 자동차 리콜은 실제로 일본인의 경제적 양심과 경제 질서에 대한 붕괴라고 할 수 있다.

제2차 신뢰 쇼크는 자동차와 관련된 다카다 에어백 리콜이다. 다카다의 리콜 대상 차량은 1,400만 대나 되었다. 이것도 역시 일본인의 경제적 양심과 경제 질서를 파괴한 사건이다. 제품의 결함을 알고도 사실을 은폐하여 제품을 지속적으로 제공하여 이익을 창출한 것이다. 2014년 12월 20일 일본 다카다사의 에어백 결함 조사를 위한 미국 상원 청문회가 열렸다. 그 자리에서 언제 처음 결함을 알았는가라는 질문에 2005년부터 문제 제기가 있었지만 조사 하지 않았다고 답변한 것이다. 사실에 대한 의도적인 은폐인 것이다.

도요타 쇼크나 다카다 쇼크는 일본인 경영자나 근로자 가 프로정신을 잃고, 장인정신을 잃고 돈에 눈이 멀었기 때문에 벌어진 것이다. 일본의 기술력과 품질관리보다는 물량과 속도에 집중하였기 때문이다. 다시 말하면, 일본 신화를 돈으로 바꿔버린 것이다. 경제적 양심을 경제적 이익과 맞바꾼 것이다. 자본주의 정신에 충실하면서도 장인정신을 잃지 않았던 일본이 자본주의 정신에도 충실하지 못하였고, 장인 정신에도 충실하지 못한 결과를 낳았다.

일본 신화붕괴는 경제의 약화, 기술격차축소, 대외경쟁력 약화, 경제인의 타락, 국제수지 악화, 경제시스템의 낙후 등 다양한 위기를 몰고 오는 역할을 하였다. 일본 상품 불신, 일본 및 일본인에 대한 국제사회의 신뢰부재 등으로 나타나는 한편 일본 역사인식 부재 등과 같은 다른 영역으로의 불신으로 확대되고 있다. 잃어버린 10년, 잃어버린 20년은 결국 일본 신화붕괴와 일본 불신의 결과물이라고 할 수 있다. 일본이 말하는 잃어버린 20년의 경제지표를 보면 다음과 같다.

〈표 28〉 잃어버린 20년의 경제지표

구 분	1991년	2011년	비 고
GDP성장률(%)	3.3	-0.8	임계경제성장
실업률(%)	2.1	4.6	고용불안
주가지수	22983.77	8455.36	일본 경제불안
국채 금리(%)	7.1	1.1	일본 정부 부채증가
GDP대비설비투자비율(%)	16.9	13.6	기업 확대 한계
65세이상인구비중(%)	12.3	23.1	부양 인구 증가
출산율(한부모당, 명)	1.54	1.27	미래 경제 인력소실

위의 경제지표는 일본 신화가 국제사회에 미치는 영향력이 줄어들고 있다는 것을 의미할 것이다. 일본 경제가 세계경제에 영향을 주기보다는 세계경제에 일본 경제가 크게 영향을 받는다는 의미도 포함되어 있다. 따라서 앞으로 그런 현상이 지속된다면, 일본 경제가 세계경제를 주도하지 못할 것이다. 우월한 경쟁력을 갖고 선도하던 일본 경제가 세계경제에 끌려 다니는 신세가 된 것이다. 만약 미래 산업이나 미래 먹거리를 위해 치열하게 경쟁하고 있는 세계경제에서 일본이 살아남지 못하거나 경쟁력이 떨어진다면, 미래 일본의 불안으로 이어질 것이라는 것은 자명하다.

정부주도경제정책

한 국가 경제는 중앙정부의 정책에 의해서 많은 영향을 받는다. 잘된 정책이라면 틀림없이 효과를 볼 것이고, 잘못된 정책이라면 효과를 거두지 못할 것이다. 일본 경제에 대해서 지난 기간을 잃어버린 10년 또는 잃어버린 20년이라고 평가하고 있다는 것은 분명 지난 20년간 중앙 정부의 경제정책이 잘못되었다는 직간접적인 증거가 될 수 있다. 그것은 앞으로 중앙 정부에 의한 경제정책이 효과를 거두지 못할 가능성이 있다는 것을 의미할 뿐 아니라 지금까지 추진했던 정책과 비슷한 정책으로는 효과를 거두기 어렵다는 것을 시사하고 있다.

중앙 정부에 의한 경제정책은 다양한 영역을 포함하는 총체적인 관점에서 추진되기 때문에 그리고 많은 변수가 작용하기 때문에 어려운 작업이라는 것은 모두가 알고 있다. 그럼에도 불구하고 중앙정부는 장중단기적인 경제계획을 세워 실천해야 할 운명에 있는 것이다. 잘된 경제정책도 경제정책이고 잘못된 경제정책도 경제정책이다. 이 시대에 중요한 것은 열심히 구상해서 실천하는 정책도 중요하지만 좋은 결과를 내는 정책이어야 가치가 있다는 점이다. 각국의 정권을 가진 모든 정부는 그런 책임으로부터 자유롭지 못하다.

본고에서는 두 가지 관점에서 일본 정부가 추진하고 있는 경제 정책을 보고자 한다. 하나는 국가예산 정책이다. 국가예산은 매년 국가 살림살이를 지탱한다는 점에서, 국가의 발전과 성장의 토대가 된다는 점에서 매우 중요한 경제전략의 대상이 된다. 전략이 건전하지 못하면 국가 자체가 불안하게 된다. 일본의 국가 예산은 한마디로 말하면 불균형 예산이다. 국가 세입과 세출이 균형을 이루지 못하는 적자예산이기 때문이다. 일본 정부는 국가부채로 적자예산을 매년 충당하고 있다. 일본 국가 부채는 그런 관계로 1,000조 엔을 넘어섰다. 더욱 어려운 문제는 앞으로도 국가부채가 지속적으로 증가할 것으로 예상된다는 점이다.

일본 정부는 재정 적자를 충당하고 감축시키기 위해 지난 30여 년

간 다양한 재정 건전화 정책을 실시하고 있지만 별효과를 거두지 못하고 헛바퀴만 돌고 있다. 적자예산을 줄이기 위한 정책으로는 세입을 늘리고 세출을 줄이는 방법이 가장 유효하다. 아니면 세입은 그대로 유지하더라도 적어도 세출을 줄이는 방법이다. 그것 이외의 방법은 없다. 현재 일본 정부의 예산정책은 여전히 세입을 부채에 의존하는 방법을 동원하고 있고, 세출을 늘리는 예산 정책을 구사하고 있어 국가 부채가 줄어들기 어렵다. 더욱이 재정적자를 부추기는 정책을 실시하고 있어 위험성이 더 커지고 있다. 적자 예산정책은 국력약화, 국민세금증가, 대외 국가신용도 하락, 경기침체, 국가 경제위기 등을 초래하여 경제자체를 흔드는 요인으로 작용할 수 있기 때문에 매우 우려스럽다.

경제 대국으로서의 위상이 높았던 1980년대부터 점차 잃어버린 일본이라고 평가되고 있던 2010년까지 일본 예산의 세입과 세출 추이를 보면 다음의 그림과 같다.

〈그림 9〉 일본예산의 세입과 세출 현황

(단위 : 조 엔)

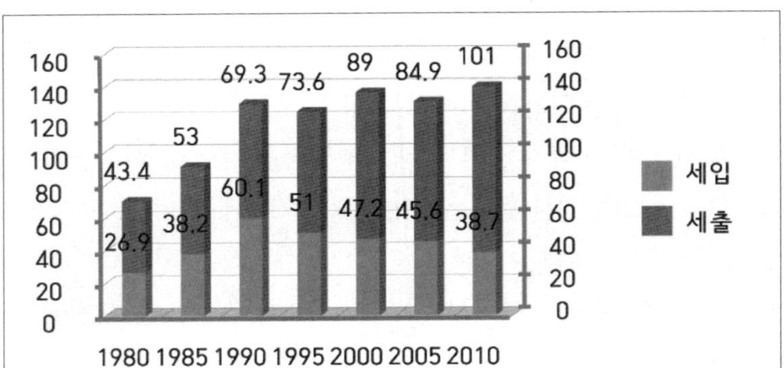

자료: www.yahoo.com에서 재구성

〈그림 9〉에서 보면 알 수 있듯이, 일본 예산은 1980년대부터 적자 예산을 꾸려 왔다. 1990년 예산은 세입과 세출이 가장 근접해 있었고, 이후에 세출은 늘어나는 경향이 있고, 세입은 줄어드는 경향에 있다. 특히 2010년에는 세입보다 세출이 월등히 많아졌고, 적자예산을 공채로 메우는 작업을 해 왔기 때문에 국가부채가 많아졌다. 특례 공채 발생액이 현저하게 증가하고 있어 국가부채가 증가하고 있음을 알 수 있다. 그럼에도 불구하고 국채발행을 통해 적자 예산을 충당하는 재정정책이나 예산정책은 당분간 계속될 전망이다.

아베 신조 총리는 정부 부채가 국민총생산(GDP)의 2.4배로 세계 최악의 수준인데도 불구하고 군사비와 공공사업비를 확대하는 2014년도 예산안을 마련했다. 일본의 군사적 역할 확대를 의미하는 적극적 평화주의를 추진하고, 돈을 풀어 경기를 부양하는 경제정책을 아베노믹스로 명명하고 계속 밀어 붙이고 있다. 2014년도 세출 예산안을 보면 그림과 같다.

〈그림 10〉 2014년도 세출 예산 현황

(단위 : 조 엔)

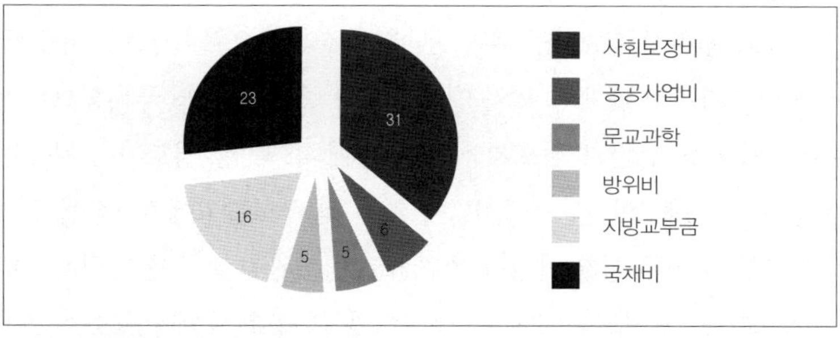

자료: www.yahoo.com에서 재구성함

2014년도 세입예산은 세수 50조 10억 엔, 세수외 수입 4조 6,313억 엔, 신규국채발행 41조 2,500억 엔으로 구성되었다. 세출 측면의 특징을 보면, 지출내용에서 국방비가 증액되고 있고, 국채비를 변제하는데 많은 예산이 소요되고 있으며, 사회보장관련비가 증가하고 있다.[29) 세입 측면에서 보면, 세입 각 항목 중에서 가장 큰 부분이 공채 발행 부분이다. 국가 세입 중에서 국채가 제일 중요한 수입 원중의 하나라는 특징이 있다. 세수 중 약 41.3%가 부채라는 점에서 일본예산은 위험한 적자예산으로 이루어지고 있어, 일본은 부채로 살아가고 있다고 말할 수 있다. 적자 예산편성은 재투자보다 현상유지와 손해를 메우는데 예산이 투입되는 약점이 있다.

2014년도 예산에서는 영토분쟁 예산을 늘려 일본의 주장을 한층 강화하고 있다. 외무성의 독도, 센카쿠열도, 북방영토 등 영토보존 대책관련 예산으로 10억 엔이 배정됐다. 이 중 3억 엔이 영토문제와 관련한 일본 정부입장을 국제적으로 확신시키는 네트워크 구축사업에 배정됐다. 해외전문가 및 언론관계자를 대상으로 심포지엄을 통해 일본의 입장을 홍보하겠다는 것이다. 일본 정부는 적극적인 예산 편성을 통해서 영토 문제가 국가에 있어서 가장 기본적이고 중요한 책무로 위치 지워 재외 공관의 인맥 등을 활용해서 홍보를 강화하겠다고 밝혔다.

그리고 총리실 홍보비를 44억 엔에서 65억 엔으로 늘렸다. 이중 국제 홍보비가 5억 엔에서 15억 엔으로 3배 증액되었다. 국제홍보비는 국내외연구소, 언론과 심포지엄 개최 등에 4.3억 엔, 영토관련 자료집 작성 및 홍보에 2억 엔, 소셜미디어 활용 및 국제광고에 5.8억 엔이 각각 책정됐다. 외무성뿐 아니라 총리실도 영토관련 홍보를 강화하겠다는 의도이다. 도덕교육 강화를 충실하게 하기 위해 예산을 8억 엔에서 14억 엔으로 늘렸다. 이 예산은 애국심 교육 강화에도 사용될 예정

---

29) 成美堂出版編輯部, 2016, 『時事用語2016』, 成美堂出版

이다. 그리고 2020년 도쿄올림픽과 패럴림픽 개최를 위한 교통 인프라 정비, 중국의 해양진출에 대한 대비로 방위비를 증액했다.

아베 총리는 중국을 견제하기 위해서 동남아 등에서 원조외교를 집중적으로 추진하고 있다. 이를 위해 공적개발원조(ODA)를 적극 활용하였다. 국제기구에 지원하는 다국 간 ODA를 6.6% 감축하는 대신 일대일로 특정 국가를 지원하는 2개국 간 ODA를 2% 늘렸다. 일본 국가를 지지하는 국가를 지원하기 위한 포석이다. 아프리카를 지원하기 위해 예산 362억 엔을 편성했다. 또한 아베정권의 기반이 되는 아베노믹스 예산도 크게 늘렸다. 도로 등 공공사업비는 5조 9,685억 엔으로 전년대비 12.9% 늘렸다. 기업 경쟁력강화 예산도 1조 9,000억 엔 편성했다. 임금을 인상하는 중소기업에 설비 투자자금을 우선 지원하는 내용도 포함되어 있다.

다음의 그림은 2015년도 세출예산의 구성을 나타낸 것이다. 2015년 일반회계 총액은 96조 3,420억 엔으로 2014년 95조 8,823억 엔보다 약 4,597억 엔 증가한 것으로 나타났다. 세입예산은 세수 54조 5,250억 엔, 세수외 수입 4조 9,540억 엔, 신규 국채발행 35조 8,630억 엔으로 나타나고 있다.

〈그림 11〉 2015년도 세출 예산 현황

(단위 : 조 엔)

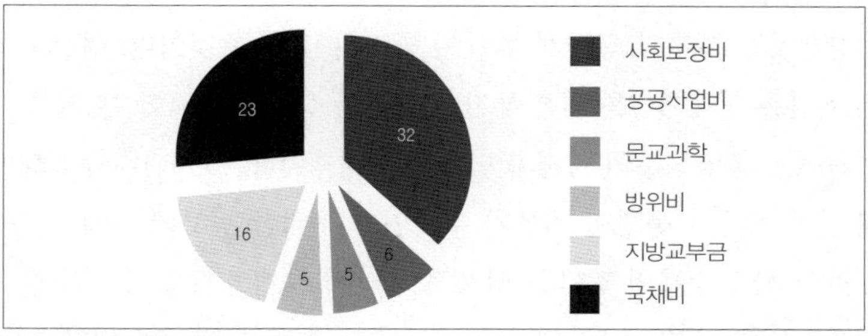

자료: www.yahoo.com에서 재구성함

2014년과 2015년도 예산안 구성의 변화를 내용별로 보면 다음의 표와 같다. 그런 변화는 일본 정부의 중요정책과 관련되어 있기 때문에 현 일본 정부의 성격을 알 수 있는 중요한 근거가 될 수 있다는 데 의의가 있다.

〈표 29〉 2014년과 2015년도 일본예산 주요 세출예산 비교

구 분	2014년도 예산	2015년도 예산	증감특징
총예산	95조 8,823억 엔	96조 3,420억 엔	+4,597억 엔
공공사업비	5조 9,685억 엔	5조 9,711억 엔	+26억 엔
문교과학	5조 4,421억 엔	5조 3,613억 엔	-808억 엔
방위비	4조 8,848억 엔	4조 9,801억 엔	+953억 엔
기타	9조 6,569억 엔	9조 5,133억 엔	-1,436억 엔
지방교부세교부금등	16조 1,424억 엔	15조 5,457억 엔	-5,967억 엔
국채비	23조 2,701억 엔	23조 4,507억 엔	+1,806억 엔

2015년도 일본 예산은 총액에서 역시 증가하고 있다. 방위비가 953억 엔 증가하고 국채비가 1,806억 엔 증가한 것이 특징이다. 국방정책을 강화하는 예산이고, 여전히 국채를 변제해야하는 부담이 늘어나고 있다는 것을 의미한다. 또한 일본예산 중에서 재투자보다 소비성이나 비경제적인 부분의 전략적 예산이 증가하고 있는 것이다. 여전히 일본 예산은 경제재생을 위한 투자가 열악한 상황이라고 할 수 있다.

둘째는 중앙정부의 경제 진단과 경제정책이다. 1990년대와 2000년대 일본 경제가 불황인 이유가 무엇인가에 대한 정부의 경제 진단이 있었다. 중앙정부의 진단은 경제적 진단에 무게를 두고 있었지만 경제정책은 정치적 경제정책이라는 의심을 가질 수 있게 하였다. 다음

의 표는 1990년대부터 2000년대 일본 경제가 처한 경제상황과 그에 대응하는 경제정책을 정리한 것이다.

〈표 30〉 1990년대 이후 일본을 둘러싼 경제환경과 경제정책

구 분	경제환경	경제정책
1990 - 1999	버블붕괴, 주가하락, 지각하락 -1991년부터 헤이세이불황 시작 -한신(阪神·淡路大震災後)대지진 -은행 자기자본 비율저하, 야마이치증권, 척식은행 파산, 금융위기 -재팬 프리미엄 출현 (우량은행 차입금리 상승현상) - 대장성불상사 -디플레이션 스파이럴(デフレ·スパイラル) -소자고령화, 사회보장비 증가 -휴대전화 급속 보급과 통신신규 수요증가로 경기회복세 -헤이세이 불황 장기화, 일본열도 총 불황	- 소비세 인상 - 하시모토내각의 재정재건본격화, 재정구조개혁을 위한 특별법 개정예금보호법으로 예금보호법성립 - 일본은행은 금융 완화 정책으로 제로금리정책 개시 - 오부치내각의 재정재건 본격화
2000 - 2014 (H 27)	- 실업악화 -일자리 창출 없는 경기 회복(JOBLESS RECOVER) -IT버블붕괴, 미국 경기 후퇴 -미국경기 불황으로 일본경기 악화 -미국경제 회복 -IT중심으로 경기 회복 - 세계경제 회복으로 설비투자 증대 -사회보장비, 국방비, 국채상환 압력 증가 -도심중심으로 지가상승 -경기가 회복되었지만 도시와 지방 정규사원과 비정규직사원 간의 격차심화 - 전후 최장기 호경기인 이자나기경기(いざなぎ景気:4년 10개월)를 넘는 전후 최장 호경기 - 미국의 서브프라임 문제 발생 -금융기관 다액의 손실 금융위기 도래, 주가하락, 심각한 불황, 저성장 경제 -리만쇼크, 세계금융 불안 -세계적 주가하락	- 제로금리정책 해제 -기업구조조정 본격화 -일본 처음으로 EPA(Economic Partnership Agreement)을싱가포르와 체결 - 일본은행 제로금리정책보다 양적완화정책 도입 -성역 없는 구조개혁 - 경제재정백서「버블후의 탈각」 선언 - 불량채권정리로 수출과 설비추자증대, 소비증가 -우정민영화, 일본도로공단 민영화 -일본은행 양적완화해제 -아베정권탄생, 경제성장로선 주창 -일본은행 금리인하 정책, 고속도로요금 인하 등 생활대책 실시 -아베노믹스(탈디플레이션, 탈엔고, 탈저성장) -소비세 8% 인상

위의 표에서 보듯이 일본 경제를 둘러싼 다양한 요인들이 작용 하고 있어 경제 불황의 근본 원인은 무엇인가 하는 점은 여전히 단정할 수가 없다. 일본 정부는 경제 불황 원인을 디플레이션, 엔고, 저성장 등으로 분석하고 있다. 특히 명목 GDP가 신장하지 않은 원인은 디플레이션 때문이라는 진단이다. 경제원론적 측면에서 보면, 명목경제 성장률은 실질경제 성장률과 인플레이션율을 촉진시킨다. 그것을 등식으로 표현하면 '명목경제성장률=실질경제성장률+인플레이션율'이다.

일본은 2011년 이후 매년 1% 디플레이션이 지속되어 실질경제 성장률이 1%가 되어도 거기에 디플레이션율을 빼면 0이 되는 과정을 겪었다. 즉 명목경제 성장률은 0%가 되는 경제과정을 겪고 있는 것이다. 경제성장을 하면 인플레이션이 일어나지만 성장하지 못하기 때문에 인플레이션이 일어나지 않고 있다. 일본 경제가 성장을 했어도 실제로 성장하지 못한 결과가 된다. 일본 정부는 그런 현상이 지속되고 있다고 보고 있으며 디플레이션이 일본 경제의 발목을 잡고 있다고 분석한 것이다.

그러나 미국 연방준비제도 이사회의 자넷 예렌 의장은 다른 각도에서 일본 경제의 문제점을 분석하고 있다. 일본의 개인명목 소득과 명목 국내총생산(GDP)은 20여 년 전보다 약간 낮다는 점에 주목하고 그것이 경제 불황의 근원이라고 지적했다. 20여 년 전보다 개인명목 소득이나 명목 국민총생산이 낮아지고 있다는 것은 성장하지 못하고 있다는 의미이다. 일본 경제는 20여 년 동안 성장이 불가능한 구조를 가지고 있었고, 그동안 경제 불황을 극복하기 위한 정책들이 효과를 거두지 못한 것이다. 그런 이유 때문에 20여 년 동안 효과를 보지 못한 경제정책을 반복해서 추진하고 있는 일본 정부의 경제정책은 앞으로도 효과를 거두기 힘들 것으로 예상된다.

일본 경제의 불황이나 성장하지 못하는 구조를 분석한 경제학자 이와타(岩田規久男)는 일본에서 기업까지도 가계처럼 금융자산을 운영하고 있다고 분석하고 있다. 일본의 경제성장기를 보면, 기업을 중심으로 제조업 등의 생산성이 높아져 경제성장을 주도하였다. 그러나 금융으로 기업을 키우는 것은 기업이 경제, 노동, 부를 생산하는 기업활동에 집중하지 못하고 있는 것이며 기업성장의 수단이 전이된 것을 의미한다. 일본 경제성장의 원동력이 되고 있는 기업이 성장하지 못하면, 현재의 경제 불황을 극복하기 어렵고 성장도 어렵다는 것을 의미한다.

위에서처럼 다양하게 일본 경제의 불황을 진단하고 예측하고 있지만 명확한 답을 내는데 많은 어려움이 있다. 일본 경제가 불황에서 벗어나지 못하는 이유이고 벗어날 수 있는 정책을 구사하지 못하는 이유이기도 한다. 다음은 일본 경제의 불황 원인을 진단한 내용을 소개한 것이다.

〈표 31〉 일본 경제의 불황 원인

구 분	불황원인	특 징
이케오가즈히토 (池尾和人)	- 상대가격이 매우 크게 움직임. 30% 가격이 상승하는 상품도 있고, 30% 가격이 하락하는 상품이 생겨남 - 물가하락률 1% 정도가 지속적으로 하락됨	상품 가격 등락폭이 큰 것은 외부 상품의 영향 때문
코사유타카 (香西 泰)	- 일본불황을 디플레이션으로 설명 불가능함 이유는 물가하락률이 매우 적기 때문임	일본 물가가 대체상품 보다 비쌈
아담포젠 (アダム·ポーゼン)	일본 디플레이션은 유해하지 않음	경제불황의 원인이 디플레이션이 아님

사이토마코토 (斉藤誠)	디플레인션은 지속되고 있지만 연율 1% 정도로 경미함	경제불황의 원인이 디플레이션이 아님
시오자와요시노리 (塩沢由典)	마이너스 1% 정도 물가하락은 물가안정. 디플레이션의 원리에 벗어나는 현상	물가 하락 유지
다나카히데토미 (田中秀臣)	경미한 디플레이션이라도 경제에 악영향 줌	디플레이션의 영향
하마다코이치 (浜田宏一)	디플레이션상황에서 디플레이션율이 변하지 않아도 과장설비, 실업률이 증가함	기업활동 활성화
이토다카토시 (伊藤隆敏)	디플레이션 스파이럴 상태에 빠져있음. 물가하락 → 임금하락 → 투자감소 → 성장률감소 등으로 악순환됨	악성디플레이션
가타오카고시 (片岡剛士)	연 1% 정도의 디플레이션이 15년간 지속되는 것이 문제임. 연 1% 디플레이션은 물가하락 → 고용환경악화 → 경제위기 초장기화. 고용환경 악화나 엔고로 진행된 환율이 1% 디플레이션 장기화의 원인	지속적인 디플레이션
와카다베마사즈미 (若田部昌澄)	하야미 마사루(速水優)의 제로금융정책 해제 정책의 실패가 원인임	제로금융정책 유지
아다치세이지 (安達誠司)	디플레이션탈각은 일본 경제의 불황을 타파하는 필요최소한의 조건	디플레이션 탈각 필요
오카베나오아키 (岡部直明)	디플레이션은 수요, 공급, 화폐, 금융 요인으로 발생. 일본은 복합디플레이션 상태	복합디플레이션
모리나가다쿠로 (森永卓郎)	하시모토내각의 소비세 인상, 의료비본인부담 30% 인상, 특별감세 폐지 등이 9조엔 디플레이션정책을 촉진, 이후 15년간 디플레이션의 원인이 됨	디플레이션 촉진정책
마쓰오타다즈 (松尾匡)	민주당의 재정삭감, 화폐발행저지, 유제완화, 에콜로지 지향정책, NPO에 의한 공공재정의 대체 등은 사람이 물건이나 서비스를 사려는 힘을 정체시켜 디플레이션을 악화 시킴. 도산과 실업은 불안전한 고용으로 이어짐	민주당의 긴축정책
폴로빈 (Paul Robin Krugman)	'디플레이션은 중앙은행의 힘이 미치지 않은 요인으로 발생한다'라는 보고서나 성명이 일본의 디플레이션 탈각을 방해하는 요인으로 작용함	중앙은행의 잘못된 금융 정책

하라다유타카 (原田泰)	디플레이션은 중국의 값싼 제품이 유입되어 발생하는 문제임	값싼 외국 제품 수입 활성화
아사다토이치로 (浅田統一郎)	일본의 디플레이션 주요인은 20년간 일본은행의 극도의 소극적인 금융정책 때문임	일본은행의 소극적 금융 정책
오카베야스시 (岡田靖)	1991년 이후 일본은행의 불충분한 금융완화 정책이 장기에 걸친 디플레이션 정착을 촉진시킴	일본은행의 불충분한 금융 완화 정책

자료: www.yahoo.com에서 재구성

위에서 보면, 일본 경제 불황의 원인은 디플레이션, 복합 디플레이션, 엔고, 물가폭락, 과다수입상품, 물가상승, 기업활동 약화, 제로금융 정책해제, 도산과 실업, 긴축정책, 중앙은행의 소극적 금융정책, 저성장구조, 에코로지 지향정책 등 다양하다. 한 국가의 경제에 대한 진단은 그처럼 다양하게 이루어지고 있다. 특히 20세기 이후 자본주의 성장에 영향을 주는 요인은 경제적 요인뿐 아니라 비경제적 요인이 크게 작용하고 있기 때문이다. 자본주의에 기초한 한 국가경제는 경제적 요인, 사회 문화 정치적 요인 등에 의해 다양하게 영향을 받고 있는 시대이다. 따라서 한 국가경제에 대한 진단은 복합적 진단이 필요한 것이다.

헤이세이경제는 저성장경제나 마이너스 경제성장을 유지하는 방향으로 진행되고 있다. 임계경제성장은 내부적인 요인도 영향을 주지만 외부적인 요인이 많이 작용한다. 일본 경제가 성장노선으로 가게 하기 위해서는 우선 포괄적인 경제 진단과 정책을 추진할 필요가 있다. 일본 정부는 디플레이션, 엔고, 저성장 등으로 진단하고 아베노믹스를 추진하고 있다. 아베노믹스의 최대 약점은 세입보다는 세출이 많은 적자예산, 비생산적인 투자나 지출, 성장정책과 전략의 부재 등 매우 다양하다. 가장 먼저 해야 할 것은 세출보다 세입을 늘려 흑자예산을 편성하는 것이며, 생산성이 높은 투자와 효율성이 담보되는 지출을 적극적으로 하는 것이다.

제5장 경제국제화프로젝트

일본은 전통 경제 프로젝트와 동반해서 경제국제화를 적극적으로 추진하여 성공을 거두었다. 즉 경제국제화를 통해서 대외적 경쟁력 향상과 이익을 창출하는 가운데 국제사회에서 경제의 위력을 발휘하여 왔다. 각종 경제 지표가 상위에 랭크되었고, 국제사회의 평화와 안녕을 추구하는데 경제적 공헌을 하였으며, 일본 국민이 경제적 풍요를 누리는 시대를 맞이하였고, 위상이 확립되는 토대가 구축되었다. 일본의 경제 성장은 경제국제화에 의해서 촉진 되었다고 해도 과언이 아니다.

21세기에 들어서 세계 국가는 경제를 강조하고 경제 이익을 추구하는 가운데 국제사회에서 한 국가의 경제적 독점을 허용하지 않은 상황을 만들고 있다. 선진국과 중진국 뿐 아니라 제3세계 국가들도 경제에 대한 견제와 경쟁을 본격화함으로써 벌어진 현상이다. 따라서 국제화가 진척되면 될수록 국내경제가 활성화될 것이라는 신화는 점차 줄어들고 경쟁과 견제를 촉진시키는 국제 경제적인 변수에 크게 영향을 받을 수밖에 없는 상황이 되었다. 일본 경제도 그런 상황으로부터 자유롭지 못하였다. 경제성장을 추구하는데 자유롭지 못한 것을 의미한다.

일본이 성장기를 거치는 동안 경제의 국제화를 추진해온 국제화 프로젝트의 과정과 현황을 보면 다음과 같다.

〈그림 12〉 일본의 경제국제화 프로젝트

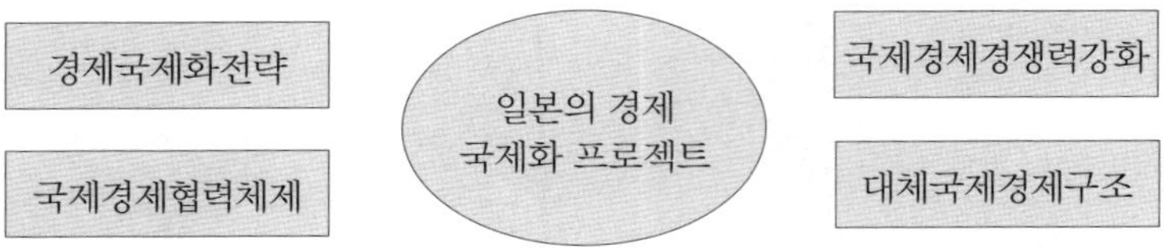

일본 경제의 국제화를 촉진시키는 프로젝트는 경제국제화전략, 국제 경제협력 체제, 국제 경제경쟁력 강화, 대체 국제경제 구조 등으로 구성되어 있다고 할 수 있다. 경제의 국제화는 경제 성장과 확대를 가져왔지만 다른 한편으로는 경제 위기와 저성장을 초래하는 계기가 되기도 하였다. 20세기 경제 성장기의 국제화는 매우 긍정적인 효과를 가져왔지만 21세기에 들어서 경제 정체나 불황에 직간접적으로 부정적인 영향을 주고 있다고 할 수 있다.

경제국제화전략

일본 경제의 국제화가 본격적으로 시작된 것은 1960년대 고도 경제 성장기라고 할 수 있다. 그 근거로는 일본 제품의 해외수출, 일본 기업의 해외 진출, 일본 인력의 해외 진출, 일본의 국제금융투자, 다국적 기업 등장 등을 들 수 있다. 초기 국제화는 해외로부터 다양한 제품이나 원료수입이 개방되는 형태로 이루어진 것도 있지만 기본적으로 일본과 일본것의 해외로의 진출이 국제화를 촉진시키는 원동력이 되었다. 해외로의 진출이 가능했던 것은 일본 경제의 우위성에 대한 푸시요인과 풀요인이 작용한 결과이다. 일본은 다양한 각도에서 경제 국제화를 추진해 어느 정도 성공을 거두었다고 평가할 수 있다.

첫째는 일본의 해외투자이다. 일본 경제의 국제화를 나타내는 것 중의 하나가 해외투자이다. 일본은 경제성장을 바탕으로 해외투자를 통해서 경제권 구축과 그것을 통해서 경제이익을 획득하는 전략을 추진해 왔다. 대체로 선진국에서 금융투자나 상징적 투자를 많이 하였고, 중진국이나 후진국에서 생산 투자와 원료 투자를 많이 하는 경향이 있었다. 선진국에서 일본의 위상과 힘을 발휘하기 위한 투자를 중시하였기 때문이고, 중진국이나 후진국에서 일본 경제의 근간이 된 제조업을 통해서 상품시장과 원료시장을 확보하여 경제성장을 추구하는 투자를 선호했기 때문이다.

일본의 해외투자는 한마디로 경제 능력을 말해주는 것이기도 하고 세계경제에 대한 지배력을 나타내는 기준이기도 하다. 2013년도 일본의 주요국 해외투자 현황을 보면 다음의 그림과 같다.

〈그림 13〉 2013년도 일본의 주요국투자현황

(단위 : 억 달러)

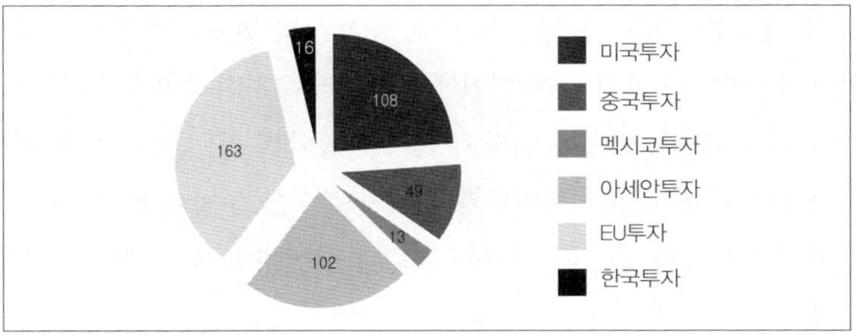

자료: www,yahoo,com; ZETRO,KOTRA에서 재구성함

〈그림 13〉은 일본이 해외투자를 많이 하는 국가를 나타낸 것이다. 투자를 많이 하는 순서대로 열거해 보면, EU, 미국, 아세안, 중국, 한국, 멕시코 등으로 되어 있다. 특징을 보면, 해외투자를 안정적인 선진국중심의 투자나 발전가능성이 있는 아세안과 동북아시아를 중심으로 하고 있다는 점이다. 또한 환태평양 국가를 중심으로 투자하고 있다. EU에는 163억 달러를 투자하여 비교적 중시되고 있는 편이다. 다음이 미국 108억 달러, 아세안이 102억 달러이다.

2012년 해외투자 현황과 비교해 보면, 일본의 해외투자는 아세안, 멕시코, EU 등에서 증가했지만 미국, 중국, 한국 등에서 감소하였다. 멕시코는 445% 증가하였고, 아세안은 249%, EU는 25.8% 등으로 증가하였다. 반대로 미국은 –33.6%, 중국은 –31.2%, 한국은 –35.1% 등으로 감소하였다. 해외 투자증감 현황을 보면, 기존의 우방국가에 대한 투자를 줄이고 있는 것은 우방국가라는 관계보다 경제적 이익을 택한 결과이기도 하다. 또한 일본이 중시하고 있는 경제 상대국이 바뀌고 있고, 동시에 경제 협력 관계의 변화를 의미하기도 한다.

최근 아베노믹스가 추진되고 있는 상황에서 보면, 일본의 해외 투자가 줄어드는 것으로 나타나고 있다. 경제의 위약성 때문이라기보다는 엔저 현상 때문이다. 엔저가 되면 일본 기업이 해외에 달러로 투자할 때 필요한 엔화가 늘어나게 된다. 달러와 엔 환율로 인하여 영향을 받는 것이다. 즉 엔저 정책 이전에 1억 달러 투자하려면 약 77억 엔이면 되지만 아베노믹스의 엔저 정책이 시행되고 있는 지금은 약 99억 엔이 필요하다. 기업의 해외투자 욕구가 줄어들 수밖에 없다. 일본 기업의 해외투자가 줄어든 시기는 2012년 상반기로 약 5.9%가 줄어들었다.

아베노믹스 경제정책에 부응하기 위해 일본 은행은 2014년 10월말 양적 완화를 발표하여 엔화의 가치를 하락시켰다. 이후 엔화는 10엔 정도 폭락해 달러당 120엔까지 가치가 내려갔다. 일반적으로 일본 경제가들은 아베노믹스의 금융완화 정책에 의해서 엔저가 지속될지라도 2014년 말 1달러당 115엔 정도를 전망했지만 예상을 뛰어넘는 엔화약세가 벌어지고 있어 당황하고 있다. 일본은행의 양적 완화정책과 더불어 세계 최대 연기금 일본공적연금(GPIF)은 엔저 정책에 동조하기 위해 해외주식 투자나 채권투자를 확대하는 방향으로 정책을 추진하고 있다. 일본 공적연금은 해외 주식이나 채권을 사들여 엔화를 팔고 달러를 사들일 전망이다. 거기에다 세계금융시장에 영향을 주는 미국의 연방준비위원회가 금리인상을 발표하여 엔저는 더 가속화될 것이다. 따라서 앞으로 국제 금융시장에서 엔화는 더욱 약세를 보일 것으로 전망된다.

일본 경제가 국제화되는 과정에서 추진한 해외투자확대나 엔화의 위력발휘는 일본 경제의 강약의 현주소를 나타내는 중요한 기준이 될 수 있다. 즉 해외투자 확대는 한 국가 경제가 강한 힘을 발휘하거나 위력이 있다는 증거이며, 엔화의 강세는 국제 금융시장에서 일본의 가치가 높다는 증거이다. 그러나 현재 일본은 아베노믹스에 의해서 엔저 정책을 적극적으로 추진하는 과정에서 해외투자가 줄고 있다. 국제 경제사회에서 일본의 경쟁력과 국력을 약화시키는 요인으로 작용할 가능성이 있다. 어떻게 보면, 일본 경제의 국제화가 위축되고 있는 것을 의미하며, 국제사회에서 일본의 위상과 신뢰를 낮추는 요인으로 작용한다는 부정적인 측면이 있다.

둘째는 일본의 해외생산이다. 일본은 경제대국을 구축하기 위해서 해외투자와 함께 해외 생산기지를 조성하는 전략을 실천하여 성공을 거두었다. 해외 생산기지는 저렴한 노동력과 원료 공급, 용이한 판매시장 확보 등의 장점을 가지고 있다. 그것은 국내의 고비용 생산 구조와 판매시장구조를 극복하기 위한 기업과 국가의 경제 성장전략이다. 선진국에서는 판매시장과 경쟁력의 확보를, 그리고 중진국이나 후진국에서는 풍부한 노동과 저임금, 원료, 판매시장 등의 확보를 중시한 전략이었다.

전후 경제성장기를 거치면서 일본을 경제대국으로 위치 지우는데 공헌한 해외 생산은 점차 확대되어 왔다. 2013년 일본 내각부 통계자료에 의하면 일본 기업의 해외생산비율과 법인세율을 보면 다음과 같다.

〈그림 14〉 일본 기업의 해외생산 비율

(단위 : 년 %)

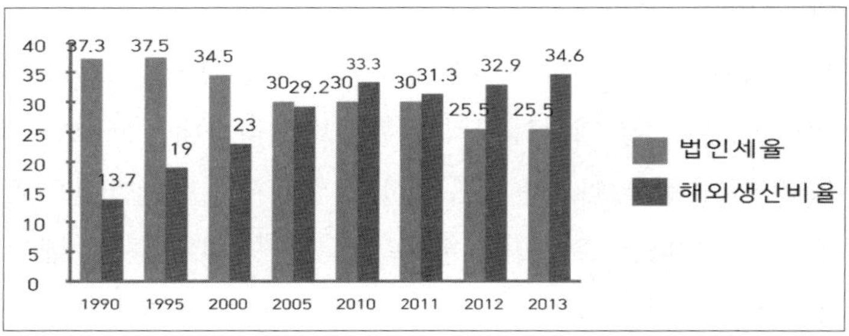

자료: 内閣部統計資料 2013년에서 재구성

일본 제조업의 해외생산 비율은 1990년 13.7%, 1995년 19%, 2000년 23%, 2010년 33.3%, 2013년 34.6%로 확대되었다. 일본이 자랑하는 제조업 중 약 3분의 1 이상이 해외에서 생산되고 있는 것을 의미한다. 특히 주력 산업인 자동차의 경우, 2011년 33%에서 2013년 42%로 상승했다. 자동차 부품업체도 동시에 진출하는 사례가 많아지고 있다. 국제시장에서 엔화 약세로 인하여 수출은 늘어날 것으로 예상하고 있지만, 해외 생산기업은 엔저 하락에 따른 가격인하 효과를 누리지 못하고 있다는 한계도 있다. 아베노믹스의 효과를 제한하는 중요한 요인으로 작용하고 있다.

일본 산업의 업종별 해외생산 비율을 보면, 운송기계는 약 40%로 제일 높고, 정보통신기계, 범용기계 등은 20%를 넘고 있다. 제조업전체, 화학, 업무용기계, 비철금속, 전기기계, 생산용기계, 철강, 석유, 식품, 금속제품, 목재 등의 순으로 높은 것으로 나타나고 있다. 1991년 일본버블 경제붕괴 이후 해외에 기반을 둔 기업의 비율은 약 15%에서 약 24%까지 상승했고, 2001년 미국 IT버블 붕괴 이후는 25%에서 30%로까지 상승했으며, 2008년 리만쇼크 시기에는 약간 줄어들었지만 이후 2012년까지 약간 증가하였다.[30)]

일본 기업의 해외생산은 30%를 돌파하여 최고조에 이르고 있다. 도쿄 증권거래소와 나고야 증권거래소의 상장기업을 대상으로 한 조사에서 제조업가운데 해외생산을 하고 있는 기업비율은 2012년 69.8%, 2013년 70.7%로 나타난 것처럼 해외 생산은 늘어날 전망이다. 일본 기업이 생산거점을 해외로 하는 이유는 현지나 그 주변의 수요가 높다는 이유가 50.8%, 노동가격이 싸다는 이유가 19.1%, 현지고객의 니즈에 대응하기 쉽다가 14.4%로 나타났다. 일반적으로 엔저로 일본으로부터 수출이 쉬워지고 있지만 국내시장의 장점이 사라진다면 해외로의 생산기지 이전을 저지하기는 어려울 전망이다.

일본 기업이 해외로 생산기업을 이전하는 것은 다양한 형태의 부정적인 경제효과를 내고 있다. 즉 국내 생산 기지 축소로 인한 기업 불활성화, 지속적인 일자리 창출 부재, 부의 해외로의 이전, 국내 투자

---

30) 経済産業省, 2014,『通商白書』, 経済産業省

축소와 기업적 소비 축소, 기술이전으로 인한 경쟁력 약화, 국세 및 지방세 축소, 법인세 축소 등과 같은 영역에서 다양하게 영향을 주고 있다. 긍정적인 측면은 기업 수준에서 비용절감, 현지 시장 확보, 경쟁력강화 등을 통해 기업이익을 높일 수 있다는 점이다. 이전 국가에게는 투자 확대, 노동 창출, 소비 창출, 법인세 수입, 생산 및 소비촉진 등으로 나타날 수 있다.

최근에 해외로 생산기지를 이전하는데 제동을 걸 수 있는 상황이 벌어지고 있다. 일본의 직구시장이 세계적으로 활성화되고 있기 때문이다. 일본 내에서 생산되고 있는 상품의 고품질과 엔저로 인한 가격 경쟁력이 높아져 해외 이전의 불필요성을 인식하게 하는 계기가 되고 있다. 다음의 표는 일본 직구 인기쇼핑몰의 예를 들은 것이다.[31)]

〈표 32〉 일본 직구 인기쇼핑몰

순위	쇼핑몰	상품	순위	쇼핑몰	상품
1위	아마존	종합쇼핑몰	6위	무인양품(MUJI)	패션
2위	애플 재팬	통신, 가전	7위	유니클로	패션
3위	아미아미	피규어등캐릭터 상품	8위	도쿄 디즈니	장난감
4위	로손 HMW	가전	9위	만다라케	애니메이션관련제품
5위	라쿠텐	종합쇼핑몰	10위	미에코우에사코 (노이지 노이지)	골프의류

특히 아베노믹스에 의해 엔화 가치가 떨어지면서 일본 직구시장이 빠르게 성장하고 있다. 달러 강세로 미국 직구시장을 이용하던 직구

31) <조선일보> 2014년 12월 26일

족들이 제품이 좋고 가격이 싸진 일본 직구시장을 이용하고 있는 것이다. 어떤 면에서는 일본의 상품시장이 크게 확대되어 활성화되고 있는 것이다. 일본 직구시장은 다양한 언어 서비스를 준비하고 있어 엔저가 지속되는 한 계속 성장할 것으로 보인다.

셋째는 방위산업의 성장이다. 다양한 경제 분야에서 국제화가 추진되고 있지만 방위산업의 국제화가 매우 중요한 경제 전략으로 부상하고 있다. 새로운 성장의 동력화와 방위산업 성장을 위해서 일본 정부가 방위산업의 국제화를 적극적으로 추진하고 있기 때문이다. 그것을 위해 전후에 지켜왔던 무기수출 3원칙을 폐기하고 무기 수출의 족쇄를 풀었다. 전쟁 당시 성장시켰던 군수산업의 영광을 되찾으려는 의도와 함께 방위산업의 국제화를 통해 장기적으로 이익을 창출하는 한편 군사대국으로 가기 위한 토대를 구축하려는 의도도 함의되어 있다.

현재 일본 방위산업 기업으로는 미쓰비시, IHI, 가와사키, 신메이와 등이 선구적인 역할을 하고 있다. 일본은 2007년 세계 100대 방위산 업체에 9개사가 포함되어 방위산업 국가로서 위상이 매우 높은 편이다. 다음의 표는 2007년 세계 100대 방위산업체의 연매출 현황을 나타낸 것이다.[32)]

〈표 33〉 2007년 세계 100대 방위산업체 연매출 현황1

순위	회사명	국가명	군수 매출액	전년대비	전체매출	총매출중 군수비율
1	Lockheed Martin Corp.	미국	36,090.00	105.4%	39,620.00	91.00%
2	The Boeing Company	미국	30,800.00	105.5%	61,530.00	50.00%
3	BAE Systems plc	영국	25,070.60	119.8%	26,967.60	93.00%
4	Northrop Grumman Corp.	미국	23,649.00	101.4%	30,148.00	78.40%

32) 이하 자료는 www.yahoo.com에서 재구성함

5	Raytheon Company	미국	19,500.00	107.1%	20,291.00	96.10%
6	General Dynamics Corp.	미국	18,769.00	113.3%	24,063.00	78.00%
7	EADS N.V.	네덜란드	13,202.70	144.8%	52,018.60	25.40%
8	L-3 Communications Corp.	미국	9,989.60	116.8%	12,476.90	80.10%
9	Finmeccanica S.p.A	이탈리아	9,057.10	127.1%	16,466.40	55.00%
10	United Technologies Corp.	미국	7,652.60	112.0%	47,829.00	16.00%
11	Thales Group	프랑스	6,997.40	82.1%	13,598.80	51.50%
12	KBR, Inc.	미국	6,400.00	-	9,600.00	66.70%
13	Science Application International Corp.	미국	5,800.00	107.4%	8,300.00	69.90%
14	General Electric Company	미국	4,600.00	131.4%	15,400.00	29.90%
15	Honeywell International, Inc.	미국	4,400.00	-	31,600.00	13.90%
16	Rolls-Royce pic	영국	4,062.30	123.3%	14,007.80	29.00%
17	ITT Corp.	미국	3659.30	113.6%	7,807.90	46.90%
18	DCNS	프랑스	3,564.70	106.3%	3,564.70	100.00%
19	Computer Sciences Corp.	미국	3,530.00	104.8%	14,615.60	24.20%
20	Alliant Techsystems Inc(ATK)	미국	3,066.00	106.4%	3,565.00	86.00%
21	DRS Technologies, Inc.	미국	2,736.50	163.4%	2,821.20	97.00%
22	SAFRAN Group	프랑스	2,640.50	85.9%	14,958.70	17.70%
23	Saab ke	스웨덴	2,461.90	126.8%	3,077.50	80.00%

24	Booz Allen Hamilton, Inc.	미국	2,449.00	112.2%	4,000.00	61.20%
25	Mitsubishi Heavy Industries, Ltd.	일본	2,354.40	114.5%	26,024.90	9.00%
26	Textron, Inc.	미국	2,088.00	149.1%	11,490.00	18.20%
27	Rockwell Collins, Inc.	미국	2,043.00	112.9%	3,864.00	52.90%
28	Almaz-Antei	러시아	2,019.60	128.8%	2,362.10	85.50%
29	EDS	미국	1,940.60	138.6%	21,300.00	9.10%
30	Rheinmetall A.G.	독일	1,907.80	114.9%	4,791.30	39.80%
31	Armor Holdings, Inc.	미국	1,897.80	159.7%	2,360.90	80.40%
32	URS Corp	미국	1,759.00	101.7%	4,240.00	41.50%
33	Israel Aerospace Industries, Ltd.	이스라엘	1,746.00	111.9%	2,813.00	62.20%

각국의 방위산업 33대기업 중에 미국은 21, 일본 1, 영국 2, 독일 1, 이스라엘 1, 러시아 1, 네덜란드 1, 프랑스 3, 이탈리아 1, 스웨덴 1 등으로 되어 있다. 미국이 방위산업에서 월등한 지위와 위치에 있다. 일본은 미쓰비시 중공업 1개로 세계 25위에 랭크되어 있다.

다음의 표는 2007년 세계 100대 방위산업체 연매출 34위에서 66위까지를 나타낸 것이다.

〈표 34〉 2007년 세계 100대 방위산업체 연매출 현황2

순위	회사명	국가명	군수 매출액	전년대비	전체매출	총매출중 군수비율
34	Hindustan Aeronautics, Ltd.	인도	1,665.00	158.1%	1,850.00	90.00%
35	Dassault Aviation	프랑스	1,649.00	78.2%	4,359.50	37.80%

36	QinetiQ	영국	1,513.30	90.2%	1,983.40	76.30%
37	Goodrich Corp.	미국	1,500.00	100.0%	5,878.00	25.50%
38	Harris Corp.	미국	1,500.00	100.0%	3,474.80	43.20%
39	Elbit Systems, Ltd.	이스라엘	1,402.00	140.5%	1,520.00	92.20%
40	GKN plc	영국	1,376.30	185.1%	6,797.40	20.20%
41	Krauss-Maffei Wegmann	독일	1,320.30	185.8%	1,320.30	100.00%
42	Oshkosh Corp.	미국	1,317.20	124.1%	3,427.00	38.40%
43	CACI International, Inc.	미국	1,282.60	108.8%	1,755.30	73.10%
44	Bechtel Corp.	미국	1,264.50	84.9%	20,000.50	6.20%
45	VT plc	영국	1,217.90	95.7%	1,739.80	70.00%
46	Cobham plc	영국	1,214.70	138.4%	1,978.70	61.40%
47	川崎重工業株式会社 (가와사키중공업)	일본	1,107.70	100.4%	12,201.40	9.10%
48	ManTech International Corp.	미국	1,082.60	116.4%	1,137.20	95.20%
49	Rafael Armament Development Authority	이스라엘	1,056.30	124.9%	1,056.30	100.00%
50	三菱電機株式会社 (미쓰비시전기주식회사)	일본	998.30	102.8%	30,568.20	3.30%
51	Nexter Systems	프랑스	950.60	109.8%	950.60	100.00%
52	Diehl Stiftung &Co. K.G.	독일	949.80	137.7%	2,878.20	33.00%
53	Washington Group International	미국	907.30	95.3%	3,398.10	26.70%
54	ST Engineering, Ltd.	싱가포르	906.80	98.4%	2,925.20	31.00%

55	Babcock International Group plc	영국	858.90	152.4%	1,455.70	59.00%
56	Battelle Memorial Insutitute	미국	840.00	112.6%	3,815.10	22.00%
57	Indra Sistemas, S.A	스페인	792.20	261.2%	1,584.30	5000.00%
58	Bharat Electronics, Ltd.	인도	78160	144.3%	977.00	80.00%
59	日本電気株式会社 (일본전기주식회사)	일본	704.80	76.9%	39,460.00	1.80%
60	EDO Corp.	미국	686.00	110.1%	715.20	95.90%
61	Tactical Missiles	러시아	674.80	159.2%	710.40	95.00%
62	Fincantieri (Cantieri Navali Italiani S.p.A.)	이탈리아	652.90	113.3%	3,256.70	20.00%
63	The Aerospace Corp.	미국	637.30	109.7%	719.70	8860.00%
64	Jacobs Engineering Group, In	미국	504.80	105.4%	7,421.30	6.80%
65	Aviation Holding Company Sukhoi	러시아	625.60	121.5%	742.10	84.30%
66	Patria Group	핀란드	622.50	172.9%	732.10	85.00%

방위산업체를 가지고 있는 나라는 미국, 러시아, 이탈리아, 영국, 프랑스, 이스라엘, 독일, 일본, 인도, 핀란드 등 매우 다양 하다. 34위에서 66위까지에 들어있는 일본 방위산업체는 47위 가와사키 중공업 주식회사, 50위 미쓰비시 전기주식회사, 59위 일본 전기 주식회사 등 3개 기업으로 나타나고 있다.

다음의 표는 2007년 세계 100대 방위산업체 연매출의 67위에서 100위까지를 나타낸 것이다.

〈표 35〉 2007년 세계 100대 방위산업체 연매출 현황3

순위	회사명	국가명	군수 매출액	전년대비	전체매출	총매출중 군수비율
67	Irkut Corp.	러시아	590.60	86.0%	641.50	92.10%
68	Russian Aircraft Corp.	러시아	587.30	145.7%	596.20	98.50%
69	Tenix Defence	호주	584.10	97.0%	1,095.20	53.30%
70	Teledyne Technologies, Inc.	미국	569.40	111.5%	1,433.20	39.70%
71	Cubic Corp.	미국	564.40	103.9%	821.40	68.70%
72	AAI Corp.	미국	564.00	117.5%	564.00	100.00%
74	Ultra Electronic Holdings. Plc	영국	561.30	108.2%	738.60	76.00%
74	Russia's Helicopters	러시아	558.00	-	558.00	100.00%
75	Curtiss-Wright Corp.	미국	549.00	105.6%	1,282.20	42.80%
76	Ufa Enginebuilding	러시아	548.70	-	569.80	96.30%
77	Ruag Suisse	스위스	545.60	94.0%	1,023.20	53.30%
78	ARINC, Inc.	미국	537.50	162.8%	918.80	58.50%
79	한국항공우주산업	한국	532.00	89.3%	705.00	75.50%
80	Severnaya Verf	러시아	526.40	120.7%	658.00	80.00%
81	Aerospace Equipment Corp.	러시아	518.30	130.5%	730.00	71.00%
82	Meggitt	영국	511.90	81.9%	1,312.60	39.00%
83	CAE	캐나다	489.60	108.2%	1,082.40	45.20%
84	Israel Military Industries, Inc	이스라엘	481.60	127.1%	481.60	100.00%
85	Kongsberg Gruppen ASA	노르웨이	481.20	123.1%	1,078.90	44.60%
86	Alion Science and Technology Corp.	미국	451.80	-	508.60	88.80%

87	BearingPoint,Inc.	미국	414.00	102.1%	3,450.00	12.00%
88	Ball Corp.	미국	412.30	114.1%	6, 621.50	6.20%
89	IHI Marine United inc.	일본	378.30	-	848.10	44.60%
90	富士通株式会社 (후지쓰주식회사)	일본	374.00	140.5%	581.00	64.40%
91	KB Priborostroyeniya (Instrument Design Bureau)	러시아	369.90	-	371.70	99.50%
92	東芝株式会社 (도시바주식회사)	일본	358.80	85.2%	53,801.00	0.70%
93	Hyundai Rotem Co.	한국	356.40	-	1,682.70	21.20%
94	MMPP Salyut	러시아	351.10	101.4%	425.50	82.50%
95	Orbital Sciences Corp.	미국	321.20	91.8%	803.00	40.00%
96	株式会社IHI (IHI주식회사)	일본	310.00	104.7%	10, 466.00	3.00%
97	Aselsan	터키	308.50	110.5%	341.10	90.40%
98	Komatsu, Ltd	일본	307.90	107.1%	16,058.00	1.90%
99	Admiralteiskiye Verfi Co.	러시아	304.60	47.3%	385.00	79.10%
100	Chemring Group plc	영국	302.90	-	356.50	85.00%
1-100위 총계			318,090.68	100%	-	-
1-10위 총계			193,780.6	60.9%	-	-

자료: www.yahoo.com에서 재구성

각국의 방위산업체 중에서 67위에서 100위까지 들어가는 일본 기업은 89위 IHI 마린주식회사, 90위 후지쓰주식회사, 92위 도시바주식회사, 96위 IHI주식회사, 98위 고마쓰 등 5개 기업이다. 1위에서 100위까지 들어가 있는 일본의 방위산업체수는 총 9개로 세계 방위업체 중 약 10%를 차지하고 있다. 2013년 세계 100대 방위산업체 연매출 현황을 보면, 일본과 한국이 약진하고 있는 특징이 있다. 일본은 100대기업에 5개사가 포함되어 있고, 한국은 4개사가 포함되어 있다.[33)] 일본의 방위산업체 매출액은 약 95억 달러로 상승세에 있다. 그것에 비해 한국은 36억 달러로 일본의 약 30% 수준을 약간 웃돌고 있다. 이런 추세라면 일본의 방위산업은 점차 강화되는 가운데 국제화를 추구하는 방향으로 진행될 것으로 보인다. 일본이 구상하고 있는 경제적 효과뿐 아니라 새로운 국가상을 구축하는 전략과 무관하지 않다.

국제경제협력체제

국가 간 경제 협력체제를 구축하는 것은 경제 국제화를 추진 하는데 필수적이며 매우 효과적인 방법이다. 국가 간 경제 협력 체제는 자국의 경제이익을 확보할 뿐 아니라 상대국의 경제이익도 어느 정도 보장하는 윈윈 경제거래 시스템으로 기능하는데 의미가 있다. 따라서 적어도 경제 협력을 하는데 있어 절대적 우위를 차지해 일방적 이익을 산출하는 경제 협력체제는 성립되기 어렵다. 국가 상호간의 우위를 점하는 경제재의 거래를 통해서 경제적 상생과 동반이익을 추구하는 차원에서 진행되어야 하기 때문이다.

그런 점에서 본다면, 과거처럼 경제영역에서 절대 우위를 점하는 영역을 항상 유지하는 경제 협력체제와 시대는 이미 정당성을 잃고

33) 〈조선일보〉 2014년 4월 3일

있는 것이다. 또한 국가 간의 윈윈 경제체제를 붕괴시키는 일방적인 경제 협력체제는 성립되지도 않고 성립된다 하더라도 기능과 효과를 기대하기 어렵다. 지금까지 여러 영역에서 경제우위를 점하는 가운데 많은 이익을 챙겼던 일본도 더 이상 특혜를 누리기 어렵다. 이 점이 21세기 일본 경제가 위기에 처하게 된 중요한 요인 중의 하나이기도 하다. 이제는 일본도 국가 간 경제 협력체제 구축을 통해서 경제이익과 국익을 챙겨야 하는 시대에 들어와 있는 것이다.

국제 경제협력체가 구축되지 않았던 글로벌 시장에는 약육강식의 법칙이 존재하여 기능하고 있다. 강한 자가 약한 자를 일방적으로 지배하고 착취할 수 있는 원칙과 구조에서는 강한 국가가 약한 국가를, 강한 경제가 약한 경제를 지배하고 이익을 취하는 것이 암묵적으로 통하고 있다. 따라서 상대적으로 우위에 설 수 있는 것이나 강한 것을 많이 만들어 유지하는 전략이 매우 중요하다. 돈 먹고 돈 먹는 머니 경쟁체제이기 때문이다. 이 경쟁에는 인정과 개평이 없다. 정당한 법칙이라고 규정된 룰에 따라 경쟁해서 약한 자는 빼앗기고 강한 자는 뺏는 것이다.

그것이 글로벌 시장에서 작동하고 있는 시장질서이고 국제질서이다. 그러나 경쟁만으로 승패를 좌우하던 글로벌 시장이나 국제질서에 대해서 약자의 반란과 저항이 강하게 일어나고 있다. 약육강식의 법칙에 대한 저항과 반란이다. 정당한 법칙과 경쟁을 통한 국제간 거래가 100:0이라는 편파적인 결과가 되는 상황을 허용하지 않게 된 것이다. 약자도 살고 강자도 살아야 하는 상호 공존이라는 새로운 법칙이 강조하게 된 것이다. 국가 간 경제 거래에 새로운 질서가 형성되고 있다. 약육강식의 경쟁체제를 극복하는 새로운 경제협력시스템으로서 국제 경제협력체가 속속 구축되고 있다. FTA, APEC, TPP, ASEAN 등과 같은 상생 경쟁체제가 구축되고 있는 것이다. 그것은 경제를 활성화하기 위한 전형적인 경제 협력 체제이다.

일본은 기술이나 제품, 성능, 과학 등에서 상대적 우위를 점했기 때문에 상생 경쟁체제보다는 약육강식체제에서 생존력이 강했던 것이다. 그러나 그런 시스템이 점차 불리한 쪽으로 진행되고 있어 일본 경제를 위기로 몰고 있는 블랙홀로 작용하고 있다. 일본도 더 이상 약육강식체제에 기초한 성장은 기대하기 어렵기 때문에 새로운 돌파구를 찾아야 하다. 국가 간의 경제협력을 통해서 상대국이 성장을 도모하는데 도움을 주어야 하고 그 과정에서 일본도 성장동력을 찾아야 하는 것이다. 상호이익을 인정하는 방식의 해결을 해야 하는 위치에 놓인 것이다.

2012년 일본이 새로운 경제 질서를 구축하여 국내외적 경제위기를 극복하기 위한 수단으로 타국과 맺은 FTA현황을 보면 다음과 같다.[34)]

〈표 36〉 일본의 FTA 현황

구 분	FTA 체결국가	특 징
2002년	싱가포르	일본 최초의 FTA협정, 일본 측은 수입액의 95% 무관세 싱가포르 측은 수입 전품목 무관세
2005년	멕시코	10년 이내 상호 철 공업 제품 관세철폐
2006년	말레시아	일본 측은 수입액 94% 무관세, 말레시아수입액의 99% 무관세
2007년	칠레	일본 측은 수입액의 90.5% 무관세, 칠레 측은 수입액의 99.8% 무관세
2007년	태국	일본 측은 수입액의 92% 무관세, 태국측은 수입액의 97% 무관세
2008년	보르네오	왕복무역액의 99.9% 10년 이내 무관세
2008년	인도네시아	일본 측은 수입액 93% 무관세, 인도네시아 측은 수입액의 90% 무관세

2008년	필리핀	일본 측은 수입액 92% 무관세, 필리핀 측은 수입액의 97% 무관세
2008년	ASEAN	일본 측은 10년 이내 수입액 93% 무관세, ASEAN 6개국 수입액의 90% 무관세
2009년	스위스	왕복무역액의 99.9% 10년 이내 철폐
2009년	베트남	일본 측은 10년 이내 수입액 95% 무관세, 베트남 측은 10년 이내 수입액의 88% 무관세
2011년	인도	일본 측은 10년 이내 수입액 97% 무관세, 인도 측은 10년 이내 수입액의 90% 무관세
2012년	페루	일본 측은 10년 이내 수입액 99% 무관세, 인도 측은 10년 이내 수입액의 99% 무관세

2012년 일본은 13개국과 FTA를 맺어 수출과 수입을 하고 있다. 대체로 경제대국, 경제강국 등의 이미지를 갖고 있어 수입액에 대한 관세비율이 상대국보다 높다. 일본의 경제우위를 인정한 것이지만 결국 일본에게는 불리한 조건이 될 수 있다는 점에서 약점으로 작용할 수 있다. 일본에게 약간 불리한 조건하에서 국가 간 경제 협력체제가 구축되는 것은 상대적 우위에 있는 일본만이 이익을 획득하는 것이 아니라 상대국도 이익을 획득할 수 있도록 보장해주기 위한 경제적 배려이기도 하다.

그런 가운데서도 경제경쟁국으로 부상한 한국이나 중국과는 FTA가 협상 중으로 아직 결론을 내지 못하고 있다. 특히 한국과 중국 간의 FTA가 급속히 진행되고 있어 태풍의 눈으로 작용하고 있다. 한중 간의 무역교역 양은 해마다 기하급수적으로 증가하고 있다. 2003년 570억 달러에서 2013년 2,289억 달러로 폭발적으로 증가하였다. 한일 경제밀도보다는 한중 경제밀도가 높아질 것이라고 예상되는 현실적

34) www.yahoo.com에서 재구성

인 이유이다. 경제적 협력 뿐 아니라 정치안보 협력을 촉진시키는 계기가 되고 국가 간 총체적 협력 체제를 구축하는 계기가 될 수 있다. 따라서 한중간 경제 협력체제는 전통적인 한일우방이라는 협력관계를 초월해서 새로운 질서와 룰로 한중관계의 미래적 틀을 짜는 힘으로 작용할 수 있다.

또한 동아시아의 경제 협력구도와 환태평양 경제 협력구도를 바꿀 수 있는 것으로 FTA보다는 조금 더 대규모 차원에서 진행되고 있는 것이 TPP(TPP: Trans-Pacific Partnership: 환태평양경제동반자협정)이다. 그것은 최근 국제사회에서 새로운 경제 질서를 만들 수 있는 경제 협력기구로 부상하고 있다. 일본은 경제위기를 일시에 해결하기 위해서 적극적으로 추진하고 있어 새롭게 기대하고 있는 신경제 체제이다. 2010년 당시 수상이었던 간나오토(菅直人)는 TPP 참가를 검토하고, 아시아태평양 자유무역권(FTAPP)의 구축을 시야에 넣는 한편 APEC 수뇌회담까지 경제연대로 하는 기본방침을 결정하였다.

일본은 국제 경제협력을 통해서 경제위기 극복과 성장을 추진하기 위해 2013년 3월 미국이 주도하는 TPP에 참가할 것을 선언하였다. 일본의 TPP 참가교섭 과정을 보면 다음과 같다.[35)]

〈표 37〉 일본의 TPP참가 교섭 과정

구 분	진행 과정
2010년	- 간나오토 수상은 TPP교섭참가를 검토함. 경제단체연합의 요네쿠라(米倉弘昌)회장은 기자회견에서 일본에 충성 서약을 하는 외국으로부터 이주자를 장려해야하고 TPP참가와 더불어 외국으로부터 노동자의 적극적 수용을 지지하는 발언을 함 -정부는 외국과의 경제연대강화를 위해 농업분야, 사람이동분야, 규제제도개혁분야에서 적절하게 국내개혁을 추진한다는 각의 결정함 -간나오토 수상은 APEC에서 교섭참가를 위한 관계

35) www.yahoo.com에서 재구성함

	국 과의 협의 착수표명 -정부는 수상, 관계관료, 민간유식자11명으로 〈식과 농림어업의 재생실현회의〉 설치함 -TPP 제4회 확대회의에서 일본의 옵저버 참가를 불인정함
2011년	- 공개토론회 〈개국 포럼〉에서 당시 국가전략담당 상등은 아시아 활력을 추진할 필요성을 주장함 - 동일본대지진 발생으로 개국포럼은 중지됨. 정부는 TPP교섭참가의 판단 결정을 보류함 - 경제단체연합 요네쿠라 회장은 TPP교섭에 조기 참가를 요구함. 그러나 전국농업협동조합중앙회는 TPP반대서명을 정부에 제출함. 그리고 국회의원 355명도 반대청원을 함. 지방자치단체로서 42개의 도도의회가 TPP참가에 반대하는 의견서를 냄 - 민주당 경제연대프로젝트팀은 TPP 참가에 대한 의견이 분리됨 - 노다 수상은 호놀룰루 APEC수뇌 회담에서 TPP교섭 참가를 위해서 관계국과의 협의에 들어간다고 표명함. 그러나 확대 회의에서 역시 참가를 허락하지 않음 - 정부는 성청중심으로 일원적 참가교섭 체제를 구축할 것을 결정함 - 제6회 국가전략회의 결정에 기초해서 각의 결정한 〈일본재생의 기본전략〉에서도 TPP참가를 위해 관계국과의 협의를 요구하고 국익의 시점에서 TPP참가한다는 결론을 내림
2012년	- 정부는 사무국 70인 체제를 구축하고 참가를 위해 전국적인 설명회를 열 것을 정함 - 베트남, 보르네오, 페루, 칠레 등과 일본교섭 참가의 환영 의향을 얻음. 나머지 5개국에 대표를 파견함 - 관계국과의 협의를 담당하는 정부대표로서 오시마 마사타로(大島正太郎)를 내각관방장관 내각심의관으로 임명함
2013년	- 자민당은 선거공약에서 성역 없는 관세철폐를 전제로 하는 TPP에는 참가하지 않는다라고 하고, 아베 신조는 화이트 하우스에서 오바마 대통령과의 회담에서 TPP는 성역 없는 관세철폐가 전제가 아니라고 표명함 - 아베 신조총리는 TPP교섭참가를 표명하고, 참가국에 의견을 전달하고, 아마리 내각특명대담당 대신을 TPP에 관한 통합협정 담당대신으로 임명함 - 아마리 담당상을 본부장으로 하는 TPP정부대책본부가 설치되고, 대외교섭담당 70명, 국내대책조정담당 30인을 배치함 - 정부는 미국과 TPP교섭참가의 사전협의 결정을 받았다고 발표함 - 미국 정부는 일본의 교섭참가를 진정하도록 미국의회에 통지함 - 일본 정부는 이후 TPP교섭을 시작함

일본이 TPP에 참가하는 목적은 결과적으로 포괄적 의미에서의 국익과 경제적 이익을 동시에 추구하는데 있다. 포괄적 의미의 국익 중에서도 가장 중요한 부분은 역시 경제적 이익이다. 일본은 TPP를 통해서 경제 재생, 농산임어업 재생, 환태평양 국가 간의 경제협력과 활성화, 경제연대강화 등을 추진할 것으로 보인다. 또한 경제적 연대를 통해서 정치, 군사, 사회, 문화 등 다방면에 걸친 교류와 협력을 강화하고 활성화할 수 있는 가능성이 있다.

동아시아를 염두에 두고 보다면, 일본이 TPP에 들어가는 효과는 한국이나 중국의 FTA효과를 단 번에 능가하고, 경제 대체국가로 등장한 한국과 중국 간의 FTA의 장점을 무력화시킬 수 있다는 장점도 간과할 수 없다. 국가 간의 FTA를 단숨에 해결하고 다국가 간의 경제 협력체제를 구축하는 효과를 낼 수 있다. 한 걸음 더 나아가 한국과 TPP를 맺지 않은 멕시코, 캐나다 등 4개국에서 경쟁력을 높일 수 있는 장점이 있다. 또한 역내 포괄적 경제동반자협정(RCEP: Regional Comprehensive Economic Partnership)의 가치를 감소시키는 결과를 초래할 것이다.

일본은 미국과 중국의 눈치를 보다가 미국의 눈치를 크게 인식하여 뒤늦게 참가하게 되었다. 그런 움직임에 비해 미국과 중국의 견제 속에서 한국은 중국과 미국의 눈치를 보는 가운데 방향을 잡지 못하고 얼쩡대다가 기회를 잃어버리고 있다. 중국은 미국과 경쟁 하는 사이에 있어 미국이 주도하는 TPP가입을 정면에서 거부하고 새로운 모색을 하고 있다. 2015년 7월 일본의 TPP가입은 교섭중이다. 일본과 미국 등 교섭참가 12개국에 의한 TPP교섭은 정치적 타협이 되는 각료회의가 2015년 7월 28부터 31일까지 개최되어 막힌 문제의 실마리와 해결안을 도출하였다. 결과적으로 TPP가 성립되면 적어도 일본이 경제협력에서 한수 앞서갈 수 있는 발판을 마련하는 계기가 될 것은 분명하다.

일본이나 미국 등 12개국이 참가한 TPP협정식이 2016년 2월 4일 협정조문을 종합한 뉴질랜드 오쿠랜드에서 이루어졌다. TPP는 이후 협정조기발효를 위해서 각국의 의회승인을 기다리고 있다. 협정은 2년 이내 참가한 12개국이 국회 승인을 하게 되면 발효된다. 발효가 되면 일본의 GDP 17.7%, 미국의 GDP 60.4%를 차지하여 2개국의 GDP가 가맹국의 78%를 차지하게 된다. 일본 정부는 TPP협정서명 이후 통상국회에 협정승인을 요구하고 농가에 대한 후속대책 등을 포함한 관련법안을 제출해서 국회승인이나 관련법안의 조기성립을 시도하고 있다. TPP가 가동하게 되면 일본은 GDP를 약 14조엔 올리는 경제효과를 볼 것으로 기대하고 있다. 일본 여당은 2016년 6월 열리는 국회에서 승인받을 수 있도록 준비하고 있다. 따라서 일본은 TPP에 참가함으로써 동아시아와 국제사회에서 경제활동을 활성화할 수 있는 강력한 경제 협력기반을 마련하게 될 것이다.

국제경제경쟁력 강화

일본은 강한 국제경제 경쟁력을 바탕으로 국제사회에서 높은 위상을 차지해 왔다는 점을 부인할 수 없다. 일본 경제가 국제 경쟁력 향상을 위해서 다양한 전략을 추진해온 결과이다. 현실적으로 국제경쟁력이 있는가 아니면 없는 가하는 점은 국가경제의 행방과 미래를 보는 중요한 근거가 된다. 왜냐하면 경제 수준뿐 만아니라 국제 위상을 결정해주는 요소로 작용하기 때문이며, 국제사회에서 국가신뢰 정도를 측정하는 척도가 되기 때문이다. 국가의 국제경제 경쟁력을 판단하는 기준은 예를 들면, GDP, GNP, 경상수지, 무역수지, 주가가치, 화폐가치, 국민소득순위, 국제신용등급, 국제사회에서의 경제적 공헌도 등 매우 다양하다. 전후 고도 경제성장기를 거친 일본은 국제경제 경쟁력 측면에서 보면 상당한 우위를 점하여 경쟁력이 있는 국가로 인정 받아왔다.

그러나 고도 성장기와 경제 대국기를 거친 이후 1990년대 버블 경기붕괴를 경험한 일본은 지난 20년 사이에 많은 것을 잃었다고 할 수 있다. 그것은 현실적으로 일본 국가의 위기, 성장하지 못하고 불황에 허덕이는 일본 경제, 국제 경제 경쟁력의 하락 등으로 나타나고 있다. 경제적인 측면에서 보면, 우위를 점하고 있던 각 종 경제수치가 나빠졌고, 국제경제에서 경쟁력이 떨어질 뿐 아니라 지위가 급격히 하락하는 현상으로 나타나고 있다. 여러 측면에서 국력과 위력이 떨어지고 있으며 동시에 국제위상이 추락하고 있는 것이다.

우선 국제사회에서 국력을 평가하고 있는 국가 신용등급에 대해서 알아보자. 즉 일본의 국제 신용등급은 얼마나 되는 가하는 점이다. 일본은 국가경쟁력과 경제 경쟁력 향상으로 전통적으로 국제 신용등급이 높은 국가였다. 국제사회에서 일본력이 작용하고 힘을 발휘하고 있다는 표현이고, 위상이 높다는 것을 함의하고 있다. 최근 들어 국가 신용등급이 급격히 하락하고 있다. 국제사회에서 일본력이 미미해지고, 역할이 점차 약해지고 있으며 일본이 불안하다는 것을 의미한다. 다음의 표는 1992년이후 일본의 국가 신용등급을 나타낸 것이다.[36)]

36) www.yahoo.com에서 재구성

〈표 38〉 일본 국가 신용 등급의 추이

등급변경연월일	무디스	스탠더드	핏치
1992년07월27일		AAA	
1993년05월07일	Aaa		
1995년10월26일			AAA
1998년11월17일	Aa1↓		
2000년06월29일			AA+↓
2000년09월08일	Aa2↓		
2001년02월22일		AA+↓	
2001년11월26일			AA↓
2001년11월27일		AA↓	
2001년12월04일	Aa3↓		
2002년04월15일		AA-↓	
2002년05월31일	A2↓		
2002년11월21일			AA-↓
2007년04월23일		AA↑	
2007년10월11일	A1↑		
2008년06월30일	Aa3↑		
2009년05월18일	Aa2↑		
2011년01월27일		AA-↓	
2011년08월24일	Aa3↓		
2012년05월22일			A+↓
2014년12월01일	A1↓		
2015년04월27일			A↓
등급의 의미	- AAA : 최고신용도 디폴트위험이 아주 낮음 - AA+, AA, AA- : 비교적 신용 높음, 디폴트 위험 매우 낮음 - A+, A, A- : 높은 신용도, 디폴트위험 낮음, 경제 환경의 악화가 채무이행에 미치는 영향이 위의 등급보다 높음 - BBB+, BBB, BBB-: 양호한 신용도, 디폴트 위험이 현재 적지만, 경제 환경 악화가 그 능력을 훼손할 가능성 있음 - BB+, BB, BB-: 투기적, 경제 환경이 시간 경과됨에 따라 악화되는 경우, 디폴트 위험에 대한 대응이 위약함		

1992년 이후 3사에 의한 일본 신용등급은 적어도 AA- 이상으로 비교적 신용도가 높고 디폴트의 염려가 없는 것으로 평가되었다. 그러나 2012년 일본의 신용등급은 A+ 전후로 평가받고 있다. 높은 신용도를 가지고 있고 디폴트 위험이 낮다는 것을 의미하지만, 경제환경이 악화되어 채무이행에 부정적인 영향을 점점 미치고 있다는 의미를 담고 있어 일본의 자존심을 상하게 하였다. 국제 신용평가사 무디스는 2014년 12월 1일 일본의 신용등급을 Aa3에서 A1으로 강등했다. 이것은 매우 큰 의미를 함의하였다. 동아시아에서 국가경제 위상이 바뀌는 쇼크를 주는 사건이었기 때문이다. 일본의 신용등급이 한국의 신용등급 Aa3보다 낮아진 것이다.

일본의 국가 신용등급이 낮아진 주된 이유는 아베 총리가 추진하고 있는 아베노믹스의 효과에 대한 기대가치가 떨어지고 불확실성이 내재되어 있다는 평가 때문이다. 돈을 풀어 경기를 활성화하는 것이었지만 2분기연속 마이너스 성장률을 기록하고 있고, 재정적자가 확대되어 정부 부채만 늘어나고 있다는 부정적인 평가가 나오고 있기 때문이다. 그리고 정부 재정을 보전하기 위해 전격적으로 추진할 예정이었던 소비세 인상 시기를 늦춘 것이 결정적인 강등요인이 되었다. 특히 소비세 인상 시기 연기로 아베노믹스의 성공 불확실성, 재정적자 감축효과 불확실성이 팽배할 것이라는 부정적인 분위기와 평가가 작용했다고 볼 수 있다. 근본적으로 보면, 평가의 저변에는 일본의 총체적인 국제 경제경쟁력의 약화가 크게 작용하고 있다는 것을 간과해서는 안 될 것이다.

둘째는 금융대국이다. 일본은 고도경제성장과 함께 금융 국제화 전략을 추진하여 경제대국에 걸맞게 세계금융권을 지배하였고, 그 과정에서 세계적 규모의 은행이 탄생하였다. 그것은 곧 일본 경제가 금융 면에서 국제경쟁력이 강하다는 것을 의미한다. 특히 1980년대 일본 금융기관들이 세계 금융시장에서 상위권을 독차지하여 금융위력을 유감없이 발휘하였다. 경제하면 일본 경제, 금융하면 일본은행, 투자가 하면 일본 기업과 일본인이었을 정도로 막강한 힘을 발휘하였다.

힘을 발휘하던 일본 금융회사는 1990년대 버블경기가 붕괴되면서 대규모로 몰락하게 된다. 은행 9곳을 포함해 64개의 금융회사가 문을 닫았다. 금융기관의 위기는 일시적으로 벌어진 것이 아니었다는데 더 큰 문제가 있다. 다음의 표는 1990년 세계10대 은행과 2014년 세계 10대 은행을 비교한 것이다.[37)]

〈표 39〉 세계 10대 은행 비교

1990년 세계 10대 은행			2014년 세계 10대 은행		
순위	은행명	국가명	순위	은행명	국가명
1	다이치간교 은행	일본	1	공상은행	중국
2	스미토모은행	일본	2	건설은행	중국
3	후지 은행	일본	3	JP모건 &체이스	미국
4	미쓰비시은행	일본	4	BOA	미국
5	산와은행	일본	5	HSBC	영국
6	크레디아그리꼴	프랑스	6	씨티은행	미국
7	뱅크N드파리	프랑스	7	뱅크오브차이나	중국
8	크레디 리요네	프랑스	8	웰스파고	미국
9	일본흥업은행	일본	9	농업은행	중국
10	도이체뱅크	독일	10	미쓰비시UFJ	일본

37) <영국뱅커지>자료에서 재구성함

1990년 세계 10대 은행 중 일본 국적을 가진 은행이 6개이었고, 그 중에서 5개사가 1위부터 5위까지 차지하고 있었다. 그러나 2014년에는 세계 10대 은행 중 10위 안에 랭크되어 있는 은행이 미쓰비시UFJ 1개에 불과하다. 국제사회에서 일본 경제의 수준과 위상이 낮아진 것을 의미한다. 노골적으로 말하면, 일본 금융권의 대몰락이자 경제의 추락이라고 밖에 표현되지 않는다. 일본이 어쩌다 이 지경에 이르렀는가 하는 점이다. 말할 것도 없이 일본의 국제 경제경쟁력이 약화되었기 때문이다.

일본 금융의 몰락 요인은 물론 성장을 잘 하지 못하는 경제 구조와 불황 때문이다. 일본 경제가 마이너스성장이나 저성장에 처해있는 것이 근본적인 원인이다. 또한 일본 금융사를 둘러싼 다양한 문제가 원인이 되고 있다. 금융 사내문화와 일본식 관행이 부정적으로 작용한 결과도 있다. 즉 그 동안 힘을 발휘해온 일본식 경영의 폐해이다. 일본식 경영은 금융의 국제화 수준을 떨어뜨리는 결과를 낳았다. 금융회사의 국제화 수준을 말해주는 초 국적화지수에서 일본 1위인 미쓰비시UFJ의 경우 다른 글로벌 은행의 3분의1 수준에 머물고 있다. 다른 하나는 전통적인 열거주의식의 규제체제를 유지해 왔기 때문이다. 열거주의는 은행, 보험, 증권 등 업종별로 할 수 있는 일을 열거해 놓고 그것만 하도록 규제한다는 뜻이다. 또한 아마쿠다리(天下り)라는 낙하산 인사제도이다.

성장기에 적용했던 일본식 경영과 열거주의가 일본 금융권을 붕괴시키는 원인으로 작용하는 한편 금융개혁에도 부정적으로 작용하였다. 일본 금융당국은 금융개혁을 하는데 있어 국내외적 경쟁력을 제고하기 보다는 관이 독점하고 있던 금융에 대한 기득권을 놓지 않으면서 금융업 권역별 이해관계까지를 고려하는 개혁을 단행하였다. 그 결과 개혁은 결실을 거두지 못하고 실패하게 되었던 것이다. 일본 정부는 1985년 〈금융개혁심의위원회〉를 설치해서 개혁제도법 제정에 착수했지만 역시 본질적인 개혁을 하지 못했다. 1996년에는 야심차게 〈경제신회의 행동계획위원회〉를 신설해서 2001년까지 금융개혁을 완료하겠다는 금융 빅뱅화 슬로건을 내걸었지만 역시 한계에 부딪쳐 은행이 보험업에 진출하는 것에 머물고 말았다.

2000년대 들어서 일본은 본격적으로 금융개혁을 위해서 금융 시스템개혁법을 제정하고, 2007년에는 금융 자본시장 경쟁력 제고대책 등을 시도하였다. 그리고 그 동안 금융권의 경쟁력 향상을 저해 해온 열거주의에서 포괄주의로 전환하려 하였지만 복잡한 이해관계로 실패하고 말았다. 특히 2006년 도쿄를 아시아 게이트웨이로 하는 전략구상을 발표했지만 발본적으로 개혁하지 못하고 겸업금지 규제를 약간 손보는데 그쳤다. 일본이 새롭게 구상한 것은 금융권에서 미국, 영국, 홍콩, 싱가포르 등이 실천하고 있는 포괄주의를 적극적으로 도입하여 실시하는 것이었다. 금융사들이 모든 금융 업무를 할 수 있도록 허용하여 금융업계의 국내외 경쟁력을 제고하는 한편 금융시스템 안정을 도모하는데 목적이 있다.

셋째는 국제사회에서의 경제적 공헌도이다. 일본은 경쟁력있는 경제를 바탕으로 국제사회에 경제적 역할과 공헌을 해 왔다. 경제대국으로 비약하게 되면서 UN등과 같은 국제기구에 경제적 공헌을 많이 해 왔다. 그러나 경제가 흔들리면서 국제기구의 경제부담률이나 책임이 점차 적어지고 있는 것이다. 일본이 경제적으로 세계평화와 유지에 공헌해 왔던 기조를 바꾸지 않으면 안되는 상황에 몰리고 있다. 국제사회의 안정과 평화에 대한 공헌보다는 국내사회의 안정과 희망에 힘을 기울여야 하는 단계로 돌아온 것이다.

특히 일본의 약화와 경쟁력 저하는 고도 경제성장을 통해서 국제사회에서 위상을 높였던 모습을 변화시키고 있다. 일본을 대신해서 힘을 발휘하고 있는 중국의 힘과 경쟁력과 비교해 보면, 일본 경쟁력의 약화를 실감할 수 있다. 한마디로 말하면, 중국이 갖고 있는 경제력과 일본이 갖고 있는 경제력의 차이가 현저하게 좁혀지고 있는 것이다. 동아시아에서의 역할과 공헌, 국제사회에서의 역할과 공헌 주체가 일본에서 중국으로 대체되는 것을 의미한다.

중국은 풍부한 자금력을 가지고 국제시장에서, 국제사회에서 일본을 대체하고 있다. 한 예를 들면, 중국이 주도해서 발족한 〈아시아인프라투자은행〉(AIIB)에 500억을 출연하였다. 새로운 프로젝트인 〈신실크로드〉(육해상실크로드연결)를 구축하기 위한 기금에 적극적으로 자금을 투자하고 있다. 2014년 11월 8일 시진핑 국가주석은 〈아시아태평양경제협력〉(APEC) 회의에서 베이징에 각국 정상들을 초청해서 실크로드 기금으로 400억 달러를 출연한다고 선언하였다. 이 기금은 중국의 새로운 대외전략인 신실크로드에 참가하는 국가들을 위해 사용될 것으로 알려지고 있다.

국제사회에서 풍부한 자금으로 주도권을 쥐어가고 있는 중국의 출현은 중국성장이 크게 작용한 것이지만 일본의 약화가 더욱 부채질하고 있다는 점을 부인할 수 없을 것이다. 중국의 성장으로 부상되고 있는 역할에 대해서 일본이 대체하지 못하고 제동을 걸지 못할 뿐 아니라 주도권을 빼앗기고 있다. 일본 경쟁력과 경제력이 약해지고 있어 리드하지 못하고 있는 것이다. 점차 동아시아에서도 일본의 경제적 위상이 위축되고 있다. 일본의 국제 경제경쟁력 향상만이 위기로부터 일본을 구할 수 있을 것으로 보인다.

대체국제경제구조

21세기 일본 경제의 성공이나 희망, 실패나 절망은 일본을 대신할 수 있는 대체국가와의 경쟁에 달려있다고 해도 과언이 아니다. 국제사회나 동아시아사회에서 일본을 둘러싼 경제적 환경이 급격하게 변화하여 영향을 주고 있기 때문이다. 일본 경제를 대체할 수 있는 국가는 바로 동아시아권과 국제사회에서 서로 경쟁해온 한국과 중국이 대표적이다.

근대화 이후 일본은 월등한 기술력과 과학 발전으로 경제성장을 달성하여 한국이나 중국보다 절대적 우위를 점하였다. 감히 중국이나 한국이 일본의 경쟁대상이 된다거나 위협할 것이라는 예상은 하지 못하였다. 일본이 주춤하는 사이에 한국과 중국이 급속도로 진보한 것이다. 기술이나 과학 발전이 많이 좁혀지고 있고 상대가 가능한 범위에 일본이 들어오게 된 것이다. 그런 변화는 궁극적으로 일본을 한국과 중국이 대체하는 현상으로 나타난 것이다. 다른 한편으로 보면, 일본이 경제국제화와 결과물에 대해서 안주하고 있는 사이에 중국이나 한국이 적극적으로 대응한 결과이기도 하다.

첫째는 일본시장이다. 일본시장은 기본적으로 매우 폐쇄적이다. 국가, 기업, 소비자, 제도, 가치 등을 개방하는데 인색하다. 일본의 것들을 내국인이 안정적으로 소비해 주어 경제 기초체력을 단단하게 해주는 강점이 있다. 또 다른 의미에서 보면, 동일상품이라고 한다면 해외상품보다는 국내 상품을 선호하거나 소비하는 소비애국주의자들이 많은 것이다. 일본의 과학이나 기술력 등으로 인하여 동일 상품에 대한 품질이나 성능의 차이가 있다 하지만 여전히 일본 소비시장은 매우 견고하게 닫혀있는 것이다.

한국 상품에 대한 수입이나 소비현황을 보면 알 수 있다. 일본은 한국 상품을 사들이는데 인색하지만 한국인에게 파는 데는 열을 올리고 있고 잘 팔고 있다. 〈조선일보〉 보도에 따르면, 세계시장 1.2위를 차지하고 있는 삼성전자는 2014년 4분기 일본 스마트폰 시장에서 점유율 4.7%를 기록했다. 글로벌 시장에서 강세를 보이고 있지만 유독 일본 시장에는 약하다. 일본 스마트폰시장에서 아이폰6을 앞세운 애플이 58.7%로 1위이고, 삼성은 소니와 샤프등 일본 업체보다도 뒤지는 4위이다. 롯폰기에 있던 삼성 재팬 사옥도 실적 부진으로 인하여 팔고 다른 곳으로 이전했다.

삼성전자뿐 아니라 다른 기업이나 제품도 비슷한 상황에 놓여있다. 동남아시아, 중동, 중국 등의 화장품시장에서 위력을 발휘하고 있는 아모레퍼시픽도 일본에서 힘을 쓰지 못하고 결국 2014년 4곳의 매장을 접었다. 한국 상품들이 일본 소비자들에게 외면당하고 있다. 그런 여파로 대일수출도 2014년도 7.2% 감소하는 322억 달러에 그쳤다. 관광시장도 경색되어 있다. 2012년 일본관광객은 342만 명으로 최고를 기록한 뒤 매년 약 20%씩 감소하고 있는 것이다. 2014년 일본을 방문한 한국인은 276만 명으로 일본인보다 59만 명 많았다.

일본 시장은 경제 규모, 경쟁력, 기술력 등에 비해 매우 폐쇄적인 경향이 있다. 일본에서 생산된 제품을 자국민이 기본적으로 소비해주고, 나머지나 잉여생산물은 해외로 수출해서 해외소비자가 소비해주는 소비 2중구조가 잘 정착되어 있다. 일본은 국내시장을 개방하기 이전에 자의적 타의적으로 타국의 시장을 개방하여 효과를 거두어 왔다. 이번에는 역으로 일본이 자의적 타의적으로 시장을 개방하라는 압력을 받아 기업, 유통, 복지시장, 교육시장, 노동시장, 상품시장, 서비스시장 등을 점차 개방하고 있는 것이다. 또한 최근 일본 직구시장의 형성으로 국내외적 소비가 확대되고 있어 새로운 소비시장으로 각광을 받고 있다. 이런 흐름이 지속되고 있는 가운데 벌어지고 있는 현상은 일본시장을 일본이 아니라 다른 국가가 대체하고 있다는 사실이다.

전형적인 현상이 노동시장에서 벌어지고 있다. 일본 노동시장은 개방적이지 못하였다. 그러나 최근 내국인의 인력부족으로 외국인 노동자를 수용하고 있다. 기존 노동시장은 다양한 영역에서 외국인에게 노동시장에 들어올 수 있도록 하고 있었지만 여전히 전문직보다는 단순직에 한하였다. 제1차 산업인력이나 제2차 산업인 제조업, 그리고 제3차 산업 중에 단순 서비스직종에 많은 외국인을 고용하고 있다. 그런 현상이 노동시장의 개방이라고 한다면 분명히 개방이다. 일본인 인력이 현저히 부족하여 들여왔다면 개방이라기 보다는 대체이다.

일본이 추진하고 있는 산업 연수생 제도는 제3세계 청소년에게 기술을 배울 수 있는 기회를 주고 있어 역시 노동시장 개방을 촉진하는 계기가 되었다. 동남아시아 국가로부터 젊은 인력을 수용하여 국내에서 부족한 노동력을 충당하고, 본국에 돌아가서는 일본을 잘 아는 사람으로 활동하기를 기대하고 있는 것이다. 최근에는 전문직에서도 외국인 CEO등을 초빙하고 있으며, 외국인 유학생을 일반기업에서 수용하는 경우도 많이 발생하여 노동시장이 유연하게 기능하고 있다고 할 수 있다. 외국인 노동자에 대한 개방 정책에 의한 것이라기보다는 필요에 의해서 벌어지고 있는 현상이다.

그리고 일본사회의 초 고령화로 인하여 복지와 관련된 인력이 많이 요구되고 있다. 일본은 65세 이상인구가 전체 20%가 넘는 초 고령화 사회에 진입하여 복지수요가 급증하면서 복지기금 뿐 아니라 인적서비스를 필요로 하는 개호서비스인력을 확보하는데 큰 어려움을 겪고 있다. 후생노동성은 복지인력이 150만 명이 활동하고 있지만 단카이세대(1947-49년생)가 75세를 넘어서는 2025년에 복지인력이 250만 명 필요할 것으로 예상하고 있다. 〈일본노동조합 총연합회〉의 조사에 따르면, 정규직 간병인의 월평균 월급은 20만 7,795엔으로 전체 산업 평균 29만 5,700엔보다 9만 엔 정도 적다. 고령자를 돌보는 노동은 저임금과 장시간과 같은 열악한 환경에 처해있기 때문에 지원자나 예비 지원자가 적은 편이다.

일본 정부는 대체인력으로 외국인 노동자를 적극 활용해 복 지인력난을 해소하는 방안을 강구중이다. 자민당은 2015년 3월 외국인 노동자 재류자격에 개호를 신설하는 법안을 추진하고 있다. 후생노동성도 일본 노동자들이 기피해온 농업이나 건설 등에 국한시켰던 외국인을 수용하는 제도로 운용되고 있는 기능실습제를 수정해 복지 분야를 추가했다. 실습기간도 현행 3년에서 최대 5년까지 늘려 복지 노동시장의 유연성을 높이고 있다. 일본 정부는 복지인력을 확보하기 위해 인도네시아, 필리핀, 베트남 등과 경제 동반자협정(EPA)을 체결해 2008년부터 매년 100-300명의 외국인 간호사 및 사회복지사를 받아들여 일본어 6개월 연수 후 일선 병원이나 복지시설에 배치시켰다. 2010년 254명의 외국인이 일본간호사 국가시험에 응시했지만 단 3명만 합격하여 예상하지 못한 결과를 낳아 당황하고 있다. 외국에 잠재적 복지 인력이 많이 있지만 언어 소통이 잘 되지 않아 수용하는데 많은 어려움을 겪고 있다.

그런 관점에서 보면 노동시장의 개방은 필요에 의해서 추진하는 것이지 외국인에게 노동 기회를 주기 위한 조치나 정책이 아니라는 점에서 한계를 가지고 있다. 더욱이 일본 노동시장의 국제화 속도가 매우 느리고 진정한 방향으로 진행되고 있다고 평가하기 어렵다. 일본 노동시장의 유연성 부족과 인색한 노동 환경에도 불구하고 인구 감소와 국내 대체인력의 부족은 역으로 노동시장을 유연하게 하고 노동환경을 풍부하게 하는 힘으로 작용할 것으로 보인다. 그렇게 되면 일본인이 아닌 외국인 노동자가 일본 노동시장을 담당하게 되는 시대가 도래할 것이다.

셋째는 대체국가로서 한국의 등장이다. 강력한 경쟁상대로 성장한 한국은 일본의 경제적 움직임에 민감하게 반응하고, 또한 일본도 한국의 경제적 움직임에 민감하게 반응하고 있어 한일 경제관계는 '시소경제관계'에 놓여있다. 경제재의 우위를 점하고 있었던 일본은 한국의 경제성장으로 인하여 다양한 부분에서 우위를 독점적으로 점할 수 없는 상황이 되었다. 한국이 경제대체 국가로 성장한 것이다. 대체영역은 농업 등 제1차 산업에서 점차 제2차 산업인 공업 및 제조업으로 확대되고, 제3차 산업인 서비스업종으로, 그리고 고도기술이나 과학영역을 포함한 경제 영역으로 확대되고 있다.

일본이 대체 국가인 한국을 경계하기 위해 추진하고 있는 것 중의 하나가 아베노믹스라고도 할 수 있다. 대표적인 정책인 엔저 정책으로 인한 여파가 한국기업에 영향을 주고 있다는 것이 증명하고 있다. 일본은 국제시장에서 가격 면에서 경쟁력을 확보할 수 있었지만 반대로 한국은 경쟁력을 잃는 상황에 빠지게 되었다. 일시적인 것이지만 엔저 현상으로 2013년 일본은 1,176억 달러라는 최대 무역수지 적자를 보았다. 그것에 비해 엔저로 경제적 피해가 예상되었던 한국은 441억 달러 사상 최대 흑자를 기록했다. 그러나 엔저현상이 지속적으로 유지될 경우 한국과 여러 측면에서 경쟁관계에 있는 부분의 수출에 부정적인 영향을 줄 것으로 예상되고 있다. 그것은 한국이 일본을 대체할 수 있고 또한 일본이 한국을 대체할 수 있는 관계에 있다는 것을 반증한다.

엔의 달러당 환율은 일본과 한국 간의 수출입에 크게 영향을 주고 있다. 한국과 일본은 다양한 측면에서 대체 관계인 시소경제관계에 있기 때문에 벌어지는 현상이다. 일본수출 성장은 한국수출의 위축으로 나타날 가능성이 점점 높아지고 있는 것이다. 다음의 그림은 환율변화에 의한 한국 주요업종 수출 감소율을 소개한 것이다.[38)]

〈그림 15〉 환율변화에 의한 한국 주요업종 수출 감소율

(단위 : %)

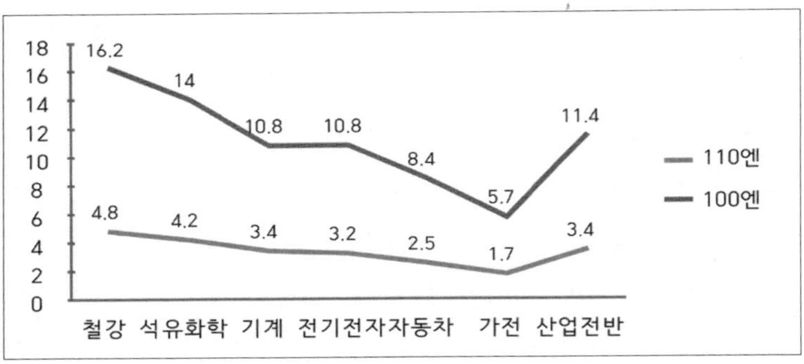

〈그림 15〉에서 보면, 일본과 경쟁관계에 있는 철강, 석유화학, 기계, 전기전자, 자동차, 가전 등이 많은 영향을 받을 것으로 예상되고 있다. 그리고 산업 전반에도 그 영향이 미치고 있는 것으로 나타나고 있다. 만약 엔과 달러 환율이 100엔이 되면 한국 경제는 큰 타격을 입을 것으로 예상되고 있다. 그나마 대기업은 글로벌 시장에서 어느 정도 경쟁력을 가지고 있어 잘 버티고 있지만 중소기업이나 농업분야 등에서는 엔저쇼크로 고전이 예상되고 있다. 전조현상으로서 글

38) 〈조선일보〉 2013년 4월 23일에서 재구성함

로벌 시장 경쟁 입찰에서 패배가 이어지고 있는 것이다.

중국 시장에서도 한일 간의 경쟁이 치열해지고 있다. 한 예로 중국의 반도체 장비 입찰에서 일본 제품이 약 25% 저렴한 가격으로 입찰에 응하여 한국 기업이 패배한 것이다. 엔저 효과는 고스란히 일본 기업의 가격 경쟁력으로 전이된 것이다. 유럽과 미국에서 농기계를 둘러싸고 일본과 경쟁을 벌이고 있는 기업 역시 적자를 면하지 못하고 있다. 더욱이 미국에서 치열하게 경쟁하고 있는 자동차산업도 곧 엔저 쇼크의 영향을 받을 것으로 예상되고 있다.

그리고 일본에 수출하고 있는 기업이나 농업이 타격을 입고 있다. 일본 시장에 수출하고 있는 세정제 회사는 엔저 때문에 수출적자를 감수하고 수출하는 기현상을 경험하고 있다. 그런 기업은 수출하면 할수록 적자가 커지기 때문에 채산성이 악화되어 부도에 직면할 가능성이 있다. 적자 수출이라 하여 중단할 수 있는 상황이 아니다. 중단하게 되면, 기업생존이 어려워지고 글로벌 시장을 영영 잃게 될 가능성이 있어 버틸 때까지 버티고 있는 것이다. 일본이 엔저 정책을 지속적으로 추진하고 있는 한 해결되기 어려울 것으로 보인다.

넷째는 대체국가로서 중국의 등장이다. 중국경제는 규모면에서 그리고 성장 면에서, 기술면에서 많은 발전을 하고 있다. 중국의 발전과 성장은 일본과 한국을 대체할 수 있을 것이다. 중일간의 대체효과는 더욱 두드러지고 있어 중국경제가 일본 경제에 미치는 영향은 더욱더 커지고 있다. 제2차 산업과 제3차 산업에서 월등한 지위에 있던 일본이 점차 중국과 경쟁을 벌이는 관계로 접어들었다. 일본의 제조업을 중국의 제조업이 대체하고 있다. 중국은 낮은 생산가격과 품질로 위협하고 있다. 저가격과 품질향상은 일본 제조업을 위축시키는 힘으로 작용하고 있고, 제조업의 퇴조를 촉진시킬 뿐 아니라 경제 전반의 위축을 초래할 가능성이 있다.

중국내 산업구조 변화는 일본의 역할이나 기술이나 상품을 대체하는 방향으로 진행되고 있어 매우 위협적이다. 중국과의 수출에 한국은 25%, 일본은 18% 의존하고 있다. 중국 토종 전기, 전자산업의 성장은 반도체 디스플레이와 같은 한국산 부품에 대한 수요를 폭발적으로 증가시켰다. 그러나 중국 성장률 둔화에 따른 기계류 등의 수요 감소는 일본의 대중 수출을 위축시켰다. 그리고 중국내 반일정서 고조에 따른 불매 운동도 일본에게는 악재로 작용하고 있다. 일본은 중국과의 관계에 영향을 주는 다양한 환경의 변화로 경제정책을 입안하고 추진하는데 어려운 국면에 처해있다.

중국이나 한국의 경제성장이나 경쟁력향상은 일본의 경제성장과 경쟁력에 직접적으로 영향을 주기 때문에 경제 진단이나 그에 따른 정책을 추진할 때 고려해야 할 부분이다. 일본이 겪고 있는 경제 위기는 한국이나 중국의 경제 대체효과 때문에 벌어지는 요인이 매우 크다고 할 수 있다. 따라서 일본 경제를 성장시키기 위한 전략이나 정책이 국내적인 불황요인을 제거하기 위한 정책만으로는 한계가 있을 것이다. 국내 불황요인뿐 아니라 한국이나 중국의 영향에 대한 극복정책이나 전략이 더욱 필요한 이유이다. 다만 문제는 대결구도로 해결할 것인가 아니면 협력 구도를 통해서 해결할 것인가 하는 선택의 문제이다. 그것은 일본의 선택이기도 하고 대체국가로 성장한 한국과 중국의 선택이기도 하다.

제6장 신경제프로젝트

1. 아베노믹스

아베노믹스의 태동

일본의 국가상과 경제의 미래상을 구축하기 위해 야심차게 내세운 정책이 바로 아베노믹스이다. 어떻게 보면 아베노믹스로 위기를 극복하고 새로운 도약을 위한 발판을 마련하려는 목적을 갖고 있다는 데 어느 정책과도 비교할 수 없을 정도의 중요성을 갖고 있다. 중요한 만큼 일본은 성공을 위해 국력을 모으고 공을 들이고 있다. 우선 21세기 일본을 살기기 위해 추진하고 있는 아베노믹스의 사상적 기반과 경제철학은 어디에 기초하고 있는가 하는 점을 살펴볼 필요가 있을 것이다.

아베노믹스와 같은 정책을 생각하게 된 사상적 기반은 아베 총리가 리플레이션(reflation: 통화재팽창)파로서 관방부 장관시절 내각부의 소장을 맞았던 하마다 코이치(浜田宏一)교수의 주장에 기초하고 있다.[39] 그리고 구체적인 태동과정에 대해서 언급한 와카다(若田部昌澄)에 의

39) 浜田 宏一, 2013,『アベノミクスとTPPが創る日本』, 講談社

하면, 자민당 중의원의원 야마모토(山本幸三)가 초당파 의원연맹 〈증세에 의하지 않는 부흥재원을 추구하는 회〉를 만들어, 그 회장으로 아베 신조를 추천한 것이 발단이 되었다. 그는 처음에 반신반의하였지만 나중에 확신을 갖게 되었다. 아베 신조는 자민당총재가 되고, 경제 정책적 구상을 야마모트 등 리플레이션파에 의지하였다. 그렇게 해서 총선거 초기부터 금융완화를 슬로건으로 하는 정책을 주장하였다. 그것이 바로 아베노믹스의 제1화살이 되었다. 그러나 제2화살과 제3화살의 사상적 근거에 대해서는 알려진 것이 없다.

일본에서 경제를 좌지우지하는 주무부서로는 총리, 재무성, 일본경제연합회, 일본은행, 총리자문단 등이 대표적이다. 그 가운데서도 핵심적으로 영향력을 행사하는 주체가 총리와 총리의 경제자 문단이다. 따라서 그들이 어떤 경제철학을 가지고 있는가에 따라 방향과 내용이 달라진다. 아베 총리는 리플레이션 학파인 하마다 고이치 교수를 총리실 보좌관으로 임명하고, 구로다 하루히코(黒田東彦)아시아개발은행 총재를 일본 은행 총재로 발탁했다. 구로다 총재는 G20회의에서 각국 중앙은행장과 재무장관을 한 사람씩 만나면서 엔저 정책에 대한 면죄부를 받아내어 아베노믹스에 불을 지핀 인물이다.

아베노믹스라는 개념은 2012년 11월 중의원해산을 앞두고 〈아사히신문〉(朝日新聞)에서 사용됨으로써 일반화되었다. 그리고 아베노믹스의 핵심정책인 3개의 화살이라는 개념은 2006년 제1차 아베 내각 때 나카가와 히데나오(中川秀直) 중의원이 처음으로 사용한 개념으로 밝혀졌다.[40] 아베노믹스의 주인공인 아베 총리는 2013년 9월 26일 뉴욕

---

40) 3개화살(三本の矢)은 일본 역사에 나오는 이야기이다. 영주였던 모리 토모나리(毛利元就)가 3명의 자식에게 "화살1개는 한 사람의 힘으로 쉽게 부러트릴 수 있지만 3개가 되면 잘 부러트릴 수 없다. 이처럼 3명이 힘을 합하지 않으면 안된다"라고 가르

증권거래소에서 아베노믹스로 구매(Buy My Abenomics)한다 라고 말했고, 동년 12월 30일 도쿄증권거래소에서 내년도 아베노믹스는 구매(来年もアベノミクスは買い)한다고 표현하면서 본격적으로 추진할 것을 내외에 알렸다. 아베 총리는 제2차 아베 내각을 조각하면서 아베노믹스(Abenomics)를 전면에 내세워 추진하고 있다.

아베노믹스는 리플레이션(reflation)학파가 이론적으로 뒷받침했다. 리플레이션학파는 디플레이션(장기적 물가침체)이 장기화할 때 통화팽창을 통해서 인플레이션을 유도해야 한다고 주장하는 전문가 들이다. 하마다 코이치(浜田宏一) 예일대 명예교수, 이와타 기쿠오(岩田規久男) 가쿠슈인대학 교수 등이 주장하고 있다. 그들 경제학자들은 미국이나 유럽도 적극적으로 추진하는 정책으로 인식하고 일본이 못할 이유가 없다고 보았다. 또한 성장을 잃고 있는 일본 경제가 지속되는 가운데 기업을 부도로 몰고 있는 엔고를 저지하는 정책을 추진해야한다는 명분을 내세워 아베노믹스에 더욱 힘을 실어주었고, 정당성을 부여하였다. 탄력을 받은 아베 신조 총리는 〈경제재생본부회의〉와 〈산업경쟁력회의〉를 통해 3개의 화살이라는 경제정책을 명백하게 제시했다.

그런 가운데 일본사회뿐 아니라 국제사회는 아베노믹스가 미칠 영향에 대해서 다양한 각도에서 성공과 실패를 점치기도 하고 견제와 경쟁 하는 현상이 일어났다. 일본 경제학자나 국제경제학자들은 아베노믹스 효과에 대해서 적극적으로 옹호하기도 하고 비판하기도 한다.

친 것에서 유래하고 있다. 그것이 이른바 삼자교훈장(三子教訓状)이다. 이것은 일본 중국지역(中国地方) 전국다이묘(戦国大名)인 모리 토모나리가 1557년 3인의 자식(中国地方の戦国大名・毛利元就)에게 쓴 문서에 기록되어 있다. 그것을 포함한 모리 토모나리문서(毛利家文書)는 중요문화재로 지정되어 현재 야마구치현(山口県防府市)의 모리박물관(毛利博物館)에 소장되어 있다.

OECD(경제협력개발기구)는 2013년 4월 23일 보고서에서 일본 은행의 금융완화 정책을 환영한다고 하고 금융완화 정책으로 엔 약세가 초래됐지만 일본이 환율을 목표로 한 것은 아니라고 밝히기도 하였다. 2014년 5월 7일 유럽에서 열린 OECD 각료회의에서 아베 신조 총리는 자본주의 가치관을 강조하면서 아베노믹스를 적극적으로 추진할 의지를 보였다.

아베 총리의 경제 참모인 하마다 코이치(浜田宏一) 예일대 명예 교수는 2013년 1년간 아베노믹스의 금융완화 정책이 교과서적으로 잘해서 A플러스라고 평가했고, 재정정책이 B이고, 성장전략이 E라고 평가했다. 금융 완화는 기대했던 것 이상으로 경제적 효과를 거두었고, 특히 금융 완화를 통해서 엔저를 유도하고 주가를 끌어올리는데 성공한 것으로 인식했다. 재정확대 정책은 과도하게 쓰면 정부 재정 균형이 나빠지기 때문에 B라고 하였으며, 성장 전략은 E라고 평가하였다. 성장 전략은 과거처럼 정부 주도의 산업 정책보다는 규제 완화가 중요한데, 아베 정권의 정치적 리더십이 강력하다 하더라도 성공하기 쉽지 않다고 보고 있다. 지금 시대의 성장은 위험을 감수하고 스스로 목표를 세워 도전하는 기업에게 달려있다. 그런 상황에서 정부가 할 수 있는 것은 규제 완화와 같은 제도적 지원이다. 예를 들면, 일본 정부가 성장 전략 차원에서 할 수 있는 규제 완화는 40% 수준인 법인세를 인하하여 기업의 부담을 덜어주는 것이다.

하마다 교수는 정부 주도의 성장 전략보다는 일본의 TPP(Trans Pacific Partnership Agreement: 환태평양경제동반자협정) 참여에 따른 무역장벽 해소, 규제 완화에 큰 기대를 걸고 있다. 최근 그는『아베노믹스와 TPP가 창조하는 일본』이라는 신간을 출간했다. 그 책에서 TPP를 통해 경제를 살려야 한다는 것을 일본 국민에게 알리고 싶었다고 말했다. 또한 엔저로 인한 수입가격 상승이 일본 경제에 부담이 되고 있는 상황에 대해서 지금까지 수입 산업이 혜택을 입었기 때문에 이번에는 수출 산업이 혜택을 보는 쪽으로 가야 한다고 인식하고 있다. 엔고에도 불구하고 수출산업이 잘 견뎌냈듯이 이번에는 에너지 산업과 같은 수입 산업이 비용절감 노력 등을 통해서 일본 전체산업의 균형발전에 기여할 수 있다고 주장하였다.

한편 일본 재무성 차관으로 재임 시 아베노믹스 설계도를 그리는데 참여한 나카오 다케히코(2014년 8월 현재 아시아개발은행 총재)는 아베노믹스를 낙관적으로 보고 있다. 아베 총리는 오랫동안 일본 경제의 발목을 잡았다고 보고 있는 디플레이션, 재정압박, 엔고 등과 같은 어려움을 극복하기 위해서 재정확대, 금리인하, 성장정책 등으로 구성된 공격적인 경기 부양책을 담은 아베노믹스를 탄생시켰다. 아베노믹스는 디플레이션, 엔고 등에 시달린 일본과 일본인에게 자신감을 불어넣는 역할을 할 것이라는 기대가 있다. 그러나 아베노믹스의 성공여부는 앞으로 예견되고 있는 소비세 인상, 환태평양 경제동반자협정(TPP)의 가입, 무역수지, 경제성장, 구조개혁, 아베노믹스의 과실 등의 관점에서 긍정적인 효과를 얼마나 극대화하느냐에 달린 것이다.

성장기와 대국화기를 거친 일본은 알맞은 경제철학 찾기의 혼돈으로 경제기능 부전현상을 지속적으로 경험하고 있다. 그러나 여전히 전통적으로 내려오는 경제관습이나 원칙을 고수 하면서 점진적인 변화를 추구하고 있다. 그것은 일본 경제를 매뉴얼 경제로 고착화시키는 가운데 안정적인 진보와 제조업 부흥에 순기능적으로 작용하였다. 그러나 국내경제와 국제경제에 영향을 미치는 경제영역과 비경제영역의 변화는 일본이 자랑하는 매뉴얼 경제와 제조업 경제를 한계상황으로 내몰고 있다. 변화무쌍한 세계경제 흐름에 대응하지 못하기 때문에 일본 경제가 추구하는 점진적 발전은 점진적 퇴보로 전환되어 역행하고 있는 것이다. 일본 경제를 구성하고 있는 요소들 간의 불협화음과 부전현상이 일어나 전체적으로 성장의 발목을 잡고 있는 것이다. 그런 상황을 일시에 해결하려고 내세운 것이 아베노믹스라고 할 수 있다.

다음의 표는 경제의 활성화를 위해 추진하고 있는 아베노믹스의 핵심인 3개 화살(三本の矢)의 내용이다.

〈표 40〉 아베노믹스의 3개 화살 내용

<table>
<tr><th rowspan="2">구분</th><th>제1화살</th><th>제2화살</th><th>제3화살</th></tr>
<tr><td>대담한 금융완화 정책</td><td>기동적인 재정정책</td><td>민간투자를 환기하는 성장정책</td></tr>
<tr><td rowspan="6">실천
내용</td><td>2%의 인플레이션</td><td>대규모 공공정책</td><td>건강 장수 사회로 창출되는 성장산업</td></tr>
<tr><td>무제한의 양적완화</td><td>일본은행의 구매기능을 통한 건설국채 구입</td><td>일본판NIH(신약개발지원, 일본의료연구 개발기구, 의료연구비 원스톱서비스)</td></tr>
<tr><td>엔고의 시정, 엔유동화</td><td>국채장기 보유</td><td>전원참가의 성장전략</td></tr>
<tr><td>일본은행법 개정</td><td rowspan="2">국채자체는 유동화</td><td>세계에서 승리하는 젊은이</td></tr>
<tr><td>정책금리의 마이너스화 금리마이너스</td><td>여성이 빛나는 일본</td></tr>
<tr><td>목적</td><td>디플레이션 탈각</td><td>경기부양</td><td>경제성장</td></tr>
</table>

표에서 알 수 있듯이, 아베노믹스의 기본 구조는 재정지출, 금 융완화, 성장전략 등 3개 화살로 되어 있다. 아베노믹스는 3개 화살 정책을 통해서 디플레이션 탈피, 엔화 양적 증대, 경기부양, 경제 성장을 추진하겠다는 목적을 가지고 출범하였다. 그것은 경제적 논리에 기초

해서 분석되고 있으면서도 정치적 논리에 기초해서 결정되고 추진되는 특징이 있다. 정치로 무기력한 경제를 일시에 해결하려는 의도가 돋보이는 정책이다.

정치적 힘으로 밀어붙일 수 있었던 것은 일본시장의 침체, 무기력했던 정책에서 대담한 정책으로의 전환, 대표적인 기업인 파나소닉이나 소니 등이 한국의 삼성이나 LG에 밀려나는 기업 신화 붕괴, 경제성장 정체, 만성적인 디플레이션, 엔고, 국제경쟁력 약화, 경제체력 약화 등과 같이 경제의 발목을 잡고 있는 내외적 악재가 산적해 있기 때문이다. 절박한 상황이 아베 총리의 등장에 환호하였고, 아베노믹스의 추진력으로 작용하는 결과를 낳았다.

아베 총리는 초기에 3개화살로 출발했던 아베노믹스에 직접적으로 포함되어 있지 않지만 간접적으로 관련되어 있는 정책을 아베노믹스 연장선에서 추진하고 있다. 즉 3개 화살로 출발한 아베노믹스는 더욱 많은 화살을 만들어 놓고 있다. 그것을 그림으로 그려보면 다음과 같다.

〈그림 16〉 아베노믹스의 확대구조

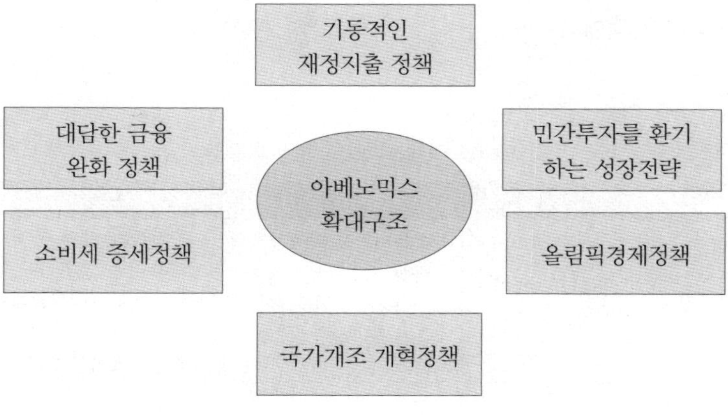

위의 〈그림 16〉에서 보는 것처럼, 기본적인 3개화살에 소비세 증세정책, 올림픽경제 정책, 국가개조 개혁정책 등을 가미한 아베노믹스 확대 구조가 형성된 것이다. 3개의 화살 이외에 등장하고 있는 소비세 증세정책은 재정적자를 소비세 인상을 통해서 메우고, 경제 활성화를 위해 올림픽경기를 이용할 계획이다. 그리고 국가 개조개혁 정책은 경제 활성화와 동시에 국력향상을 위한 일본 국민의 결속이나 단합, 국가 기본구조 개혁 등을 추진하는 정치적 행위와 연결되고 있다.

다양한 내용과 전략을 통해서 경제재생과 성장을 도모하고 있는 아베노믹스는 경제성장 모델로서 그리고 국가성장 모델로서 성공할 수 있을 것인지 아니면 실패할 것인지에 대해서 일본뿐 아니라 세계가 주목하고 있다. 예상대로 잘 기능하면 희망을 낳을 것이고, 예상이 빗나가 잘못하면 절망을 낳을 것이다. 그러나 최대 효과를 거두기 위해서는 절반의 성공이 필요하다는 주장도 나오고 있다. 정책의 절반 성공이 최대 성공조건이 되고 있는 것이다. 그런 점에서 보면, 아베노믹스는 많은 약점과 리스크를 내포하고 있는 정책이라고 규정할 수 있다. 다음의 표는 아베노믹스가 함의하고 있는 희망과 절망의 내용을 정리한 것이다.

〈표 41〉 아베노믹스의 희망과 절망

구분	정 책	희 망	절 망
금융정책	금융완화로 인한 엔저 유도	- 수출기업의 가격경쟁력 향상 - 수출증대로 인플레이션 - 주가·물가상승	- 수입물가 상승 구매력 약화 - 소비위축으로 디플레이션 우려 - 초 인플레이션 우려

재정정책	재정지출확대로 엔 양적 확대유도	- 공공투자확대 - 경기부양 - 소비 및 소득 증가	- 국채발생증가로 금리 상승 - 국가부채증가 - 국가의 경제 기능 부전 현상
성장정책	경제활성화로 성장 유도	- 성장산업개발 - 민관산참여경제체제 - 일본 경제성장	- 저성장 또는 마이너스 성장 - 무기력한 일본 경제구조로 복귀
아베노믹스의 최종결과		- 수출증대 - 디플레이션탈출 - 성장기조 탈환 - 일본 경제재생과 활성화 - 아베노믹스 성공신화	- 디플레이션 - 고율의 인플레이션과 초엔저현상 - 저성장 또는 마이너스 상장반복 - 재정파탄과 소비세폭탄 - 금융 및 재정정책 무작동 - 아베노믹스 파탄

위의 표에서 보듯이 아베노믹스는 성공이나 실패라는 노선으로 극명하게 갈리고 있다. 일본에서 금융완화 정책과 재정 확대정책은 계속 시도해 왔던 정책이었다. 일본 은행이 현금통화를 늘려도 대출이 늘지 않아 총통화 증가율은 저조한 수준에 머물렀다. 재정 확대정책도 경기회복을 통한 세수 확대로 이어지지 않아 오히려 재정적자 문제를 악화시켰다. 아베노믹스의 성패는 금융완화와 재정지출을 늘려 소비자와 기업의 경제심리가 호전되는 것을 토대로 성장 잠재력을 높일 수 있느냐에 달려있다.[41)]

41) 일본 기업은 2012년 말 기준으로 현금 및 예금으로 209조 엔을 유지하고 있어 보유 현금이 많다. 이런 상황에서 경기부양책과 각종규제 완화 정책을 통해 기업하기 좋은 환경을 만들고 차세대 유망산업을 육성하는 것이 아베노믹스가 우선적으로 추진해야할 과제이다. 성장정책이 실패하면 아베노믹스뿐 아니라 아베정권도 흔들릴 가능성이 있고, 일본의 불황이 잃어버린 30년으로 연장될 가능성이 있다.

아베노믹스의 3개 화살

아베노믹스의 3개 화살은 금융완화 정책, 재정정책, 성장정책 등으로 구체화되었다. 그들의 특징은 다양한 내용을 함의하고 있다. 첫째는 제1화살로서 금융완화 정책이다. 금융완화 정책은 2년간 통화량을 2배로 증가시키고, 주가를 올리고 달러당 100엔대에 접근시키는 것이다. 금융완화 정책을 내세운 목적은 우선 디플레이션으로부터 벗어나는 것이다. 디플레이션을 일본 경제의 악의 근원으로 보고 있기 때문이다. 금융 완화를 통해서 2% 인플레이션을 유도하고, 금융정책에 유연하게 대응하기 위한 일본 은행법 개정, 정책의 효율성을 확보하기 위한 정부와 일본 은행의 연대강화 등을 추진하는 것이다. 그리고 재무성, 일본 은행, 민간이 참여하는 외채펀드 조직을 창설해서 외채구입 방책을 강구하는 것이다. 결과적으로는 명목경제 성장을 3% 이상으로 유지하는 것이다.

구로다 하루히코(黒田東彦) 일본 은행총재는 2013년 4월 4일 양적·질적 금융완화 정책을 발표하였다. 그는 2년 정도에 걸쳐 물가목표를 연간 2%로 하기 위한 정책을 구상하고 있다. 하나는 일본은행의 시장 조작목표를 무담보 콜율(call rate)에서 마네터리 베이스(monetary base: 현금통화와 민간금융기관이 보유하고 있는 중앙은행예금의 합계)로 변경하는 것이다. 그리고 2년 후 일본 은행 자산을 현재 158조 엔에서 2배인 290조 엔으로 높이는 것이다. 또한 구매 자산대상을 종래 단기 국채중심에서 중기 국채 또는 그 이상으로 확대하는 것이다. 금융완화 정책은 2% 정도의 인플레이션이 안정적으로 유지될 때까지 지속할 예정이다.

금융완화를 한다는 것은 국내외 금융시장에서 엔을 풀어 엔의 가치를 하락시키는 것을 의미한다. 일본 은행이 해외 채권을 사는 방법을 동원할 것이다. 해외 채권을 사기 위해 엔을 팔고 달러를 사서 해외 채권을 구입하여 국제 금융시장에서 엔을 더 많이 돌게 하고 동시에 그 과정을 통해서 엔의 가치를 하락시키는 것이다. 즉 엔을 풀어 엔고 현상에서 엔저 현상으로 전환하게 하는 것이다.

인플레이션은 시장에 돈이 많이 돌아 돈의 가치가 떨어지는 현상이다. 소비자는 돈이 많아 소비를 지향하게 되고, 그러면 물건 값이 올라 상품생산이 촉진되어 기업 활동이 활성화되는 구조를 만드는데 목적이 있다. 그렇게 되면 경제성장으로 연결되는 것이다. 따라서 일본을 고전하게 한 디플레이션을 극복하게 된다. 인플레이션화의 정책효과는 다음과 같이 생각할 수 있다.

〈그림 17〉 인플레이션화의 정책효과

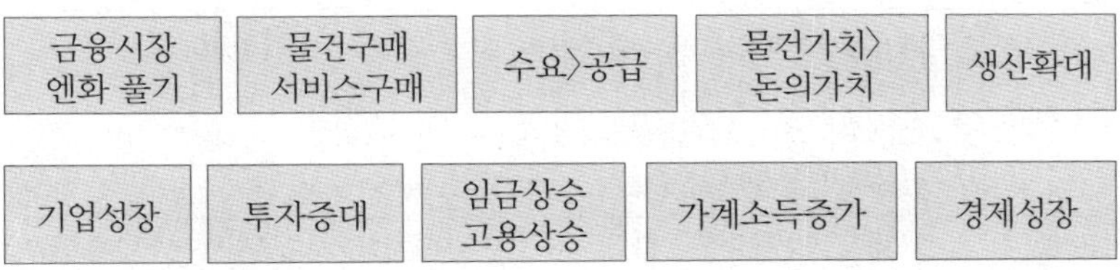

인플레이션화는 시장에서 돈이 부족하여 생기는 디플레이션 상태를 극복하기 위한 금융정책이다. 디플레이션하에서는 돈의 가치가 높아져 돈을 소유하려는 수요자가 금융시장에서 많아져 돈은 더욱 품귀 현상을 겪는다. 국제시장에서는 엔고로 경제경쟁력이 떨어져 국제수지가 악화된다. 국내에서는 소비가 줄어들어 물건이 팔리지 않아 물건 값은 더욱 내려간다. 상품이 팔리지 않고 싸지면 기업은 생산을 줄이고 기업이익은 축소되어 확대 재생산이나 투자를 하지 못하여 일자리는 창출되지 않는다. 결국 기업은 임금을 올리지 못하고 강제적 구조조정에 들어가게 되어 실업이 늘어나고, 가계소득은 줄어들어 전체경제는 디플레이션 불황에 빠지게 된다.

디플레이션을 극복하기 위해 추진되는 금융완화 정책의 핵심은 인플레이션화 정책으로 그것은 결국 엔저 정책을 의미한다. 엔저 정책은 현실적으로 긍정적인 효과와 부정적인 효과를 동시에 부추기기 때문에 지속적으로 운영하는데 많은 한계점을 드러낼 수 있다. 다음의 표는 엔저 정책의 효과를 나타낸 것이다.

〈표 42〉 엔저 정책의 효과

구 분	엔저의 긍정적 효과	엔저의 부정적 효과
국가	- 디플레이션 탈각 - 경제활성화 - 경제성장 기조 구축	- 인플레이션 유발 - 인플레이션으로 자산 및 가치 하락 - 재정악화
기업	- 가격경쟁력 향상으로 수출증진 - 수출위주의 기업 유리 - 도요타와 같은 수출 대기업 유리 - 기업투자 및 일자리 창출	- 수입가격 증가, 물가상승 - 국내시장 중심기업 불리 - 중소기업 불리 - 서민생활 궁핍
금융	- 엔저로 금융시장 활성화 - 대출이자 인하로 대출 활성화	- 부실대출 증가로 대출기업이나 가계 위험 - 금융부실로 이어질 경우 금융기관파탄
노동자 및 소비자	- 일자리 창출 - 개인소득 증가 - 가계경제 활성화	- 물가상승으로 소비 위축 - 소비위축은 기업생산 위축 - 인플레이션 불황

엔저 정책은 국가 부채를 증가시켜 재정 상태를 악화시키는 것이 최대 약점이다. 그리고 국제시장에서 국채 가격의 폭락을 초래하여 국가 신용도를 하락시키는 위험성이 있다. 또한 기업 수준에서 보면,

수출 대기업의 경쟁력을 높여주어 수출 산업을 활성화시키지만 수출 대기업에 의존하는 경제구조를 고착화시키고, 대기업편중의 정책이기 때문에 중소기업이나 수입기업에는 별로 도움을 주지 못한다. 따라서 국내에서는 기업을 활성화시키는데 한계가 있고 젊은 층의 취업이나 창업엔 효과가 없을 수 있다.

일본에서 현실적으로 금융시장에 엔화 풀기를 통해 소비를 늘리는 방법은 기존의 고 임금자를 움직이기 위한 목적이 있다. 그들은 이른바 단카이 세대를 의미하는 것으로 높은 임금을 받는 연령대이기도 하고 많은 소비 잠재력을 가지고 있기 때문이다. 적절한 현금이나 저축을 하고 있어 가용자산이 있는 편이고, 장기적 고용 상태를 유지하고 있어 연금이나 노후생활이 보장된 편이며, 최저 부동산을 소유하고 있는 비교적 경제안정 층이기 때문이다. 그들의 소비를 통해 경기부양을 기대하는 것이다.

다른 하나는 인플레이션이 기업 생산을 확대시키거나 투자를 증대시키는 직접적인 방법이나 수단이 되도록 하는데 목적이 있다. 우선 돈이 있어야 물건을 살 수 있다. 일반 생활자는 대부분 임금을 통해서 돈을 소유하게 된다. 임금은 기업으로부터 받는 것이다. 따라서 기업활동이나 이익이 저조하면 임금 상승을 기대하기 어렵다. 엔저를 통해서 자금 대출이나 투자 대출을 용이하게 하고 기업을 활성화하는 것이 중요하다. 그처럼 엔저 정책을 통해서 소비를 활성화하고 기업활성화를 유도하는 정책은 아베노믹스의 핵심전략이 되어 추진되고 있어 효과의 유무에 대한 실험대가 되고 있다.

아베노믹스의 인플레이션 정책이 기업생산이나 투자를 유도하고 촉진시킬 수 있는 가라는 의문점이 있다. 일본 경제가 0%에 근접한 인플레이션이 지난 20년간 계속되어 온 것은 사람들이 물건을 사지 않기 때문이다. 다시 말해 수요가 늘지 않는다는데 문제가 있다. 상품 수요가 늘어나려면 경기가 좋아져 기업에서 피고용자의 임금이 상승하고 소비자의 구매력을 증가시켜야 한다. 일본은 장기침체로 임금이나 수요를 늘리지 못하고 있다. 또한 인플레이션이 성공해도 고용시장이 안 좋은 상태에서 물가가 오를 조짐이 보이면, 소비자는 돈을 쓰지 않는 경향이 있고, 미래와 위기를 위해 오히려 저축할 것이다. 이 경우 부자들만이 움직일 수 있는 가능성이 있다.

다음의 표는 경제대국으로 불리던 1980년대부터 불황기인 2015년까지의 연도별 인플레이션 추이를 나타낸 것이다.

〈표 43〉 일본의 인플레이션 추이

(단위 : 년, % 연평균치)

연도	1980	1981	1982	1983	1984	1985	1986	1987	1988	1989
인플레이션율	7.81	4.92	2.72	1.87	2.29	2.04	0.60	0.14	0.67	2.28
연도	1990	1991	1992	1993	1994	1995	1996	1997	1998	1999
인플레이션율	3.04	3.30	1.71	1.26	0.69	-0.13	0.13	1.76	0.67	-0.33
연도	2000	2001	2002	2003	2004	2005	2006	2007	2008	2009
인플레이션율	-0.65	-0.80	-0.90	-0.25	-0.01	-0.27	0.24	0.06	1.38	-1.34
연도	2010	2011	2012	2013	2014	2015	-			
인플레이션율	-0.72	-0.29	-0.04	0.36	2.74	1.01				

자료 : IMF – World Economic Outlook Databases, 2015년 4월판에서 재구성

표에서 보면, 인플레이션이 일어나는 해는 경기가 좋은 방향으로 진행되어 경제가 안정적인데 비해 인플레이션이 마이너스가 되는 시기는 경기가 매우 안 좋은 방향으로 흘러 경제가 고전을 한 시기이다. 일본이 추구한 인플레이션 정책의 성공 여부를 평가하기는 매우 어렵

지만 의도적인 인플레이션 정책은 무리가 따라 부작용을 낳을 수 있다. 인플레이션은 경기활성화로만 일어나야 긍정적인 효과가 극대화되기 때문이다.

일본이 목적을 갖고 추진하고 있는 인플레이션 정책이 실효를 거두는데 많은 어려움이 따를 것으로 예상된다. 단카이세대의 소비를 활성화하는 문제이다. 그러나 그들은 정년을 맞이하고 직장을 떠나고 있어 실제로 소비를 기대하기는 어렵다. 은퇴 후 고령화를 대비해야 하기 때문에 소비보다는 목적적 소비를 통해서 소비를 통제하는 최초의 소비통제 세대이기도 하다. 그리고 인플레이션이 기업생산이나 투자를 유발하는 직접적인 정책으로서 유효한가 하는 점이다. 현재로선 인플레이션이 기업투자와 생산을 확대시킬 수 있는 곳은 수출업체로서 대기업이 그에 해당될 수 있다. 국내 중소기업이나 자영업자에게는 수입 가격상승으로 어려움에 처할 가능성이 있다. 그런 점에서 보면 인플레이션 정책은 예상대로 효과를 거두지 못할 수도 있다.

현실적으로 일본에서 엔화 약세는 수입 물가상승과 중소기업의 채산성 악화로 이어져 결국 소비침체를 유발하기 때문에 상당수 기업은 적정 환율을 1만 엔당 95달러에서 105달러로 보고 있다. 엔화약세-수출증가-경기회복이라는 엔저 순환정책은 1980년대 패러다임에 지나지 않는다는 비판이 있다. 또한 엔화 약세로 물가변동을 감안한 실질실효환율이 42년 만에 최저 수준으로 떨어지면서 국부유출 논쟁이 일어나고 있다. 2010년 100으로 했을 때 실질실효환율은 70.88로 1973년 68.88이었던 시기로 되돌아가고 있는 듯하다. 실질실효환율이 100보다 높으면 고평가(강세), 100보다 낮으면 저평가(약세)됐다는 의미이다.

아베노믹스의 요체는 인플레이션을 의도적으로 유발해서 현금을 돌게 하여 값이 오르기 전에 물건을 사거나 서비스를 이용하는 사람들이 늘어나게 만들겠다는 것이다. 수요를 늘려 경기를 개선 하겠다는 정책이다. 그러나 다양한 이유 때문에 금융완화 정책으로 불리는 엔저 정책은 위험에 처할 것이라고 예상되기도 한다. 극단적으로 인플레이션 정책은 실패한다고 보는 시각이 있다. 차세대 경제학자로 평가받고 있는 게이오대 경영대학원 오바타 세키교수(小幡績)는 아베노믹스가 눈속임을 하고 있어 성공하지 못한다고 단언하고 있다. 그가 주장하는 아베노믹스의 실패 시나리오는 몇 가지 관점에서 주장되고 있다. 그것은 인플레이션 달성이 불가능하다고 본다. 왜냐하면 임금하락에 따른 장기적 구매력 저하가 일본 경제를 불황에 내몰고 있다고 보기 때문이다. 또한 인플레이션이 돼도 소비는 안 늘어난다는 주장이다. 왜냐하면 실질소득이 감소할 것을 대비해서 국민들이 오히려 저축을 늘리기 때문이다. 아베노믹스로는 인플레이션이 일어나기 어렵다는 주장이다.[42)]

그런 경제 논리적 평가와 함께 일본 경제에 크게 영향을 주고 있는 비경제영역에 속하는 부분의 영향력 때문에 일본의 경기 부양정책은 힘을 발휘하는데 한계가 있을 수 있다. 경제패턴이나 경제정책에 민감하지 못한 일본인의 유지 현상 지향적인 국민성이 경제를 활성화하는데 역기능을 할 수 있다. 일본인의 경제 정신은 근검과 절약이다.

---

42) 아베 총리가 추구하고 있는 인플레이션 정책을 리플레 정책이라고도 한다. 리플레는 리플레이션이냐 파산이냐(reflation or bankruptcy)라는 언어에서 유래한 용어이다. 리플레이션 정책이란 연 1-2% 정도의 낮은 인플레이션율을 일으키는 것으로 인플레이션 목표설정과 중앙은행의 무제한 적장기 국채매입이라는 두 가지 축으로 실시되는 경제정책이다. 아베노믹스는 이 공식을 충실히 따르고 있다. 일본의 대표적인 리플레파로는 하마다 고이치 예일대교수, 다나카 히데토미 조부대학 교수, 구로다 하루히코 일본은행 총재 등이다. 리플레 반대파로는 오바타 세키 교수, 요시카와 히로시 도쿄대 교수, 이케오 가즈히토 게이오대 교수, 조지 소로스 투자자문 출신의 후지마키 다케시 후지마티 재팬 대표 등이다.

그런 국민성은 약간의 임금이 올랐다고 해서 당장 소비를 증가시키지 않는다. 일본인의 소비패턴은 무리하지 않고, 사치하지 않고, 검소하게 소비하는 '호도호도 소비층'이기 때문이다. 오히려 일본 국민에게 기대하기 보다는 외국에 있는 '일본 상품선호층'의 소비를 촉진시키는 방법이 더 좋을 수 있다.

둘째는 제2화살로서 재정지출 정책이다. 금융완화 정책과 맞물려 가고 있는 것이 재정지출 정책이다. 제정지출정책은 한마디로 정부가 재정지출을 확대하는 정책이다. 아베 총리는 윤전기를 돌려서라도 엔화를 풀겠다는 선언을 하였다. 엔을 만들어 내어 정부 지출을 강제적으로라도 증가시킨다는 의미이다. 일본 정부는 기본적으로 경기를 부양시킬 필요가 있을 때라고 판단하면 정부 지출이라는 정책을 고수해 왔다. 일반적으로 재정 정책은 돈을 풀어 경기를 부양시키는 정책이며 공공사업으로 진행된다. 그 결과로 일본 정부는 재정 알레르기와 부채병을 앓게 된 것이다.

아베노믹스의 주인인 아베 총리는 재정지출 정책의 본보기를 보이기 위해 취임 전인 2012년 12월 18일 10조 엔 추경예산 편성 방침을 발표하고, 토목공사 확대로 건설경기 부양효과를 발생시키는 정책을 구사했다. 아베노믹스가 반영된 2013년도 일본예산은 100조엔 규모이다. 일본 예산편성이 100조 엔을 넘는 것은 역사상 처음 있는 일이다. 일본 GDP가 500조엔 정도이기 때문에 제정지출 100조 엔은 매우 큰 것이다. 제정지출은 단기적으로 경기를 부양시켜 경제를 활성화 하겠지만 일본 정부 부채가 1,000조 엔을 넘어가기 때문에 마냥 좋은 것만은 아니다. 재정 건전화라는 숙제를 해결해야 하기 때문이다. 만약 부채를 해결하지 않는다면 일본 국채 가격의 폭락이 예견되기 때문이다.

경제는 소비, 투자, 수출의 총체이다. 경제 성장의 정도는 소비, 투자, 수출의 증가분으로 결정된다. 일본의 경우 2013년 명목 1%의 경제성장에 최고로 기여한 것은 공공사업 등 13% 증액된 공공 투자라고 평가되고 있다. 2014년 공공사업에 의한 경기대책을 추진하였지만 건설노동자 부족으로 사업 진행이 어려웠다. 2014년 4월 소비세 증세 후 예상된 수요 부족에 대해서 5.5조엔 규모의 2013년도 보정 예산으로 대책을 강구할 예정이었다. 그러나 GDP통계를 보면 2014년 4-6월기 공공 사업은 실제로 전기 대비 연율 2%가 감소하여 수요를 지탱하지 못하였다. 일본 전체에서 건설 관련 노동자 부족이 일어나고 있어 공공사업을 증가시켜도 경기 부양효과가 기대할 수 없는 상황이다. 건설부문에서 인력부족과 자재부족 현상이 일어남에도 불구하고 시장 메커니즘을 무시하고 지출을 늘려 공공 공사 발주를 추진하고 있어 아베노믹스의 아킬레스건으로 작용할 가능성이 있다.

재정정책 연장선에서 진행되고 있는 경기부양책으로서의 공공 사업은 많은 문제점을 가지고 있다. 공공사업은 경제를 지탱하는데 한계가 있을 뿐 아니라 경제효율성을 저하시키고, 재생산 구조를 구조화하지 못하게 하며, 경기 단절과 소득 단절, 일자리 단절로 이어질 가능성이 높다. 또한 국가재정 악화를 초래하고, 국가신용도를 낮추는 요인이 된다는 점에서 경제부플리기 정책에 불과하다고 할 수 있다. 그처럼 부정적인 효과를 낼 것이라고 예상되지만 우선 중요한 것은 재정지출 정책의 효과를 체계적으로 검증할 필요가 있다. 시계열적인 검증과정을 통해서 재정 건전화와 재정지출 정책이 조화를 이루는 가운데 경제성장으로 연결되어야 할 것이다. 그것은 경제가나 기업가, 소비자, 국민의 몫이 아니라 정책의 주체인 일본 정부 그 중에서도 아베노믹스를 구사하고 있는 아베 총리와 정책 동반자의 몫이라고 할 수 있다.

셋째는 제3화살로서 경제성장 정책이다. 전후 일본은 1956년부터 1972년까지 고도경제 성장기에 최저 5.0%(1971년)에서 최고 12.4%(1968년)의 성장률을 보이는 경이적인 기록을 가지고 있다. 경제성장에 대한 자신감과 자부심이 지속되는 가운데 1974년 전후 최초로 –0.5% 성장률을 기록하는 진기록도 남겼다. 그리고 1975년부터 1992년까지 +경제성장을 하는 대기록을 남겼다. 그러나 버블경제 붕괴 이후 일본은 다양한 국내외적 영향이나 환경의 변화로 경제위기에 봉착하여 괄목할 만한 경제성장을 하지 못하고 있다.

다음의 표는 1990년 버블경기 붕괴 이후 일본의 경제성장률을 나타낸 것이다. 경제성장률은 실질 GDP의 대비 전년도 증감률을 지칭하는 것으로 경제규모가 어느 정도 증가했는가를 나타내는 것이다. 일본의 경제성장은 고도성장기-안정성장기-저성장기 등의 추이를 보이고 있다. 1975년부터 1990년대 초기까지 플러스 경제성장을 보이지만 이후 마이너스 경제성장을 하고 있는 것을 보면, 일본 정부의 성장정책은 문제가 있고 또한 경제 환경이나 변화에 제대로 대응하지 못하여 효과를 내는데 한계가 있다고 평가할 수 있다.

〈표 44〉 1991년 이후 일본의 경제성장률

(단위 : %)

연도	1991	1992	1993	1994	1995	1996	1997	1998	1999	2000
성장률	3.33	0.95	0.20	-2.4	1.94	2.82	1.57	-2.15	-0.02	2.83
연도	2001	2002	2003	2004	2005	2006	2007	2008	2009	2010
성장률	0.16	0.27	1.47	2.72	1.90	2.00	2.20	-1.0	-5.50	4.70
연도	2011	2012	2013	2014	2015	-				
성장률	-0.50	1.40	1.60	-0.10	-1.40					

자료: IMF(International Financial Statistics(IFS); Global Insight에서 재구성

위의 표에서 보면, 1991년부터 2015년까지 마이너스 경제성장을 한 해는 8번이고, 최고 경제성장률을 기록한 해는 1991년 3.33%, 그리고 최저 경제성장률을 기록한 해는 2009년 –5.5%로 나타나고 있다. 2008년도는 세계 금융위기의 여파로 인하여 부정적인 영향을 받았다. 2011년 동일본대지진도 경제성장에 부정적인 영향을 주었다고 할 수 있다. 그리고 2014년도 경제성장률은 –0.9%로 마이너스 성장을 기록했다. 그것은 8% 소비세 증세의 영향으로 볼 수 있다. 특히 아베노믹스가 발효된 시기인 2013년부터 2015년까지 경제성장률을 보면 2013년은 1.06% 성장하였고, 2014년과 2015년은 마이너스 경제성장률을 기록하고 있어 아베노믹스가 부정적으로 작용한 것은 아닐까라는 분석도 가능하다.

일본의 경제성장 전략은 다양한 형태로 진행되었다. 즉 민주당이 추구한 것은 2010년의 신성장전략(新成長戦略), 2011년 12월에 발표한 일본재생의 기본전략(日本再生の基本戦略), 2012년 2월 7일에 발표한 일본재생전략(日本再生戦略) 등이 있다. 제2차 아베 내각은 성장전략으로 아베노믹스(アベノミクス)를 내세웠다. 아베노믹스의 성장정책은 산업활성화, 관민펀드 조직가동, 아베노믹스 전략특수로 외자와 기업유치, 민관합동 방식으로 해외수출 추진, 고용확대, 규제완화로 기업투자의 촉진, 그리고 법인세 감세, 기업수익확대, 국민총소득향상, 우머노믹스(ウーマノミクス), 1억총활약사회, 지방창생, 제2아베노믹스 등을 실시하여 경제를 활성화하는 것이다.

아베 총리의 경제성장 정책의 한 핵심부분이 우머노믹스(ウーマノミクス)이다. 그것은 여성 인력과 지식을 경제성장의 토대로 삼고자 하는 목적을 가지고 있다. 우머노믹스는 실현 가능할 것일까라는 의문점이 있다. 일본에서 노동하고 있는 여성은 실제로 아마조네스(アマゾ

ネス: The Amazones, 1973년 제작된 영화로 최강의 여무족(女武族)을 의미한다)가 될 수 있는가 하는 점이다. 아베 수상은 성장전략의 중요과제로서 여성의 활약추진 즉 우머노믹스를 추진하는 것이며 소득세에서 배우자 공제를 수정하는 것이다. 우머노믹스의 롤 모델이 된 것은 일본 경제신문 편집위원 아베(阿部奈美), 그리고 경제산업성 경제사회정책실장 사카모토(坂本里和)가 일하는 여성추진이라는 개요를 해설한 것이 결정적인 계기가 되었다. 그들은 여성 활동이 성장에 기여할 수 있다는 점을 강조하였다. 그것에 기초한 우머노믹스는 기존의 여성에 대한 사회적 편견이나 경제적 편견, 기업적 편견 등을 개혁하는 것을 포함하고 있다.

일본에서 여성에 대한 의식을 개혁하는 데는 두 가지 요소가 중요하다. 하나는 인구감소이다. 일본 인구는 매년 약 20만 명씩 자연 감소하고 있다. 20만 명 감소는 도쿄도의 조후시(調布市)정도의 도시가 매년 사라지는 것이다. 여성으로 15세 이상 64세까지의 생산연령 인구 가운데 일할 의욕이 있고 일할 힘을 가진 사람 즉 노동력 인구가 확실하게 줄고 있다. 다음의 그림은 2011년 일본의 여성 연령별 노동력 비율을 나타낸 것이다.

〈그림 18〉 여성의 연령별 노동력 비율

(단위 : 세, %)

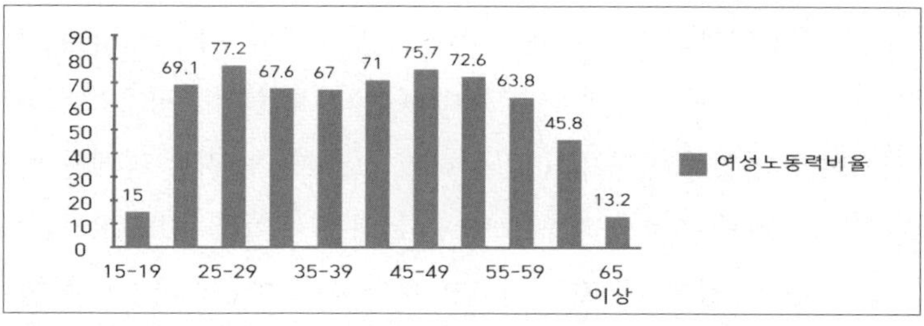

자료: 厚生勞働省雇用均等兒童家庭局, 『平成23年版 働く女性の實情』(概要版), 厚生勞働省

위의 그림에서 여성 노동력인구는 M자커브를 보여주고 있다. 세로측은 노동참가율, 가로측은 연령별이다. 일본에서는 제1자를 가졌을 때 퇴직하는 여성이 일하는 여성의 60%를 차지하고 있고 그런 상황이 20년간 변하지 않고 지속되고 있다. 선진국은 대체로 언덕처럼 되어 있어 일하는 여성인구가 많다. 현재 일본은 GDP도 오르지 않고 경제도 활성화되지 않고 있어 잠자는 여성을 일깨워 그들을 통해 성장동력을 찾겠다는 것이다.

다른 하나는 고용모델의 개혁이다. 일본적 고용모델로서 기존의 경제성장기에 힘을 발휘한 일본적 고용관행의 개혁이 필요하다. 즉 신규졸업생을 채용해서 훈련을 시켜 능력을 발휘하게 하는 연차주의, 종신고용, 연공임금 및 승진 등의 관행을 개혁해야 한다. 따라서 남성중심 고용모델에서 여성을 수용할 수 있는 남녀 공존모델로 전환해야하고, 인종의 배경, 성별, 국적, 연령, 경력, 학력, 경험 등 다양한 배경을 통해서 채용하면 창의적인 아이디어가 나올 수 있어 기업에 활력을 넣을 수 있을 것이다. 특히 여성에게 간부, 책임사원, 중책을 맡을 수 있는 기회를 주어야 한다. 그런 점은 고용 관련자나 경영자 등이 알고 있지만 실천하고 있지 않은 것이 문제라고 할 수 있다. 여성이 경제성장의 핵심 축이 될 수 있는 고용구조가 필요하다.

아베노믹스는 다양한 각도에서 경제성장을 위한 정책을 구사하고 있다. 그러나 아베노믹스에 대한 의견은 분분하다. 아베 내각의 산업경쟁력회의 구성원인 다케나카(竹中平藏)는 경제를 성장시키기 위해서 규제개혁을 단행하지 않으면 안 된다고 보고 있다. 일본 경제를 움직이기 위해서는 틀을 바꾸지 않으면 안 된다는 것이다. 2013년 6월 5일 기업규제 완화, 경제특구지정 발표를 하였지만 기대에 미치지 못한다는 반응을 보였다. 그 여파로 주가도 전날보다 3.83% 하락했다. 노구치(野口旭)는 디플레이션을 극복하지 않고서 구조개혁으로 불황을 극복할 수 없다고 하는 것은 착각이라며 아베노믹스의 정책을 강하게 비판하기도 한다. 나카노 다케시(中野 剛志)는 지금 아베노믹스가 내부에 신자유주의와 케인즈주의를 혼재하고 있는 모순을 내포하고 있다고 보고 있다. 그리고 성장전략이라는 제3의 화살은 명백히 신자유주의로 향하고 있다. 그것은 일본의 경제, 사회, 정치, 윤리의 근간을 부식시키는 독 화살로 작용할 수 있다는 것을 의미한다.

일본 경제가 디플레이션으로부터 탈각하는 데는 수년이 걸릴 수 있다. 그 사이에 공공투자 악타마(悪玉)론이나 재정 건전화론이 재연하여 신자유주의가 지배적이게 되면 일본의 희망은 꺼지게 된다. 아베 수상이 신자유주의자를 버리고 스틱구리쓰(Joseph Eugene Stiglitz)의 이론을 수용하는 것도 선택 가능한 것이다.[43] 또한 마쓰오(松尾匡)는

---

43) Joseph Eugene Stiglitz는 1943년 생으로 미국의 경제학자이다. 그는 2001년 노벨경제학상을 수상하였고, IMF경제정책을 신랄하게 비판하고 있다. 그의 업적은 어떤 경제주체가 타자의 사적 정보를 얻기 위해서 사용되는 기술인 스크리닝의 정체를 밝힌 점이다. 즉 정보의 비대칭성 이론에 대한 공헌으로 노벨경제학상을 수상했다. 아베노믹스에 대해서는 아베총리가 내세운 3개화살 가운데 가장 어려운 지속가능한 성장을 촉진시키기 위해 어떻게 돈을 사용할까라는 문제제기를 하였다. 개혁은 사람이 일하는데 드는 비용을 줄이는데 초점을 맞춰왔다. 그 결과 높은 실업률이 발생하고, 거기에 개혁이 진행되면 실업률을 더욱 증가시킬 위험이 있다. 일본은 그런 정책을 사용할 것인가 하는 문제제기를 하고 있다. 또한 아베노믹스에서는 확장형의 금융정책이 필요하다고 인식하고 있다. 또한 강력한 재정정책이 필요하고, 규제완화등 구조상의 정책이 필요한 것으로 인식하고 있다. 일본은 공공채무가 많아 예산 상황을 개선하면서 동시에 경제에 대한 자극책을 강구할 필요가 있다. 그것이 성공하기 위해서는 관련된 정책을 잘 해야 한다. 구조개혁이 성공하기 위해서 사람들은 제조업에서 시프트를 해야 하는 개혁이 필요한 것이다. 그리고 생산연령인구의 감소에 대한 조정을 보면, 일본은 과거 10년간 성공한 국가에 해당된다. 여기에서 필요한 것은 3개 화살이라고 불리는 포괄적 경제정책에 관한 행동계획이다. 먼저 금융정책의 목적을 규정하는데 성공하고 있다. 그것을 확장형의 재정정책으로 보완해야 한다. 그리고 규제를 통제해서 경제 자극을 줘야 한다. 구조개혁이 성공해서 지속가능한 번영을 하게 되면 성공하는 모범적인 사례가 될 수 있을 것이다.

제3의 화살이 금융완화 정책을 무력화시킬 것으로 보고 있다. 그런 것이 과제가 되는 것은 완전 고용 후의 일이기 때문이다. 다나카(田中秀臣)는 성장이 정부의 전략인가 하는 의문을 가지고 있다. 성장 자체는 정부의 목적변수가 되지 않는다는 견해를 가지고 있기 때문이다. 그것은 성장전략이 정부의 정책대상이 되는 것을 부정하는 입장이다.

아베 정부는 아베노믹스를 통해서 경제가 안고 있는 현안을 해결하려고 하고 있다. 그럼에도 불구하고 여전히 경제의 최대 문제가 되고 있는 것은 실질 성장률이나 기대 성장률이 매우 낮다는 점이다. 이노베이션으로 수요를 끌어내 잠재 성장률을 높이는 정책을 쓰지 않으면 안된다. 재정지출 정책이나 금융완화 정책이 무한정 지속될 수 없기 때문에 성장정책이 매우 중요한 역할을 하게 된다. 성장전략의 성공여부는 아베노믹스의 성공여부, 일본 경제의 성패를 좌우할 수 있는 중요한 문제이다. 만약 재정지출과 금융완화는 성공하고 성장전략이 실패할 경우 무리하게 추진하고 있다고 평가되는 아베노믹스는 일본 경제와 일본 국민에게 큰 피해를 줄 수 있다.

아베노믹스의 제4화살 및 제5화살

아베 총리가 주창한 아베노믹스는 기본적으로 3개 화살로 구성 되어 있지만 실제로는 제4화살 및 제5화살이 잠정적으로 포함되고 있다고 보는 것이 타당할 것이다. 그 만큼 제4화살과 제5화살에 해당되는 정책이 중요하다고 볼 수 있고, 아베 총리도 강조하고 있기 때문이다. 일본 정부는 경제위기를 돌파하기 위해서 총력전을 펴고 있고 가능한 모든 수단과 방법을 동원하고 있다. 일본 경제가 그만큼 위기에 처해있다는 증거이기도 하고 도약하기 위해 안감힘을 쓰고 있다는 의미이다.

아베노믹스의 제4화살은 올림픽경제이다. 2013년 5월 28일 〈경제재정자문회의〉에서는 경제재정 재생 담당 장관 아마리(甘利明)가 재정건전화를 아베노믹스의 제4화살이라고 위치 지웠다. 그러나 그것을 제4화살이라고 규정할 것인가 아니면 말 것인가 하는 데 이견이 있을 수 있다. 아베 총리는 〈아시아태평양경제협력회의〉 (APEC)에서 경제성장과 재정건전화의 양립을 강조했다. 그리고 2013년 9월 7일 2020년 하계올림픽의 도쿄 개최 및 경제 효과를 어떤 의미에서 제4화살 효과라고 말했다.

아베 총리는 도쿄 올림픽 유치를 위해서 정치적 행보를 적극적으로 하였다. 2012년 취임이후 2013년 8월말까지 8차례에 걸쳐 18개국을 방문했다. 〈시사(時事)통신〉은 아베 총리가 외국 방문 시 방문 국가에 IOC위원이 있는지를 항상 챙겼다는 것이다. 2012년 6월 아프리카 40여 개국 정상을 일본에 초청한 적이 있다. 그리고 정상들에게 공적개발원조(ODA) 지원을 약속하는 등 적극적으로 편 만들기를 시도하였다. 명분은 안보와 자원 외교였지만 사실상 올림픽 유치지원 활동이었다. 이후 러시아에서 열린 G20정상회담이 끝나기 전에 아르헨티나로 이동하여 IOC총회에 직접 참석하여 연설도 했다. 그는 막판 변수가 된 후쿠시마 원전 오염수 유출문제와 관련해서 오염수는 후쿠시마 원전 전용 항만에 완전히 차단돼 전혀 문제가 없다고 강하게 방어막을 쳤다.

〈로이터통신〉은 아베 총리 연설이 올림픽 유치에 큰 도움이 되었다고 평가하였다. 그러나 일본 공산당 등은 오염수가 전용 항만 외부지역에도 유출됐을 가능성이 높다고 인식하고 아베 총리의 무책임한 발언을 비판하기도 하였다. 그리고 도쿄 올림픽 유치를 통해 지지율을 끌어올려, 소비세 인상, 환태평양경제동반자협정(TPP), 경제현안, 집단적 자위권 도입, 평화헌법 개정 등 국정현안 해결에 박차를 가할 것으로 예상되고 있다. 어떤 의미에서는 스포츠를 국가비상 전략으로 사용하고 있다는 점에서 보면, 스포츠 민족주의의 일환으로 추진된 것이라고도 볼 수 있다.

아베 총리의 열렬한 지원과 전략에 기초해 2013년 9월 7일 아르헨티나 부에노스아이레스에서 열린 제125회 국제 올림픽위원회(IOC) 총회에서 도쿄가 2020년 올림픽 개최도시로 선정되었다. 일본은 2020년 도쿄올림픽 유치에 체육행사 이상의 의미를 부여하고 있다. 즉 장기 경기침체 탈피와 강한 일본을 되찾겠다는 염원을 올림픽 개최에 담고 있다. 개최지 선정 후 아베 총리는 기자회견을 통해서 이번 승리는 일본 국민이 하나로 단결한 결과이며, 올림픽 유치가 경기침체 탈출의 기폭제가 될 것이라고 평가했다. 일본 정치권은 올림픽 개최를 강한 일본을 만드는 기회로 삼고 유치에 총력전을 펼쳤다. 또한 왕족의 정치 참여 논란에도 불구하고 올림픽 유치를 위해서 왕족의 히사코(久子)씨는 IOC총회 발표회에 참여하여 지원 연설을 하였다.

아베 정부는 디플레이션 탈출과 경제활성화 정책으로 올림픽 유치를 선택하였다. 2020도쿄 올림픽 유치에 성공함으로써 일단 발판을 마련하게 되었다. 올림픽을 준비하는 과정과 실천과정에서 경제를 살리는 힘과 활력소를 찾아내겠다는 것이다. 도쿄도는 올림픽 경기장 공사비 등 4,554억 엔을 투자하여 15만 명 고용창출 효과를 내고, 관광객 유치 및 관련 인프라 투자 효과까지 감안하면 7년간 150조엔 효과가 있을 것으로 주장하고 있다. 인프라 투자는 장기적으로 부동산 가격을 끌어올리는 효과가 있을 것으로 예상되고 있고, 건설업체 등 재계도 경제회복의 절호의 기회로 인식해 환영 하는 분위기이다. 그러나 올림픽 명목으로 인프라투자 등 단기 경기부양에 집중적으로 투자할 경우 결국 국가 부채만 늘어날 위험성을 내포하고 있다는 지적도 있다.

그리고 제4화살과 더불어 아베노믹스의 제5화살로 취급되는 것이 소비세 증세 정책이다. 아베노믹스 정책 중의 하나는 소비세 증세 정책이다. 이 정책이 실제로 아베 총리가 노리는 경제정책의 핵심이지만 아베노믹스의 정책 내용으로는 제시하지 않고 있다. 다음의 표는 일본 소비세 증세 과정을 나타낸 것이다.

〈표 45〉 일본 소비세 증세 과정

구 분	소비세율	집권총리	비 고
1989년	3% 소비세 도입	다케시타 노보루(竹下登)	재정적자 해소
1997년	5%로 인상	하시모토 류타로(橋本竜太郎)	재정적자 해소
2014년	8%로 인상	아베 신조(安倍晋三)	재정적자 해소 경기부양 실시
2017년	10%로 인상예정	아베 신조(安倍晋三)	재정적자 해소 경기부양 실시

아베노믹스를 추진하는 과정에서 지금까지는 고통이 적은 정책을 추진하고 있어 큰 충격이나 쇼크를 주는 모습은 많지 않았다. 즉 재정을 풀고, 극단적인 통화완화 정책을 펴서 금융시장의 분위기를 끌어올린 것이다. 하지만 앞으로의 과제가 산적해 있고 직접적으로 경제와 경제인, 국민에게 충격을 주는 정책이 기다리고 있다. 그 중에 하나는 소비세 증세 정책과 노동시장의 구조조정이다. 아베 정부는 재정적자를 줄이기 위해 소비세 인상 정책을 강력하게 추진할 계획에 있다. 5%인 소비세를 2014년 4월 8%로 인상이 결정되어 시행되었고, 2017년 10% 대로 인상할 예정이라고 선전 포고를 하고 있지만 쉽게 결정하지 못하고 눈치만 보고 있다. 소비세를 올리면 아베노믹스로

회복조짐을 보이는 경제에 충격을 줄 위험이 있기 때문이다.

일본 정부는 소비세를 1% 올리면 성장률이 약 0.5% 포인트 떨어지는 것으로 분석하고 있다. 소비세를 늘려 성장률이 떨어지는 것은 아베노믹스의 중요한 정책 중의 하나인 경제성장 정책에 발목을 잡는 현상으로 나타나 아베노믹스를 딜레마에 빠트릴 가능성이 매우 높다. 그리고 그 이외에도 FTA(자유무역협정)의 일종인 환태평양경제동반자협정(TPP)에 가입해 농업시장 개방에 나설 것인지 등이 문제되고 있다. 또한 기존의 성장전략에 포함되지는 않았지만 법인세 인하 단행 등도 중요한 변수가 되고 있다. 〈블룸버그통신〉에 따르면, 아베 총리가 법인세를 낮추고, 노동규제를 완화해서 해고를 쉽게 하면서 국가 부채를 줄이는 문제를 해결해야 한다고 하였다.

다음의 그림은 일본의 일반회계 세수와 그 중에서 소비세 세수가 차지하는 금액을 표시한 것이다. 소비세는 1989년 3% 인상, 1995년 5%로 인상, 2014년 8%로 인상하여 징수하고 있다.

〈그림 19〉 소비세 징수 추이

(단위 : 년, 조 엔)

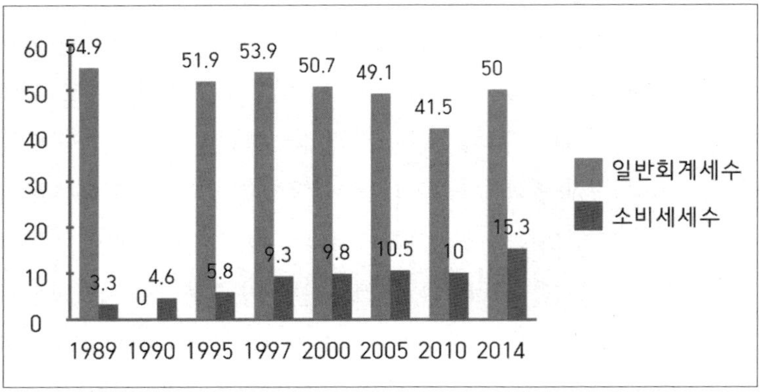

자료 : 日本財務省 2015년 소비세징수관련자료에서 재구성함

그림에서 보면, 일본 정부가 소비세를 부과하면서 일반회계 세수 중 소비세 세수가 점차 증가하고 있다. 그것은 소비세 세수의 역할이 중요해지고 있다는 것을 의미한다. 1989년 3% 소비세가 책정되면서 전체 일반회계 예산 54.9조 엔 중에서 약 3.3조 엔이 소비세이다. 그리고 1995년 소비세를 5%로 증세하면서 5조 엔대에서 9조 엔대로 세수가 증가하였고, 2014년 소비세가 8%로 증세되면서 9조 엔대에서 15조 엔대로 증가하였다. 일본 정부는 점차 소비세 증세로 재정건전화를 추진할 것으로 보여 역으로 그런 흐름은 경제성장을 늦추는 요인으로 작용할 수 있다.

하마다 코이치(浜田宏一)는 아베노믹스의 제1 및 제2화살은 수급 측면에서 크게 개선시키는 역할을 하였지만 2014년 4월 소비세 8%로의 인상은 그런 정책의 효과를 감속시키는 브레이크로 작용하였다고 평가하고 있다. 그처럼 아베노믹스에서 제5화살로 여겨지고 있는 소비세 증세 정책은 역적관계에 있는 것이며 상쇄관계에 있는 것이다. 소비세 증세는 개인소비, 설비투자, 주택투자, 인프라투자 등 많은 부분에서 축소내지는 감소시키는 결과를 초래할 것으로 보인다. 2014년 4월부터 6월까지 실질 경제 성장률은 마이너스 1.8%, 연율 환산치로는 마이너스 7.1%였다. 그것은 증세에 의한 부정적인 효과라고 분석할 수 있다.

2. 아베노믹스의 효과와 역효과

아베노믹스의 긍정파

아베노믹스는 일본 경제가 처한 디플레이션, 엔고, 저성장 등과 같은 고질적인 장애물을 제거하는 정책이다. 거기에 새로운 강한 일본 만들기와 국민의 위기 극복이라는 희망을 가지고 정치적 생명을 걸고 진행된 것이다. 그처럼 아베노믹스는 경제정책에 한정된 것이 아니라 다양한 목적과 의도를 동시에 가지고 정치적인 힘으로 밀어 붙인 특징이 있다. 그러나 출발부터 말도 많고 탈도 많아 기대와 걱정을 낳는 정책이 되었다. 그 만큼 아베노믹스의 성공과 실패에 대해서 국내외적으로 많은 논란이 있다.

특히 국내외적으로 아베노믹스에 대한 전문가들의 평가와 의견은 분분하다. 다음의 표는 아베노믹스를 긍정적으로 평가하는 전문가와 그 이유를 소개한 것이다.

〈표 46〉 아베노믹스에 대한 긍정적 평가

구 분	긍정적평가내용	특 징
폴로빈크루망 (Paul Robin Krug-man)	- 노벨경제학상 수상자 - 뉴욕타임즈에서 훌륭한 결과를 낼 것으로 평가 -디플레이션 탈각을 위한 적절한 정책 -엔저로 제조업수출 증대 -성공하면 일본모델이 세계모델화할 가능성 있음	세계모델화 가능성
아닐 카샤프	- 시카고대학 경제학자 - 디플레이션책임을 일본은행에게 지우고, 그것을 시정하기 위한 통로가 일본 은행에 있다는 아베의 지적은 옳음	아베시각 긍정

케네스로고프 (Kenneth Saul Rogoff)	- 하버드대학 교수 - 일본은행이 소비자물가 2% 상승이라는 인플레이션 목표를 결정한 것에 대해서 디플레이션극복을 위한 바람직한 장기적 전략이라고 평가함	인플레이션정책 지지
스위스 세계경제포럼	- IMF전문이사, OECD사무총장, 캐나다은행 총재 등은 아베노믹스의 이행와 지지표명	아베노믹스 지지
플레이너드	- 미국재무차관 - 미국은 성장촉진과 디플레이션탈각을 지향한 일본의 노력 지지함	정책 지지
버네킹 (Benjamin Shalom Bernanke)	- 미국연방 준비제도 이사회 전 의장 - 일본은행의 금융완화책에 대해 디플레이션 탈각을 위한 시도로 지지함, 3가지 화살정책을 지지함	3개화살정책 지지
누리엘 루피니	- 뉴욕대학 경제학자 - 아베노믹스는 금융이나 재정의 자극과 함께 임금 및 소비를 확대시켜 주식시장, 엔, 국채 등이 붕괴하지 않음	아베노믹스 지지
월스트리트저널	- 소비세 8% 증세는 세대 간 부담을 줄이고 고령화 사회에서 긍정적인 효과이며 안정적인 세수를 위해서 바람직함	소비세 인상 지지
로버트쉘러 (Robert James Shiller)	- 노벨경제학상 수상자 - 명백한 형태로 확장적 재정정책을 쓰고, 증세에도 착수한 것, 재정균형을 향한 자극책, 세계가 재정긴축책이 확대되고 있는 상황에서 일본의 적극적인 정책이 어떤 결과를 낳을까 주목하고 있음	확장적 정책에 대한 기대
FRB	- FRB 의장 - 일본은행의 금융완화 정책에 대해 장기적 디플레이션을 해소하기 위해서 당연한 것이고, 큰 틀은 옳음. 현시점에서는 유효하게 기능하고 있고, 일본 경제가 성장하면 주변국가에 도움이 되고 세계경제에도 이익이 됨	아베노믹스 기대

자료: www.yahoo.com에서 재구성

위의 표에서 보듯이 외국 전문가는 아베노믹스가 성공적일 것이라고 기대하고 있다. 그 이유는 아베노믹스는 일본이 겪고 있는 디플레이션 탈각을 하는데 목적이 있고, 그것을 위해 인플레이션 정책을 시도하고 있으며, 소비, 임금, 수출, 주식시장 등의 활성화 가능성이 있고, 소비세 인상으로 인한 세수 안정 및 재정 안정화 시도라는 점 등을 높이 평가하고 있기 때문이다. 만약 아베노믹스가 성공한다면, 20여 년 간 일본을 힘들게 한 경제 위기를 극복하는 것은 물론, 재정긴축 정책을 추진해온 세계경제 정책의 한계와 불가능성을 극복하는 새로운 위기 극복 모델이 될 것이다.

아베노믹스의 효과

아베노믹스는 한마디로 확장적 경제정책으로 무제한 돈을 풀어 경제를 살리겠다는 시나리오이다. 돈을 풀어 엔저를 만들어 수출을 늘리고, 기업 활성화와 동시에 국민소득을 올려 소비를 복 돋우는 가운데 경제성장을 실현하겠다는 경제순환을 강조하고 있다. 실제로 좋은 흐름을 전제로 하고 있지만 다양한 영역에 긍정적이며 동시에 부정적인 영향을 줄 것으로 예상되고 있다. 어떤 면에서 보면, 아베노믹스는 긍정적인 경제효과를 낼 수 있는 순환구조를 가지고 있고, 임금, 주가 및 펀드, 주택, 해외투자, 금융, 수출, 노동, 소비, 가계 등 국가경제 전반에 걸쳐 경제 효과를 낼 수 있는 강점이 있다.

첫째는 임금인상이다. 아베노믹스의 단기적인 경기 부양책은 그동안 위축되었던 일본인들의 디플레이션 기대심리를 역전시켜 물가상승과 함께 소비를 회복시키는 효과를 거두었다. 또한 정부 공공투자

들에게 전달되고 있지 않다는 주장도 나오고 있다. 백화점에서 10만 엔짜리 구두는 잘 팔리지만 서민들이 찾는 단골 식당은 손님이 없어 값을 내리고 있는 실정이다. 수출 기업은 상승세에 있어 그들과 관련된 층들은 혜택을 보고 있지만 수입하는 생필품과 원자재 가격이 올라 서민들은 고통을 호소하고 있다. 아베노믹스는 기본적으로 디플레이션 탈각, 엔저현상 만들기, 경제 성장하기 등을 기본 축으로 하고 있다. 그런 정책이 추진되면서 대기업과 가진 자는 경기 상승세를 타고 있지만 중소기업이나 서민은 부정적인 영향을 점차 받고 있는 상황이다.

특히 2014년 소비세를 5%에서 8%로 올리면서 다양한 영역에 부정적인 영향을 주고 있다. 이른바 '소비세 증세쇼크'이다. 일본 정부는 당초 소비세를 10%로 올릴 계획이었지만 시장에 미치는 영향이 커 2017년에 올린다고 예고하였다. 아베 총리는 만성 재정적자를 해소하고 경기부양책을 추진하기 위해 1997년 이후 5%를 유지한 소비세율을 8%로 올리는 소비세 증세를 전격적으로 단행하였고, 이후 10% 대로 인상할 예정이다. 소비세 인상으로 소비 빙하기가 도래하였다. 소비자들이 굳게 지갑의 문을 닫았고, 경제성장률이 떨어지고 아베노믹스에 대한 불신이 커지는 상황이 되었다. 아베 총리는 그런 위기를 극복하기 위해 재신임을 묻는 총선을 실시하였다.

아베 총리는 국가 신뢰도가 추락하더라도 소비세 증세 계획의 추가 연기는 없을 것이라고 공언하고 있다. 문제는 소비세를 올릴 경우 부자들보다는 서민들이 부담을 갖게 된다는 점이다. 경제가 성장하지 못하거나 일자리가 늘어나지 않거나 소득이 정체된 상태에서 소비세를 인상하는 것은 매우 어려운 결정이 될 것이다. 서민의 지갑을 열어 부자나 국가의 지갑을 채우는 격이 될 수 있다. 소비층의 주류를 이루고 있는 서민들의 희생이 따르는 것은 부정하기 어렵다. 암울한 상황이 예견되는 가운데 소비자는 전략적 소비를 위해 소비세와 눈치 작전에 돌입하였다.

셋째는 주가 및 투자시장 활성화이다. 2000년대 이후 일본은 잃어버린 10년 또는 20년을 이야기하는 가운데 주가가 매우 유동적이었고 더욱이 낮아져 경제가 좋지 않다는 것을 직간접적으로 알려주었다. 그러나 2013년 시작된 초기 아베노믹스는 심리전에서 승리하고 있는 듯하였다. 투자나 재테크라는 용어가 사라질 정도로 무기력했던 일본 열도에 다시 증권투자 붐이 일어나고 있고, 부동산가격이 뛰고 있으며, 소비자들이 지갑을 열기 시작하는 투자소비 현상이 일어났다. 증권시장의 활성화로 서민의 소비심리도 회복되고 있다. 더불어 민간 경제지표가 상승하였다.

다음은 2000년대 닛케이 평균주가의 흐름을 나타낸 것이다. 주가 상승은 경기가 좋아지거나 호황이라는 의미이고 내외적 경제 환경이 긍정적으로 바뀌고 있는 신호라고 평가할 수 있다.

〈표 48〉 2000년대 닛케이평균지수 추이

구분	연초주가	최고치	최저치	연말주가	연간증감	연간증감폭
2000	18,937.45	20,833.21	13,182.51	13,785.69	-5,148.65	-27.19%
2001	13,898.09	14,556.11	9,382.95	10,542.62	-3,243.07	-23.52%
2002	10,631.00	12,081.43	8,197.22	8,578.95	-1,963.67	-18.63%
2003	8,669.89	11,238.63	7,603.76	10,676.64	2,097.69	24.45%
2004	10,787.83	12,195.66	10,299.43	11,488.76	812.12	7.61%
2005	11,458.27	16,445.56	10,770.58	16,111.43	4,622.67	40.24%
2006	16,294.65	17,563.37	14,045.53	17,225.83	1,114.40	6.92%
2007	17,322.50	18,300.39	14,669.85	15,307.78	-1,918.05	-11.13%

2008	15,155.73	15,156.66	6,994.90	8,859.56	-6,448.22	-42.12%
2009	8,991.21	10,767.00	7,021.28	10,546.44	1,686.88	19.04%
2010	10,654.79	11,339.30	8,824.06	10,228.92	-317.52	-3.01%
2011	10,398.10	10,857.53	8,160.01	8,455.35	-1,773.57	-17.24%
2012	8,549.54	10,433.63	8,238.96	10,395.18	1,939.83	22.94%
2013	10,604.50	16,320.22	10,398.61	16,291.31	5,896.13	56.72%
2014	16,147.54	18,030.83	13,885.11	17,450.77	1,159.46	7.12%
2015	17,325.68					

자료: www.yahoo.com에서 재구성함

닛케이지수를 보면, 아베 총리가 재집권한 2012년 9월 26일에는 닛케이 평균주가가 8,941에서 출발해 8,906으로 마감했다. 그것이 2013년 6월말 13,677로 약 45% 상승했다. 그 사이 최고치는 2013년 5월 23일로 15,942이었다. 2007년 이후 최고치를 기록한 것이다. 아베노믹스의 긍정적 효과덕분이다. 2013년 초장에는 10,000선대를 회복하고 이후 2014년 16,147.54, 2015년에는 17,325.68을 기록해 상승세를 타고 있다.

2013년 엔저가 지속되면서 엔화 환율이 102엔을 넘어 일본 주가가 상승한 것이다. 2015년 3월 18일 도쿄증시가 15년 만에 최고기록을 이틀 연속 갈아치웠다. 이날 닛케이 평균주가는 전날보다 107포인트 오른 19,544로 마감되어 14년 1개월 만에 1만 9,500대를 회복하였다. 닛케이 평균지수는 2000년 4월 14일 20,434를 찍은 뒤 2만선 밑으로 가라앉았다. 그러나 아베노믹스 정책이후 주식시장의 활성화와 더불어 2013년 엔저현상에 힘입어 일본형 주식펀드도 두 자릿수 고수익률을 올렸다. 일본 펀드는 최근 1년간 평균 수익률이 9.47%를 기록했고, 2년으로 기간을 늘리면 수익률이 28.67%로 효자상품으로 인식되었다.

아베노믹스가 추진된 이후 엔저 효과는 주가 상승으로 이어지고 있다. 그런 점에서 아베노믹스의 최대 수혜시장 중의 하나는 증권시장이다. 주가가 상승국면으로 전환되어 경제의 성장가능성에 대해서 기대감을 높여주었다. 닛케이지수가 증가하여 경제회복 조짐으로 해석되고 있는 긍정적인 측면이 있었기 때문이었다. 도쿄증권가인 가부토초(兜町)는 활기를 띠고 있다. 주가 상승과 더불어 투자자의 이익 덕분에 가부토초에 있는 신사에는 참배객이 10엔을 넣는 경우가 많았지만 이제는 500엔을 넣고 가는 사람이 많아졌다. 주식 호황으로 주부, 퇴직자, 외국인 까지도 증권사에 들러 정보를 얻고 있는 실정이다.

그리고 초보자를 위한 주식투자 세미나에도 사람들이 몰리고 있어 주식 호황을 예견하고 있다. 또한 대중교통을 이용하는 가운데 스마트폰으로 주가를 확인하는 대중도 늘어나고 있고, 경제신문이나 뉴스에서도 주가에 대한 정보와 소식을 전하고 있다. 미국 벤 버냉키 연방 준비제도 이사회의장의 양적 완화축소 발언이 전 세계 주가를 급락시켰지만, 오히려 일본 증시와 환율에는 호재가 되었다. 양적 완화축소가 미국 금리 상승으로 이어지면서 자금이 미국 채권으로 몰려 엔화 약세 현상이 본격화 될 가능성이 있기 때문이다. 엔화 약세는 수출 기업의 수익성 개선 기대감으로 작용하여 주가도 밀어 올릴 수 있다.

주가 상승에 따른 주식 투자가 증가하는 한편 〈엔 케리 트레이드〉(yen carry trade)도 활성화되고 있다. 엔 케리 트레이드는 저금리의 엔화 자금을 빌려서 고금리나 고수익이 기대되는 외국 채권이나 주식에 투자하는 금융 기법을 말한다. 일본 투자가뿐 아니라 외국 투자자도 이 투자 기법을 활용하고 있다. 일반적으로 엔 케리 트레이드가 늘어나면 엔화 가치는 떨어지게 된다. 일본에서는 그런 현상을 〈와타나베 부인〉으로 표현하고 있다. 즉 와타나베 부인은 일본의 주부 외환 투자자를 의미한다.

2013년 5월 국제금융시장에서 달러 대비 엔화 환율이 장중 한때 102엔 선을 넘었다. 심리적 저항선인 달러당 100엔 선을 넘긴데 이어 엔저가 가속화하는 양상이다. 여기에 일본 투자자들이 해외 주식 채권 투자를 늘리면서 엔 케리트레이드가 본격화하는 것이 아닌가 하는 관측이 나오고 있다. 제로 금리인 엔화를 빌려 해외에 투자하면 고금리에다가 엔환 약세로 인한 환차익까지 얻을 수 있어 투자자로서 일석이조의 이익을 기대할 수 있다. 엔 케리 트레이드가 확대되면 엔저 가속화가 진행될 가능성이 있다. 그것은 국제경쟁력 향상과 수출증가로 이어질 수 있다. 아베노믹스의 긍정적인 효과는 임금시장이나 소비시장을 포함해서 주식시장, 투자시장, 금융시장 등에서 직간접적으로 나타나고 있다.

주가 상승은 아베노믹스에 대한 반신반의를 확신으로 이어지게 하는 요인으로도 작용한다. 그러나 최근에 무역수지 적자와 가파른 물가상승, 소비세 인상 등으로 인하여 아베노믹스가 흔들리면서 2014년에 들어서 닛케이 평균주가가 12% 이상 하락했다. 그리고 일본형 주식펀드가 마이너스 10% 대 최악의 실적을 내고 있다. 일본 대표기업 펀드도 예외 없이 –10% 내지 -11%의 저조한 수익률을 올리고 있다. 당분간 아베노믹스 전반에 대한 의구심과 2014년 4월 소비세 인상으로 인한 경제에 대한 불안감이 증폭되고 있어 투자자에게 불신을 주고 있는 것 또한 사실이다.

넷째는 경상수지 확대이다. 경상수지는 자본거래 등을 제외하고 일정 기간 수출입 거래에 의하여 발생한 일국의 외국과의 대금 수불액을 말한다. 무역수지와 무역외수지를 합한 국제수지를 경상수지(経常収支)라고 한다. 무역수지의 계산방법은 국제통화기금 방식에 기초해

수출입 모두 FOB(free on board)가격으로 평가하여 집계하는 것이 통상적이다. FOB가격은 출항지(出港地)의 선적도(船積渡)가격을 말한다. 무역수지 움직임은 장기적으로 산업의 국제경쟁력을 반영하며, 단기적으로 경기순환 등을 반영하기 때문에 국제수지 항목 중에서도 가장 중요하다. 일반적으로 경상수지나 무역수지가 개선되거나 확대되었다는 것은 수출이 좋아지고 내외경제가 호전되고 있다는 의미이다.

경상수지가 좋아지고 있는 것은 아베노믹스의 엔저 달러고 정책으로 수출이 증대되어 발생한 결과라고 긍정적으로 평가할 수 있다. 달러 대비 엔화 환율 추이를 보면, 2012년 11월 말 82엔 45전에서 2013년 3월에는 96.3엔까지, 5월 1달러당 104엔에 근접하다가 6월 94엔대까지 강세를 보이다가 최근 98엔대까지 상승하여 엔저현상으로 돌아서고 있다. 최저치는 2013년 5월 103엔 73전이었다. 달러당 환율이 100엔이 되면, 일본의 철강기업도 한국과 중국 업체와 경쟁력이 있어 해볼만하다고 보고 있다. 또한 100엔 시대가 도래하면 일본 국내 제조업 유지와 해외 시장공략이 가능하다고 보고 있다. 엔저 효과가 일본 자동차 판매실적을 높이는 결과를 낳은 것처럼 수출상품을 만드는 제조업과 기업에 수출증대 효과를 가져오고 있다. 더욱이 엔화가 달러당 100엔까지 오르자 일본 기업은 부활의 가능성을 기대하고 있다.

주가가 2만선 가까이 접근하는 가운데 무역수지도 개선되고 있다. 일본 재무성은 2015년 3월 무역수지가 2,292억 엔 흑자라고 발표했다. 전달인 2월 4,250억 엔 적자에서 바로 흑자로 반등했다. 전망치였던 446억 엔 흑자보다 크게 뛰어넘은 성과였다. 일본이 월간 무역수지가 흑자로 돌아선 것은 2012년 7월 이후 약 2년 9개월 만에 처음이다. 언론은 엔저 덕분에 대기업 수출이 호조를 보이고, 국제석유 가스 가격 하락으로 에너지 수입 비용이 급감하여 발생한 것으로 보고 있다. 엔화 값이 떨어지는 가운데서도 좀처럼 적자를 벗어나지 못하던 무역수지가 아베 신조 총리 집권이후 처음으로 흑자를 기록했다. 마침내 J커브 효과가 나타나기 시작했다는 의견도 있다. J커브 효과는 통화 가치가 하락할 경우 초반에 무역수지가 오히려 악화되다가 상당한 시일이 지난 뒤 개선되는 현상을 말한다.

엔저의 최대 수혜 업종은 자동차, 철강, 기계 부품업체 등과 같이 수출기업이나 제조업체이다. 증권사들은 엔고로 단련된 기업이 달러당 100엔 환율이 유지될 경우 전년도 대비 30-40%씩 경상이익이 증가할 것으로 보고 있다. 기업들은 그러나 엔저 호황에 들뜨지 않고 더욱 신발 끈을 졸라매는 모습이다. 2012년 세계시장 판매 1위를 회복한 도요타는 엔화 가치가 10엔 정도 떨어질 경우 그 동안의 원가 절감 노력 때문에 연간 7,000억 엔 가량 이익이 늘어날 것으로 전망된다. 실제로 엔고로 고전했던 도요타의 판매가 엔저로 상승하고 있다. 2013년 1월 미국 시장 판매량이 전년 1월 대비 27%가 급증했고, 2013년 미국 자동차시장 점유율은 전년 동기간 13.6%에서 15.1%로 높아졌다. 그것은 한국이나 미국의 자동차 회사에 비해 엔저로 가격경쟁력이 높아진 것이 원인이라고 할 수 있다. 아베노믹스의 긍정적인 효과는 엔저로 인해서 벌어지고 있는 현상이다.

엔저 효과를 톡톡히 보고 있는 기업으로는 토요타를 중심으로 혼다, 스즈키, 후지중공업(스바루), 덴소, 브리지스톤 같은 완성차 기업과 자동차부품 기업이다. 도요타는 2012년 영업이익 1조 3,000억 엔, 2013년 2조 2,000억 엔으로 70% 상승했고, 가격을 낮추는 대신 이익을 R&D투자에 쏟아 붓고 있다. 2012년 8,000억 엔에서 2013년 9,000억 엔 투자했다. 혼다는 2012년 5,400억 엔, 2013년 7,800억 엔으로

40% 상승했고, R&D 투자는 2012년 5,600억 엔에서 2013년 6,300억 엔으로 확대했다. R&D투자는 하이브리드 연비를 높이는데 사용하고, 또한 다음 세대 친환경 차인 플러그인 하이브리드(하이 브리드카의 배터리 성능을 높여 전기만으로 갈 수 있는 거리를 대폭 늘린 차), 수소 연료 전지차까지 선도할 계획이다.

엔저로 국내 공장 증설이 확대되고 있다. 2013년 4월 19일 군마(群馬)현 오타(太田)시 히노 자동차 공장은 수출 증가로 공장을 증설하고 있다. 그리고 이곳에서 20분 거리에 있는 후지중공업 오이즈미(大泉) 공장은 엔저와 수출증대로 풀가동하고 있다. 또한 산요(山洋)전기는 구조조정으로 지역 경제가 타격을 받았지만 최근 엔저 특수로 공장 가동률이 높아지면서 임시고용자가 크게 늘어 호텔과 숙박업소, 음식점 등도 더불어 활기를 띠고 있다. 특히 히다치, 도시바, 소니가 한국 기업에 대항해 설립한 소형 액정 패널 제조업인 재팬디스플레이는 당초 적자가 예상되었지만 엔저 덕분으로 30억 엔 흑자를 내었다. 그리고 그동안 엔고로 수출 경쟁력 저하로 국내생산 시설의 해외 이전을 서두르던 업체들은 일단 엔 약세로 계획을 수정하고 있다. 닛산은 엔고로 규슈 공장에서 생산하던 무라노 등의 생산라인을 미국으로 옮기는 등 국내 생산을 20% 감축하려던 계획이었지만 이전 계획을 조정하고 있다.[44)]

---

44) 지금까지 국내시장을 놓고 치열하게 혈투를 벌이던 일본 기업들은 경영통폐합 등을 통해 해외진출을 노리고 있다. 철강업계 1위인 신일본(新日本)제철과 3위인 스미토모(住友)금속이 2012년 합병했다. 두 기업이 손을 잡고 해외시장으로 나가기 위해서이다. 조선업체인 유니버설 조선과 IHI마린 유나이티드가 통합된데 이어 조선, 중장비 분야 2위인 가와사키(川崎)중공업과 5위 업체인 미쓰이(三井)조선도 합병협상을 진행하고 있다. 히다치, 도시바, 소니가 2012년 소형액정패널분야를 통폐합한 것도 한국에 대응하기 위해서였다. 이처럼 일본에서 합병바람은 거세게 불고 있다. 해외기업 인수 및 합병건수는 2011년 보다 1.3% 증가한 515건으로 버블기인 1990년 463건보다 많다.

다음의 그림은 1996년 이후 2013년까지 경상수지 추이를 나타낸 것이다. 엔저로 수출이 증대되어 무역수지가 개선되면 경상수지도 개선될 것으로 보인다.

〈그림 21〉 GDP대비 경상수지 흑자비율

(단위 : %)

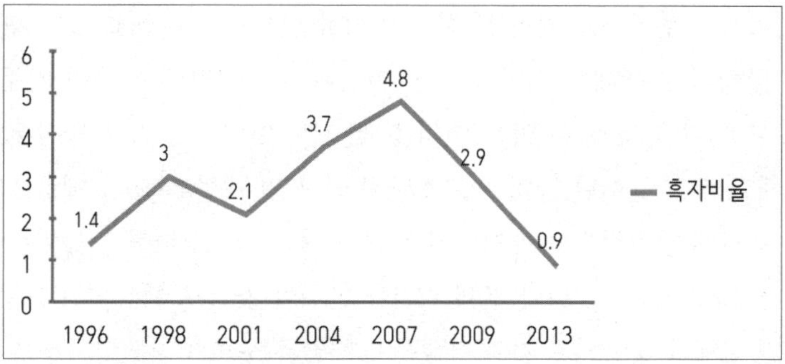

자료: 日本銀行2014年자료에서 재구성함

그림에서 보면, 1996년 이후부터 2013년까지 GDP대비 경상수지 흑자비율은 오르락내리락하고 있지만 전반적으로 흑자 기조를 보이고 있다. 그러나 아베노믹스가 추진된 2013년 경상수지 흑자는 0.9%로 이전의 흑자비율보다 낮은 것으로 나타나고 있어 아베노믹스의 효과는 미미하다고 평가할 수 있다.

다섯째는 경제성장이다. 아베 신조수상은 아베노믹스를 통해서 경제성장을 달성하는데 최대 목표를 두고 있다. 경제성장은 메이드 인 재팬 기업 강화에 의해서 달성할 수 있는 것이라고 할 수 있다. 메이드인 재팬기업을 강화하기 위해서는 엔저를 만들어 가격경쟁을 유리하게 해야 한다. 아베노믹스에 따른 급격한 엔저는 일본 기업들에게 현금 보따리를 안겨줬다. 수출 물량이 늘지 않더라도 엔저만으로 환산한 수익이 크게 늘어났기 때문이다. 달러에 대한 엔화가치는 불과 1

년 전과 비교해보면 30% 낮아졌다. 미국시장에서 같은 양을 같은 값에 판다고 해도 수출대금을 엔화로 환산하면 이익이 30% 늘어날 수 있다는 계산이다.

〈도쿄노무라연구소〉 최고 브레인이라고 불리는 고노모토 신고 컨설팅 사업본부장은 일본 기업이 엔저로 인해서 발생하는 이익을 통해 미래를 준비하고 있어 큰 힘을 발휘할 것으로 기대하고 있다. 엔저로 발생하는 막대한 이익을 일본 기업은 수출시장에서 달러 기준으로 물건 값을 낮춰 더 많은 이익을 챙기는 것이다. 그리고 물건 값은 그대로 두고 늘어난 이익을 고스란히 연구 및 개발(R&D)과 제품 혁신에 투자해 장기적으로 메이드인 재팬의 매력도와 경쟁력을 높이는 것이다. R&D효과는 3-4년 후에 위력을 발휘할 것으로 예상되어 그렇게 되면 경제가 좋아지고 기업 경쟁력이 향상될 것으로 보인다.

아베노믹스 성패의 최대관건은 경제성장 기조를 만들어 내느냐 아니냐하는 점이다. 경제성장기조는 일본과 아베 총리의 정책에 매우 큰 의미를 갖고 있다. 다음의 그림은 1990년대부터 2015년까지 일본의 경제성장 추이를 나타낸 것이다.

〈그림 22〉 일본의 경제성장률 추이

(단위 : %)

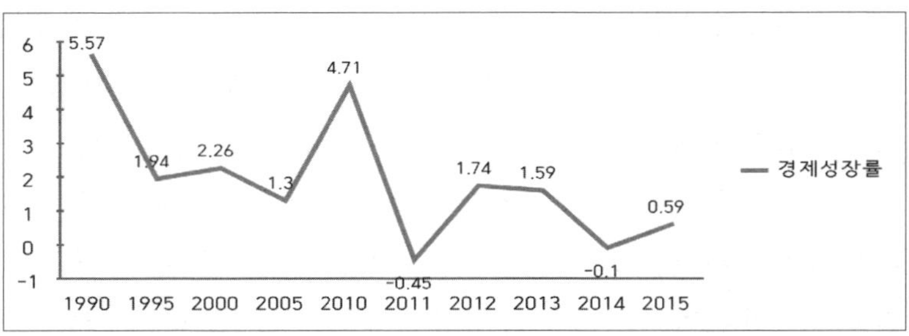

자료: 수치는 IMF의 2015년 10월 추계, SNA (국민경제계산 매뉴얼에 기초한 데이터)

그림에서 보면, 일본의 경제성장 추이는 1990년 초기부터 2010년까지는 굴곡이 있었지만 성장 기조를 보이고 있다. 1990년 버블경제가 붕괴되는 시점에서도 5.57% 성장을 보였다. 그러나 2011년 -0.45%를 기록하면서 경제가 위기에 처하게 되고 잃어버린 일본이 구체화 되는 신호탄이 되었다. 아베노믹스가 추진된 2013년 이후 일본 경제성장률은 2013년 1.59%, 2014년 –1.0%, 2015년 0.59%를 보이고 있어 성공했다고 보기는 매우 어렵다. 아베노믹스가 내세운 경제성장 정책이 효과가 없거나 아주 미미하다고 평가할 수 있다.

그러나 아베노믹스가 시행되는 가운데 일본 기업은 성장할 수 있다는 기대감을 갖게 된 것 또한 사실이다. 더욱이 한국과 치열하게 가격경쟁을 하고 있던 기계부품 회사들도 기대감을 감추지 못하고 있다. 2013년 4월 22일 엔화가 1달러당 100엔 가까이 올라가자 부활의 기대감이 실제로 높아졌다. 수출기업에 이어 건설업체들은 작업 인부가 없어서 공사를 수주하지 못하고 있을 정도로 구인난에 시달리고 있다. 전국적으로 건설 붐이 일어 노임이 16년 만에 15% 상승했지만 인력 부족으로 효과를 보지 못하고 있다.

아베노믹스의 효과가 대기업에서 중소기업으로 전환되고 있다. 일본 은행이 발표한 2013년 12월 중소기업 업황 판단지수(DI)는 지난 9월보다 7포인트 상승한 +3이었다. 1991년 조사 이래 최고치를 기록했다. DI는 경기가 좋다고 판단하는 기업 비율에서 경기가 나쁘다고 판단하는 기업의 비율을 뺀 수치다. 숫자가 높을수록 경기를 좋게 보는 기업이 많다는 의미이다. 따라서 DI가 높아지는 것은 경제가 좋아지고 있고 경기가 활성화되고 있는 것이다. 덩달아 실업률도 개선되고 있다. 2012년 평균 4.3%이었던 실업률이 4%까지 떨어졌다. 구인 배율도 5년 10개월 만에 0.98로 최고치를 기록하고 있다. 또한 생산연령인구(15-64세)의 취업률도 72.2%로 사상 최고치를 기록했다.

그 중에서도 실천 전략으로 내세운 것이 강한 농업육성 전략과 여성고용 전략이다. 일본 농업은 점차 낙후되어가고 있어 총체적인 위기에 직면하고 있다. 가장 큰 문제는 농업종사자가 감소하는 현상이다. 일본 농림수산성에 의하면, 2010년 일본 내 농업종사자는 2,606,000명으로 5년 전인 2005년에 비해 747,000명이 감소하였다. 더욱이 농업종사자의 평균 연령이 2010년 65세를 넘어섰다. 연령대 별로 보면 65세 이상이 60%, 15-49세가 약 10%에 불과하다. 농업위기는 식량자급률의 추락으로 이어진다. 2013년 일본의 열량(칼로리) 기준 식량자급률은 39%로 OECD 중에서 최하위권에 속한다. 또한 일본이 TTP에 참가를 선언함으로써 농업에 큰 타격이 예상되고 있는 것도 악재이다.

내외적 악재에도 불구하고 아베 총리는 젊은이들이 매력을 느낄 수 있도록 농업을 되살리겠다는 선언을 하였다. 일본 정부는 농산물 수출확대, 농상공 협력강화, 농지활용 극대화 등으로 농업 생산성을 높이고 경쟁력을 확보한다는 방침이다. 일본 농업은 전통적으로 벼농사 위주이기 때문에 수출부분이 매우 약하다. 그런 한계를 극복하기 위해 해외 경쟁력이 있는 농수산물 품목을 다양화하여 농림수산물 수출 규모를 2020년까지 1조 엔으로 배 이상 늘리겠다는 목표를 세우고 있다. 2013년 농업 강화 민관 펀드를 세워 산업간 연계 역할을 할 수 있도록 지원하고 있다. 또한 전체 농지 가운데 약 10%인 40억 제곱미터(12억 1000만평)의 휴경지를 활용하기 위해서 농지 임대 프로그램을 운영하고 있다. 은퇴한 고령 농부로부터 농지를 빌려 쓸 수 있도록 하는 방식이다.

그리고 농업 관련 연구소와 기업은 농업 생산성을 높일 수 있는 기술 개발에 박차를 가하고 있다. 특히 IT를 활용한 농업 효율화 및 자동화가 크게 진전되고 있다. 농업용 네비게이션이 한 예이다. 논밭은 따로 길이 나 있지 않아 작업 한 곳과 하지 않은 곳을 구분하기 어려웠다. 농업용 내비게이션을 이용하면 트랙터 주행 궤적과 현재 위치 등이 표시돼 농약이나 비료를 효율적으로 뿌릴 수 있다. 작업시간도 단축하고 농기계 연료비도 절약할 수 도 있다. 상공에서 카메라로 농지를 촬영하는 무인 헬리콥터도 나왔다.

그리고 일본 상사들의 해외농업 시장 진출도 잇따르고 있다. 미쓰이물산은 2013년 8월 브라질에서 최대 농업회사와 합병회사를 설립하고 수입을 위한 대두생산과 개발에 나섰다. 소지쓰도 2013년 10월 브라질의 농업 회사에 160억 엔을 출자하기로 하였다. 전자업체 샤프는 아랍에미레이트에 딸기 실험 공장을 추진하고 있다. 샤프 소유부지 내에서 자사 제품인 절전형 LED조명을 비춰 딸기를 재배하는 프로젝트이다. 외부로부터 차단된 이곳 공장에서는 온도와 습도를 센서로 감지해 조절하고, 세균과 곰팡이를 플라스마 클러스터 공기정화시스템으로 차단하는 구조이다. 농업부문 사업체들과 협력해 기술투자를 확대해가면 자연히 전자부품관련 매출도 커질 것으로 샤프는 보고 있다. 일본의 농기계 생산업체로 연 매출 1조2,000억 엔이며 세계 52개 지사를 가지고 있는 구보타는 창업 124주년이 되는 2014년을 새로운 도약의 해로 규정했다. 아베 총리가 농업을 되살려 신 성장 산업으로 육성하겠다고 발표했기 때문이다. 농업성장 정책은 아베노믹스의 핵심이 되고 있다.

그리고 강조되고 있는 부분이 일본여성 노동력을 활용한 경제 성장이다. 즉 우머노믹스(womanomics)의 시동이다. 아베 총리는 2013년 9월 월스트리트저널 기고에서 일본에서 가장 활동도가 낮은 자원이 여성 인력이라고 규정하고 아베노믹스의 핵심이 바로 우머노믹스라고 강조했다. 여성이 주도하는 경제 사회를 만들겠다는 의미이다. 이어서 아베 총리는 2014년 6월 신성장 전략(新成長戰略)을 발표했다. 신성장 전략에는 여성 인력의 잠재력을 끌어내는 내용이 포함되어 있다.

일본 정부는 1990년대 일, 가정 양립지원이라는 슬로건 하에 여성 고용을 끌어올리려 했지만 긴 노동시간, 남성 중심문호, 여성고용에 대한 미흡한 사회적 인식 때문에 여성의 경제활동 참가율은 오르지 않았다. 또한 임금이나 승진 등에서도 남성들보다 차별받는다는 인식 때문에 여성의 자발적 실업이 높은 편이다. 일본 노동시장은 여성의 지속적인 노동을 허용하지 않는 상황이다. 여성 70%는 첫아이 출산 후 일을 그만두고, 학위를 소지한 여성 중 74%는 자발적으로 사직한다는 통계도 있다. 일본 정부가 여성고용을 강조한 것은 다른 국가와 비교해보면 여성고용이나 활약이 낮은 편이라고 판단했기 때문이다. 2011년 기준으로 일본 여성의 경제활동 참가율은 63.9%로 미국 67.8%, 유럽연합 66.5% 등보다 낮다.

다음의 표는 각국의 여성임원 비율을 나타낸 것이다.[45] 2013년 3월 말 일본 기업의 여성임원 비율이 1.1%로 조사대상 45개국 중 가장 낮은 편이다. 여성의 사회 진출이 어려운 사회이기 때문에 출세할 수 있는 가능성도 상대적으로 낮은 편이다.

〈표 49〉 각국의 여성임원 비율

(단위 : %)

구 분	노르웨이	스웨덴	핀란드	프랑스	미국	태국	홍콩	중국	한국	일본
비 율	36.1	27	26.8	18.3	14.0	9.7	9.5	8.4	1.9	1.1

45) <조선일보> 2014년 1월 15일

일본 정부는 2012년 출범한 아베 정권의 저출산 및 고령화 대책의 핵심을 여성으로 규정하고 초 고령사회에 접어들어 부족하게 된 노동력을 여성 인력으로 극복하겠다는 정책을 발표했다. 아베 총리는 2013년 여성 공공 일자리 20만 개 확충, 2020년까지 정부 기업 여성 리더 30% 증대 등의 구상을 내놓았다. 경제3단체 간부들을 관저로 불러 모든 상장 기업의 임원중 최소 1명을 여성으로 기용해줄 것과 육아휴직 기간을 3년으로 연장해줄 것을 요청하기도 하였다. 정부의 여성 정책에 힘입어 여성고용에 대한 사회적 기대감도 높아지고 있다. 〈골드만 삭스〉의 분석에 따르면, 일본의 여성 취업률을 남성과 같은 수준으로 높이면 노동인구가 800만 명 늘고 GDP가 14% 성장할 것이라고 예측했다.

또한 아베 정부는 경제성장을 위한 설비 투자를 중요한 정책으로 인식하고 있다. 아베노믹스가 추진되는 가운데 산업별 설비투자가 증가하고 있는 것은 기업 환경 개선과 경기부양이나 전망이 좋다는 것을 의미한다는 점에서 매우 중요한 성장가능성 지표이다. 2013년 6월 일본 정책 투자은행 전국설비 투자계획 조사에 따르면, 일본의 산업별 설비투자 현황을 보면 다음과 같다.

〈표 50〉 산업별 설비 투자 현황

구분	전산업	제조업	비제조업	계획기업수
2012년	2.9%	2.7%	3.1%	2,088사
2013년	10.3%	10.6%	10.1%	2,205사
2014년	10.0%	12.4%	9.0%	994사

산업별 설비투자 현황을 보면, 전산업에서 아베노믹스가 추진된 2013년부터 10% 이상 설비투자가 늘어났고, 제조업이나 비제조업 등에서 투자가 늘어났다. 전산업의 투자동기는 기업능력 증강 39.5%, 유지보수 21.4%, 신제품 고도화 9.5%, 합리화 7.1%, 기타 18.3%로 나타났다.

아베노믹스의 목표는 경제성장을 하는 것이다. 따라서 단기적 경기부양책이나 엔저로 인한 한시적 수출확대, 재정지출로 인한 경기활성화 등은 아베노믹스의 활력소로서 작용할 수 있지만 역으로 독으로 작용할 수 있는 양면성이 있다. 무엇보다는 중요한 것은 아베노믹스가 성공하기 위해서 이른바 세 번째 화살의 효과와 실적을 높여야 한다. 아베 내각이 추진하는 법인세인하, 소비세율의 조정, 규제완화를 통한 기업활동 활성화, IT 및 그린산업, 고도의료 산업, 강한 제조업 활성화, 약한 제조업의 전환 등과 같은 영역에서의 성장 전략이 구체화되어야 할 것이다. 또한 전후 고도 성장기 모델에 대한 점검을 통해서 살릴 수 있는 일본 성장 신화의 요체를 발굴하고 새로운 시점에서 재생할 필요가 있을 것이다.

아베노믹스의 부정파

경제정책으로 아베노믹스는 위에서 본 것처럼 긍정적인 경제 효과를 거두고 있는 부분이 있지만 반대로 역효과를 내고 있는 부분도 있다. 그것은 아베노믹스가 내포하고 있는 모순이 산적해 있고, 경제문제를 정치적 힘으로 풀어내려고 하는 역설적인 정책에서 오는 문제이기도 하다. 그런 가운데서도 근본적인 문제는 일본 경제 체질개선에 대한 장기적인 정책이 아니라 일시적 이거나 단기적인 정책이라는 점일 것이다.

다음의 표는 아베노믹스가 긍정적인 효과나 결과를 얻기 보다는 부정적인 효과나 결과를 얻을 것이라고 보는 학자와 그 이유를 소개한 것이다.

〈표51〉 아베노믹스에 대한 부정적 평가

구 분	비판내용	특 징
에스왈 프러사도	- 경제학자 - 금융만으로 일본 경제를 장기침체로부터 구출하는 것은 불가능, 다른 정책지원이 필요함. 금융정책만으로 지탱하면 정책효과와 부작용의 균형이 깨짐. 부작용이 효과를 능가할 수 있음	금융정책의 한계지적
한국일간지	- 중앙일보 : 엔저는 한국의 수출을 둔화시킬 가능성 있음, 한국수출품의 경쟁력을 약화시킴 - 조선일보 : 한국의 수출기업은 엔저원고가 지속될 가능성 있음 - 엔저는 침묵살인자라고 비판	엔저는 침묵살인자
김중수	- 한국은행총재 - 일본은행의 결정에 문제가 있음, 변화의 속도가 너무 빠름	금융완화 비판
울프강쇼블 (Wolfgang Schäuble)	- 독일 재무상 - 신정권의 정책에 큰 걱정이 되는 대담한 금융완화책임	금융완화 비판
화이트만	- 독일연방은행 총재 - 신정권이 중앙은행에 크게 간섭하고 있고, 대담한 금융완화를 요구하고 있어 독립성이 위협받고 있음	은행역할제한 비판
중국	- 신화사통신 - 금융완화 정책은 인접국궁핍화정책, 진행되면 세계인 통화전쟁이 일어날 가능성 있음 - 엔저는 중국의 수출경쟁력을 저하시킴	엔저중국 영향 비판

미하원	- 미하원 226명의 의원 - 일본을 주요한 환율조작국으로 지명하고, 아베수상의 정책은 시장을 왜곡하는 정책이라고 비판함	시장 왜곡 비판
월스트리트저널	- 소비세 8%증세는 아베노믹스를 침몰시킬 우려가 있다고 비판하고 지속적인 경제성장만이 재정건전화의 유일한 방책이라고 지적함	소비세 인상 비판

위에서 소개한 각국이나 경제전문가는 아베노믹스의 정책에 대해서 금융 완화책의 위험성을 집중적으로 지적하고 있다. 그것은 아베노믹스가 금융완화책으로 경제문제를 모두 해결하려는 의도가 있다고 보기 때문이다. 금융 완화정책은 국제시장에서 경쟁하고 있는 한국이나 중국에 대한 견제책으로 그리고 경쟁력 향상으로 작용할 가능성이 높다. 또한 다른 경쟁국가와의 관계에서도 동일한 효과를 노리고 있다. 문제는 경쟁력 향상을 엔저로 해결하려는 것은 극히 단순하고 위험성이 많은 정책이라는 점이다. 가장 중요한 것은 아베노믹스가 일본 경제의 체질개선을 통해서 성장기로에 올려놓는 정책이어야 한다는 점일 것이다. 그런 성장정책이 나오지 않는다면 아베노믹스는 일본 내에서 극단적으로 비판 받거나 실패 정책을 상징하는 경제 용어로 전락할 수 있다.

아베노믹스의 역효과

아베노믹스의 역효과는 다양한 영역에서 발생하고 있고 또한 발생할 잠재력을 갖고 있어 어떤 면에서는 파탄적 폭탄으로 작용할 가능성이 있다. 그만큼 많은 위험성을 갖고 있고 위기를 몰고 올 개연성이 있기 때문이다. 경제적 역효과가 우려되는 것으로는 엔저의 부정적인 효과, 경제성장률 저하, 국내총생산 하락, 무역적자와 경상수지 적자, 수입물가 상승, 국가채무 증가, 실질임금 하락, 일본 경제력과 국력저하, 일본 신뢰 붕괴 등과 같은 부정적인 현상으로 나타날 수 있다.

첫째는 물가상승이다. 우선 아베노믹스의 아킬레스건으로 작용하고 있는 것은 엔 약세에 동반되는 물가상승 압력이다. 잘못하면 엔 약화는 물가상승의 도미노 현상으로 이어질 가능성이 높고 현재 그런 조짐이 보이고 있다. 소비자 물가가 2달 연속 상승하고 있고, 각종 소비제품, 일상 소비품 가격이 상승하고 있다. 특히 수입은 엔 약세로 LNG 원유 등 수입 단가가 급등하면서 전년 동기간에 비해 11.5% 증가한 반면 수출은 3.5% 감소했다. 또한 엔저로 기름 값이 올라 국내 자동차 판매도 급감하고 있다. 2013년 2월 국내 판매량이 15.1%가 줄어든 80만 8,194대에 그쳤다. 엔저 효과로 주가는 뛰는데 실물경제는 아직 바닥을 헤매고 있다.

야쿠르트사는 유산균 발효 야쿠르트 가격을 20여 년 만에 올리기로 결정했다고 파이낸셜타임스(FT)가 전했다. 야쿠르트 한 병 가격은 35엔에서 2013년 11월부터 40엔으로 약 14.3% 인상됐다. 야쿠르트가 마지막으로 가격을 올린 것은 1991년이다. 야쿠르트는 하루에 300만 병 이상 팔릴 만큼 인기가 높다. 물가가 오르는 것은 비단 야쿠르트 뿐 만이 아니다. 일본에 3,300여개 매장을 보유한 맥도널드는 최근 치즈버거 가격을 120엔에서 150엔으로 인상했다. 애플도 2013년 5월 아이팟, 아이패드의 모든 모델 가격을 인상했다. 세계적인 보석 브랜드 티파니 역시 올해 엔화 약세와 원자재 값 상승으로 보석류 가격을 두 차례나 올렸다.

아베 총리의 적극적인 경기 부양정책에 따라 2013년 7월 소비자물가지수(CPI)는 전년대비 0.7% 올랐다. 2013년 6월 0.2% 이어 두 달 연속 상승했다. 일본 은행은 향후 2년간 물가상승률 2%를 목표로 하고 있다. 하지만 재정 지출을 늘려 경제성장을 꾀하고 있는 아베노믹스 영향으로 직장인과 어린이 식단까지 영향을 받게 됐다고 파이낸셜타임스는 전하고 있다. 현재 일본은 소비와 투자가 줄면서 물가가 지속적으로 하락하는 디플레이션을 장기간 겪었다.

전문가들은 디플레이션이 경기침체와 맞물려 일어날 경우 물가가 급상승하는 인플레이션보다 경제에 훨씬 더 나쁜 영향을 줄 수 있다고 보고 있다. 일부 경제 전문가들은 임금인상이 동반되지 않는 인플레이션은 오히려 국민의 반발을 불러올 수 있다고 지적한다. 바바 나오히코 골드만삭스 수석 이코노미스트에 의하면, 소비가 임금에 비해 빠르게 늘고 있고, 기업들이 임금을 올리지 않는 한 아베노믹스는 여전히 취약한 상태라고 부정적으로 진단했다. 그런 문제를 해결하기 위해서 일본 은행은 최근 기업들에게 경제 여건이 나아진 만큼 근로자들의 임금을 올려줄 것을 요청했다고 파이낸셜타임스는 전했다.

아베노믹스의 또 하나의 부정적인 복병은 수입물가 상승이다. 엔저로 엔화 가치가 하락하여 상대적으로 수입물가가 올라 물가상승 압력이 고조되고 있다. 만약 물가가 상승하면 소비 급감으로 연결되어 경기 침체로 이어진다. 일본의 수입물가는 2012년 하락세를 보였지만, 2013년 월별 수입물가 상승률은 8-10%를 넘나들고 있다.

최근 일본의 수입물가 추이를 보면, 2012년 3월 6.2%, 동년 6월에는 –6.0%로 안정적이었지만, 2013년 2월 13.2%, 4월에는 9.5% 상승한 것으로 나타났다. 동일본대지진으로 원전 가동을 못하여 액화천연가스(LNG)발전에 전력 공급을 의존하고, 엔화가치가 떨어지면서 에너지

수입가격 상승으로 이어져 전기요금이 상승하고 있다. 더욱이 금융환화 정책으로 예상 외의 인플레이션이 발생할 수 있어 소비 확대에 걸림돌이 될 수 있는 위기를 안고 있다.

다음의 표는 1980년대부터 2015년까지의 소비자 물가지수 추이를 나타낸 것으로 대체로 1980년대와 1990년대는 안정적인 물가를 유지하였고, 2000년대는 물가지수의 변동이 심하다고 할 수 있다.

〈표 52〉 소비자 물가지수 추이

(단위 : %, 기준치 100%, 연평균치)

구분	1980	1981	1982	1983	1984	1985	1986	1987	1988	1989
지수	77.16	80.95	83.16	84.72	86.66	88.42	88.96	89.08	89.67	91.72
연도	1990	1991	1992	1993	1994	1995	1996	1997	1998	1999
지수	94.50	97.62	99.29	100.54	101.23	101.11	101.24	103.02	103.71	103.37
연도	2000	2001	2002	2003	2004	2005	2006	2007	2008	2009
지수	102.69	101.87	100.95	100.70	100.69	100.41	100.66	100.72	102.11	100.74
연도	2010	2011	2012	2013	2014	2015				
지수	100.01	99.72	99.69	100.04	102.78	103.82				

자료 : IMF – World Economic Outlook Databases, 2015년 4월판

표에서 보면, 1980년대 물가지수는 70대에서 약 90대에 머물고 있어 물가가 안정적인 성향을 보였다. 그리고 1990년대는 90대 중반에서 100대에 머물고 있어 1980년대보다는 물가가 상승한 것으로 나타나고 있다. 2000년대는 오히려 1990년대보다 물가가 낮아지는 현상으로 나타나 디플레이션 상황이 심화되었다. 2013년 이후 아베노믹스가 추진된 시기는 2010년부터 2012년 물가하락을 저지하는 형태로 물가

상승을 가져왔다. 이 시점에서는 인플레이션을 통해 효과를 거두고 있다고 평가할 수 있다.

둘째는 저조한 경제성장률이다. 아베노믹스의 최고 목표는 일본 경제를 다시 일으키는 경제성장이다. 아베노믹스가 추진되는 과정에서 의도한 대로의 성과가 보이는 듯 하였지만 2013년 8월경 잘나가던 주가와 환율 상승세가 꺾이고 있고, 8월 12일 발표한 2분기(4월-6월) 경제성장률은 시장의 예상치에 크게 못 미쳤다. 일본 내각은 2분기 GDP 성장률이 연율로 2.6%를 기록했다고 발표했다. 이는 당초 전망치인 3.6%와 1분기 속보치인 4.1%를 크게 밑도는 수준이다.

〈니혼게이자이신문〉에 따르면, 길거리 경기지표는 2013년 4개월 연속 하락했다. 7월 경기 현황수준 판단지수는 48.7로, 기준인 50을 5개월 만에 밑돌았다. 지수가 50보다 높으면 경기가 확장된 것을 의미하고, 50보다 낮으면 위축된다고 사람들이 느낀다는 의미이다. 특히 시계, 주얼리 등 해외 명품 브랜드가 엔화 약세에 따라 몇 차례 가격을 인상하면서 판매량이 크게 줄고 있다. 민간소비는 전분기 대비 0.8% 상승해 전망치인 0.5%를 웃돌았다. 설비투자는 0.1% 줄어 6분기 연속 감소세를 이어갔고, 주택투자는 0.2% 감소하며 5분기만에 마이너스로 돌아섰다. 아베노믹스의 세 번째 화살인 성장전략 중 핵심인 기업투자가 여전히 부진하다는 걸 보여주는 수치이다.

이런 분위기를 반영하듯 2013년 8월 12일 일본 증시는 전날보다는 0.7% 빠진 1만 3,519로 마감했다. 6월 말 이후 최저 수준이다. 이 날 중국 수출, 산업생산 등의 지표가 좋게 나오면서 중국 경기가 회복세를 보일 것이란 전망이 있고 아시아 증시가 상승하고 있었지만 일본만은 홀로 하락하는 모습을 보였다. 또한 엔저도 주춤하는 모습이다. 달러 대비 엔화 환률도 달러당 96엔대 중반까지 내려 앉았다. 2013년

8월 12일 엔화 환율도 달러당 96엔대 중반을 벗어나지 못했다. 아베노믹스는 현재 성장률, 주가, 환률, 소비세, 부채 등 다섯 개의 덫에 걸려있다.

〈니혼게이자이 신문〉의 다키타 요이치 편집위원은 아베노믹스의 속도감이 떨어지고 있다고 지적하였다. 부정적인 현상 때문에 시중의 유동성을 2년간 두배로 늘리겠다는 통화정책과 2013년 10조 엔을 푼 재정정책, 그리고 성장전략이라는 세 가지 화살을 통해 일본 경제를 부활시키겠다며 2012년 12월부터 본격 시동을 건 아베노믹스의 약발이 벌써 다하고 있다는 평가까지 나오고 있다. 그런 상황에 이르자 아베노믹스의 재정 건전화 대책의 핵심인 소비세 인상에 대한 유보론이 나오기 시작했다. 공공부채 감축보다는 성장률 회복이 급선무이기 때문이다.

일본의 저성장률은 국내총생산 하락으로도 확인할 수 있다. 다음의 표는 2010년부터 2015년까지의 명목 국내총생산과 명목 성장률, 실질국내 총생산과 실질성장률을 나타낸 것이다.

〈표 53〉 일본의 2010년부터 2015년의 성장률 현황

구분	명목국내총생산(조엔)	명목성장률 전기비(%)	실질국내총생산(조엔)	실질성장률 전기비(%)
2010년/04-06월	482.8	2.4	511.0	4.5
2010년/07-09월	486.9	3.4	518.4	6.0
2010년/10-12월	481.6	-4.3	515.7	-2.1
2011년/01-03월	471.7	-8.0	505.9	-7.4
2011년/04-06월	464.9	-5.7	502.7	-2.5
2011년/07-09월	475.1	9.1	516.2	11.1
2011년/10-12월	475.7	0.5	517.2	0.8

2012년/01-03월	481.3	4.8	522.5	4.1
2012년/04-06월	475.9	-4.4	520.1	-1.8
2012년/07-09월	472.6	-2.7	517.8	-1.8
2012년/10-12월	472.4	-0.2	517.1	-0.6
2013년/01-03월	478.0	4.8	523.8	5.3
2013년/04-06월	479.5	1.3	527.5	2.9
2013년/07-09월	481.9	1.9	530.1	2.0
2013년/10-12월	481.6	-0.3	528.9	-0.9
2014년/01-03월	488.0	5.5	534.7	4.4
2014년/04-06월	488.3	0.2	525.3	-6.8
2014년/07-09월	485.0	-2.7	522.8	-2.0
2014년/10-12월	488.8	3.1	524.4	1.2
2015년/01-03월	499.9	9.4	529.5	3.9

자료 〈日本経済新聞〉 2015년 7월 14일자에서 재구성

표에서 보면, 아베노믹스가 추진된 2013년부터 2015년까지 경제성장률은 매우 미미하여 아베노믹스에 대한 신뢰성과 효과가 크게 떨어지고 있다. 2013년 실질 성장률은 10월부터 12월까지 –0.9, 2014년 4월부터 6월까지 –6.8, 7월부터 9월까지 –2.0을 기록하고 있다. 특히 2014년 2분기 일본 경제는 아베노믹스의 약발이 약화된 모습으로 나타났다. 2014년 4월부터 시행된 소비세 인상 여파로 마이너스 성장이 예견되기는 했지만 감소폭은 전문가들의 예상보다 더 나쁜 수준이었다. 2분기 국내총생산 6.8% 감소, 엔 약세에도 불구하고 최대 무역적자기록, 국가부채 1,039조 엔, 근로자 실질임금 3.2% 하락 등이 근거로 제시되고 있다. 특히 최근 들어 일본의 경제지표가 나빠지고 있다.

각종 경기지표가 기대에 못 미치면서 아베노믹스의 효과가 다한 것은 아닌가 하는 비관론이 나오고 있다.[46)]

셋째는 경상수지 적자이다. 엔저는 중장기적으로 보면, 일본 경제에 오히려 해를 끼치는 역효과로 나타날 가능성이 높다. 실제로 엔저의 역효과로 경상수지의 내용이 나빠지고 있다. 엔저는 수출에 의존하고 있는 대기업 주도의 경제구도를 더 고착화시키고, 중소기업이나 수입에 의존하는 기업, 창업을 하는데 도움이 되지 않는 부분이 있다. 따라서 일본에 절대적으로 유리하게 작용할 것이라는 엔저 신화는 깨질 수 있다. 즉 엔저에 의해 수출 증대와 경쟁력이 향상되고 그로 인하여 경제성장이 가능할 것이라는 엔저 신화는 물거품이 될 수 있다.

예를 들면, 해외 현지에서 생산하는 기업으로 알려진 도요타가 미국에서 생산한 렉서스를 5만 달러에 팔 경우, 엔저라 하더라도 이 가격은 미국 시장에 적응 가능한 최적 가격으로 정해진 것이기 때문에 렉서스 자동차 값을 내리는 것이 쉽지 않다. 왜냐하면 해외 현지 생산이기 때문에 엔화와 달러의 환율에 의한 영향보다는 직접적으로 달러의 변동에 영향을 받기 때문이다. 미국 내에서 생산되는 일본 제품을 포함한 자동차 등의 판매는 크게 진전되지는 않을 것으로 보인다. 엔저가 해외 현지 생산기업에게 미치는 긍정적인 효과는 제한적일 수 있다.

또한 일본 수출기업의 상당수가 달러가 아닌 엔화 베이스로 수출하고 있고 제품의 높은 경쟁력을 기반으로 하고 있어 엔화가 떨어져

---

46) 일본주식시장의 성장하락이다. 아베노믹스 초창기인 2012년 11월부터 2013년 5월까지 닛케이지수는 80% 상승하면서 뜨겁게 반응했다. 그러나 2013년 5월 23일 도쿄시장에서 닛케이지수가 13년만의 최대 폭인 1,143포인트 폭락했다. 무제한 금융완화와 재정지출 확대를 골자로 하는 아베노믹스가 본격화되면서 2013년 초 이후 50% 이상 거침없이 상승하던 일본 증시에 브레이크가 걸린 것이다. 2014년에 들어 일본증시는 4.7% 하락하며 아시아 주요국가 중 유일하게 상승장에서 제외됐다.

도 득을 보는 경우가 많지 않을 것이라는 전망이다. 그리고 옛날처럼 일본 제조업이 국내 생산을 통해서 국외시장에 팔아 일본만이 득을 보는 시대는 지났기 때문에 해외시장이나 외국과의 협업을 통해서 이익을 분배하는 새로운 국제 분배 개념이 확산되고 있다는 점이다. 따라서 외국과의 협업을 추진하는 데 엔저보다는 엔고가 좋을 수 있다는 지적도 있다.

실제로 아베노믹스의 핵심인 엔저가 지속되는 가운데서도 2013년 수출 물량은 1.5% 줄었고, 수출액도 10.2% 감소했다. 수출부진에 원전가동 중단으로 원유수입 부담이 겹치면서 2013년 무역적자가 사상 최대인 1,199억 달러에 달하였다. 2014년에 들어서 무역수지와 경상수지가 적자를 기록하고 있어 그 위험성은 더 커지고 있다. 그리고 국내총생산(GDP)의 240%를 넘는 국가 채무로 재정 적자상태인 일본이 경상수지까지 적자로 돌아서면 쌍둥이 적자에 빠지게 될지도 모른다는 우려가 나오고 있다. 그런 상황이 되면 한국을 포함한 아시아 신흥국에 큰 타격을 줄 것으로 예상된다.

다음의 표는 지난 1980년대부터 2013년도까지 일본의 해외로부터 수입액 추이를 나타낸 것이다.

〈표 54〉 일본의 수입액 추이

(단위 : 10억 달러)

연도	1980	1981	1982	1983	1984	1985	1986	1987	1988	1989
수입액	141.30	142.87	131.50	126.44	136.18	130.49	127.55	151.03	187.38	209.72
연도	1990	1991	1992	1993	1994	1995	1996	1997	1998	1999
수입액	235.37	237.00	233.25	241.62	275.23	335.88	349.15	338.75	280.48	310.00
연도	2000	2001	2002	2003	2004	2005	2006	2007	2008	2009
수입액	379.51	349.09	337.19	382.93	454.54	515.87	579.06	622.24	762.53	551.98

연도	2010	2011	2012	2013	-
수입액	694.06	855.38	885.84	833.17	

자료: United Nations, 2015,UNCTAD Handbook of Statistics 2009 / Manuel De Statistiques De La CNUCED (Unctad Handbook of Statistics/Manuel, United Nations에서 재구성

표에서 보면, 1980년대 수입액은 1,500억 달러 전후이었고, 1990년대는 2,000억 달러에서 3,000억 달러 수준이었다. 2000년대는 3,000억 달러에서 7,000억 달러로 폭증하고 있다. 아베노믹스가 추진된 시기인 2013년에는 8,000억 달러로 상승하였다. 수입이 증가한 것은 동일본 대지진으로 인한 대체 에너지 수입이 늘어난 것이 한 몫을 하였지만 2013년 이후는 엔저로 비싸진 외국제품이나 원자재 상승이 영향을 미친 것으로 보인다.

다음의 표는 일본이 아베노믹스에 의해서 효과 보기를 바라는 수출액의 추이이다. 정상적이라면 수출액이 증가추세로 진행되는 것이 바람직하지만 일본 경제의 불황으로 지속적인 증가추이를 유지하는데 많은 어려움을 겪고 있다.

〈표 55〉 일본의 수출액 추이

(단위 : 10억 달러)

연도	1980	1981	1982	1983	1984	1985	1986	1987	1988	1989
수출액	130.44	151.50	138.38	146.96	169.70	177.16	210.76	231.29	264.86	273.93
연도	1990	1991	1992	1993	1994	1995	1996	1997	1998	1999
수출액	287.58	314.79	339.90	362.26	397.27	443.12	410.92	420.96	387.94	419.35
연도	2000	2001	2002	2003	2004	2005	2006	2007	2008	2009
수출액	479.30	403.50	416.73	471.82	565.67	594.94	646.73	714.33	781.41	580.72
연도	2010	2011	2012	2013	-					
수출액	769.77	823.18	798.57	715.10						

자료: United Nations, 2015,UNCTAD Handbook of Statistics 2009 / Manuel De Statistiques De La CNUCED (Unctad Handbook of Statistics/Manuel, United Nations에서 재구성

표에서 보면, 1980년대와 1990년대는 수출액이 수입액보다 많아 경제의 건전성을 확인할 수 있다. 2000년대 전반에 들어서도 역시 수출액이 수입액보다 많다. 그러나 2005년부터 수출액이 수입액보다 많은 무역 역조 현상이 벌어지고 있어 수출 경제의 암흑기가 시작됐다고 할 수 있다.

2013년 11월 무역수지는 1조 3,543억 엔 적자를 기록했고, 지난해 같은 기간보다 적자가 3,690억 엔 늘었다. 수출은 전년 동기 대비 17.6% 증가한 5조 6,316억 엔을 기록했고, 수입은 22.1% 늘어 6조 8,859억 엔을 기록했다. 액화 천연가스등 연료와 항공기 수입이 늘어난 영향이다. 경상수지가 적자로 돌아섰다. 경상수지적자가 29년 만에 최대 규모로 발생하였다. 이에 따라 엔저 등 아베노믹스가 힘을 잃고 있다는 분석이 나오고 있다. 2014년 1월 14일 재무성은 2013년 11월 경상수지가 5,928억 엔 적자를 기록했다고 밝혔다. 2014년 1월 15일 현재 일본의 무역수지는 20개월 연속적자이다. 무역적자는 3년 연속으로 지금까지 최대였던 2012년도의 1.7배나 된다. 그것은 곧 일본 국력과 경제력의 저하를 의미한다. 무역적자는 일본 경제 재생의 발목을 잡는 역할을 한다는 점에서 더욱 위험스럽고 간과할 수 없는 것이다. 당초 정부는 해외 경기 회복 등으로 적자가 완화될 것으로 전망하였지만 빗나갔다.

무역적자 확대의 주요 요인은 도쿄 전력 후쿠시마 제1원자력 발전소 사고로 정지된 원자력 발전을 대체하기 위해 화력 발전으로 전환되는 과정에서 연료수입이 급증한 탓이다. 주력연료인 액화가스(LNG)의 수입액은 2010년도 3.5조 엔에서 2013년도 7.3조엔 2배 이상 늘었으며 그것은 GDP의 2.4%에 해당된다. 자원가격의 급등과 엔저로 수입물가가 증가하여 적자를 확대시키는 부작용을 낳았다. 자원국으로의 국부유출은 일본의 국력저하를 초래하고 지속적인 무역적자나 경상수지 적자를 촉발시키는 역할을 하기 때문에 엔저 효과에 대한 평가를 통해서 수정해야 한다. 또한 안전성을 확보 할 수 있는 원자력발전의 재가동을 추진해 화력에 대한 과도한 의존으로부터 탈피해야 할 것이다.

일본은 아베노믹스를 통해서 국력을 키우고 경제성장을 촉진 시키는 두 마리 토끼를 잡으려 하고 있다. 엔저는 경쟁 상대국이 중국이나 한국에 직간접적으로 부정적인 영향을 주고 있는 것이 사실이다. 그럼에도 불구하고 2014년 대규모 무역적자가 나고 경상수지도 적자로 돌아섰다. 아직까지는 그런 현상을 두고 'J커브 효과 환상론'이라고 하여 기대감을 가지고 있다. 환율이 약세를 보이면 처음에는 수입이 늘지만 시간이 지나면 수출이 더 크게 증가해 무역흑자가 커질 것이라는 J 커브효과가 일어날지 의심이 간다. 일본의 경우 제조업체 상당수가 해외로 이전했기 때문에 엔 약세가 수출증가로 이어지는 시대는 종언했다고 보는 시각도 있다. 후쿠다 신이치 도쿄대 경제학과 교수는 많은 수출기업이 해외에 생산기지를 두고 있어 엔화 약세의 장점을 누리지 못한 반면, 원전 가동 중지에 따른 에너지 수입 증가로 무역적자가 늘었다고 분석하고 있다.

위에서 보는 것처럼, 아베노믹스의 최대 실패는 무역적자를 초래한 것에 있다고 해도 과언이 아니다. 엔저로 인해 수출이 늘어나는 속도는 빠르지 않은데 수입물가가 오르면서 수입액이 늘어나 무역적자 상태에서 벗어나지 못하는 것이다. 엔저로 수출을 주로 하는 대기업의 경쟁력은 나아졌을지 몰라도 수입에 의존하고 있는 다양한 기업들은 원자재 가격 상승으로 어려움에 처하고 있다. 아베노믹스의 복병이 작동하고 있다. 아베노믹스가 기대하고 있는 것 중의 하나는 수출 증대로 무역흑자를 구축하는 것이다. 따라서 수입보다는 수출을 활성화해서 새로운 흑자경제구조를 만들어 지속적으로 유지하는 것이 무엇보다도 중요하다.

아베 총리가 주도하는 아베노믹스로 엔고가 해소되었는데 수출보다도 수입이 큰 폭으로 증가해서 무역수지가 악화된 것이다. 확실하게 대기업을 중심으로 회복되고 있지만 공동화의 진행을 막을 수 없고 고용이 감소하고, 소비자에게 충분한 혜택이 돌아가지 않고 있다. 국내 사업 환경을 호전시켜 내수나 고용확대를 추진해야 한다. 그리고 일본의 국제경쟁력을 강화하는 성장전략을 구체화해서 가속화 시킬 필요가 있다. 아베 정부는 성장 전략의 제2탄을 발표하였다. 그것은 고용이나 의료, 농업 등의 분야에서 새로운 사업 참여를 저지하는 '암반규제'(巖盤規制)에 큰 기대를 갖고 있다. 그리고 원자력 발전이나 고속철 등과 같은 인프라 수출로 관민연대를 강화하여 구체적인 성과를 내려 하고 있다. 특히 아시아나 유럽 등 각국보다 높은 법인세율의 대폭적인 인하를 검토하고 있다.

넷째는 국가부채 증가이다. 일본의 공공부채 규모는 약 1,000조 엔으로 GDP 규모에서 보면 매우 많은 편이며, 공공부채 비율은 선진국 중 가장 높다. 더욱이 아베노믹스의 추진으로 국가부채가 현저하게 증가하고 있다. 확장적 재정정책으로 인해 국가 부채상태가 더욱 악화되고 있다. 2014년 6월말 국가부채는 1,039조 엔으로 2013년 6월 1,000조 엔을 돌파한 이후 40조 엔 가까이 늘었다. 매년 정부 예산의 22%를 이자 갚는데 써야 할 만큼 막대한 액수이다. 그로 인해 일본은 차입금 대국이라는 오명을 얻고 있다.

일본 국채 금리는 아베노믹스에 따라 일본 은행이 금융 완화 정책을 확대하면서 2015년 4월경에 연 0.46%로 사상 최저수준을 보였다.

그러나 미국의 양적완화 축소 논란이 벌어지자 금리가 올랐다. 2015년 5월 24일 도쿄 채권시장에서 10년 만에 일본 국채 금리는 장중 한때 연 1.0%를 기록했다. 양적 완화가 줄어들면 시중에 풀린 돈이 줄어 금리는 오르게 된다. 일본 국채 금리 상승은 아베노믹스에 독이 될 수 있다. 현재 일본의 국채 발행 규모는 GDP(국민총생산)의 240%에 달하기 때문에 1% 포인트 금리만 상승해도 연간 추가로 들어가는 이자 지급액이 GDP의 2.4%에 달한다. 2014년도 예산 98조 엔이라면 이자 부담이 2.4조 엔이 된다. 일본의 국세 수입 규모가 GDP 중에서 차지하는 비중이 많지 않기 때문에 금리가 오르면 이자를 주기 위해 국채를 발행해야 하는 악순환에 빠지게 된다. 일본 금융권이 국채를 60% 가량 보유하고 있기 때문에 금리가 오르면 채권 가격이 내려가면서 금융권에 손실이 발생하고 이는 다시 일본 경제에 돈 가뭄과 동시에 신용 경색을 불러올 수 있을 가능성도 있다.

아베노믹스는 국채 가격의 폭락을 가져올 위험성이 있다. 일본의 국채 위험성이 여러 번 제기된 것은 부채가 세계 수준에 있어 채무 불이행 가능성이 높다는 점에 기인한다. 우려가 제기되고 헤지 펀드들이 국채 매도에 나설 때마다 일본 기관 투자가들이 국채를 사들여 국채 폭락의 우려를 해소해 온 것이다. 이번의 엔저로 발생한 국채 가격의 하락은 일본 경제에 부정적으로 작용할 수 있다. 달러 베이스로 투자를 생각할 경우 엔화 가치가 떨어지면 그만큼 일본 국채 가격이 사실상 하락함을 의미하기 때문이다.

일본 국채는 90% 이상이 일본인 투자자(기관투자자)가 보유하고 있고, 해외투자자가 10% 정도이기 때문에 안전하다고 할 수 있다는 반론을 제기할 수 있다. 그러나 10%는 매매회전율이 높아 국채선물 거래량의 40%를 차지하기 때문에 중요한 존재라고 할 수 있다. 또한 국채 200조 엔을 갖고 있는 일본 은행들이 평가손실을 보게 되고, 자본 잠식에 빠져 도산으로 이어지거나 기업 대출길이 막힐 가능성이 있다. 이를 극복하기 위해 정부의 구제 금융이 지원이 되면 국채 가격의 하락요인으로 작용하여 금융위기를 초래할 것이다. 국채 회피현상이 벌어지면, 국채에 투자했던 투자가는 국채가격의 하락을 예상에서 국채를 팔게 되고, 그런 현상이 벌어지면 국채가격은 하락하고 국채 금리도 동시에 상승하는 불안전 국채가 발생하게 되어 국채시장에 악영향을 주게 된다. 일본은 아베노믹스의 영향으로 수출기업 이익증가, 주가 상승, 소비증가 등으로 효과를 일시적으로 보고 있다. 그러나 그런 현상을 촉발 시킨 정책들이 한 순간에 변화될 수 있는 상황이어서 아베노믹스의 부작용으로 기능할 수 있다.

최근 국채시장에서 일본국채가 요동치고 있는 것이다. 2013년 일본국채의 금리 추이를 보면, 2013년 1월 0.8에서 2013년 4월 0.46으로 하락하여 국채가 안정화되었지만, 5월 0.92%까지 상승하여 1년 만에 최고치를 기록하여 국채시장을 불안하게 하였다. 국채 금리가 급등하자 일본 은행이 2조 엔이 넘는 대규모 국채 매입에 나서면서 국채 금리는 연 0.81% 수준으로 떨어졌다. 국채 금리가 요동을 치면 안전자산이라고 믿어 투자했던 국채 투자자들이 손실을 보지 않기 위해서 국채팔기에 나서게 되어 국채 금리가 급등하여 국채가격을 하락하게 만든다. 일본 중앙은행은 국채가격 하락과 국채 금리 상승을 막기 위해 채권을 사들이는 방식으로 시중에 돈을 뿌려 국채 금리를 2013년 초에 하락시키는 전략을 구사하였다. 그러나 일본 국채 투자자들이 주식투자로 갈아타면서 국채가격은 하락하고 금리는 상승하는 일이 잠시 있었던 것이다. 그런 점에서 보면, 주식시장은 국채시장과 상호 연동하는 관계에 있다. 즉 주식시장이 호황이면 국채 투자자들이 주식시장으로 잠입하여 국채시장에 악영향을 미치는 것이고, 그 반대도 성립된다.

국채시장에서 투자자들의 손실이 발생하여 국채를 팔면 다시 국채 가격은 하락하고 국채 금리는 상승하는 악순환의 늪에 빠질 수 있는 위험성이 있다. 한국은행 관계자에 따르면, 일본의 국채 금리가 1% 포인트 오르면, 은행권은 6조 6,000억 엔의 손실을 보고, 2-3% 포인트 오르면, 12조 5,000-6,000억 엔의 손실을 보게 된다고 보고 있다. 2013년 일본은행은 물가 상승률 목표로 2%를 제시하고 있지만 2013년 5월 물가상승률이 –0.9% 이어서 인플레이션 상승분이 그대로 금리에 반영되면서 국채 금리가 3% 정도 상승한 것으로 보고 있다. 일본 국채 금리가 상승하면 막대한 이자부담으로 지출을 삭감하는 중장기적 재정 건전화 정책을 병행해야 할 필요성이 있게 된다.

국제사회에서 일본과 한국의 신용등급이 역전된 결정적인 것이 국가 부채이다. 한국이 일본보다 국가신용등급이 높아진 것이다. 국가신용등급은 결국 빚을 부도내지 않고 갚는 능력을 말하는데 빚이 많을수록 등급이 떨어질 수밖에 없다. 2012년 5월 일본의 국가신용등급을 기존의 AA에서 A+로 두 단계 강등시켰다. 그 이유는 일본의 공공부채 비율이 치솟아 국가 신용여건이 악화될 우려가 있기 때문이다. 국제통화기금(IMF)에 따르면 2011년 일본의 국내총생산(GDP)대비 국가 부채 비중은 229.8%에 달해 한국 34.1%의 6배가 된다. 2012년 국제통화기금은 일본의 국내총생산(GDP)대비 국가 부채 비중이 240%로 증가할 것으로 예상하였다. 2015년 1월 1일 현재 인구 추이를 기초로 단순 계산해 보면, 일본 국민 1인당 약 830만 엔의 차입금을 안고 있는 것이 된다.

다음의 표는 일본 정부 총부채 잔고를 나타낸 것으로 정부의 채무로서 공채 및 차입금 등이 포함되어 있다. 다시 말하면 일본 중앙정부가 안고 있는 총부채를 말한다.

〈표 56〉 일본 정부 총부채 잔고의 추이

(단위 : 10억 엔)

연도	1980	1981	1982	1983	1984	1985	1986	1987	1988	1989
부채 금액	129,076	151,558	170,522	194,032	211,033	227,761	250,029	269,420	281,224	289,778
연도	1990	1991	1992	1993	1994	1995	1996	1997	1998	1999
부채 금액	311,667	327,694	359,503	392,398	427,418	476,974	523,679	570,832	623,290	684,696
연도	2000	2001	2002	2003	2004	2005	2006	2007	2008	2009
부채 금액	733,069	776,689	818,560	845,917	910,014	939,458	942,424	938,808	961,380	990,554
연도	2010	2011	2012	2013	2014	2015	-			
부채 금액	1,041,719	1,083,243	1,124,865	1,164,763	1,202,241	1,232,499				

자료: IMF, World Economic Outkook Databases, 2015년 4월판에서 재구성

일본 정부가 지고 있는 부채총액 추이를 보면 1980년대 이후 줄곧 증가해 왔다. 경기 부양책과 소자화 및 고령화 정책을 구사하는 과정에서 생긴 부채이다. 그런 정책에도 불구하고 점차 소자화와 고령화가 진행되어 앞으로도 막대한 사회비용이 쓰여 질 것으로 예상된다. 가장 문제가 되는 것은 재정 악화가 급속도로 진행되고 있어도 극복할 수 있는 방법이 제한되어 있다는 점이다. 일본 정부는 유일하게 소비세를 인상해서 메꾸는 작업을 시작했지만 앞으로 얼마나 어떻게 더 인상할지 예상하기 어렵다.

다음의 표는 일본 정부 총채무 잔고의 GDP비율을 나타낸 것이다.

GDP부채비율이 100%이상이 된 시점이 1996년이고, 200%가 된 시점이 2009년이다. 2015년은 약 246.14%로 나타나 매년 증가하고 있다는 것을 알 수 있다.

〈표 57〉 정부 총부채 잔고(GDP비율)의 추이

(단위 : %)

연도	1980	1981	1982	1983	1984	1985	1986	1987	1988	1989
비율	52.37	57.20	61.30	67.07	68.63	68.96	72.34	74.95	72.78	69.62
연도	1990	1991	1992	1993	1994	1995	1996	1997	1998	1999
비율	69.35	68.78	73.68	79.93	86.22	95.07	102.29	109.10	121.63	135.61
연도	2000	2001	2002	2003	2004	2005	2006	2007	2008	2009
비율	143.78	153.64	163.99	169.57	180.66	186.44	186.00	183.01	191.81	210.25
연도	2010	2011	2012	2013	2014	2015	-			
비율	215.95	229.84	236.76	242.59	246.42	246.14				

자료: IMF, World Economic Outkook Databases, 2015년 4월판에서 재구성

2014년 국채발행계획에 따르면, 발행 총액은 2013년 대비 10조 9,936억 엔 증가한 181조 5,388억 엔으로 2년 만에 증가하고 과거최대를 경신하였다. 신규발행의 국채는 줄었지만 리만 쇼크 때 대량으로 발행한 5년채 등의 만기가 집중하고 있어 국채를 전환하는 차환채(借換債)가 9조 9,689억 엔 증가한 122조 1,495억 엔으로 불어나게 된다. 시장에서 발행하는 국채는 1조 5,000억 엔 감소한 155조 1,000억 엔으로 6년 만에 줄었다. 장래 차환채의 발행을 조정하기 위해 만기까지의 기간이 30년 채를 1조 2,000억 엔 높이는 한편 2년 채 등을 감액하고 평균 상환 연한을 8년 5개월로 연장하게 된다. 그리고 물가연동에 대응해서 수취액이 증감하는 물가연동 국채는 1조엔 증가한 1조 6,000억 엔 발행할 예정이다.

OECD(경제협력개발기구)의 추계에서는 지방분을 합한 일본의 공

적 부채 잔고의 국내총생산(GDP)비는 2014년 말 231.9%에 달한다. 가맹국 31개국 중 최고로 높다. 재정파탄에 휘말리고 있는 그리스는 191.6%이다. 채무를 낮추기 위해서는 세출을 줄이고 세수를 늘리는 방법이외는 없다. 차입금의 대부분은 국내자금으로 지탱하고 있고, 유럽채무 위기와 같은 자금 도피는 일어나지 않을 전망이다. 2013년 11월 〈OECD〉의 조사에 의해 2013년 각국 공적채무잔고의 GDP비율을 보면 다음과 같다.

〈그림 23〉 각국 공적 채무잔고의 GDP비율

(단위 : %)

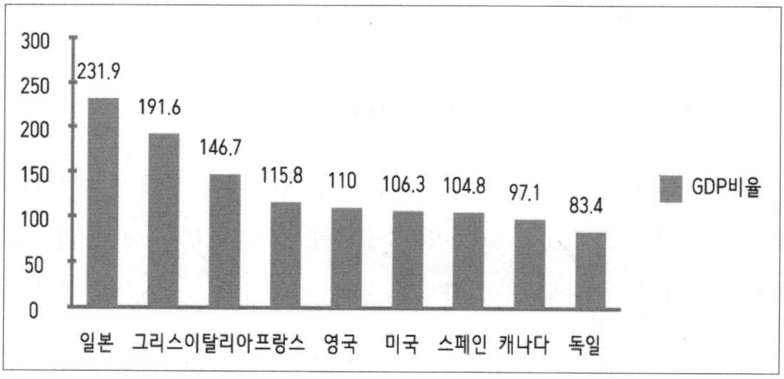

그림에서 보면 일본이 231.9%로 최고에 이르렀고, 그리스, 이탈리아, 프랑스, 영국, 미국, 스페인, 캐나다, 독일 순이다.

국제통화기금(IMF)은 아베노믹스의 실패 가능성을 경고하고 나서기도 하였다. IMF는 일본이 아베노믹스의 첫 번째와 두 번째 화살인 재정 정책과 통화 정책을 시행했지만 세 번째 화살의 근본적인 경제구조 개혁 없이는 기대했던 효과를 얻을 수 없다고 보았다. 월스트리저널은 아베노믹스가 실패하면, 2008년 금융위기의 시발점이었던 리먼브러더스의 파산과 비슷한 충격이 발생할 수 있다고 우려했다. 일본은 윤전기를 돌려서라도 발목을 잡고 있는 장애물을 제거하는 작업을 하고 있지만 즉흥적인 정책이 될 수 있다. 중장기적인 차원에서의 경제정책이 추진되어야 할 것이다.

다섯째는 실질임금 하락이다. 일본 후생성이 발표한 근로 통계에 따르면 엔저로 큰 혜택을 본 수출 대기업들이 상여금 등을 일부 인상했지만 내수 기업들은 오히려 엔고로 인한 원자재 가격 상승으로 임금을 인상하지 못하고 있다. 2013년 풀타임 노동자의 평균월 임금이 전년대비 0.7% 감소하고, 4년 만에 임금이 전년보다 낮아진 사실이 후생노동성의 임금 구조 기본 통계조사에 의해서 판명되었다. 또한 비정규직 고용자가 2013년 11월 시점에서 1,964만 명으로 과거 최대이다. 정규고용자는 2013년 1월부터 11월 사이에 26만 명 감소하였다. 고용의 질이 악화되고 있는 것이다. 2013년 11월 정사원 유효 구인 배율이 0.63에 머물고 있어 많은 신규사원은 비정규직이 될 가능성이 높아졌다.

돈을 풀어 경제를 부양하고 가계 소득을 늘려 세수를 증가 시킨다는 계획도 차질을 빚고 있다. 2014년 6월말 일본의 실질임금은 2013년 대비 3.2% 하락했다. 영국 파이낸셜타임스는 높은 임금을 받던 일본 베이비붐 세대가 은퇴하고 그 일자리를 저임금 노동자가 채우면서 실질적인 완전 고용 상태인데도 가계소득은 증가하지 않은 패러독스에 빠졌다고 보도했다. 고용과 임금분야에서 계획한 만큼의 효과를 거두지 못하고 있으며, 상황은 좋아지지 않을 것이라는 점도 함의하고 있다.

2015년 노동후생성이 발표한 4월 노동 통계조사에 의하면, 1인당 현금 급여총액(명목임금)은 27만 4,577엔으로 전년도 동월대비 0.9%

증가했다. 임금상승 효과가 통계상에도 나타나고 있다. 경제단체연합회는 2015년 춘투 중간조사에서 조합원 300인 미만 중소기업의 평균 임금상승률이 1.9%로 나타나, 전년보다 0.16포인트 상승했다. 대기업의 약 2.3%에는 미치지 못했지만 임금 상승은 확인할 수 있다. 임금개선은 파트타임 노동자에게도 영향을 미치고 있다. 4월 현금 급여 총액은 1.3% 증가했다. 그럼에도 불구하고 인플레이션율과 소비자물가 등의 관계를 통해서 보면, 실질임금은 제로나 마이너스로 나타나고 있다.

다음의 그림은 일본의 임금상승률을 전체산업평균과 실질임금 측면에서 정리한 것이다. 1985년부터 2015년까지의 임금상승률 추이이다.

〈그림 24〉 일본의 임금상승률 추이

(단위 : %)

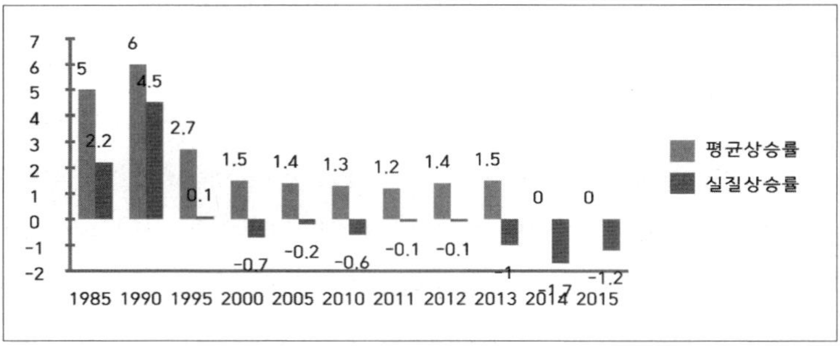

자료: 生労働省, 2015,『賃金引き上げ等の実態に関する調査』, みずほ総合研究所

그림에서 보면, 1985년부터 2013년까지의 평균 임금은 상승하는 것으로 나타나고 있다. 실질임금을 보면, 2000년부터 2015년까지는 마이너스를 기록하고 있어 실질적으로 임금상승 효과는 없다고 볼 수 있다. 특히 아베노믹스가 추진된 2013년 평균 임금은 1.5% 상승했지만 실질임금에서는 –1% 하락했고, 2014년에는 실질임금이 –1.7% 감소했고, 2015년에 그것은 –1.2 감소한 것으로 나타났다. 그것은 아베노믹스가 실질임금을 상승시키는데 제한적이거나 효과가 없다는 것을 의미한다.

아베노믹스의 추진으로 실질임금 저하와 고용비용 감소로 100만인 고용 효과가 있었지만 실제로 증가한 것은 비정규직 고용자뿐 이라는 비판이 있다. 100만 신규고용자는 비정규고용으로 비교적 임금이 낮은 노동자이다. 그만큼 1인당 임금수준도 하락하게 하였다. 소비세 증세와 연결시켜 생각해보면, 실질고용자 보수를 2% 낮추는 요인이 되며, 증세 후 실질고용 보수는 거의 오르지 않은 것이며, 구매력을 저하시키는 것이다. 그러나 긍정적인 측면에서 본다면, 100만인의 신규고용자가 증가한 분만큼 고용자 전원이 받는 고용자보수는 크게 증가하였고, 국민전체의 소득이라는 측면에서 보면, 국민의 실질적인 소득은 증가한 것이 된다.

어떻게 보면, 아베노믹스와는 관계없이 기업이 비교적 고용비용이 적은 비정규 고용을 확대하는 것은 당연한 것이다. 거기에 사람이 부족하면 기업은 비정규 고용자의 급여를 올려 고용을 확보하게 되고, 그래도 사람이 모이지 않으면 정규고용 구인을 확대할 수밖에 없다. 고용확대국면에서는 비정규-정규고용순으로 고용이 증가한다. 정규고용자는 급여가 높을 뿐 아니라 일단 채용하면 간단하게 해고할 수 없다. 기업 측에는 큰 고용 리스크가 발생하기 때문에 먼저 비정규고용을 늘린다. 실질임금의 저하는 좋지 않은 점이 있지만 역으로 실질임금 상승 자체도 좋아만 할 일이 아니다. 실업률이 낮아지지 않은 상태에서 실질임금 상승은 실업자의 증가를 초래할 가능성이 있기 때문이다.

실질임금이 낮아지거나 마이너스라고 해도 신규 고용자가 증가하면 실업률이 낮아지고, 노동자가 받는 전체 보수 총액은 많아지기 때문에 경제 전체는 좋아지는 것처럼 보인다. 아베노믹스의 긍정적인 효과를 보는 하나의 기준이 될 수 있다. 일본 정부는 2015년 3월 임금 통계를 통해 실질임금이 23개월 연속 하락했다고 보고 있다. 그러나 실질임금은 2014년 10월 저점을 찍고 상승하기 시작했다. 2015년 임금 상승률은 2014년을 넘어서고 있다. 친 아베노믹스파는 원유가격 변동의 영향 등이 있어 알 수 없지만 이대로 진행된다면 아베노믹스로 벌어지는 실질임금 하락은 끝날 것으로 보고 있다. 일본 은행 이와타 기쿠오(岩田規久男) 부총재는 소비세 증세의 실질임금 저하 효과를 제외하면, 일반노동자, 파트노동자의 실질임금은 전년대비 크게 떨어지지 않는다고 보았다. 최종적으로 실질임금은 상승으로 전환될 것으로 보고 있다.

그러나 여전히 아베노믹스에 의한 부정적인 효과가 예상되고 있다. 실질임금이나 구매력 저하가 나타나고 있기 때문이다. 소비세 증세로 인하여 가용소득, 구매력, 소비력 등은 현저하게 저하될 것이다. 또한 금융완화로 인한 물가상승이 임금상승이나 고용효과를 떨어뜨리는 원인이 되고 있다. 그리고 명목소득의 증가를 넘은 물가상승률의 증가로 실질임금이 저하되고 있다. 그처럼 아베노믹스의 부정적인 효과는 임금저하, 주가폭락, 금리상승 등 다양한 측면에서 나타나고 있다. 아베노믹스는 주가거품만 촉발시키고, 금리상승과 국가부도로 이어질 수 있다고 비판 받고 있다. 아베노믹스가 역효과를 내고 있다고 평가 받을 수 있는 대목이다. 아베노믹스의 경제효과는 대폭적인 금융완화-엔저-수출확대를 하는 것이다. 그러나 엔저에도 수출이 뚜렷한 회복세를 나타내지 못하고 있는 가운데 내수회복과 함께 수입이 급

증세를 보임으로써 순수출(수출-수입)의 성장기여도가 급락하고, 일본 경제의 성장률도 아주 미미한 수준에 머물고 있다. 아베노믹스는 다양한 부정적인 결과를 낳을 것이라는 예상과 비판이 나오는 이유이다. 아베노믹스에 기초한 아베 일본 주식회사의 미래는 어떻게 될 것인가하는 아베노믹스의 미래를 두고 논란이 가열되고 있다.

3. 신아베노믹스의 특징

아베노믹스의 평가

아베노믹스는 2013년부터 추진되는 과정에서 긍정적인 효과와 부정적인 효과가 나타나고 있다. 그럼에도 불구하고 아베노믹스가 언제까지 추진되어야 할 것인가에 대한 판단 기준은 잘 정리되어 있지 않은 것 같다. 그러나 순기능과 역기능이 교차되고 있어 무조건적으로 추진될 수 있는 일은 아니다. 현 상황을 보면, 적어도 긍정적인 효과가 부정적인 효과보다 많이 생산될 때까지는 추진될 수 있을 것으로 보인다. 아니면 중지 선언이나 고지 없이 다른 정책으로 대체될 가능성도 있다.

다음의 표는 아베노믹스에 대한 일본식자들과 그들의 의견을 소개한 것이다. 역시 아베노믹스에 대해서 긍정적으로 보는 시선과 부정적으로 보는 시선으로 갈리고 있다.

〈표 58〉 아베노믹스에 대한 일본식자의 평가

구 분	평가내용	특 징
하마노리코 (浜矩子)	- 동지사대교수 - 아베노믹스를 아호노믹스라 칭함. 주식이나 부동산 가격이 오르면 버블이 일어나 디플레이션이 됨. 따라서 득을 보는 것은 부유층뿐이고 서민은 어려워지고, 기업업적이 좋고, 직장인의 승급이 오르는 것은 대기업뿐	비판
고바야시요시노리 (小林 よしのり)	- 역사만화가 - 아베노믹스를 아호노믹스라고 비판함 - 아베 신조 총리는 아베노모구즈(アベノモクズ)와 함께 사라진다고 봄	비판

우에쿠사가즈히데 (植草 一秀)	- 아베노믹스, 외교정책, 군사정책 등은 일본 국민, 일본 경제위기, 손실을 촉발하는 것으로 보아 아베노리스크(アベノリスク)라고 비판 - 아베노믹스의 3개화살(三本の矢)을 7가지대죄(七つの大罪)라고 표현함. 즉 오만, 분노, 질투, 태만, 탐욕, 폭식, 색욕(육욕)	비판
모라나가타쿠로 (森永 卓郎)	- 아베노믹스를 아베리스크라고 비판함 - 아베정권의 악몽으로 격차 사회와 이권사회가 도래함. 아베가 추진하고 있는 것은 초약육강식의 이권사회에 불과함	비판
와카타베마사즈미 (若田部昌澄)	생활보호의 등한시는 아베노믹스의 마이너스임	비판
이토미쓰하루 (伊東光晴)	- 엔고 달러저는 총선거와 아베 내각이전에 시작된 것으로 아베 및 구로다 정책의 효과가 아님	비판
오기나유리 (翁百合)	- 주식고, 엔저를 통해 사람들의 정신을 바꾼 것은 평가할만 함. 그러나 양적완화에 의한 직접적 효과는 아직 없음	긍정
이토모토시게 (伊藤元重)	- 아베노믹스의 효과는 주가, 환율, 물가상승률, 실업률, 유효구인배율 등의 고용지표에서 긍정적으로 나타나고 있음	긍정
다케모리슌페이 (竹森俊平)	- 아베노믹스라는 것은 금융완화뿐임	-
다카하시요이치 (高橋洋一)	- 아베노믹스의 제1화살과 제2화살은 세계에서 표준적인 매크로경제정책임	긍정
이다야스유키 (飯田泰之)	- 아베노믹스의 제1화살은 결코 친부자 정책이나 적대빈자정책이 아님. 격차시정적인 측면이 있음	긍정
마쓰오카다스 (松尾匡)	- 아베노믹스의 제3화살은 공급능력을 높이는 정책으로 신자유주의정책 -제1화살과 제2화살은 경기확대정책임	긍정

자료: www.yahoo.com에서 재구성

위의 표에서 보는 것처럼, 일본식자들이 보는 아베노믹스에 대한 시각은 매우 다양하다. 그 중에서 비판파는 많은 부작용을 발생시킨다는 의미에서 아호노믹스(アホノミクス)라고 비판하고 있고, 오만, 분

노, 질투, 태만, 탐욕, 폭식, 색욕 등의 성격을 가지고 있다고 비판하며, 많은 위기를 불러올 정책이라는 점에서 아베노리스크라고 표현하고 있다. 그런 의견에 비해 긍정파는 아베노믹스가 정상적인 금융정책이며 위기를 극복하기 위한 정책이라고 보고 있다.

아베노믹스에 대한 국제사회나 국내사회의 평가는 긍정적인 측면과 부정적인 측면이 공존하고 있다. 그것은 그만큼 일본을 둘러싸고 있는 경제 환경이 매우 복잡하고 그것을 극복하기 위한 아베노믹스의 효과나 역효과도 과신할 수 없다는 의미를 함의하고 있다. 현대 경제는 다양한 요인에 의해서 무너지기도 하고 성장하기도 하기 때문에 멀티경제 환경에 대해서 알맞는 멀티경제 정책이 요구되고 있다. 종합적인 정책에 의해서만이 그 위기를 극복하고 성장시킬 수 있기 때문에 단순한 경제논리나 정치논리로 해결하는 데는 한계가 있다. 아베노믹스는 그런 다양한 경제 환경을 전제로 하여 계획되고 추진되어 좋은 결과를 얻을 수 있는지 등에 대해서 점검할 필요가 있다.

아베노믹스와 아호노믹스

아베노믹스를 일본식자들은 아호노믹스(アホノミクス) 또는 아베노리스크(アベノリスク)라고 비판하기도 한다. 동지사대 하마다(浜矩子)교수는 아베노믹스를 아호노믹스라고 칭하고 있고, 만화가 고바야시요시노리(小林よしのり)는 아베노믹스를 아베노리스크라고 칭하고 있다. 아호노믹스나 아베노리스크는 아베노믹스가 일본 경제를 성장시키거나 위기를 극복하는 경제이론이 될 수 없다는 것을 신랄하게 비판한 용어이다. 또한 아베노믹스가 부정적인 효과를 현실 사회에서 만들어

내고 있다는 비판이다.

아호노믹스라는 용어는 일본식자들 뿐 아니라 일반 서민들의 입에서도 나오고 있는 비판 용어이다. 이와테(岩手)현 가마이시시에 있는 헤이타 가설주택지는 가장 큰 가설주택 중의 하나다. 지금 이곳에는 동일본대지진으로 집을 잃은 주민 430여명이 좁은 컨테이너에서 하루하루를 뒤엉켜 살고 있다. 주민들이 스스로 나서 노인들을 돌보는 케어존, 병원 역할을 하는 임시치료소 등을 만들어 운영하고 있지만, 제대로 된 마트도 하나 없다. 생필품을 살려면 한 시간에 한 대 오는 버스를 타고 마을로 나가야 한다. 생존과 생활을 영위하는데 몸과 마음을 집중하고 있는 실정이다.

동일본지진 이후 일본 정부는 복구에 국력을 집중시키고 힘을 기울였다. 그런 가운데 2011년 8월 피난소에서 이곳으로 옮겨온 이들에게 2년만 참고 기다려 달라고 했다. 그런데 3년이 지났는데도 제대로 복구 되지 않아 지금도 기약 없이 기다려야 하는 처지이다. 조선일보에 의하면, 자치회장 모리야 이사오씨는 무엇보다 힘든 것은 3년이나 5년 뒤에도 여기에서 나간다는 확신이 없다는 것이다. 주민 사사키 신지씨는 아베 신조총리의 경제정책은 아베노믹스가 아니라 아호노믹스(바보경제)라 부르고 있다. 왜냐하면 당장 부흥 작업도 제대로 하지 못하면서 2020년 도쿄올림픽 특수가 지진 피해자들에게도 도움이 된다는 소리나 하고 있으니 어이없다는 것이다. 아베노믹스가 누구를 위한 정책인지를 강하게 묻는 서민들의 질문이며 의문이라는 점에서 의미가 있다.

일본 언론과 국민이 환호하는 2020 하계올림픽 유치가 지진 피해지 주민들에게는 전혀 반가운 일이 아니다. 오히려 악재라고 한다. 피해지역의 복구, 재건공사에 동원될 인력들이 올림픽 경기장 공사 현장으로 빠져나가고 있고, 그리고 인건비와 건설 자재비가 뛰면서 복구가 더욱 늦어질 수밖에 없기 때문이다. 실제 대지진 피해 지역에서는 일손이 부족해 정부가 배정한 예산도 소화하지 못할 지경에 이르렀다. 대지진 3대 피해지역이 2011년 4월부터 2012년 4월 회계연도에 사용하지 못한 예산은 2조 9,600억 엔에 달한다. 올림픽 유치가 확정된 후 일손과 복구자재가 부족해지면서 공사일정에 차질이 생긴 지역이 많은 것이다. 사업비 5,000억 엔 규모의 올림픽 경기장 건설이 본격화되면서 건설 대기업들은 지진 피해 재건 사업보다는 올림픽 사업 수주에 나서고 있다. 피해 복구에 대한 정부나 사회 관심이 줄어들고 있는 것이다.

또한 지진으로 인하여 방사능 피해를 보고 있는 후쿠시마현 미나미소마 지역에서는 방사성 물질제염 작업 중이던 노동자들이 최근에 복구현장을 떠나 올림픽 사업에 투입 되었다. 당장 해결 되어야 할 원자력발전소 문제가 해결되고 있지 않는 상황에서 벌어지고 있는 일이다. 후쿠시마현에 산적해 있는 잔해나 쓰레기 제거 작업은 귀환 곤란 구역을 제외하더라도 작업 진행률이 50% 이하이다. 일본 정부가 외국에서 건설 노동력을 수입해 부족한 복구인력 수요를 충당하겠다고 밝히고는 있다. 그런 상황에서 피해지역 주민들 사이에는 정부만 믿고 있다간 동북지역이 앞으로 수년간 이런 거대한 공사장으로 남아 있을 것이라는 비관론이 대두되고 있다. 아베노믹스가 피해지역의 재기나 부흥에 미온적이라는 비판인 것이다.

아베노믹스는 디플레이션 탈각, 경제성장을 최고 가치로 하고 있다. 그것은 총체적인 일본을 대상으로 하는 정책이라는 점에서 대기업, 대기업종사자, 중소기업 및 종사자, 농어촌종사자 등 모두가 혜택을 받고 누릴 수 있어야 한다. 그러나 2013년부터 실천되고 있는 아베노믹스 효과는 일부에게 돌아가는 등 편중되고 있는 점을 부인할 수 없다. 대기업, 가진 자를 중심으로 한 결과물이 산출되어 분배되고 있다. 중소기업이나 서민들에게는 아직 그 효과가 나타는데 한계가 있어 그에 대한 불신과 절망이 생기고 있다. 그것이 아베노믹스가 아호노믹스로 불리는 이유이기도 하다. 진정한 경제정책이 되기 위해서는 아베노믹스의 긍정적인 효과가 일본과 국민 모두에게 돌아가도록 초점이 맞춰져야 할 것이다.

아베노믹스의 딜레마

현재 아베노믹스는 아호노믹스나 아베노리스크라는 딜레마에 빠질 가능성을 가지고 있다. 초기 일본인에게 기대를 갖게 한 아베노믹스의 마술이 깨지고 있는 것이다. 그런 증거는 다양한 영역에서 나타나고 있는 현실적 충동현상이 증명하고 있다. 아베노믹스를 둘러싸고 벌어지는 해결하기 어려운 딜레마가 발생되고 있는 것이 증거이다.

아베노믹스를 둘러싸고 있는 딜레마의 내용을 보면 다음과 같다.

〈그림 25〉 아베노믹스의 딜레마

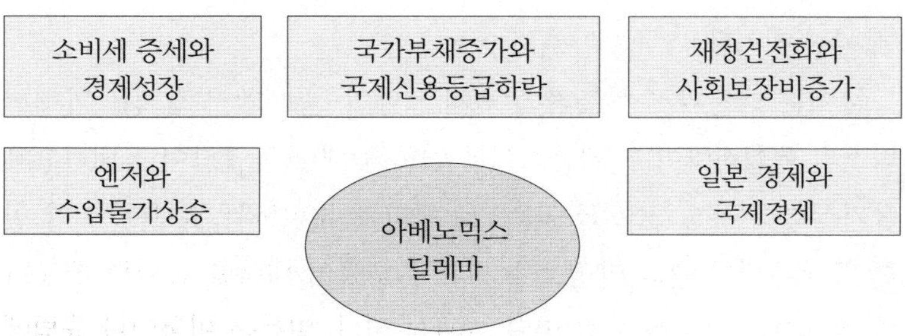

첫째는 소비세 증세와 경제성장의 딜레마이다. 소비세 증세는 경제성장에 어떤 영향을 줄 것인가 하는 점이다. 소비세 증세는 소비를 위축시켜 상품을 팔리지 않게 하여 기업이익 및 생산 저하로 이어져 기업 활동의 약화를 초래한다. 기업 활동의 약화는 고용저하와 구조조정으로 이어져 해고 노동자가 생기고, 기업투자의 저하를 가져와 일자리를 창출하지 못해 실업률의 증가로 이어진다. 실업률의 증가는 실직노동자의 증가와 가계소득을 악화시켜 소비경제를 압박하게 되어 경제성장을 저해하는 요인으로 작용할 수 있다. 그럼에도 불구하고 아베 총리는 2014년 소비세를 5%에서 8%로 올렸다. 그것은 재정건전화와 국가 부도 방지에 우선권을 두었기 때문이다.

아베노믹스의 최대 딜레마는 세금을 올리고 동시에 경제성장을 해야 하는 것이다. 그렇기 때문에 소비세 증세를 둘러싸고 논쟁이 첨예하게 대립하고 있다. 아베 총리의 경제 참모인 하마다 코이치(浜田宏一) 예일대 명예교수는 소비세 인상이 경기 회복에 찬물을 끼얹을 수 있다며 반대 입장을 표명했다. 반면 아소타로(麻生太郎) 부총리 겸 재무상과 구로다 하루히코(黒田東彦) 일본 은행 총재는 소비세를 인상하지 않을 경우 200%가 넘는 국가 부채에 대한 우려를 증폭시켜 금리 급등과 국채가격 폭락을 초래할 수 있다고 주장하여 증세에 찬성하고 있다. 아베노믹스가 소비세 증세도 하고 경제성장을 추진해야 하는 딜레마에 빠진 것이다.

둘째는 엔저와 수입물가 상승의 딜레마이다. 엔저 정책은 아베노믹스의 핵심전략이다. 기본적으로 엔화를 대량 공급하여 국내적으로 물가상승을 유발하고 국제적으로 엔저를 유도하는 것이다. 만약 일본 중앙은행이 엔화 발행을 늘리고 은행들이 대출을 늘려도 총통화가 확대하지 않으면 엔화 공급 효과는 없다. 일본은 미국이나 유럽에

앞서 양적 금융완화를 실시했지만 엔저를 유도하는데 한계를 보였다. 미국과 일본 간의 금리격차도 환율에 중요한 변수로 작용한다. 미국의 금리가 높으면 달러강세-엔화약세, 리먼쇼크 때처럼 달러가 0금리를 하자 달러약세-엔화강세 현상이 벌어졌다. 엔화의 고저는 그처럼 달러와의 관계에 영향을 받는다는 점이다. 만약 아베노믹스가 목표한 대로 연 2% 대 물가상승에 성공할 경우, 일본의 금리인상으로 다시 엔고 압력이 발생하게 된다. 물가가 오르면 중앙은행은 필연적으로 금리를 높일 수밖에 없기 때문이다. 아베노믹스의 성공은 엔고 압력을 가중시키는 부메랑으로 작용할 수 있다는 점이 일본 경제가 처한 경제적 딜레마이다.

엔저는 수입물가 상승을 초래하여 경제를 위축시킬 가능성이 있다. 일본은 엔저 정책을 추진하여 상품가격을 올려 디플레이션에서 탈각하고 국제시장에서 수출을 증대시키는 효과를 기대하는 경제정책을 추진하였다. 그런 의도는 대외경쟁력이 있는 수출품목을 중심으로 효과를 거두어 제조업을 활성화하는 한편 주가를 끌어올려 경기를 부양시키는데 일시적으로 효과를 거두었다. 그러나 원자재나 에너지를 해외에 의존하고 있는 일본은 엔저로 수입 원자재를 중심으로 가격상승 효과가 생겨 전반적으로 생산비, 제품이나 생필품 가격을 올리는 딜레마에 빠져있다. 엔저로 수출은 증가했지만 수입단가가 상승하면서 2013년 7월 무역수지는 1조 240억 엔의 적자를 기록했고, 8월 1일부터 20일사이의 무역수지도 8,274억 엔 적자를 기록했다. 아베노믹스가 엔저로 수출을 증대시키는 동시에 수입 물가를 내려야 하는 딜레마에 빠져있다.

셋째는 국가부채와 국제신용등급 하락의 딜레마이다. 국가부채 증가는 국제신용등급의 하락을 가져와 국제사회에서 기업평가나 국가평가의 하락으로 이어져 부정적으로 기능할 수 있다. 일본의 부채는 GDP의 200%가 넘어 선진국 최고 수준에 있다. 세입과 세출 구조를 보면 국가 부채는 늘 수밖에 없는 이유가 있다. 세금과 같은 정부 수입이 47조 엔인데 비해 지출은 92조엔 정도이다. 45조엔 안팎의 국공채를 발행하여 적자를 메우고 있는 실정이다. 국가 부채를 방치하면 국가신용 등급하락, 국채가격 폭락, 금리폭등 등으로 이어져 국가부도로 이어지기 때문이다. 국제신용 평가기관은 소비세 인상을 연기하면 국가신용등급을 강등시키겠다고 경고를 하고 있어 소비세를 올리는 중요한 원인으로 작용하였다. 아베노믹스가 국가부채 증가에도 불구하고 국제신용 등급을 올려야 하는 딜레마에 빠져있다.

넷째는 재정건전화와 사회보장비증가의 딜레마이다. 일본에서 진행되고 있는 소자화 및 고령화는 사회보장확대를 초래하여 정부재정지출로 이어지고 있다. 일본의 재정적자는 매년 1조 엔씩 증가하고 있고, 주요원인이 되는 것 중의 하나는 사회복지비 증가이다. 출산장려책, 연금, 간병, 의료보험 등을 위한 사회보장비가 증가하고 있다. 고령화에 따른 사회보장비 증가 추세를 보면 2020년에는 소비세를 15% 인상해도 부족하다는 전망도 나오고 있다. 일본 정부는 대책으로 세금인상, 연금수령액삭감, 의료나 간병보험의 개인부담증액 등과 같은 정책을 추진할 예정에 있다. 사회보장비증가는 피할 수 없는 것이지만 고령화 속도와 비율 증가에 반하는 사회보장비 감액 정책으로 방향을 유도해야하는 상황에 놓여있다. 아베노믹스가 재정을 건전하게 해야 하는 상황과 사회보장비를 늘여야 하는 딜레마에 빠져있다.

다섯째는 일본 경제와 국제경제의 딜레마이다. 일본 경제는 국내외적 경제 환경 변화에 의해서 침체되고 있는 것이다. 국내요인으로는 일본 기업이 위기에 처해 있기 때문이다. 일본 기업은 중추세력이 힘을 발휘하는 기업구조를 갖고 있지만 그들이 힘을 발휘할 수 없는 한계에 봉착하고 있다. 또한 시대적 변화에 대응하는 정책이 실패하고 있는 기업이 많다. 후지필름은 필름시장이 사라지면서 적자를 내어 기업도산 위기에 몰려있다. 최근 2-3년 동안 산요가 무너졌고, 샤프, 소니, 파나소닉 등 가전회사들이 수조원대 적자를 보고 있다. 그것은 전통적인 일본 기업들이 대부분 겪고 있는 문제이기도 하다.

그리고 일본 경제는 국제경제 환경에 크게 영향을 받고 있다. 중국과 한국의 경제성장은 일본의 경쟁력을 하락시키고 있다. 일본 기업은 얼마 전만 해도 중국기업과 비교해보면 상대적으로 경쟁력이 있고 경제시장에서 유리한 위치에 있어 이익을 획득하는데 어려움이 없었다. 그러나 현재 중국경제 환경의 변화로 이익 획득을 장담할 수 없는 상황이다. 최근 중국에서는 시진핑 주석이 중국회사를 지원한다는 방침을 노골적으로 드러냈다.

또한 일본 경제가나 기업은 삼성전자의 성공에 공포, 경외, 부러움, 분노 등을 피부로 느끼고 있다. 1980년대 일본에서는 삼성타도를 외치며 모든 메모리 반도체 기술과 역량을 결집해 일본 반도체 연합군 〈엘피다〉를 만들어 삼성과 결전을 준비하였지만 엘피다가 2012년 파산 신청을 하면서 계획 자체가 무너졌다. 국제경제 환경에 잘 적응하는 가운데 나홀로 성장했던 일본 경제가 점차 경쟁을 치열하게 해야 하는 상황에 놓였다. 그리고 경쟁에서 항상 승리하던 일본 경제가 패배를 맛보고 있는 것이다. 아베노믹스가 국제경제환경 변화에 대응해야 하는 딜레마에 빠진 것이다.

신아베노믹스

아베 신조 총리는 그동안 일본 경제성장을 추진하는 핵심 축으로 아베노믹스 3개 화살을 추진해 왔다. 그렇다고 아베노믹스를 구성하고 있는 3개 화살이 괄목할 만한 결과나 효과를 거두고 있는 것은 아니다. 여전히 진행 방향이나 추진과정, 목표달성 등을 둘러싸고 찬반 양론이 격돌하고 있는 실정이다. 그런 상황에도 불구하고 2015년 9월 아베 총리는 아베노믹스 제2막을 선언하고 제1막을 구성했던 3개 화살 대신에 신 3개 화살을 발표했다. 그것의 구조를 보면 다음과 같다.

〈그림 31〉 신아베노믹스의 구조

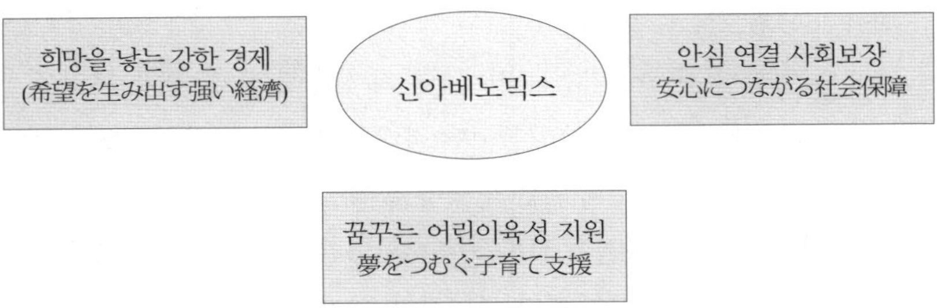

신3개화살은 희망을 낳는 강한 경제(希望を生み出す強い経済), 꿈꾸는 어린이육성 지원(夢をつむぐ子育て支援), 안심 연결 사회보장(安心につながる社会保障) 등으로 구성되어 있다. 신3개화살의 목표로는 국민총생산(GDP) 600조 엔으로의 확대, 희망출생률 1.8명, 개호이직자(介

護離職者)제로 등을 제시했다. 경제중심정책에서 사회보장정책으로 전환되는 경향을 보이고 있어 제1차 아베노믹스와의 연계성 및 실현가능성 등에 의구심을 낳고 있는 것도 사실이다.

그런 점에서 제2차 아베노믹스를 등장시킨 배경에 대한 의문을 낳고 있다. 현재 일본 정부는 안전보장 관련 법안의 강제성립으로 국내외로부터 비판과 부정적인 여론에 몰매를 맞고 있다. 거기에다 아베 정부의 궁극적인 목표인 헌법 개정을 앞에 두고 있다. 따라서 국민의 지지와 결속이 필요하다. 그러기 위해서 2016년 선거에서 승리해야 할 필요가 있고, 국민으로부터 민심을 얻기 위해 서둘러 발표한 무마정책이나 여론몰이 정책은 아닐까라는 의심이 있다. 제시한 목표는 종래의 화살과 같은 정책이 아니라 잘 보이기 위한 선심 정책을 나열한 것에 불과하다는 비판이 있다. 또한 실현하기 위한 실천전략이 약하고 실현될 전망도 보이지 않는다는 비판도 나오고 있다.

첫째는 국민총생산(GDP)을 600조 엔으로 확대하는 것이다. 2014년 명목 GDP는 490조 엔이었다. 내각부는 명목 3% 성장을 계속하면 2020년도에 594조 엔에 달할 것으로 계산하고 있다. 그러나 명목성장률이 3%를 넘었던 것은 1991년도가 최후이다. 2015년 4월-6월 명목성장률은 0.2%, 실질성장률은 마이너스 1.2%로 혼미하고 있다. 목표수치를 달성하기가 매우 어려운 실정이다. 그럼에도 불구하고 아베 총리는 경기최저점을 극복하기 위한 구체적 정책을 추진하고 있지 않고 있다. 제1차 아베노믹스의 핵심정책인 경제성장이 제대로 이루어지지 않는다면 이것은 그야말로 선심선언 정책에 불과한 것으로 판명 날 수 있다.

둘째는 희망출생률 1.8이다. 출생률을 높여야 하는 이유는 일본을 재앙으로 몰아갈 수 있는 인구감소 때문이다. 인구감소는 총체적으로 일본 국력을 떨어뜨리는 요인으로 작용하고 있다. 특히 경제규모, 정치역할, 사회문화상징 등을 약화시키기 때문에 일본 정부는 국가의 운을 걸고 추진하고 있다고 해도 과언이 아닐 것이다. 일본 출생률은 2014년도 1.42에 머물고 있으며 그것을 1.8로 올리는 것은 쉬운 일이 아니다. 아베 총리는 유아교육의 무상화 확대에 대해서 언급했고, 자민당이 2014년 중의원선거에서 공약했던 재원확보전망도 어둡고, 2015년도에도 유보한 상태이다. 아베 총리도 재원확보에 대해서 구체적인 대안을 내지 못하고 있다.

셋째는 개호이직자(介護離職者)제로이다. 일본은 국제사회에서도 사회보장이나 사회복지가 나름대로 잘 되어 있는 편이다. 국가총생산이 증가하고 국제 경쟁력이 유지되는 것은 일본 노동자들의 지속적인 노동 참여를 통한 생산력이 유지되기 때문이다. 그러나 그동안 암처럼 내재된 재정악화, 소자화 및 고령화의 진전은 국가에 의한 사회보장이나 사회복지를 열악한 상황으로 내몰고 있는 원인이 되고 있다. 그것은 곧 공공복지의 약화를 초래하고 사적 복지를 해야하는 상황으로 급변하게 하고 있다. 복지가 가족 구성원의 몫으로 전환되고 있다. 따라서 가족을 돌보기 위해서 가족 개호로 일을 그만두는 사람이 늘고 있는 것이다. 일본에서 개호이직은 연간 10만명 정도에 이른다. 왕성하게 일할 수 있는 세대가 많아 대책이 시급한 실정이다. 아베 총리는 개호시설 정비를 표명하고 있지만 사업자 도산이 이어지고 있고, 2015년 봄 개호보수 인하로 개호시설 운영이 매우 어려운 상황이다.

다음의 표는 2012년도 이직자 가운데 개호 이직 사유자 수와 주택 개호율을 나타난 것이다.

〈표 59〉 개호이직 이유와 현황

(단위 : 만 명, %)

구분	남성		여성	
	개인별이유자수	주택개호율	개인별이유자수	주택개호율
전체	205.6	0.61	259.9	2.04
19세이하	15.4	-	23	1.61
20~24세	37.1	0.46	45.9	0.33
25~29세	30.0	0.43	41.9	0.21
30~34세	26.5	0.15	22.1	0.56
35~39세	23.6	0.08	29.5	0.98
40~44세	15.5	0.19	23.9	2.27
45~49세	12.2	0.16	19.5	4.20
50~54세	10.2	2.06	14.4	6.13
55~59세	12.1	3.22	13.4	9.14
60~64세	14.2	1.41	12.3	4.40
65세이상	8.7	0.58	6.2	4.19

자료: 厚生労働省, 2012,雇用動向調査에서 재구성

표에서 보면, 남성중 주택 개호를 이유로 이직하는 이직자 비율은 50대가 가장 많고, 30대가 가장 낮은 것으로 나타나고 있다. 여성 중 주택 개호를 이유로 이직하는 이직자 비율은 45세 이후가 가장 많고 역시 20대가 가장 낮은 것으로 나타나고 있다. 후생노동성의 고용동향조사에 따르면, 2012년 이직한 사람은 672만 9천 명으로 그 가운데 개인적인 이유로 이직한 사람이 약 467만 5천 명이다. 개인적인 이유 가운데 개호를 이유로 이직한 사람은 6만 6천 명이다. 남성이 1만 6천 명, 여성이 5만 35백 명으로 나타났다. 연령별로 보면 대체로 55부터 59세가 가장 많다.

아베노믹스는 현실에서 좋은 결과를 내놓는데 한계가 있어 다음의 단계를 추진하려면 구체적인 세부정책을 내놓아야 할 것이다. 다양하게 제시되거나 발생한 과제를 새롭게 극복하지 않으면 효과를 볼 수 없을 것이다. 제1차 아베노믹스는 대담한 금융완화, 기동적인 재원출동, 성장전략을 내세웠다. 그 가운데 효과를 발휘한 것은 엔저로 대기업의 수익을 높인 금융완화이다. 그러나 엔저로 식료품등의 가격이 상승하였다. 대기업의 업적이 호조를 보이지만 전체임금이 그렇게 오르지 않고 소비가 큰 변동이 없다. 성장전략도 많은 부분이 불발탄이 되었고, 주가도 급락하고 있다. 아베 총리는 디플레이션 탈각이 목전에 있다고 효과를 강조했지만 아베노믹스가 지향한 경제 호순환은 보이지 않고 있다.

그런 상황에서 아베노믹스의 추진과 동시에 진행된 강한 일본 만들기가 적극적으로 추진되고 있다. 아베 정부는 그 일환으로 안전보장관련법을 강행처리하여 성립시켜 여론과 국민의 반발을 사고 있다. 그러나 아베노믹스의 간헐적인 긍정적 효과에 가려져 소규모의 논란으로 약화되어 파장이 작다. 그런 가운데 일본 국민에게 관심이 많은 사회보장에 관한 정책을 제2아베노믹스로 내세워 중점적으로 추진하려는 자세를 어필하고 있다. 그것은 어떻게 보면, 아베정권을 연장시키기 위한 선심정책에 불과할 수 있다. 더구나 아베노믹스가 흔들리고 있는 상황에서 제시된 것이며, 정책검증이 결여된 총화적(総花的)인 슬로건이라는 점에서 일본 국민이나 식자들은 당황하고 있다.

제3부

신일본사회론

제7장 전통사회프로젝트

전쟁예술문화

서구문명이 동양사회에 전래되는 과정에서 진행된 근대사는 자의적 타의적으로 많은 발전, 아픔, 회한 등을 양산하였다. 특히 동아시아의 근대사를 이야기할 때, 일본하면 제일 먼저 떠오르는 것은 전쟁국가나 식민지지배 국가일 것이다. 그것은 근대사에서 일본이 많은 국가와 전쟁을 했고, 국가를 강제적으로 지배하였으며, 그 과정에서 불행을 낳았기 때문이다. 따라서 근대사에서 일본은 전쟁을 하지 않는 국가가 아니라 전쟁을 잘 하는 국가로 낙인이 찍힌 것이다. 문제는 전쟁에 대한 회한적이며 자만적인 인식이 여전히 일본사회에 내재되어 재생산되고 있다는 점이다.

전쟁국가는 전쟁의 정당성 여부를 가리기 보다는 전쟁을 많이 한 국가라는 의미가 함축되어 있다. 일본은 그런 평가나 인식으로부터 자유롭지 못하다. 일본은 전쟁을 수행하는데 문화와 예술을 이용하거나 동원하였다. 그렇게 동원된 것을 전쟁 예술이나 전쟁문화라고도 할 수 있다. 특징적인 것은 전쟁문화가 전쟁이 종료됨으로써 사라지는 것이 아니라 현재 진행형으로 재생산되어 나름대로의 역할을 하고 있다는 점이다. 현실적으로 전쟁문화는 과거 전쟁에 대한 자부심을 불러일으키기도 하고, 화려한 추억으로 상기시키는 기능을 하기도 한다.

일본에서는 다양한 문화예술활동이 전쟁문화를 온존시키고 재생산하는 역할을 하고 있다는 점에서 주목할 만 하다. 그중의 하나가 전쟁예술이라고 할 수 있다. 전쟁예술은 전쟁과 관련된 내용을 담고 있으며 전쟁을 부추기기 위한 수단으로 이용되기 보다는 정체성이나 과거사에 대한 감정 일치를 확인하고 강화하는 역할을 하고 있다. 전쟁예술은 과거전쟁을 다룬 영화, 연극, 사극, 만화, 애니메이션, 전시 등과 같은 다양한 수단과 목적을 가지고 표현되거나 전달되고 있어 현실 사회 문화에 영향을 주고 있다.

예를 들면, 영화로는 이마이 다다시(今井正) 감독의 「어린 백합의 탑」(ひめゆりの搭)이 있다. 이 영화는 제2차 세계대전 당시 오키나와에서 벌어진 전쟁의 피폐함을 그려낸 것이어서 반전 성격을 띠고 있지만, 일본인은 전쟁을 수행한 한쪽 당사자가 아니라 무고한 희생자로 인식하게 할 가능성이 있는 측면이 표현되었다.[47] 또한 원자폭탄이나 중국에서 일본군의 잔혹한 학살 장면을 담은 반전 만화 「맨발의 겐」(はだしのゲン)이 있다.[48] 이 작품은 1980년대 일본 도서관에 비치되어 평화교육을 위한 주요 자료로 활용되고 있다. 그러나 시네마현 마쓰에(松江)시 교육위원회 등을 필두로 일부 지방교육위원회는 학생들에게 열람 금지하는 조치를 취해 전쟁이야기를 담은 영화에 대한 접근을 차단하였다. 마쓰에 시내 초등학교 35곳, 중학교 17곳 가운데 약 80%가 학교도서관에 만화를 보유하고 있다. 만화영화에 옛 일본군

---

47) 전쟁영화에 대해서는 구견서, 2007, 『일본영화와 시대성』, 제이엔씨를 참조바람.

48) 전쟁애니매이션에 대해서는 구견서, 2011,『일본애니메이션과 사상』, 제이엔씨를 참조바람.

이 중국인의 머리를 베는 장면 등 잔혹한 장면이 있다는 이유이다. 각 위원회가 금지시키는 내면에는 전쟁문화로부터 학생들을 격리시키기보다는 일본군의 행위에 대한 표현들이 정당하지 못하다는 생각이 있어 차단한 것은 아닌 가라는 의심을 갖게 한다.

전쟁을 다룬 문화 예술작품들은 무엇보다는 반전예술로서 만들어진 것이 많지만 작가의 목적과 의도와는 다르게 전쟁문화를 소개하는 기회를 제공하거나, 일본 군국주의에 향수를 느끼게 하거나 핵폭탄의 폭발을 보면서 일본인을 피해자로만 여기는 잘못된 인식을 갖게 할 위험성을 내포하고 있다. 즉 전쟁영화, 전쟁만화, 전쟁애니메이션 등을 보면서 일본이 일으킨 전쟁을 왜곡하거나 미화할 수 있는 위험성이 있다는 부정적인 측면이 있다. 일본에는 전쟁문화를 주관적으로 표현하는 전쟁 예술작품이 많아 전쟁향수를 자극하거나 재생시키고 있다.

둘째는 전쟁을 찬양하거나 소개하는 전시문화이다. 전후 일본은 전쟁하지 않는 국가, 전쟁할 수 없는 국가라는 영구중립적인 자세를 취해 왔다. 그럼에도 불구하고 전쟁에 관한 다양한 문화를 관객에게 보여주는 전시문화가 활성화되고 있다. 예를 들면 〈오사카국제평화센터〉는 50회가 넘는 미국 공습으로 큰 피해를 입은 오사카시가 전쟁에 휘말린 상황이나 피해를 기록하는 한편 전쟁의 비참함과 평화의 소중함을 후대에 전하기 위한 목적으로 1991년 개관하였다. 센터는 태평양전쟁과 연합군 공습에 관한 자료를 전시하였다. 많은 전시관을 갖고 있어 다양한 주제를 전시하고 있다. A전시실은 오사카 공습과 사람들의 생활, B전시실은 만주사변, 중일전쟁, 태평양전쟁 등의 전쟁, C전시실은 평화의 염원내용 등을 전시하고 있어 평화 박물관이라는 이미지를 내세우고 있다.

그러나 전시물을 둘러싸고 다양한 시선과 인식으로 갈등이 증폭되거나 전시의미가 훼손되는 경우가 종종 발생하고 있다. 그 중 B전시실에는 조선인 강제연행 사실과 난징대학살 등 전쟁 당시 일본이 저지른 잔학행위를 전시하고 있다. 그런 전시에 대해 극우단체들은 자학적 전시라고 비난 하였다. 동일한 현상이나 사건을 둘러싸고 일본과 전쟁 당사국과의 인식 차이, 일본인 간의 인식 차이 등으로 갈등이 야기되고 있다. 그것은 평화의 소중함을 인식하는 자료로 사용되기도 하지만, 전쟁에 대한 자부심이나 자긍심의 상징으로 인식하는 자료로도 사용되기 때문에 벌어지는 현상이다.

인식 차이에 의해 현실적으로 갈등을 야기하는 사건이 벌어졌다. 그 센터의 조선코너에 2011년 10월 28일 조선인 관련 사진 4장이 전시되었다. 1939년 이후 일본에 연행된 조선인의 증거 사진으로, 전전 조선에 건설된 수풍댐의 작업현장을 촬영한 사진, 1926년 9월 9일자 신문에 게재된 학살 토목노동자 사진, 1932년 철도 공사장에서 학살된 조선인 사진 2장 등이었다. 설명문에서는 '쇼와14년 이후 노동자 부족을 채우기 위해 조선인을 강제적으로 연행해서 노동에 종사시켰다. 형식적으로는 모집, 관료 알선 등으로 설명되고 있었지만 실질적으로는 모두 강제였다'로 기록하고 있다. 그것은 1991년 개관할 때부터 20년 이상 전시된 사진들이었다. 전시를 기획한 담당자가 이미 타계하여 어떤 경위로 그런 사진이 전시되었는가가 판명되지 않고 있다. 그러나 해설문의 내용과 사실이 다르다는 이유로 철거됐다. 오사카유신의회 소속 오사카부의원의 내용이 틀렸다는 지적에 따라 철거 조치하였다.

〈오사카국제평화센터〉는 2015년까지 전시관 개보수를 위해 대대적인 공사를 시작하였다. 〈아사히신문〉에 따르면, 새로운 기본 설계안에는 연합군의 오사카 공습과 피해상황 등을 확대 전시하고, 일본군이 전쟁 중에 벌인 잔학행위 관련 전시는 축소할 예정이다. 그리고 태평양전쟁이나 15년 전쟁이라는 표현을 없애고, 청일전쟁에서 대동아전쟁에 이르는 1894년부터 1945년까지의 반세기를 세계가 전쟁했던 시기라고 표현할 예정이다. 그런 의도는 일본이 일으킨 전쟁이나 전쟁 책임을 모호하게 하려는 목적이 있을 수 있다. 오사카가 전전에 군사도시로 불린 사실이나 군사와 과학 기술 발전의 연관성을 부각시키는 전시를 강조할 것으로 알려지고 있다.[49)]

전쟁 전시물은 전쟁을 직간접으로 증명하는 소중한 자료이며 역사적 사실이다. 전후 초기 일본이 전시실에서 해설한 내용은 전쟁에 대한 반성을 통해 평화세계를 만들자는 전쟁반성론에 기초한 것으로 평화국가 일본이 추구하는 방향성과 일치하는 것이었다. 그러나 전후 50여년이 지난 현 시점에서 보면, 일본은 전시물을 전쟁 반성자료로 활용하기 보다는 전쟁에 대해서 자부심을 갖고 또한 자긍심을 갖게 하는 자료로 활용하는 면이 적지 않다. 그런 변화에는 과거 전쟁에 대해서 책임을 깨끗하게 청산하지 못해서 발생하는 전쟁책임론을 무마시키려는 의도가 없다고는 할 수 없다. 전쟁과 관련된 증거를 없애 전쟁으로 인해 생겨나는 비판이나 갈등을 불식시키자는 의견과 주장을 반영한 결과라고 할 수 있다. 그런 현상은 전쟁에 사용된 문화를 정

---

49) 그런 의도적인 변화에 대해서 일본식자들은 왜곡할 수 있는 가능성 때문에 염려하고 동시에 비판하고 있다. 대표적인 인물로는 간토가구인(關東学院)대학의 하야시 히로후미(林博史) 교수에 따르면, 오사카 국제평화센터는 일본이 일으킨 전쟁의 가해측면을 본격적으로 전시하는 몇 안되는 공공박물관으로 설계안대로 대폭 전시를 변경한다면 외국으로부터 일본이 역사를 직시하지 않는다는 비판을 받을 것이라는 점을 지적하고 있다. 그리고 붓교(佛教)대학의 하라다 게이이치(原田敬一)교수에 따르면, 일본의 전쟁 책임과 반성을 모호하게 하는 것은 그런 시대였기 때문에 어쩔 수 없었다는 식의 메시지를 줄 수 있다는 점을 부각시켰다.

당한 전쟁이라는 것을 상기시키는 문화로 이용하고 있는 것이다.

도쿄도에 설립된 전쟁박물관이 〈쇼와관〉(昭和館)이다. 그것은 전쟁을 기억해서 평화의 소중함을 아는 기회를 제공하려는 긍정적인 측면이 있는 반면에 전쟁을 추억하는 기능을 하고 있다는 부정적인 측면이 있다.[50] 일본 정부가 1999년 3월 개관한 쇼와관은 전쟁 중과 전후 국민이 겪은 고통을 후세대에게 전해주겠다는 명분에 근거해서 만든 7층 규모의 전쟁박물관이다. 그곳에는 전중과 전후의 생활상을 알 수 있는 자료들이 있다는 점에서 그리고 전쟁 중에 발생했던 다양한 기록이나 역사적 증거들이 있다는 점에서 평화를 염원하는 역사박물관이다.

상설전시에는 1935년부터 1955년까지의 가족, 어린이, 전쟁참사 등에 대한 기록과 함께 그것에 대해서 자세하게 해설하고 있다. 관내에는 소집영장, 전지나 내지의 편지 왕래, 당시의 제복 등이 실물로 전시되어 있다. 전시관 한복판에는 충성을 다해 나라에 은혜를 갚겠다는 진충보국(尽忠報国)이 쓰인 일장기가 전시되어 있고, 또한 천황폐하 만세라고 외치며 인생의 마지막을 맺은 병사의 유서가 전시되어 있으며, 병사들의 무사 귀환을 격려하는 깃발도 전시되었다. 그리고 전쟁에서 살아남기를 바라는 의미로 1,000명의 여성이 수를 놓아 출전하는 병사에게 선물한 센닝바리(千人針)도 있다.[51] 그리고 종전한 그 날

50) 쇼와관은 현재 일본 도쿄에 있다. 東京都 千代田区九段南1-6-1 昭和館이다. 도쿄에서 지하철로 이동이 가능하다. 도자이선(東西線) · 신주쿠선(新宿線) · 한조몬선(半蔵門線), JR이다바시선(JR飯田橋駅)에서 걸어서 12분정도 걸린다.

51) 센닝바리(千人針 : せんにんばり)는 일본에서 제2차 세계대전까지 유행하였다. 한 장의 헝겊에 실을 이어 매듭을 만들어 기원하는 방법으로 만든 부적과 같은 것이다. 무운장구(武運長久) 즉 병사의 전장에서 행운을 비는 민간신앙에서 유래한 것이다.

〈그림〉 센닝바리의 실제모습

의 기록들이나 그 후의 복구상황, 지금까지 일본 발전 과정을 담은 귀중한 자료들이 공개되어 있다. 종전일인 8월 15일은 전몰자를 추도하고 평화를 기념하는 날로 정해서 무료로 개방하고 있다.

그리고 전쟁 상황을 전했던 신문이 전시되어 있고, 일본이 선전포고 없이 진주만을 기습 공격한 것임에도 불구하고 미국과 영국에 선전포고를 했다고 전하는 기사도 있다. 1945년 8월 15일 항복 선언을 전하는 신문에는 '텐노(천황)가 만세의 평화를 위해 성스러운 결단을 내렸다'라는 내용이 실렸다. 그리고 전쟁 당시 미군 공습 대피용으로 쓰던 철모와 두건, 체험시설 등이 전시되어 있다. 특별전시회에는 어린이의 위문편지, 당시 초등학생의 동아영원평화라는 붓글씨, 어린이들의 총검술 훈련 사진 등이 전시되어 있다.

그런 전시물에는 전쟁에 대한 반성이나 교훈을 암시하는 부분이 분명히 있다. 다른 한편으로는 일본과 일본인의 입장을 대변하는 흐름으로 구성되어 있다는 인식이 있어 후세대가 전쟁을 새롭게 인식하도록 하려는 의도가 있는 것은 아니가 하는 의심이 든다. 어린이나 학생들이 역사를 바로 보고 느끼기 위해서 세운 박물관이 전쟁을 그리는 추억 장소의 역할을 할 수 있어 애당초 의도했던 것과는 다른 용도로 이용되고 있는 경향이 있다. 그 배경에는 현재 일본이 민족주의를 강하게 추진하기 때문에 발생하는 것이며, 전쟁을 정확하고 객관적으로 인식하여 전하려는 보편적 인식이 부족한데서 오는 것이기도 하다. 특히 강하게 불고 있는 우익 현상, 역코스현상, 강한 일본 만들기, 대국일본 만들기 등과도 연결되고 있다는 점을 부인할 수 없을 것이다.

셋째는 전쟁도서 문화이다. 화려했던 과거사에 대한 향수는 누구나 가질 수 있는 권리이다. 그러나 그런 행위는 기본적으로 현실에서 자신감을 잃은 상황에서 과거에 누렸던 영광을 되새기는 되새김질 속성에 기초하고 있는 특징이 있다. 역사적으로 이웃과의 전쟁을 통해서 탄생된 영웅의 치적을 애국심으로 인식하거나 화려한 과거로 인식하여 회상하려는 것은 마치 그런 속성에 오는 것일 수 있다. 최근 일본 서점가에서는 그런 현상을 찾아볼 수 있다.

2014년 서점 대상에 뽑힌 책 〈무라카미 해적의 딸〉은 전국시대(戦国時代) 오다 노부나가에 대항해 세토 내해를 중심으로 활약한 무라카미 수군을 소재로 한 역사소설이다. 이것은 싸움을 하는 역사 영웅을 그려낸 작품이라는 특징이 있다. 그리고 2013년 서점대상을 받은 〈해적이라 불린 사나이〉는 일본 석유기업 이데미쓰 코산(出光興産)을 창업한 이데미쓰 사조(出光佐三)를 주인공으로 한 실화소설이다. 이것은 패전으로 황폐한 일본을 다시 부흥시키는 재건 영웅을 그린 소설이다. 또한 〈영원의 제로〉는 제2차 세계대전 때 자살특공대 비행 대원이었던 할아버지의 흔적을 되새기는 손자의 이야기를 담은 전쟁 영웅을 그린 것이다.

그처럼 서점가에서 인기를 얻고 있는 베스트셀러는 과거 일본에서 대활약을 한 역사영웅, 전쟁영웅, 재건영웅 들을 회상하여 향수에 젖을 수 있는 소재로 한 것이 많다. 그것은 현재 일본에는 영웅이 필요하다는 강한 바람의 표현이고, 지금의 위기를 극복할 수 있는 영웅이 없다는 의미이기도 한 것이다. 오로지 영웅만이 내외적으로 위기에 처한 일본을 구할 수 있다는 암시를 담고 있다. 내적으로는 일본사회에서 보편적인 가치를 추구해 왔던 지식층이나 시민들의 색깔이나 내구력이 떨어지고 있는 증거이기도 하다. 외적으로는 한국, 중국, 인도 등 일본의 경쟁상대가 되지 못했던 국가들이 일본을 대체하고 있어 공공의 적으로 부상하고 있는 외적 위기에 대한 경계심의 표현이기도 하다. 내외적 위기와 도전으로 인하여 일본은 국력을 증강시키기 위해 과거사와 영웅을 하나의 표본으로 삼고 있는 것이다. 그런 현상은 과거 향수로 현실을 돌파하려는 향수 민족주의를 촉진시키는 원인이 되고 있다.

넷째는 문화충돌이다. 일본과의 관계에서 벌어지고 있는 문화충돌은 현시점에서 발생하는 문화를 둘러싸고 일어나는 문화충돌이라기보다는 과거나 역사에 근거해서 벌어지고 있다는 특징이 있다. 과거나 역사적 사실은 문화의 중요한 소재가 된다. 그러나 그 소재에 대한 해석이나 이용가치를 두고, 일본과 다른 국가 간, 일본인과 다른 국민 간에 문화적 충돌이 일어나고 있다. 그것은 역사에 대한 상호인식이 다르기 때문이며 자의적이며 자기 중심적인 역사적 인식에 근거하고 있는 점이 작용한 결과이기도 하다. 특히 역사적 문제를 깨끗하게 해결하지 않은데서 오는 문제이다.

한 예로 역사적 인식을 두고 일본 우익과 미국 영화계 사람들이 충돌을 빚는 사건이 벌어졌다. 그것은 많은 화제와 관심을 일으킨 할리우드 영화 〈언브로큰〉(UNBROKEN)이다. 이 영화는 제2차 세계대전 당시 일본군에 포로로 잡혀 3년간 갖은 고초를 겪다가 극적으로 생환한 육상 스타 루이스 잠페리니(1917-2014)의 실화를 바탕으로 만들었다. 이 영화에서는 일본군이 포로를 몽둥이로 잔인하게 고문하고, 포로끼리 싸움 붙이는 등 참혹하고 비인간적인 장면이 그려졌다. 영화의 원작으로 2010년 출간된 동명의 책에서는 일본군이 포로를 참수하거나 살해, 생체실험, 식인 등을 하는 내용이 있다. 일본 극우세력들은 원작에 포로를 불태우고, 산채로 먹었다는 내용이 들어가 있기 때문에 반발하고 있다. 내용이 철저하게 날조된 영화라고 비판하고 있다.[52]

이 영화가 개봉되자 일본에서는 다양한 반응이 일어났다. 우익들은 영화를 감독한 여배우 안젤리나 졸리를 인종 차별주의자로 비난하며 일본 입국 거부 운동까지 벌였다. 그리고 국제온라인 청원사이트 〈change.org〉에서는 상영중단을 요구하는 청원과 함께 반대 서명 운동을 벌이기도 하였다. 일본 역사에 대해서 민감하게 반응하며 활동하고 있는 일본 우익단체 〈사실(史実)을 세계에 알리는 모임〉은 졸리의 영화 〈언브로큰〉을 믿을 수 없고 부도덕한 영화라고 비난했다. 그리고 이 영화에서 일본군 포로감시원 와타나베 무쓰히로를 연기한 일본 가수 미야비(본명, 이시하라 다카마사)에 대해서 한국 혈통을 문제 삼아 국외로 추방하자는 주장까지 하는 등 인종 차별주의에 기초한 인신공격을 하였다.[53)]

일본 내의 우익들의 반응에 대해서 미국 매스미디어는 감정적으로 대응하기 보다는 담담하게 대응하고 있다. 이 영화를 통해 갈등의 중심에 서있는 안젤리나 졸리는 아름다운 영화라고 자평하였다. 영화의 진위공방은 있을 수 있는 것이다. 문제는 역사적 사실이 문화적 소재로 활용될 경우 그 역사를 왜곡하거나 상처를 주어서는 안된다. 또한 역사적 사실을 갖고 있는 국가도 역시 다른 국가와 연계된 역사적 사실을 왜곡하거나 자기중심적으로 해석하거나 오도해서는 안 될 것이

---

52) 극우세력의 주장과는 다르게 인육으로 인해 일본군이 전범으로 처벌된 사례가 있다. 1945년 2월 일본군은 오가사와라 제도에서 미군 포로 8명을 처형하고 5명의 인육을 먹었다. 식량부족이 아니라 전의를 다지기 위해서였다. 미군이 승전 후 미군포로의 행방을 조사하다가 이를 밝혀냈다. 전범재판에서 관련자 가운데 일본군 5명을 사형, 5명을 종신형에 처했다. 전쟁말기 식량보급이 중단되자 일본군이 연합군 민간인은 물론 동료 전사자를 먹었다는 증언도 많다. 1944년 뉴기니의 일본군은 일본군 전사자의 시체를 먹으면 처벌한다는 명령을 하달했고, 이를 지키지 않은 일본군 병사 4명을 총살했다는 증언이 있다. (조선일보 2014년 12월 26일에서 인용).

53) 미야비는 한국인 아버지와 일본인 어머니 사이에 태어난 한국계 일본인으로 록밴드 <듀르 퀑츠>로 데뷔했다. 2002년에는 솔로로 전향하고 현란한 옷차림이나 탭댄스 등으로 무대인기를 누리는 가운데 마무라이 기타리스트라고 불리기도 한다.

다. 일본과 타국과 관련된 문화적 소개가 되는 역사적 사실은 그것의 진위를 둘러싼 공방에 휘말리는 경우가 많다. 역사가 왜곡되고 있기 때문이며, 역사 바로 세우기가 잘못되고 있기 때문이다.

과거 역사가 뒤집기로 뒤집히거나 불순한 의도로 왜곡되어서는 안된다. 현실에서 보면 과거 문화는 역사적 사실을 함의하고 있는 직간접적 증거자료이다. 또한 그것을 소재로 한 현실적 문화 활동은 그 과거 문화가 담고 있는 당시의 사상이나 생각을 행동이나 교훈으로 표현하는 결과물이다. 그런 문화의 속성을 이용해서 일본이 불리한 문화라고 하여 없애거나 국민으로부터 차단하거나 왜곡해서는 안될 것이다. 문화는 문화로서 가치가 있어 정치의 대상이 되거나 해석되어서는 안된다. 문화는 역사를 담을 수 있는 오염되지 않는 마지막 보루이자 그릇이기 때문이다.

과거사 총결산

일본은 과거사를 한꺼번에 해결하려는 전통적 총결산 방식을 즐겨 사용한다. 국내적 문제이든, 외교적 문제이든, 과거적인 문제이든 현실적인 문제이든, 미래적인 문제이든 관계가 없다. 특히 한국과의 관계에서 역사적인 문제를 해결하는 방식에서 그 방법이 자주 동원되고 있다. 일본의 과거사는 주로 한국과의 관계에서 생겨나고 축적된 역사이다. 즉 한국과 일본이 동행하는 과정에 만들어진 역사이기 때문에 일본의 역사는 한국과의 관계사이고 한국의 역사는 일본과의 관계사이다.

일본이 일본과의 관계에서 일어난 과거사를 해결하는 방식은 전통적 총결산 방식이라는 특징을 지니고 있다. 그것은 당사자로서 정면에서 전면적으로 책임을 지는 것이 아니라 사실의 실체에 대한 〈2.5 당사자〉로서 인식하고 해결안을 내놓은 방식이다. 책임은 지지만 완전한 당사자로서 지는 것이 아니다. 사실은 있지만 사실의 당사자가 아니라는 인식적 책임이다. 그런 인식과 해결방식은 완전한 인식이나 해결이 아니어서 많은 부분이 미해결로 남는 경우가 많다. 그러나 일본은 해결된 것으로 인식하고 있다는데 내외적으로 갈등이 일어나고 있다.

대표적인 총결산 방식은 한국과 일본이 맺은 한일기본 협정이다. 일본은 한일기본 협정을 통해서 식민지에 대해 책임을 지고 있다고 생각할 수 있다. 그러나 식민지 피해 당사자를 직접적 피해자가 아니라 한국 정부를 피해자 상대인으로 협상하는 총결산 방식을 채택한 것이다. 한국과의 관계에서 일본이 2.5당사자로서 책임을 진 것이 바로「일본국과 대한민국 간의 기본관계에 관한 日本國と大韓民國との間の基本關係に關する條約, 1965년 조약 제25호」이다. 그것은 1965년 6월 22일 일본과 대한민국이 체결한 조약이다. 일본은 이 조약에 기초해서 일본의 한국에 대한 경제협력, 한국의 일본에 대한 일체의 청구권 해결, 그것에 기초한 관계정상화 등이 이루어졌다고 해석하고 있다.

다음은 한국과 일본이 과거사를 현실에서 해결하고 노력하겠다고 약속한 한일 기본협정의 내용이나 과정을 소개한 것이다. 특징은 한국이 1.5당사자 일본이 2.5당사자라는 신분의 입장에서 해결하려고 하였다는 점이다.

〈표 60〉 한일 기본 협정의 내용과 문제점

구 분	내 용	특징
문화재 반환	- 「조선반도에서 유출된 문화재의 반환문제」(朝鮮半島から流出した文化財の返還問題) - 부수협정으로 「문화재 및 문화협력에 관한 일본국과 대한민국간의 협정」체결함. 그것에 의해 일한 간의 문화재 반환문제에 관해서는 법적으로 최종적으로 결착됐다. 일본은 '정식 절차에 의해 구입한 것 또는 기증받은 것 등 정당한 절차를 거쳐 입수한 것으로 반환할 국제법의 의무는 없다'라고 주장하고 있다. 그리고 1,321점의 문화재를 한국 측에 인도했다. 시이나에쓰사부로(椎名悦三郎)외상은 '반환할 의무는 털끝만큼도 없지만 한국의 문화문제에 관해서 성의를 갖고 협력한 것으로 넘긴 것이다'라고 설명하였다. 당초 한국 측은 '반환', 일본 측은 '증여'라는 표현하려고 하였지만 최종적으로 전달이라는 표현을 함	사적 소 문화재 반환 요구
개인에 대한 보상	- 한국인에 대한 보상 : 한국이 한일교섭에서 주장한 대일채권(한국인이 된 조선인의 일본군인군속, 관리의 미지급 급여, 은급(恩給), 그 이외 접수재산 등)에 대해서 일본 정부는 '한국 측으로부터의 징용자명부 등의 자료제출을 조건으로 개별보상을 행한다'라고 제출했지만, 한국정부는 '개인에 대한 보상은 한국정부가 행하기 때문에 일본은 한국정부에 일관해서 지불해주기 바란다'라고 하여, 현금합계 21억 달러와 각종현물 반환을 청구했다. 다음의 일한교섭에서 일본은 한국정부에 일괄 지불하는 것은 승낙했지만 21억 달러와 각종현물반환은 거부하고, 그 후 청구액에 관해서는 한국이 타협해서, 일본은 '독립축하금'과 '발전도상국지원'으로 무상 3억 달러, 유상 2억 달러, 민간차관 3억 달러의 공여 및 융자를 하였다. - 일본인의 자산반환: 이 때 한국정부는 그 공여 및 융자를 일본에 대해서 채권을 가진 개개인에게는 거의 지급하지 않고, 자국의 경제기반 정비를 위해서 사용했다. 현재 그 점을 비판하는 운동이 한국에서 일어나고 있다. 교섭과정에서 일본이 조선을 통치하던 시절에 조선반도에 남긴 53억 달러분의 자산은 조선반도를 점유한 미소에 의해 이미 접수되었던 것이 판명됐다. 그 반환에 대해서는 하나의 논점이 있다. 교섭과정에서 일본인의 개인재산 및 국유자산의 반환에 대해서 언급도 일본 측으로부터 없었지만 최종적으로 일본은 그것들의 청구권을 포기했다.	한국과 일본 법정문제로 비화하고 있음

일본의 대한 청구권	일본의 대한 청구권에 관해서는 한국이 미국에 조회해서 일본의 대한청구권은 존재하지 않는 것이 확인되고 있다. 1945년 12월 미군정법령 제33호 귀속재산관리법에 의해 미군정부 관할지역에서 모든 일본의 국유 및 사유재산을 미군정부에 귀속시킨다고 결정했다. 또한 일본국과의 평화조약 제2조(a)에는 '일본국은 조선의 독립을 승인하고, 제주도, 거문도 및 울릉도를 포함한 조선에 대한 모든 권리, 권원(権原) 및 청구권을 방기(放棄)한다'라고 하였다.	독도 등 영토 문제화 됨
강제 징용 및 강제 연행	- 한국정부는 교섭과정에서 '강제징용, 징병피해자 등 다대한 피해를 입었다'고 해서 일본 정부에 대해서 자료제시와 배상을 요구했지만, 일본 정부는 '한국정부에게 증명의무가 있다'고 주장했다. 한국정부는 관련 자료를 모두 일본 측만이 가지고 있다고 주장한 후 강제징용, 징병피해자 등의 피해자 수를 '103만여 명'으로 하였다. 그 수치에 대해서는 당시 교섭에 참가한 정일영 전 외무차관 자신이 '적당히 계산'했다고 증언했다. 2009년 한국정부는 약 12만 명의 강제동원이 확인됐다고 발표했다.	한국과 일본 법정문제로 발전하고 있음
부수 조약	- 일한기본조약체결과 함께 이하 협정 및 교환공문형식의 약정이 체결되었다. - 재산 및 청구권에 관한 문제의 해결 및 경제협력에 관한 일본국과 대한민국 간의 협정 -일본국에 거주하는 대한민국국민의 법적지위 및 대우에 관한 일본국과 대한민국 간의 협정 -일본국과 대한민국 간의 어업에 관한 협정 -문화재 및 문화협력에 관한 일본국과 대한민국 간의 협정 -일본국과 대한민국 간의 분쟁해결에 관한 교환공문	
재산 및 청구권에 관한 협정	- 최종적으로 양국은 협정의 제명을 '재산 및 청구권에 관한 문제의 해결 및 경제협력에 관한 일본국과 대한민국 간의 협정'으로 하였다. - 이 협정으로 일본은 한국에 대해서 조선에 투자한 자본 및 일본인의 개별재산 전부를 방기함과 동시에, 약 11억 달러의 무상자금과 차관을 원조하는 것, 한국은 대일청구권을 방기하는 것에 합의했다. (협정과 경제협력) - 양 체약국은 양 체약국 및 그 국민(법인포함)의 재산, 권리 및 이익 및 양체약국 및 그 국민사이의 청구권에 관한 문제가 1951년 9월 8일 샌프란시스코시에서 서명한 일본국과의 평화조약 제4조(a)에 규정된 것을 포함해서, 완전 및 최종적으로 해결된 것으로 한다고 확인했다.(개별청구권의 문제해결)	개별청구권 문제 발생

	- 한편 양 체약국 및 그 국민의 재산, 권리 및 이익에 있어서 한쪽의 체약국 및 그 국민의 상대 측의 체약국 및 그 국민에 대한 모든 청구권이고, 1945년 8월 15일 이전에 발생한 사유에 기초한 것에 관해서는 어떤 주장도 할 수 없는 것으로 한다. (상대국가에 대한 개별청구권의 방기)	
경제 협력금과 그사용	- 재산 및 청구권에 관한 문제의 해결 및 경제협력에 관한 일본국과 대한민국 간의 협정'에 의해 일본은 한국에 다음과 같은 자금공여 및 융자를 행한다. - 3억 달러 상당의 생산물 및 역무무상(1965년, 당시 1달러=약 360엔) -2억 달러 유상금(1965년), -3억 달러 이상 민간차관(1965년) - 당시 한국의 국가예산은 3.5억 달러, 일본외환보유고는 18억 달러였다. - 또한 용도에 관해서 '대한민국의 경제발전에 기여해야한다'고 정했다. - 한국정부는 그런 자금을 1971년의 대일민간청구권 신고에 관한 법률 및 1972년 대일민간청구권보상에 관한 법률(1982년 폐지)에 의해 군인, 군노무자로서 소집 징집 된 자의 유족에게 개인보상금으로 충당했다. 그러나 전시징병보상금은 사망자 1인당 30만원이고, 개인보상의 총액은 약 91억 8000만원, 무상협력3억 달러의 5.4%에 불과했다. 또한 휴전 후 사망한 자의 유족, 상이군인, 피폭자, 재일 코리안, 재사할린 등의 재외코리안, 전위안부는 보상대상에서 제외됐다. - 한국정부는 상기이외의 자금 대부분은 도로, 댐, 공장건설 등 인프라정비, 기업에 대한 투자에 사용해서, '한강의 기적'이라 불리는 경제발전에 투자했다.	보상 제외지에 대한 보상은 누가할 것인가 하는문제발생

자료: www.yahoo.com에서 재구성

일본은 식민지에 대한 피해보상 문제를 정면에서 다루고는 있지만 〈한일기본협정〉에 기초해서 책임과 사실을 보면, 총결산형태로 매듭을 짓고 있다. 그것은 일본이 가해자로서 지기보다는 어쩔 수 역사적 사건으로 인식하여 최소한의 책임을 지고 있는 것이다. 그런 점에서 보면, 여전히 일본은 한국과의 관계에서 2.5당사자로서 책임을 회피하면서 지는 모습으로 나타나고 있다. 따라서 한일 간의 문제는 여전히 해결되지 않은 문제로 남아 한일 간의 갈등을 일으키는 요인으로 작용하고 있다.

둘째는 종군위안부 문제이다. 한일관계에서 종군위안부 문제는 식민지 시대의 미해결 문제로 남아있는 역사적인 문제이지만 다른 측면에서 보면 인간의 존엄성과 관련된 인권문제이기도 하다. 전후 일본 사회에서 인간성을 중시하고 유지하고 지켜와 위상을 높인 것은 인권주의였다. 전쟁을 추진하는 과정에서 자행하거나 발생했던 반인권주의를 상쇄시키려는 노력이 진행되었기 때문이다. 그런 움직임은 정치권과는 별도로 지식인 및 시민 수준에서 다양하게 추진되었다. 따라서 일본은 세계 곳곳에서 그리고 국제기구에서 선진국으로서 인권주의를 신장하는데 노력하는 새로운 국가이미지 만들기에 성공할 수 있었던 것이다.

그러나 최근 한국과의 관계에서 돌발적인 인식과 행동을 하는 일본은 과거사를 중심으로 인권주의를 일탈하는 정치적 행보와 시민적 행보를 하고 있어 많은 문제점을 야기하고 있고, 국제위상을 떨어뜨리고 불신을 초래하는 현상으로 이어지고 있다. 전쟁은 정당성과 결과에 관계없이 인권유린 행위이다. 전쟁에 생명을 동원하여 위험에 빠뜨렸기 때문이다. 따라서 인권이라는 차원에서 보면 일본은 전쟁으로 인해서 발생된 인권 유린 문제로부터 자유로울 수 있는 입장은 아니라고 할 수 있다. 유린된 인권은 원상 회복이 불가능하지만, 그나마 그로부터 자유로울 수 있는 방법은 인권 유린 당했다고 주장하는 실존 인물이 인권 회복을 할 수 있도록 노력을 하고, 그들이 바라는 요구를 충족시켜 주어야 하는 일일 것이다.

그러나 일본은 종군위안부 문제를 둘러싸고 강제관련성에 대한 시시비비를 가리는 일에 전념하고 있다. 그런 점에서 해결하려는 의지가 의심을 받고, 여전히 그것을 회피하는 모습으로 비춰지고 있다. 일본은 식민지시대의 유죄로 남겨진 역사적 사실에 대해서 무시하거나 국가의 간섭을 회피하는 방식으로 일관하고 있어 인권을 소중히 하는 국가로는 비춰지지 않고 있다. 특히 한국과의 관계에서는 더더욱 그렇다. 순수한 인권주의를 통해서 역사문제를 해결하려는 의지와 책임이 약하기 때문에 오는 문제이기도 하다.

한국과 일본 사이에 겉으로 드러난 역사적 사실로서 인권문제는 종국 위안부 문제이고 종군 근로 여성의 문제이다.[54)] 주한 일본대사관 맞은편에 세워져 매일 일본대사관을 보고 있는 〈평화의 소녀상〉이 있다. 한일관계에서나 볼 수 있는 안타까운 현상이며 사실이다. 한국인이 명명한 〈평화의 소녀상〉은 2011년 5월 〈한국정신대문제대책협의회〉가 그해 12월 14일 수요집회 1,000회가 되는 날을 기념하기 위한 것이 동기였다. 처음에는 비석이나 할머니 상을 구상했지만 소녀로 바뀌었고 전한다. 그것을 제작한 작가는 소녀상의 의미를 '할머니들이 위안부로 끌려 갈 당시에 꽃다운 소녀였다는 메시지를 담고 싶었고, 나약하지 않은 인상을 주려고 신경을 썼고, 당당하게 일본 대사관을 응시하며 그들을 꾸짖도록'이라는 의미를 담고 있다고 하였다.[55)]

---

54) 일본은 과거에 동원된 외국인 여성노동자를 무시하고 있다. 2013년 3월 2일 <조선일보>에 따르면, 광주시에 살고 있는 양근덕(85)씨는 일제강점기에 근로정신대로 동원되어 일본에서 강제노역을 하였다고 증언하였다. 양 할머니는 나주 초등학교 6학년으로 14세였던 1944년 초 "일본 여학교에 보낸 준다는 말"에 속아 일본으로 끌려갔고, 당시 38명이 나주에서 일본 시모노세키를 거쳐 나고야로 갔다고 증언하고 있다. 그 곳에서 군수품을 생산하는 미쓰비시공장에 배치되어 강제 노동을 하던 중 1945년 일본이 패망하여 한국으로 귀국하였다는 것이다. 양 할머니는 미쓰비시 공장 시절 가입한 후생연금 탈퇴수당 지급을 요청하는 소송을 1998년 일본 정부를 상대로 걸었다. 그러나 일본사회보험청은 2009년 99엔을 지급했다. 그런 결정에 양 할머니는 '거지 취급하는 돈을 받지 않겠다'며 소송투쟁을 해오고 있다.

55) 소녀상에 담긴 내용은 작가에 따르면, 거칠게 잘린 머리카락은 부모와 고향으로부

소녀상은 보기에 따라서 역사적 비극을 인권예술로 승화시키고, 문화적 암시를 강하게 표현한 것이라고 할 수 있을 것이다.[56] 일본 대사관 앞의 소녀상은 예술성, 순수성, 의미 등은 별도로 하더라도 인권보호라는 차원에서 보면 정치적인 참여라고도 할 수 있고, 사회적 참여라고도 할 수 있다. 분명 소녀상이 일본 대사관을 향해, 일본과 일본인을 향해, 일본 역사를 향해 무언의 메시지를 전달하고 있다. 일본 측에서 보면, 좋은 의미나 메시지가 아니라 질책, 반성, 절규 등의 의미로 다가와 긴장 하게 할 것이다. 한일 간의 역사적 사실이 사실로 서로 공감하지 못하는 상황에 대한 결과물이 한국 입장에서는 조용한 저항과 슬픔으로 작용하고 있고, 일본 입장에서는 압박감으로 작용하고 있는 것이다.

또한 소녀상은 한국 사람들에게 일본에 대한 저항이나 반성을 촉구하는 상징으로 살아 있지만, 일본인에게는 다시는 보고 싶지 않거나 치워버리고 싶은 상징으로 살아 있는 것이다. 소녀상에 대한 엇갈린 의미와 해석으로 인하여 사건이 벌어졌다. 일본 극우파 정치인으

터 강제로 단절되었다는 상징이며, 동굴 납작한 얼굴은 1920-1940년대 조선 소녀의 얼굴로, 단호하면서도 굳은 의지의 표현이며, 새는 세상을 뜬 할머니들과 현재의 세대를 이어주는 매개체이며, 꼭 쥔 손은 무례한 일본 정부에 대한 분노이며, 발꿈치가 들린 맨발은 고향에 돌아와도 편히 정착하지 못한 할머니들의 방황이며, 신발과 우산은 맨발인 소녀가 발이 시릴까봐 혹은 비를 맞을까 봐 염려한 시민들의 선물이며, 관광객이 앉는 의자는 세상을 뜬 할머니들의 빈자리이자 지금 세대가 소녀와 함께 앉아 공감할 수 있는 공간 등을 의미하는 것으로 표현되었다.

56) 종군위안부의 상징이 된 소녀상은 미국 캘리포니아 글렌데일시에도 세워졌다. 재미동포 최경락씨가 글렌데일시에 청원을 하여 의회가 종군위안부는 일본이 저지른 전쟁범죄라는 결의안을 채택한 사실을 감안해 승인하여 실행하였다. 미국 최초의 위안부 소녀상이라는 의미가 있고, 해외에서도 종군위안부 문제를 인권차원에서 다뤄진 것을 의미한다. 글렌데일시 중앙우체국은 2013년 9월 한 달 동안 우편물에 평화의 소녀상 소인을 찍어 보낼 수 있도록 특별소인을 채택했다.

로 알려진 스즈키 노부유키가 한국에 와 소녀상에 말뚝 테러를 했고, 인터넷에서는 국수주의자들이 소녀상의 얼굴에 성인잡지 모델의 몸을 합성시켜 매춘부라고 비하하기도 하였다. 또 한 번 인권을 유린 당했다고 비판받을 수 있는 행위이다. 그런 행위는 누구에게 유리한 것이었을까? 그는 분명히 일본이나 일본인을 위해서 한 것이라고 할 수 있을 것이다. 또한 일본과 일본인을 위해 잘 했다고 평가할 수 있는 사람이 있겠지만 일본과 일본인에게 플러스 이익을 가져왔다고 평가할 수 있는 사람은 얼마나 될까 의심스럽다. 결과적으로는 국제사회에서 일본과 일본인의 이미지를 깎았다는 점에서 분명히 마이너스 효과를 가져왔을 것이다.

만약 어느 일본인이 소녀상에서 말뚝이 아니라 하얀 손수건을 놓고 갔다면, 물을 놓고 갔다면, 회한의 편지를 놓고 갔다면, 혼자 외로워 보여 인형을 놓고 갔다면, 비 맞지 말라고 우산을 놓고 갔다면, 춥지 말라고 목도리를 둘러놓고 갔다면, 미안하다고 사과를 놓고 갔다면, 젊음을 잃지 말라고 거울을 놓고 갔다면, 머리 빗으라고 빗을 놓고 갔다면, 슬퍼하지 말라고 위로의 말을 건네고 갔다면, 더러워지지 말라고 먼지를 닦아 주고 갔다면, 울지 말라고 웃음으로 대하고 갔다면 어떻게 되었을까? 그렇게 했다면, 좋은 일임에도 불구하고 말뚝테러처럼 크게 보도되거나 사회문제화 되지는 않았을 수도 있지만 그 진정성 있는 뜨거운 마음이 한국인에게 전달되어 좋은 파장을 일으켰을 것임에는 틀림없다. 현재의 정서를 보면, 아마도 그렇게 하지 못한 것은 일본의 입장을 두둔하는 마음일 것이고, 그렇게라도 했었다면 하는 바람은 아픔을 가진 한국인의 마음일지도 모른다.

소녀상을 둘러싸고 인권 문제가 겉으로 드러나 갈등이 증폭되는 가운데 아베 신조 일본 총리는 2013년 9월 26일 UN총회에서 여성 인권을 주제로 연설을 하였다. 중요한 내용 중의 하나는 일본 정부가 내외국의 여성인권을 소중히 하고 있다는 것을 강조한 점이다. 여성에 대한 성폭력이 벌어지고 있는 21세기를 개탄하고 있다는 발언을 하였다. 그리고 성폭력으로 피해 입은 여성에 대해 물심양면의 지원을 아끼지 않겠다고 하며, 여성의 사회진출과 능력개발, 보건의료, 분쟁지역에서 위험에 처한 여성권리 등을 위해 향후 3년간 30억 달러 이상의 정부개발원조(ODA)를 제공하겠다고 선언하였다. 또한 2013년 9월 26일 월스트리트저널 기고문에서 일본은 여성인력을 적극적으로 활용하는 '우머노믹스(womenomics)'를 추구하고 있다는 점을 강조했다. 아베 총리의 그런 발언과 선언에 대해 언론매체는 다양한 의견을 내놓았다.

〈아사히신문〉에 따르면, 아베 총리가 여성인권을 강조한 것은 강제 동원위안부 문제와 관련 일본 정부의 불투명한 자세에 대한 외국의 우려를 불식시키기 위한 것이라고 분석했다. 아베 총리의 그런 발언과 선언을 하게 된 배경에는 여성인권의 중심과제로 다뤄지고 있어 일본을 곤혹스럽게 하고 있는 종군위안부 문제를 인권차원에서 해결하기 위해서라기보다는 좀 더 악영향이 미치지 않도록 완화시키는 측면이 있을 수 있다. 다른 측면으로는 일본 정부의 앞길을 막아서고 있는 여성 인권에 대해서 새로운 방향 제시와 전환을 위한 의지를 국제사회에 알리려고 한 것이라고 할 수 있다. 비판적인 측면에서 해석을 하면 여성인권의 새로운 방향전환을 통해서 종군위안부 문제를 희석시키려는 의도가 있을 수 있다고 볼 수 있을 것이다.

만약 일본 정부가 정치적 대응이나 2.5당사자가 아닌 진정한 모습으로 여성의 종군 위안부 문제나 여성 근로 위안부의 정부 연관성을 인정한다면 어떤 문제가 발생할 것인가를 생각해 볼 필요가 있다. 정부 관련성을 인정한다면, 우선 일본 정부가 비인도적이며 폭력적으로 여성의 성을 전쟁에 이용한 파렴치한 사실이 드러나 그와 관련된 국가와 사람은 물론 세계 사람들로부터 비난 받을 것이다. 여성 성폭력에 대한 국제사회나 당사자국, 당사자들의 비판을 면하지 못할 것이다. 그리고 관련된 국가나 사람이 공식적인 사죄와 금전적 배상을 요구할 것이다. 식민지사가 일본의 잘못이었다는 직간접적인 증거가 될 수 있어 많은 파장을 일으킬 것이다.

그러나 다른 한편으로는 근대사를 둘러싼 사실에 대한 갈등이 정확하게 기록되어 그에 대한 논란과 논쟁은 사라질 것이다. 당사국이나 국제사회가 일본의 새로운 출발을 인정할 것이고, 한국이나 중국, 기타 관련국 간의 관계가 개선되어 새로운 동아시아 또는 대일 선린관계가 형성되어 국가 간, 국제사회, 동아시아에서 협력과 협업이 이루어 질 수 있어 공생 공존하는 새로운 체제와 구도가 만들어지고 정치적, 경제적, 사회적, 문화적 이익을 창출하고 공유할 수 있을 것이다. 그리고 역사적 사실을 둘러싼 논쟁이 해결되어 불필요한 대결이나 희생을 하지 않아도 될 것이고, 역사적 사실을 감추기 위해 들이고 있는 노력이나 비용이 사라질 것이다. 또한 서로 진실 공방에 대한 고통이나 비용이 사라지고, 왜곡된 역사를 숨기는데 필요한 각종 경쟁이나 위협 등과 같은 정신적 상처가 줄어들 것이다. 특히 당사국이나 희생자의 정신적 고통이 어느 정도 치유되는 한편, 남아 있는 여생을 그 나름대로 편하게 지낼 수 있을지도 모를 일이다.

최근 기대를 걸 수 있게 하는 한일 외교장관 회담이 열렸다. 2015년 12월 28일 한일 외교장관 회담에서 종군위안부 문제가 최종적으로 타결되었다. 법적이라는 표현은 빠졌지만 위안부 문제에 대해서 일본 정부의 책임이 명기됐고, 아베 신조 일본 총리가 사죄와 반성의 뜻을 밝혔다. 또한 일본 정부가 정부예산을 통해 피해자를 지원하는 계획도 명문화했다. 따라서 그동안 한국 정부가 주장해 온 일본 정부 책임 인정, 총리사죄, 일본 정부예산 지원 등의 3원칙이 충족되었다. 다음의 표는 위안부 문제를 해결하기 위한 한일정부가 협의한 사항을 요약한 것이다.

〈표 61〉 한일위안부 합의문 요약

구분	내용	특징
일본 측 표명사항	위안부문제는 당시 군의 관여 하에 다수여성의 명예와 존엄에 깊은 상처를 입힌 문제로서 이러한 관점에서 일본 정부는 책임을 통감함. 아베 총리는 일본총리로서 다시 한번 위안부로서 많은 고통을 겪고 심신에 걸쳐 치유하기 어려운 상처를 입은 모든 분들에 대해 마음으로부터 사죄와 반성의 마음을 표명함	군개입 일본 총리로서 사죄
	일본 정부는 일본 정부의 예산에 의해 모든 전위안부 분들의 마음의 상처를 치유하는 조치를 강구함. 한국정부가 재단을 설립하고, 일본 정부예산으로 자금을 일괄 거출하고, 양국 정부가 협력해 위안부분들의 명예와 존엄의 회복 및 마음의 상처 치유를 위한 사업을 행하기로 함	정부예산으로 기금지원
	일본 정부는 상기 2의 조치를 착실히 실시한다는 것을 전제로 이번 발표를 통해 동 문제가 최종적 및 불가역적으로 해결될 것임을 확인함	완전해결
한국 측 표명사항	일본 정부가 상기 1. 2에서 표명한 조치를 착실히 실시한다는 것을 전제로 이번 발표를 통해 일본 정부와 함께 이 문제가 최종적 및 불가역적으로 해결될 것임을 확인함. 한국정부는 일본 정부가 실시하는 조치에 협력함	최종해결인정
	한국정부는 일본 정부가 주한 일본대사관 앞 소녀상에 대해 공관의 안녕과 위엄의 유지라는 관점에서 우려하는 점을 인지하고, 한국정부로서도 가능한 대응 방향에 대해 관련 단체와의 협의 등을 통해 적절히 해결되도록 노력함	소녀상 철거 노력
	한국 정부는 이번에 일본 정부가 표명한 조치가 착실히 이행된다는 전제로 일본 정부와 함께 향후 유엔 등 국제사회에서 이번 문제에 대한 상호비난이나 비판을 자제함	상호비난금지

자료: 〈조선일보〉 2015년 12월 29일

한일 정부는 위안부 문제에 대해서 미래 지형적으로 협의 한 것이라는 긍정적인 평가도 있지만, 위안부 관계자는 미흡하다는 의견을 내고 있어 정부 수준에서의 타결에 제동을 걸 가능성은 여전히 있다. 그런 문제가 현실화되고 있어 한일 정부 수준에서의 노력이 헛될 수 있다는 불안감이 조성되고 있다. 협상 이후 소녀상 철거가 기본조건이라든가, 일본 총리의 강제 동원한 기록이 발견되지 않았다든가, 협의에 충실 하라든가 하는 다양한 발언이 나오고 있어 합의에 담겨진 진의를 가지고 공방이 벌어지고 있다. 그것은 여전히 2.5당사자로서 일본이 서있고 그 신분으로 인식하고 해결하려는 의도가 있기 때문은 아닌가 하는 의심이 든다.

그처럼 근대사에서 일본과 관련된 인권무시나 유린사실을 왜곡하거나 밝히는 것, 사실을 덮는 일이나 들춰내는 것, 사죄하거나 용서하는 것, 부인하거나 인정하는 것 등은 첨예하게 대립하고 있어 해결하기 어려운 실정이다. 그러나 너무 큰 사건이고, 역사적 사실이나 관련 당사자들이 살아서 증언하고 있어 덮고 갈 수 있는 문제는 아니다. 시간이 흘러갈수록 해결하기 위한 실마리는 사라져가고 있고 의미나 희망도 엷어지고 있다. 따라서 좋은 모습으로 해결하기 위해서는 인류애에 기초해서 사실을 사실대로 밝히고 가는 것이다. 현실적으로 일본이 인정하면서 발생하는 이익과 손해, 인정하지 않으면서 생기는 이익이나 손해 등에 대한 대차대조표를 그려 인정과 거부, 해결과 미해결 등을 결정해서는 결코 안될 것이다. 그것은 인권 차원에서 다뤄져야 할 문제이기 때문이다. 일본은 인권주의 시선에서 일본의 과거, 현재, 미래 방향이나 동아시아와의 관계를 결정할 필요가 있다.

셋째는 강제징용자이다. 2013년 〈교토통신〉에 따르면, 일본 유초은행(ゆうちょ銀行;郵便貯金銀行)은 일제 강점기에 한국인 징용 근로자들

이 맡긴 우편저금을 반환할 수 없다는 입장을 밝혔다.[57] 유초은행은 1965년 한일 청구권 협정으로 예금반환 문제가 완전히 그리고 최종적으로 해결됐다는 입장을 동시에 밝혔다. 일본 강점기 때 탄광 채굴 등에 동원된 한국인들은 우편저금 형식으로 임금 일부를 강제적으로 저축해야 했다. 더욱이 일본 기업들은 징용 근로자들에게 강제 저축을 시켰을 뿐 아니라 도주를 방지한다는 명목으로 통장조차 지급하지 않았다. 그런 이유 때문에 패전 후 우편저금을 한 노동자 대부분은 통장 조차 돌려받지 못했다. 일본 우정성은 패전 후 각 기업으로부터 통장을 제출받아 보관하다 우정 민영화 사업으로 2007년 새로 만들어진 유초은행으로 통장을 이관했다. 유초은행은 징용 근로자의 통장 수 만개를 보관한 것으로 추정된다. 일본 정부는 1965년 맺은 한일청구권 협정에 따라 한국에 제공한 경제 협력 자금에 개인 저축도 포함된 것으로 보고 있다.

일본인 사학자 다케우치 야스토(竹内康人)는 최근 『조사 조선인 강제노동 탄광 편』이라는 책에서 강제적으로 징용된 조선인들의 노동을 통한 수난 과정을 생생하게 그렸다. 그는 약 70만 명의 조선인이 강제적으로 노동 현장에 끌려갔고, 이 중 약 33만 명이 근로 조건이 가장 열악했던 탄광에 배치되었다고 분석했다. 1990년대부터 일본 전역에서 강제적으로 징용되어 노동한 현장을 답사해온 다케우치 교수는 2005년 일본 시민단체 〈강제동원 진상규명 네트워크〉 결성에 참가하여 그들에 대한 조사를 지속적으로 하였고, 강제노동과 관련된 논문과 자료집을 다수 출판하여 당시의 상황을 폭로하였다. 일본 정

57) 우정민영화법공포로 우정민영화 준비가 시작되어 2006년 9월 1일 주식회사 유초은행(株式会社ゆうちょ銀行)이 설립되었다. 유초은행은 우편저금이 취급하는 상품, 각종서비스가 계승되었을뿐 아니라 저축금에 준거하는 상품을 취급하고 있다.

부나 탄광 관련 회사들은 강제 노동자에 대한 사후 처리에 매우 소극적으로 대응하고 있지만 다케우치 교수가 모으고 분석한 결과는 진실일 가능성이 높다

조사에 따르면, 후쿠오카 현에서만 50개 이상의 탄광에서 조선인들이 강제노역에 시달렸다. 전쟁 말기로 가면 갈수록 탄광에서 노동하는 조선인 수가 많아졌다. 특히 일본을 대표하는 미쓰이나 미쓰비시 계열의 탄광에서서도 한국인 약 6만 명이 일한 것으로 알려졌다. 다케우치 교수는 나치에게 개헌 수법을 배우자고 실언한 현 아소타로(麻生太郎)부총리의 증조부인 아소 다키치(麻生太吉)가 창업한 아소 탄광계열사에서도 1939년부터 1945년까지 조선인 징용자 1만 623명이 일했다고 밝혔다. 후쿠오카 등에 있던 아소 탄광은 다른 탄광보다 임금이 싸고 노동환경이 열악해 착취 지옥으로 불릴 정도였다고 전한다. 일본 후생성은 2008년 아소 탄광에서 강제 동원해 노역을 시켰다는 문서를 공개하기도 하였다.

다음의 자료는 일제 강점기 각종 기업에 강제로 동원된 한국인 노동자수를 나타낸 것이다.

〈표 62〉 일제의 한국인 노동자 강제동원 계획

구분	탄광	광산	토건	공장	계
1939년	34,659	5,787	12,674	-	53,120
1940년	38,176	9,081	9,249	2,892	59,398
1941년	39,819	9,416	10,965	6,898	67,098
1942년	77,993	7,632	18,929	15,167	119,721
1943년	68,317	13,763	31,615	14,601	128,296
1944년	82,859	21,442	24,376	157,795	286,472
계	341,823	67,121	107,808	197,353	714,105

자료: 竹内康人, 2013,『調査 朝鮮人 強制労働 炭鉱編』, 社会評論社

표에서 보는 것처럼, 강제적으로 노동자가 된 한국인들은 탄광, 광산, 토건, 공장 등 노동조건이 열악하거나 환경이 안 좋은 곳에 배치되었다는 것을 알 수 있다. 그런 사실에도 불구하고 일본 정부나 강제노역 관련 일본 기업까지도 역사적 사실에 대해서 한일청구권 협정으로 해결됐다고 인식하여 책임을 회피하고 있는 것이다.

조선인 강제연행은 제2차세계대전 중 일본이 조선인 노무자를 강제적으로 노무에 동원한 것을 말한다. 그러나 전시 중의 동원 즉 노무동원이나 징용을 강제 연행한 것으로 인정하는 데는 논쟁이 있다. 전시 중 노무동원에 대해서 조선인노동자이입(朝鮮人勞働者移入)이라고 말하기도 한다. 다음의 표는 메이지시대부터 태평양전쟁까지 조선인으로서 일본에 입국한 현황을 나타낸 것이다.

〈표 63〉 한국인의 일본 입국 현황

구 분	내 용
메이지 시대	- 1876년 한국과 일본이 수호조약을 맺어 개국하자 1880년 김홍집 등이 제2차 조선통신사로서 일본에 오고, 도쿄에 조선공사관이 설치됨. 그 후 유학생이나 망명자가 입국하기 시작함(박영효, 김옥균, 송병준, 이광수) -한국병합 이전부터 남부에 사는 조선인이 일본에 유입되기 시작함. 유학생이나 계절노동자로서 일하는 조선인이 일본에 체류하게 됨
한국 병합 이후	- 1910년 한국병합 이후 도항하는 조선인이 급증해서 내무성정보국통계에 의하면 1920년대에는 약 3만 명, 1930년대에는 30만 명의 조선인이 체류함. 한국병합 초기 조선인은 토건현장, 광산, 공장 등의 하급노동자가 단신으로 왔지만 나중에 가족을 꾸려 정착하게 됨 - 1919년 4월에는 조선통독부총감령 제3호 〈조선인여행통제에 관한 건〉에서 일본으로의 이민을 제한하고, 1925년에는 도항제한을 실시하였지만 1928년 이민 수가 증가함. 조선에서 1929년 수해나 가뭄으로 국외로 이주하는 자가 증가함. 1934년 오카다 내각은 조선인 이주대책의 건을 각의결정해서 조선인의 이입을 저지하기 위해 조선, 만주의 개발 및 밀항통제를 강화함

일중전쟁기	- 1937년 일중전쟁이 시작되자 1938년 미나미지로(南次郎)총독은 일본내지의 요청으로 조선인도항제한을 해제요청하고 1934년 조선인이입제한의 각의결정을 개정함. 1938년 4월 국가동원법, 1939년 7월에는 국민징용령이 일본본토에서 실시됨. 조선에서는 1944년 9월부터 실시됨. 1939년 7월 조선총독부는 노무동원 계획을 실시, 조선에서 노동자가 일본으로 도항함. 1939년 이후 일본 정부의 노무동원계획으로 매년 인원 및 배치장소가 결정되고, 조선총독부에 의해 지역에 할당된 계획인원을 달성함. 미즈노(水野直樹)에 따르면 당시 모집방식의 단계에서 회사나 사업소의 모집은 행정기관이나 경찰의 지원을 받았다고 전함 - 야마구치(山口公一)는 1939년 전쟁의 장기화로 일본의 노동력부족이 심각함과 동시에 군수공장 확장으로 노동력을 조달하기 위해 조선인을 강제적으로 동원하였다고 주장함. 일본 정부의 노무동원 계획은 3단계로 1939년 모집형식, 1942년 관알선방식, 1944년 9월 징용령방식 등이었다고 전함 - 1940년 일본 정부는 일본공장 노무수급의 조정과 조선의 기술수준향상을 목적으로 한 〈조선공장노무자내지이주알선에 관한 건〉을 발신하고 노동자의 왕복여비 및 귀향 여비는 고용주가 부담할 것, 고용주는 조선의 기술향상을 목적으로 필요한 지식이나 기술을 제공할 것, 고용주는 덕을 양산할 것, 고용기간은 5년으로 하는 조건을 일본육군에 통달함 - 스미토모광업(住友鉱業)의 1939년 9월 22일 〈반도인 이주고용에 관한 건〉(半島人移入雇用に關する件)에 대해서 총독부는 노무자동원계획 수행에 협력할 것, 모집실무는 조선관헌에 의해 각도 각군 각면 등에 강제공출하고, 경찰에게 할당수를 배당하여 모으고 각 회사의 모집종사자가 선발하도록 함
태평양전쟁기	1941년 12월 8일 일본과 미국의 태평양전쟁이 시작됨. 1944년 9월 일본정부는 국민징용령으로 전시징용을 조선반도에서도 개시하고, 1945년 3월까지 7개월간 실시함. 1944년 9월 시작된 조선으로부터의 징용증가는 제2차 세계대전 전황 악화로 그렇게 많지 않았다고 전함. 조선인강제연행 논문집성에서는 징용령이 소집령장과 같은 위력이 있었고, 북해도, 사할린, 규슈광산에 500명이 징용되었음

자료: 竹内康人, 2013,『調査 朝鮮人 強制勞動 炭鉱編』, 社会評論社; www,yahoo.com 등에서 재구성함

강제노역과 관련된 사항 중에 문제가 되는 것은 일본 정부 수준에서 조직적으로 동원에 간섭하였는가 하는 점이다. 그리고 일반 기업이 어떻게 강제적으로 동원된 노동력을 수용했는가 하는 점이다. 직

간접적으로 알 수 있는 것은 정부의 법적 조치, 행정조치, 승인, 인정, 묵인 등이 없이는 불가능하거나 제한되었을 것이라는 점에서 보면, 한국인 강제노역에 대한 일본 정부의 직간접적 책임을 면하기는 어려울 것이다. 따라서 그것이 사실이라고 한다면, 일본 정부도 강제노역을 한 한국인들에 대한 보상이나 배상으로부터 자유로울 수는 없을 것이다.

전후보상과 관련해서 일본은 1965년 〈한일기본조약〉(日韓基本条約)과 〈재산 및 청구권에 관한 문제의 해결 및 경제협력에 관한 일본국과 대한민국간의 협정〉(財産及び請求権に関する問題の解決並びに経済協力に関する日本国と大韓民国との間の協定)에 의해 대일청구권 문제가 완전히 최종적으로 해결되었다는 견해를 갖고 있다. 그러나 한일 간에는 다양한 형태로 과거사에 대한 문제해결을 둘러싸고 법적 공방과 정치적 공방을 거듭하고 있는 실정이다. 과거 식민지시대에 발생한 문제를 해결하는 데는 정부수준에서 그리고 직접적 당사자인 민간수준에서 동시에 해결되어야 하는 2중 구조를 가지고 있다는 점을 고려할 필요가 있다.

다음의 표는 대일청구권 재연과 보상청구재판을 간단하게 소개한 것이다. 그것은 한국과 일본, 중국과 일본과의 관계에서 벌어진 것이다.

〈표 64〉 대일 청구권 재연 및 보상청구재판

구 분	내 용
1988년	중국인 선박왕 후손들이 미쓰이 상선 상대로 소송제기
1997년	한국은 1965년 한일기본조약과 청구권협정으로 대일청구권을 주장했지만, 한국에서는 1997년 조선인강제연행과 관련해서 배상청구소송이 시작됨. 그러나 원고패소가 이어지고 있음

2002년	2002년 10월에는 일본변호사연합회가 고이즈미 정부에 대해 조선인강제연행문제의 진상규명과 피해회복조치를 강구하도록 권고함. 또한 조선인 강제연행문제는 미해결이라고 하는 강제동원진상규명네트워크가 조직되어 한일정부에 압박하고 있음
2010년	중국 상하이 고급인민법원, 미쓰이 상선에 대해 선박 왕 후손에게 배상금 지급 판결
2012년	2012년 5월 한국대법원이 '개인청구권은 소멸되지 않았다'고 판결하고, 미쓰비시공업이나 신일본제철 등 일본 기업은 징용자에 대해서 배상책임이 있다고 판결함
2013년	- 2013년 2월 도야마시의 기계메이커 후지에츠(不二越)의 전시 중 동원에 대해서 강제동원피해자 13명과 유족이 계17억원의 배상을 요구하는 소송을 서울 중앙지방법원에 제기함 -2013년 3월 일본제철(현新日鐵住金), 가마이시제철소(釜石製鐵所, 岩手縣), 하치번제철소(八幡製鐵所, 福岡縣)에 강제 동원된 조선인노무자8명이 신일본제철에 8억원 지불을 요구하는 서울중앙지방법원에 손해배상청구 소송을 제기함 -2013년 7월 서울고등법원은 판결에서 신일철주금(新日鐵住金)에 배상을 명함. 그 후 신일철주금은 상고하고, 스가(菅義偉)관방장관은 '일한 간의 재산청구권 문제를 해결완료라는 일본의 입장에 맞지 않는 판결이라며 용인할 수 없다'고 반응함 -부산고법, 미쓰비시중공업 상대 소송서 강제징용 피해자 배상판결
2014년	4월 중국상하이 해사법원 미쓰이 상선 선박압류 조치

자료: www.yahoo.com 등에서 재구성함

일본과 중국 사이에서도 다양한 형태로 갈등이 일어나고 있다. 일제 침략기 중국인 피해와 관련한 소송에서 중국 법원에 선박을 압류 당한 일본 미쓰이(三井)상선이 2014년 4월 23일 중국 법원에 40억 엔의 공탁금을 내고 선박을 돌려받았다고 중국에서 발행되는 신문이 보도했다. 일본 기업이 일제 침략기 중국인 피해와 관련한 소송에서 돈을 지불한 것은 이번이 처음이다. 2014년 4월 19일 상하이 해사법원은 일본 선박회사가 1937년 중국인의 배 2척을 빌리고도 용선료 등을 주지 않은 사건에 대해 손해 배상청구 소송으로 저장성 마지산 항구에 있던 바오스틸리모션 호를 압류했다.

이번 소송은 2010년 확정판결이 났지만 중국 법원은 별다른 조치를 하지 않았다. 그러나 미쓰이는 용선료 29억 엔과 이자 11억 엔을 지불했다. 민간 수준에서 당사자 간에 역사적인 문제가 해결된 것이다. 그러나 일본 정부는 1972년 일중 공동성명에 담긴 양국의 국교 정상화 정신을 근본부터 흔드는 것이라고 강력히 반발했다. 이에 대해 중국 정부는 일반적인 상사계약 분쟁사건으로 선을 그었고 정부개입을 자제하였다. 기본적으로 일본 정부는 개별기업이 일제침략으로 피해를 본 개인에 대해 배상해서는 안 된다는 입장이다. 1965년 한일 청구권협정, 1972년 중일 공동성명에 따라 청구권 문제가 모두 해결됐다는 원칙이 무너질 수 있다는 우려가 있기 때문이다.

넷째는 원폭피해자이다. 제2차 세계대전 말기 1945년 히로시마와 나가사키에 투하된 원자폭탄으로 많은 인명이 피해를 입었다. 히로시마 시와 나가사키 시가 국제연합 사무총장에게 보고한 사망자는 히로시마 14만 명, 나가사키는 7만 명이다. 또한 피폭자 건강수첩 소지자의 수를 보면 1975년 당시 35만 7,000명이다. 그러나 알려지는 것이 두려워 신고하지 않은 사람이 많은 것으로 나타났다. 그럼에도 불구하고 일본 정부는 원폭 피해자에 대한 대책에 대해서 일반 전쟁피해자와 구별할 수 없다는 이유로 피폭 후 10년이나 방치했다. 일본 정부는 공식적으로 대응하기 위해서 1957년부터 의료 측면에서 지원하기 위한 〈피폭자의료법〉, 1968년 복지측면에서 지원을 위한 〈피폭자특별조치법〉 등을 제정하였다. 그리고 피폭자의 고령화 등을 고려해서 두 개의 법을 통합해서 1995년 〈원폭피폭자원호법〉을 제정하여 실시하고 있다.[58)]

그러나 피폭자는 일본인뿐 아니라 외국인도 있다는 사실이다. 피폭자에 대한 지원이나 대책은 일본인에 한해서 시행되어 형평성이나 일본 정부의 인도적 지원이 문제가 되었다. 그런 연장선에서 일본 정부가 해외에서 거주하는 원폭 피해자의 의료비를 지원하지 않는 것은 위법이라는 판결이 나왔다. 오사카 지방법원은 2013년 10월 24일 한국에 거주하는 원폭 피해자 이홍현(67)씨와 피폭자 유족 2명 등이 제기한 소송에서 원폭 피해자에 대해 의료비 지원을 일본 내로 규정한 법률은 없다고 판결했다. 어머니가 임신 중 태내에서 피폭을 당한 이씨 등은 2011년 1월 한국에서 받은 심부전등의 치료비 전액을 지급하지 않은 것은 부당하다며 일본 오사카부를 상대로 소송을 냈다.

일본에 거주할 경우, 〈원폭피폭자원호법〉에 따라 치료비가 전액 정부에서 지원된다. 그러나 해외에서 치료 받을 경우 의료보험 등 제도가 다르다는 이유로 현재는 연간 17만 9천 엔까지만 치료비를 지급한다. 해외 거주자에게도 치료비 전액을 지급하라는 판결이 처음 나오면서 앞으로 유사 소송이 잇따를 것으로 보인다. 일본에서 피폭이후 한국에서 살면서 치료를 받는 한국인 원폭 피해자는 2,500명으로 추산된다. 교토통신은 해외에 거주하는 피폭자 4,450명의 의료비를 둘러싼 소송이 히로시마(広島), 나가사키(長崎) 지방법원에서도 진행 중이라고 전했다. 이처럼 원폭피해자를 둘러싸고 여전히 전통적인 방식이나 소극적인 방식으로 대응하고 있다는 것은 매우 비인도적인 처사라고 할 수 있다.

다섯째는 문화재이다. 일제 강점기의 문화재 회수에 대한 부분은 1965년 한일청구권 협정에 근거하고 있다. 그러나 거기에는 민간이

---

58) 『原水爆禁止日本協議会専門委員会編, 1961,『原水爆被害白書』, 日本評論社; 広島市 · 長崎市原爆災害誌編集委員会編 1979,『広島 · 長崎の原爆災害』, 岩波書店; 沢田昭二編, 1999,『共同研究広島 · 長崎原爆被害の実相』, 新日本出版社

보유한 문화재에 대해서 한국에 반환하는 것을 장려한다고 하고 있어 매우 소극적으로 대응하고 있다. 따라서 일본 민간인이 보유한 문화재는 한국에 반환 할 수 있지만 잘 이루어지지 않고 있다. 일본 정부는 한국을 식민지화해서 지배한 주체임을 부정할 수 없는 역사적 사실을 인지하고 있다. 따라서 지배하는 과정에서 생긴 모든 것은 기본적으로 지배자에게 책임이 있는 것이다. 그 중간과정에서 누가 참여를 했고 누가 참여하지 않았나라는 구분으로 책임을 면할 수는 없는 것이다. 그것이 식민지시대에 생긴 문제에 대해서 일본 정부가 자유롭지 못한 이유이다. 일본이나 일본인이 소장하고 있는 한국 문화재에 대한 책임도 그런 맥락에 있다고 할 수 있다.

일제 강점기의 한국 문화재는 민간 기업인을 통해서 일본으로 많이 유출되었다. 그러나 얼마나 어떻게 유출되어 어디에 있는지는 정확하게 알지 못하고 있다. 일본인으로서 한국 문화재를 전문적으로 구입하거나 수집한 대표적인 사람이 바로 오구라 타케노스케(小倉 武之助, 1870년 9월 7일 - 1964년 2월 26일)이다.

그는 메이지시대부터 쇼와 초기까지 조선에서 활동한 실업가이자 미술품 수집가였다. 도쿄제국대학을 졸업하고 경부철도에 입사해서 1904년 조선으로 건너왔다. 급료로 토지를 사는 등 대구의 자산가로 활동하는 가운데 1905년 2월 경부철도를 퇴사하였다. 1909년 고향자산가와 함께 전기사업을 하여 조선총독부의 허가를 받아 대구시전기회사를 설립하고, 주식의 반을 출자했기 때문에 사장에 취임하였다. 동사는 1913년 1월 1일 종업원 12명, 수요가구 322호로 개업했다. 그리고 1918년 회령전기를 설립하고, 동년 함흥전기를 합병해서 1920년에는 광주전기를 합병하는 등 사업규모를 확대하였고, 1937년에는 16개의 발전소와 2,016킬로의 송전선을 갖게 되었다.

그는 1922년과 1923년 경 조선의 고미술품 수집을 시작했다. 1935년에는 발족한 남선합동전기 사장에 취임하고, 이후 조선전력사장, 대구상공 은행대표를 역임하였다, 태평양전쟁과 함께 일본의 조선통치 종료 후 1945년 10월 일본으로 건너갔다. 그 때 소장품의 일부를 가지고 갔다. 약 4,000점이 대구에 남겨진 상태였다고 전해진다. 1956년 나라시노시(習志野) 에 살면서 거기에 재단법인 〈오구라컬렉션보존회〉를 설립해서 회장에 취임하여 수장고를 건설하고 94세에 죽게 된다. 그가 세운 〈오구라컬렉션〉 (小倉コレクション)에는 많은 수의 한국 문화재가 소장되어 있다.[59]

한국 정부는 1952년부터 1965년까지 7차에 걸친 한일회담에서 오구라컬렉션에서 소장한 문화재를 반환할 것을 요구하였지만, 일본 정부는 1965년 한일 기본조약 체결로 개인 소장품인 것을 이유로 반환하지 않았다. 그러나 한일 시민으로 구성된 〈한일회담 문서 전면 공개를 요구하는 회〉가 정보공개 청구로 입수한 1962년 2월 14일 외무성 북동아시아과의 문서〈문화재문제 해결방침에 관한 건〉에 따르면, 일본 정부 내에서 한국 측이 특별히 관심을 보이는 것으로 생각되는 오구라컬렉션 가운데 소수를 한국이 구입 또는 오구라의 자발적 의지로 가능한 지가 검토되었다.

1981년 오구라컬렉션 보존회는 오구라컬렉션을 도쿄국립 박물관

59) 〈오구라컬렉션> 관련자료는 다음을 참조할 수 있다. 즉 小倉武之助編, 1964,『小倉コレクション目録』、小倉コレクション保存会編, 1980, 『小倉コレクション保存会関係資料』, 小倉コレクション保存会編 1981,『小倉コレクション写真集』, 出版地東京, 小倉コレクション保存会編, 『小倉コレクション写真集』〔1〕任那の一部 · 新羅/〔2〕先史時代 漢時代/〔3〕高勾麗 · 百斎(原文ママ) · 任那ノ一部 · 高麗/〔4〕李朝時代/〔5〕書画 · 仏像 · 仏画 · 日本の部 計5冊、出版地習志野, 東京国立博物館 1982,『寄贈小倉コレクション目録』, 大韓民国国立文化財研究所 2005,『小倉コレクション韓国文化財 : 日本東京国立博物館所蔵』(海外所在文化財調査書 第12冊)등이다.

에 일괄 기증해서 해산했다. 도쿄국립박물관에 기증된 것은 중요문화재 8점, 중요미술품 31점을 포함해 1,110점에 이른다. 고고학자료 557점, 도자기 130점, 서적 26점, 회화 69점 등이다. 그 이외에 대구에 남겨진 약 4,000점이나 오구라가 생활을 위해 일본에서 매각한 것이 있는 것으로 보이지만 컬렉션의 내용은 명확하지 않은 상태이다. 수장고 장소는 나라시노시에 기부하였고, 그것은 현재 오구라 공원이 되어 있다. 1982년 봄 동관에서 오구라컬렉션 전람회가 개최되었고, 2007년 4월 중의원문부과학위원회에서 오구라컬렉션 반환문제에 대한 질의가 있었다.

2014년 8월 조선반도에서 유출된 문화재 반환을 추진하는 〈문화재 제자리 찾기〉는 도쿄국립박물관이 소장한 오구라컬렉션 가운데 조선왕실 유물 9점, 경주 금관총 출토유물 8점, 부산 연산동고분출도 유물 4점, 창녕군 출토유물 13점 등 모두 34점에 대해서 일본 통치 시대에 도굴된 것으로 추정된 도난품의 수집을 금하는 국제 박물관회의 규정에 반하는 것으로 보았다. 그래서 소장을 금하도록 국립문화재기구에 요구하는 조정을 도쿄 간이 재판소에 신청했다. 2014년 11월 15일 도쿄간이재판소는 문화재 반환이 해당문화재의 소유자가 아니라는 이유로 신청을 기각했다. 일본이 보유한 한국 문화재는 2000년대 들어서 약간 반환되었다. 2004년 일본 국립대학이 법인화 하면서 도쿄대가 조선왕조실록을 서울대에 기증하였고, 2010년 조선 왕실의궤 등 일본 궁내청 소장 도서가 한국에 반환되었다.

일본 내 한국 문화재 반환 전문가인 아라이 신치이(荒井信一) 스루가이대학 명예교수는 2014년 12월 18일 서울 국립고궁박물관 강당에서 열린 기자회견에서 한일 50주년을 맞이해 일본이 보유하고 있는 한국 문화재가 한국으로 반환된다면 한일관계는 좋아질 것이라고 하였다. 그는 도쿄대 서양사학과 출신으로 일본의 우경화를 비판해온 대표적인 지식인이다. 그는 문화재의 원산국 반환을 적극 주장해 왔고, 일본인과 재일동포 등으로 구성된 〈한국 조선문화재 반환문제 연락회의〉를 결성해 일본 내 한국 문화재 반환활동을 벌이고 있다. 아라이 교수는 한국인이 일본에서 강제로 가져온 쓰시마 불상에 대해서 근대 국제법을 적용해 따지는 것은 무리라고 보고 한일정부의 협력적 관계를 통해서 풀어야 한다고 보고 있다.

위해서 본 것처럼, 한일 간에는 위안부문제, 강제징용자문제, 문화재문제, 원폭피해자 문제 등이 산적해 있다. 일본 정부는 그것들의 문제를 전통적 총결산방식으로 해결하기 위해 한일협정을 하여 완결한 것으로 보고 있다. 여전히 당사자가 아니라 2.5당사자의 입장에서 해결한 것이다. 그런 문제가 해결되기 위해서는 일본 정부가 2.5당사자가 아니라 당사자로 임해야 할 필요가 있다. 그렇지 않으면, 여전히 한일 간의 역사적인 문제, 현실적인 문제 등은 해결하는 날만을 기다리게 될 것이고 그런 미해결 역사는 앞으로도 사라지지 않을 것이다.

공동체사회

전후 일본사회 구조는 기본적으로 전통주의에 기초한 전통시민이 구축하는 전통사회, 민주주의에 기초한 민주시민이 구축하는 민주사회, 그리고 민족주의에 기초한 민족시민이 구축한 민족사회가 혼합되었음에도 불구하고 장점이 많이 드러나 효율적인 기능을 해 왔다. 그런 구조는 성장사회의 토대가 되고 순기능적인 역할을 하여 국가, 기업, 국민 등이 다함께 성장하는 성장신화를 만들어냈던 것이다. 그러나 최근 그런 요소들이 변형되는 가운데 일본사회는 성장 하지 못하거나 저성장하는 성장정체사회로 전락하고 있어 어려움을 겪고 있다.

성장사회로서 일본사회는 내외적 변화에 의해 비성장사회로 전이되는 과정에서 많은 부작용을 낳고 있다. 원인 중의 하나는 일본 공동체 붕괴이다. 그것은 일본 내적인 문제에 의해서만 일어난 현상이 아니라는 점에서 쉽게 치유되거나 전환되기 어렵다. 더 큰 문제는 그런 부작용을 치유하기 위한 전략이나 정책이 비정상적이어서 일본의 장점과 순기능을 무너뜨리는 힘으로 작용하고 있다는 점이다. 일본사회가 공동체주의를 거부하고 있는 것이다. 일본이 빠져들고 있는 것은 타인 무감각주의이다. 그것에 기초해서 형성된 일본사회가 민주사회, 전통사회, 민족사회 등의 조화로운 모습을 거부하고 있고, 일본의 성장에너지를 잃게 하고 있다.

첫째는 가족공동체이다. 가족공동체의 해체는 일인 사회를 만들어 자기만이 존재하게 한다. 더욱이 아이를 낳지 않거나 소수를 낳는 소자화가 촉진되고, 동력을 잃어가고 있는 고령인구가 늘어나고 있다. 소자화와 고령화는 일인 가족을 양산하고 일인 사회, 일인경제 등을 구축하는 요인이 되고 있다. 그것은 다수로 구성된 가족공동체, 이웃으로 구성되는 생활공동체, 그것을 지탱하는 직장공동체에 부정적인 영향을 주고 있다. 특히 부락이나 도시의 해체로 진전되고 있어 결국은 국력을 떨어트리는 원인이 되고 있는 것이다. 그것을 해결하는 방법은 단순할 수 있다. 즉 일본인은 타인을 받아들이는 사람이 되어야 하고, 이웃은 이웃을 받아들어야 하며, 일본사회는 타인을 받아들이는 사회를 만들어야 한다.

타인 무감각주의는 우선 가정공동체의 해체로 나타나고 있다. 그중에서도 고령자가 철저하게 소외되는 현상으로 나타나 고령자를 방치하게 된다. 타인 무감각 사회의 전형적인 예가 일본에서 종종 발생하고 있는 고독사이다. 고독사는 주로 혼자 살아가는 사람이 그 누구의 간호도 받지 않고 주거 내에서 돌발적인 질병으로 사망하는 것을 말한다. 특히 도움이 필요함에도 불구하고 도움을 청하지 못하고 죽는 상황을 의미한다. 매스미디어 보도에 의하면, 한 단지에 한 해 20여명의 고독사가 발생하고 있다고 전한다. 고독사와 유사한 용어가 독거사이다. 이 용어는 일본에서 핵가족화가 진행된 1970년대에 독거노인이 죽은 후 시간이 지나 오랜만에 방문한 친족에 의해 발견되는 사건이 보도되면서 시작되었고, 1980년대부터 매스미디어에서 사용하였다. 2015년 NHK스페셜에서 방영된 치바현 마쓰도시(千葉県松戸市)의 고독사 문제가 방영되면서 큰 반향을 일으키고 고독사 문제가 사회적 관심을 끌게 되었다. 대부분의 경우 일인 생활을 하면서 주위 사회와의 접촉이 없고, 누구도 인식하지 못한 상태에서 죽어 가고 있는 것이다.

다음은 〈도쿄도감찰의료원 사업개요〉에 의한 것으로 도쿄도에서 65세 이상 혼자 살아가는 일인가족의 독거노인이 죽은 후 일정한 기간이 지나 발견된 사망자수를 나타낸 것이다.

〈그림 26〉 도쿄도 65세 이상 독거노인의 사망자수

(단위 : 명)

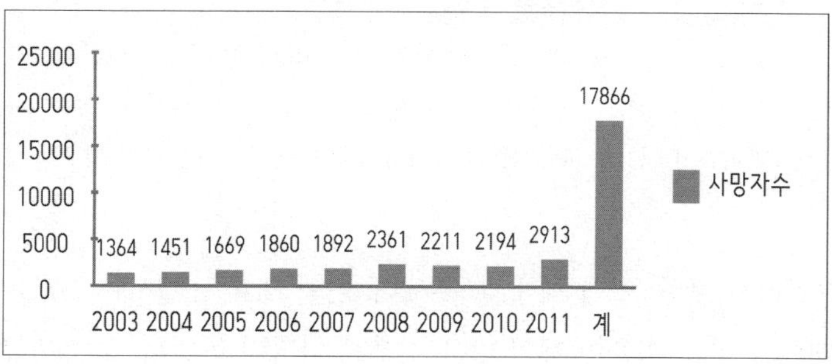

그림에서 보면, 2003년에는 1,364명, 2008년에는 2,000명이 넘고 2011년에는 3천 명에 가깝게 혼자 죽어가고 있고, 죽은 후 시간이 경과한 후에 발견되고 있다. 이것은 기본적으로 가족 간의 소통이나 연락이 없다는 것을 의미하고 가족공동체가 완전하게 붕괴된 것을 의미한다. 일본 내각부의 조사에 따르면 일본의 고령화사회는 대단히 많은 문제점을 안고 있다. 그것은 핵가족화로 인한 가족공동체의 붕괴에서 시작되어 핵가족의 붕괴로 벌어지는 일인가족화(アトム家族、원자가족)로 인하여 더욱 촉진되고 있다.

다음의 그림은 일인생활자의 주위와의 대화 빈도를 조사한 것이다. 즉 일인 세대, 부부세대, 이외 세대 등으로 구분하고 가족 간 또는 이웃과의 대화가 얼마나 이루어지고 있는 가를 조사한 것이다.

〈그림 27〉 일인생활자의 대화 빈도

(단위 : %)

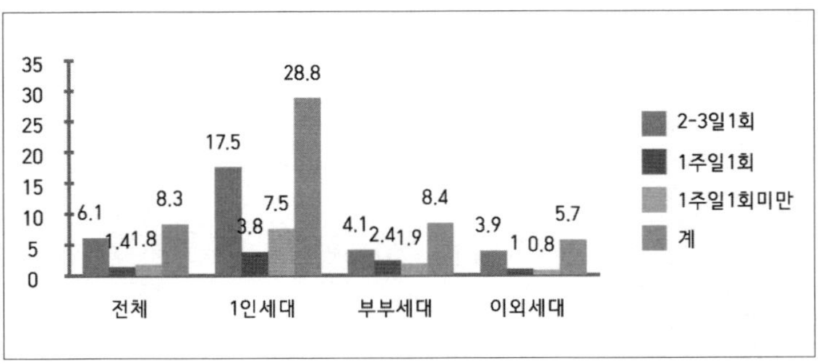

자료: 内閣部, 平成21年, 高齢者の日常生活に關する意識調査』에서 재구성

그림에서 보면, 일인 세대, 부부세대, 이외 세대 등에서는 2-3일에 1회 대화를 하는 비율이 제일 많은 것으로 나타나고 있다. 그것은 일본

의 전통적 가족공동체가 무너져 생기는 현상이라고 할 수 있다. 또한 60세 이상 고령자의 대화 빈도는 전화나 메일 포함해서 매일 대화를 하고 있는 사람이 90%를 넘고 있다. 그러나 일인생활자의 경우 2-3일에 1번 정도 이하인 사람이 많고, 남성 단신세대는 28.8%, 여성 단신세대는 22.0%로 나타났다. 주변 사람과의 친하게 지내는 정도는 가깝게 지내고 있다가 51.0%, 인사 정도 43.9%, 전혀 없음 5.1%로 나타났다. 일인 남성은 전혀 없다가 17.4%, 여성은 60.9%로 나타났다.

다음의 그림은 곤란할 때 의지할 사람이 없는 경우를 나타낸 조사이다. 생활하는 가운데 본인에게 문제가 생겨도 도움을 청할 수 있는 사람이 없는 경우이다.

〈그림 28〉 곤란할 때 의지할 사람이 없는 경우

(단위 : %)

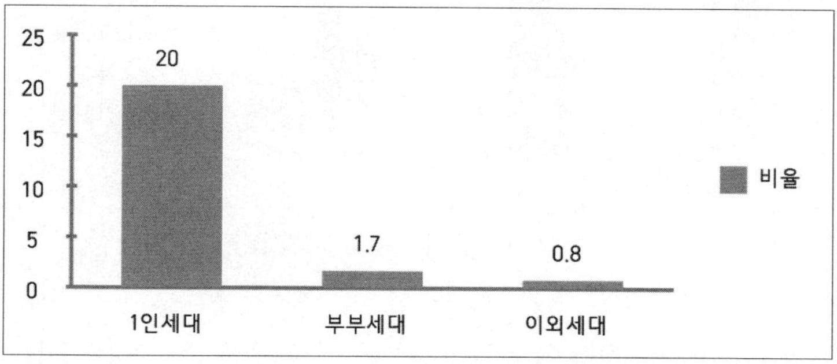

자료: 內閣部, 平成21年, 高齢者の日常生活に關する意識調査』에서 재구성

그림에서 보면, 1인 세대중 약 20%가 도움을 청할 수 있는 사람이 가족이나 주위에 없는 경우이다. 부부세대는 1.7%, 이외 세대는 0.8%로 나타나고 있다. 또한 병이 들어 혼자서 할 수 없어 도움이 필요한데도 불구하고 의지할 사람이 없는 경우가 2.4%로 나타났고, 일인남

성의 경우는 20.0%로 나타났다. 가족구성원으로 태어나 홀로 살다가 죽어가는 경우가 점차 늘어나고 있는 것이다.

홀로 살아가는 고령자는 생활에 대해서 어떤 생각을 하면서 살아가고 있는가에 대한 조사가 있다. 살아가고 있는 것인지 죽음을 기다리고 있는 것인지 알 수 없지만 목숨이 있는 한 살아가고 있다고 보는 것이 옳다. 〈헤이세이 24년도 고령사회백서〉에 따르면 고령자의 생활만족도를 보면 다음과 같은 특징이 있다.

〈그림29〉 고령자의 생활만족도

(단위 : %)

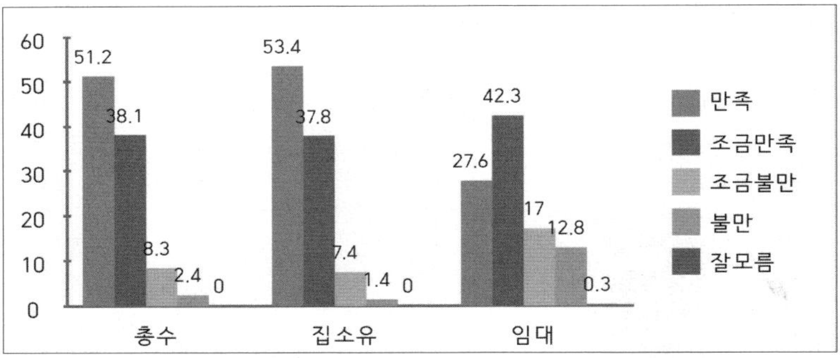

자료: 內閣部, 平成21年,『高齢者の日常生活に關する意識調査』에서 재구성

그림에서 보면, 60세 이상의 고령자중 자가 주택 소유자는 생활 만족도가 임대주택 입주자 보다 높은 것으로 나타나고 있다. 집 소유자는 91%정도가 조금 만족하고 있고, 임대 주거자는 69.9%가 조금 만족하는 것으로 나타나고 있다. 전체적으로 보면, 대체로 고령자는 생활에 만족하고 있는 것으로 나타나 그들의 삶에 대한 지원과 희망을 불어넣는 정책을 적극적으로 추진해야 할 필요가 있다. 그들은 죽음을 기다리는 것이 아니라 삶을 살고 있기 때문이다.

그러나 고령자가 늘어나는 가운데 노인을 둘러싸고 부정적 사회문제도 다양한 형태로 나타나고 있다. 경시청 조사에 의하면, 65세 이상 고령자의 교통사고 사망자수는 헤이세이 23년(2011년)에 2,262명으로 전년보다 감소했지만 교통사고 사망자 전체수에서 점하는 비율은 49.0%로 과반수에 가깝다. 고령자를 위한 새로운 교통질서나 교통망 정비가 요구되는 이유이다. 경시청 조사에 의하면, 헤이세이 22년도 65세 이상의 고령자 형사범 검거수는 2012년도와 비교하면 2.4배정도 증가하고 범죄자율은 약 2배 증가했다. 이것을 보면 고령자를 위해 삶의 질을 높이거나 생활 네트워크를 구축할 필요가 있다.

일인가족의 고령자가 증가하고 있어 일본 정부나 지방자치 단체는 가족으로부터 보호 받지 못하는 고령자의 여생을 강제적으로 위임받았다. 그럼에도 불구하고 고령자 보호시설은 열악하고, 그 중에서 특별양호 노인홈의 시설은 매우 부족하다. 특별양호 노인홈은 일본 정부가 지원하는 노인시설로 65세 이상 상시 간병이 필요한 사람이 입소할 수 있다. 이용료는 월 5만에서 10만 엔으로 민간시설 보다 저렴하다. 현재 특별양호 노인홈 대기자는 도쿄에 4만 3,700명, 가나가와현 2만 2,800명 등 전국적으로 40만에 이르고 있다. 더욱 더 큰 문제는 현재 노인복지시설 수요가 폭발적으로 증가하고 있다는 점이다.

일본 정부는 〈도시 지역 고령화 대책 간담회〉에서 2025년까지 도쿄, 사이타마 등 대도시권에서 75세이상 인구가 현재의 1.6-2배로 늘어날 것으로 예상되며 이에 따라 노인복지 시설이 크게 부족할 것이라고 분석하고 있다. 그러나 대도시는 특별양호 노인홈 등 노인 시설을 지을 토지가 부족한데다 땅값도 비싸 시설확충에 한계가 있다는 문제점을 갖고 있다. 대기 노인이 1,921명에 달하는 도쿄 스기나미(杉並)구는 150킬로미터 떨어진 시즈오카현 미나미이즈(南伊豆)에 특별양호 노인홈을 건설하기로 결정하였다. 지방도시는 노인복지시설이 들어서면 간병인 등 고용을 창출할 수 있다. 혼자 사는 고령자나 부부만 사는 비율이 높은 대도시는 향후 노인복지 시설 수요가 폭발적으로 증가해도 새로 시설을 짓는데 한계가 있다.[60]

가족공동체가 무너지면서 혼자 사는 일인 가족, 노인홀로 사는 나홀로 가족, 요양 목적으로 생겨나는 요양가족이 늘어나고 있다. 그런 일인사회는 매우 다양한 모습으로 나타나 사회적으로 역기능을 하고 있다. 조선일보에 따르면, 도쿄도 신주쿠 신오쿠보(新大久保)에 있는 아파트 〈도야마 단지〉 (戸山) 자전거 보관소에는 녹슨 자전거만이 주인을 기다리고 있고, 주차장도 한산하며, 어린이 놀이터에는 산책 나온 노인들이 벤치에 앉아 쉬고 있는 모습이 종종 목격되고 있다. 도쿄도 이타바시(板橋区)구 다카시마 다이라(高島平) 아파트 단지에는 1980년대 3만 명이 거주하고 있었지만 현재는 1만 8천여 명으로 줄었고, 고령화율은 43%이다. 단지 내 중앙상가에는 생필품을 살려는 사람들이 몰려들고 있다. 인근지역의 점포들이 인구가 줄고 노인화되어 장사가 되지 않아 문을 닫았기 때문이다. 고객 중 10중 7-8명은 머리가 하얀 노인들이다. 배낭을 메거나 보행 보조기 겸용 쇼핑카트를 밀고 있다. 고령화가 가속화되어 학교, 소아과, 상점 등이 문을 닫고 편의점이나 시설들이 사라지고 있는 것이다.

후쿠오카 기타큐슈(北九州)의 고라쿠초(後樂町)단지는 9개동 220가

60) 그와 더불어 아동보육시설도 열악하다. 일본의 보육시설대기 아동은 2만 5,000명으로 알려지고 있다. 일본 정부와 지방자치단체들이 보육시설 대기 아동을 줄이기 위해 각종 정책을 펴면서 보육 시설대기 아동은 2만 4,825명으로 줄었다고 마이니치 신문은 전했다. 특히 2010년에 대기 아동이 1,552명으로 전국최고였던 요코하마 시는 민간 기업의 보육시설 참여 문턱을 낮추는 등 적극적인 정책을 펴면서 최근 대기 아동이 제로로 줄었다.

구 중 90%가 고령자이다. 평균연령 80세로 주민 모임이 줄어들고 인간관계가 멀어지는 가운데 고독사가 증가하고 있는 것이다. 가족공동체 붕괴가 지역 커뮤니티 기능을 마비시키고 있어 미래를 암울하게 하고 있다.

둘째는 생활공동체이다. 현재 일본에서 생활공동체는 기본적인 틀이 되었던 가족공동체가 무너지면서 동시에 해체가 진행되고 있다. 그것은 일본에서 벌어지고 있는 한계부락의 생성과 관련되어 있고, 전 도시에서 벌어지고 있는 현상이다. 한계부락(限界集落)은 과소화 등으로 인구 50% 이상이 65세 이상 고령자로 구성되어 관혼상제 등 사회적 공동생활 유지가 곤란한 부락을 의미한다.[61] 산촌이나 이도(離島)를 중심으로 집락의 자치, 생활도로관리, 관혼상제 등 공동체 기능이 급속하게 떨어져 소멸되는 상황이 되고 있다. 한계부락에는 이미

61) 사회학자 오노(大野晃)교수가 고지대학 인문학부 교수시절 1991년 최초로 사용한 개념이다. 오노교수 연구에 따르면 수입목재로 일본국내의 임업이 쇠퇴하고 산촌인구가 줄고 고령화가 진행되어 부락자체가 소멸되는 현상으로 연결되었다. 그런 현상을 한계부락으로 위치지우고 한계지방자체단체, 한계부락이라는 새로운 개념을 도입하였다. 65세 이상 고령자가 지방자체단체 총인구의 과반수를 점하는 상태를 한계지방자체단체로 규정하였다. 오노에 의하면 한계부락의 구분은 다음과 같다. 즉 존속부락은 55세미만 인구비가 50% 이상으로 공동체기능을 차세대 승계가 가능하다. 준한계부락은 55세이상 인구 50% 이상으로 현재 공동체기능이 유지되지만 승계군이 한계 부락인 상태이다. 한계부락은 65세이상이 50% 이상으로 고령화가 진행되어 공동체기능 유지가 한계에 있는 상태이고, 위기적 부락은 65세이상 인구 70% 이상으로 공동체기능이 극한상태에 있다. 초한계부락은 약 5할 이상의 집이 한계부락에 빠져있고 소멸부락으로의 이행상태이고, 폐촌부락은 공동체기능이 완전 소멸된 상태이며, 소멸부락은 완전히 무주지로 집락이 소멸된 상태이다. 오노에 의하면 2000년 시점에서 한계지방자체단체가 된 것은 고지현 나가오카군 (高知県長岡郡の大豊町)뿐이지만 2015년에는 51개 지방자체단체, 2030년에는 144지방자체단체가 한계지방자체단체가 될 것으로 예상하고 있다. 2010년 국세조사에 의하면 한계지방자체단체수는 11정촌이 포함되어 있다. 구 국토부의 조사에 의하면 1999년 사라지는 집락수는 일본전국에서 약 2,000집락 이상으로 나타났다. 자료: www.yahoo.com

취학아동, 미성년자 등의 세대가 사라지고 독거노인이나 그 예비군이 남아 부락을 형성하고 있다. 생활 공동체로서 기능이 마비되고 있다.

도시권의 베드타운이나 신흥주택지에 단신자를 위한 대규모 공영 단지에는 고령자의 입거가 집중되고 있다. 집락 전체는 아니지만 비과소지역을 중심으로 고령화가 극단적으로 진행되고 있다. 현재 일본은 한계부락을 재생하기 위한 대책으로 집락영농법인, 집락영농 조합화, 농업 법인의 창업, 노동자 협동조합, 집단농장화, 지역 활성화를 위한 젊은이 유치 등을 추진하고 있다.

생활 공동체기능을 해 왔던 도시, 시정촌이 붕괴되고 있다. 2040년 고령화와 소자화로 인하여 일본 지방자치단체의 절반이 소멸될 것으로 예상하고 있다. 일본의 인구감소는 예견된 위기로 정부수준에서 적극적인 대책을 세워 대응해 왔지만 실효를 거두지 못하고 있다. 2040년 20세에서 39세의 가임여성은 2010년 대비 절반으로 줄어들 것으로 예상되고 소자화가 급속도로 진행되어 인구가 줄어들 것으로 보인다. 소자화와 고령화는 도시, 시정촌의 과소화를 초래하고 있다. 과소화로 인구가 급격히 감소하기 때문에 지역사회 기능이 저하되고 지역이 일정한 생활수준을 유지하기 어려운 상황에 빠지고 있다. 따라서 과소화지역은 생활환경, 주거환경, 경제환경, 문화환경, 정치경제환경 등이 무너지거나 기능하지 못하고 있다.

정령지정도시, 현청소재지로부터 거리가 있거나 교통편이 열악한 지역에서 과소화가 발생하기 쉽다. 과소라는 개념은 시마네현(島根県益田市匹見町)의 오다니쵸장(大谷武嘉町長)이 국회에서 처음 사용하였다. 과소화는 인구가 감소해서 과소형태로 되는 현상을 의미한다. 과소화가 진행되면 한계 부락으로 전락하게 되고, 생활도로, 농업용수, 지역자본 관리, 농업 등의 보조기능, 관혼상제, 소방단 등과 같은 지역사회의 기능이 곤란하게 된다. 그리고 이용자 시설감소, 공공 교통망 붕괴, 상점가 쇠퇴, 의료기관의 기능축소, 학교 폐교 등 사회자본 상실이 진행된다. 과소화는 정령지정도시, 현청소재지를 중심으로 한 도시부로의 인구 이동, 소자고령화 등이 원인이다.

일본의 과소화 배경에는 메이지이후 중앙집권정책으로 정치, 경제, 문화가 수도권 중심으로 활성화되었기 때문이다. 1960년대 고도 경제성장기에는 급속한 공업화로 농촌에서 도시로의 인구이동으로 농촌 과소화가 발생하였다. 산업이 제2차 산업에서 서비스산업과 3차 산업으로 이행되면서 인구가 도시 중심으로 편중하게 되고, 중앙정부의 경기대책으로 공공사업이 진행되어 지역산업의 중앙의존도가 높아져 지역 자립성이 떨어지게 되었다. 1990년대 버블경기 붕괴로 지역경제가 무너지고 지역과소화가 진전되었다. 홋카이도(北海道), 아키다현(秋田県), 시네마현(島根県), 코지현(高知県), 나가사키현(長崎県) 등에서 인구가 감소하여 과소화가 진행되었고, 최근에는 전국적인 현상이 되었다.[62)]

그리고 3대도시로의 인구집중과 과소화가 진전되고 있다. 3대도시권의 총인구 점유율을 보면, 여전히 증가하는 추세에 있다. 대부분은 도쿄권의 증가이다. 과소화가 진행되는 지역의 인구 추이를 그림에서 보면, 2005년 약 289만 명에서 2050년 114만 명으로 감소될 것으로 추정된다. 감소율은 61.0%로 전국평균 인구감소율 25.5%를 크게 넘어서고 있다. 그처럼 일본은 3대도시권으로의 인구집중과 지역 과소화가 병행해서 벌어지고 있는 특징이 있다.

62) 소외대책관련법으로는 過疎地域自立促進特別措置法, 離島振興法, 山村振興法, 半島振興法, へき地教育振興法, 小笠原諸島振興開発特別措置法, 奄美群島振興開発特別措置法, 沖縄振興特別措置法, 辺地に係る公共的施設の総合整備のための財政上の特別措置等に関する法律, 過疎地域自立促進特別措置法により「過疎地域」등이 있다.

〈그림 30〉 과소화가 진행 되는 지역의 인구추이

(단위 : 만 명)

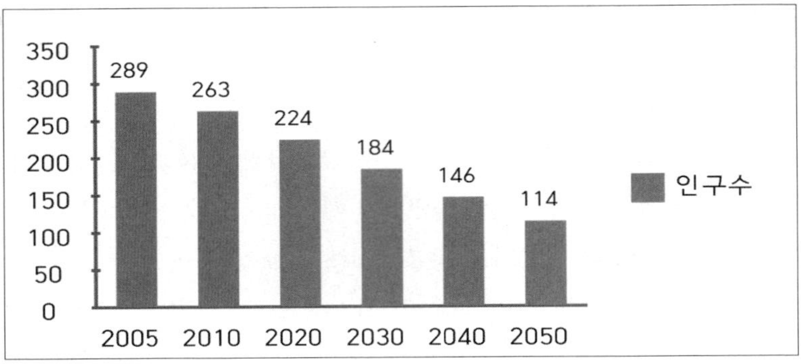

자료: 國土交通省國土審議会政策部会長期展望委員会「國土の長期展望」中間とりまとめ에서 재구성함

인구 과소화로 인하여 지방의 생활공동체가 무너지고 있다. 1970년대 인구가 7만 명에 달했던 홋카이도 유바리(夕張)시는 1990년대 관광객을 유치하겠다는 의도로 리조트 및 놀이시설을 과도하게 투자해서 시 부채가 급증해 2006년 파산했다. 파산 후 공공요금이 치솟자 젊은이들이 도시로 떠나면서 인구가 1만 명으로 줄었다. 65세 이상 인구 비율이 45%를 넘고 어린이가 급감하여 20개 넘던 초등학교가 1개로 줄었다. 일본전문가 모임인 〈일본창성회의〉의 2014년 5월 8일 보고서를 보면, 유바리시 인구가 2040년에는 3,104명까지 감소하고 출산이 가능한 여성이 653명에서 100명으로 줄어들어 도시가 소멸단계에 접어들 것이라고 예상했다.

일본에서 소멸가능 도시가 전체 1,800개 기초자치단체 중 49.8%인 896개라고 예상되고 있다. 소멸가능 도시는 20-39세 여성이 2040년에 2010년 대비 절반으로 줄어드는 지역이다. 가임여성의 급감은 인구감소로 이어져 도시 유지를 불가능하게 한다. 특히 아오모리(青森), 이와테(岩手), 아키타(秋田), 야마가카(山形), 시마네(島根) 등 5개현은 기초자치단체의 80%가 소멸가능 도시로 분류됐다. 아키타현은 25개 기초자치단체 중 24개가 소멸가능 도시로 분류돼 아키타 자체가 사라질 수 있다는 우려도 나오고 있다.

2006년 농림수산성 조사에 의하면 무주화 위구집락(無住化危惧集落) 수는 전국 1,403 집락으로 나타났다. 2006년 국토교통성에 의한 과소지역의 집락상황에 대한 조사(2006-2008년)에서 과소지역이라고 할 수 있는 것이 전국 775 시정촌에 소속한 62,273 집락으로 보고되고 있다. 그리고 고령자 65세 이상이 과반수를 차지라는 집락이 7,878(12.7%), 유지 곤란한 부락이 2,917 집락(4.7%), 10년 이내 소멸가능성이 있는 집락이 423개소, 언젠가 소멸될 가능성이 있는 집락이 2,220 집락 등으로 집계되었다.

셋째는 직장공동체이다. 일본에서는 경제성장기를 거처 탄탄하게 자리 잡고 있었던 직장공동체가 해체되고 있다. 직장공동체는 가족공동체와 생활공동체를 지탱해주는 매우 중요한 존재였다. 그런 이유 때문에 직장공동체는 가정공동체나 생활공동체보다 소중하게 여겼을 뿐 아니라 전인적인 보호와 충성의 관계를 유지해 많은 역할과 기능을 담당해 왔다. 그러나 소자화 및 고령화로 인하여 직장공동체는 그 탄력성과 보호성을 잃어가고 있다. 경제성장을 하는 과정에서 큰 역할을 한 것이 직장공동체이다. 얻은 만큼 나누어주고 잃은 만큼 분담하는 인정적인 직장공동체가 사라지고 있는 것이다. 그것은 단순하게 회사의 합리적 경영에 의한 것만이 아니고, 사원의 개인주의적 성향 때문만도 아니다. 일본사회에 팽배하고 있는 가족공동체와 생활공동체의 해체가 원인이 되고 있다. 가정공동체의 붕괴, 생활공동체의 붕괴, 직장공동체의 붕괴는 서로 맥을 같이하고 있는 것이다.

직장공동체가 흔들리는 예가 속속 등장하고 있다. 오카사에 사는 한 독신 여성은 전자회사 고객상담센터 상담원으로 일하다 갑자기 해고를 통보 받았다. 치매를 앓고 있는 어머니 간병 때문에 지각이 잦다는 이유에서였다. 어머니 상태가 갑자기 나빠져 어쩔 수 없이 지각을 했다고 변명했지만 회사는 인원을 감축하면서 파견 사원인 독신 여성을 해고했다. 고령화 시대를 맞이하여 간병으로 이직과 실업으로 불안에 떨고 있는 직장인이 매우 많다. 도쿄도청 조사에서는 근로자의 85%가 장래에 직장과 간병을 병행하는데 불안을 느끼고 있다고 답했다. 현재 일본에서는 연간 10만 명이상이 간병 때문에 직장을 떠나고 있다. 연간 7만 5천 명이 간병실업자로 전락하고 있다. 일본 정부조사에 따르면 간병을 병행하는 직장인이 291만 명으로 전업주부를 포함해 무직으로 간병하는 266만 명보다 오히려 많다. 과거에는 전업주부가 담당했지만 맞벌이 부부와 독신생활자가 늘어나면서 간병하는 직장인이 늘어나고 있다. 일본사회가 가정공동체와 직장공동체의 양립을 불가능하게 하고 있는 것이다.

일본 정부는 가족공동체를 보호하기 위해서 2005년부터 간병휴가제를 도입해 연간 93일까지 휴가 받을 수 있도록 하였지만 회사가 대응하는데 소극적이다. 정부는 더욱 적극적으로 대응하기 위해 100개 회사를 선정해서 〈간병과 직장생활공존모델〉을 만들어 보급하기로 하였다. 후생노동성은 보조금을 지원하는 대신 간병 하는 직원에 대해서 근무시간 탄력조정, 재택근무제도 도입, 근무지 이동면세 등을 지원할 예정이다. 또한 남성 간병인을 위한 전국적인 시민단체도 결성됐다. 그처럼 고령화는 기초공동체의 근간을 흔들어 놓는 것이기 때문에 일본 정부는 필사적으로 방어하고 있지만 효과적인 결과를 얻지 못하고 있다.

현재 기초공동체를 살리려는 정부의 의도적인 지원과 정책이 회사의 의도와 정책으로 수용되는데 한계가 있다. 좋은 제도임에도 불구하고 그것을 받아들이는데 소극적인 것은 일본 회사나 기업이 사회적 현상에 대응하거나 정부 정책에 부응하는데 탄력성을 잃고 있기 때문이다. 직장공동체로서 회사의 생산성과 생명력이 떨어지고 있고 회사도 노후화되고 있는 것이다. 그것은 회사가 사원을 버리고 사원이 회사를 떠나는 것으로 결국 직장공동체가 흔들리는 것을 의미한다. 일본에서도 회사는 단순하게 일하고 대가를 받는 완전한 물적 공동체로 전환된 것이다. 물적 계약에 따라 받은 만큼 일하고 받지 않은 만큼 일 안하면 되는 것이다. 따라서 사원은 회사의 운명을 같이 하지 않고 반대로 회사도 사원과 운명을 달리할 수 있는 것으로 운명적인 직장공동체 개념이 사라지고 있다. 그것은 가정 공동체와 직장공동체의 붕괴를 촉진시키는 요인으로 작용하고 있고 일본사회에 부정적으로 작용하고 있다는 문제점을 안고 있다.

시민사회운동

일본에서는 사회정의가 사라지고 있고 불의에 대한 비판이 약화되고 있다는 양심 암흑시대에 돌입한 듯한 현상이 벌어지고 있다. 사회정의가 국익이나 사익에 지거나 붕괴되고 있고, 불의에 모두가 입을 닫고 있는 것이다. 사회정의 파탄은 대외 혐오주의로 나타나고 있다. 시민에 의한 사회파세력이 약화되고 있어 자유주의와 평등주의가 소멸될 가능성이 높아졌다. 더불어 반핵운동, 평화운동, 반원전운동 등이 약해지고 있다. 또한 헌법 개정을 추진하고 있는 아베 내각에 대한 지지율이 높아지고 있고, 헌법개정론에 침묵 하거나 찬성하는 부류가 많아지고 있다. 역시 일본이 추구하고 있는 〈강한 일본만들기〉가 시민사회운동에도 깊숙이 영향을 주고 있는 것이다.

시민사회운동의 전형적인 예가 세력을 확장하고 있는 시민 극우 단체이다. 극우 시민단체가 발흥하거나 우후죽순처럼 생겨나 활보하고 있다. 그들은 한일 간의 근대사를 둘러싼 논쟁이 되는 식민지지배에 대한 배상, 과거사를 둘러싼 사과여부, 식민지지배, 일제강점기의 근로정신대, 군위안부 등과 같은 문제에 대해서 자의적이며 편파적인 행동으로 대응하고 있다. 과거사뿐만 아니라 현안에 대해서도 강하게 배척하는 등 인종차별주의로도 전환되고 있는 실정이다. 시민사회운동은 내외적인 명분을 갖고 있지만 인간성마저도 상실한 듯한 행태로 나타나고 있어 매우 우려스럽다.

일본에서 새롭게 일어나고 있는 시민수준에서의 우익 운동은 혐한주의가 주류를 이루고 있고, 혐중주의로도 발생하고 있다. 그 배경에는 영토분쟁, 역사분쟁, 경제분쟁, 정치분쟁 등 다양한 요소가 있다. 문제는 정치적 수준이 아니라 민간 수준에서의 배척과 갈등이라는 점이다.[63] 상호교류의 근간이 되었던 시민교류의 방향을 흔들고 있어 한일 간이나 한중간의 다양한 갈등으로 확산되고 있다. 어떤 면에서

63) 시민그룹으로 우익 활동을 하고 있는 단체와 활동내용을 소개하면, <국민행동교토위원회>, <유신정당·신풍도쿄도본부> (維新政党 · 新風東京都本部), <다케시마의 날 활동> (竹島の日活動), <유신정당·신풍아이지현본부> (愛知県本部), <유신정당·신풍홋카이도본부> (北海道本部), <재일 특권을 허용하지 않는 시민 모임> (在日特権を許さない市民集まり), <벚꽃 난무류> (櫻亂舞流), <일본청년사> (日本青年社)나 <천풍의 회> (千風の会), <주권회복을 위한 모임> (主権回復を目指す会), <일본을 수호하는 시민모임> (日本を護る市民の会) 등 매우 다양하다.

는 기본적이고 총체적인 문제로 부상하고 있어 해결의 실마리를 찾지 못하고 있다. 혐한주의나 혐중주의는 한국적인 요소나 중국적인 요소를 싫어하고 차별하는 의미를 함의하고 있어 인종차별주의나 문화차별주의로도 나타나고 있다는 점에서 매우 심각하다.

혐한주의는 혐한인주의와 같은 인종차별이나 멸시로 나타나고 있다. 일본 록밴드 〈벚꽃 난무류〉(桜亂舞流)는 매춘부 할망구들을 죽여라라는 구호를 주창해 세상을 놀라게 하였다. 2013년 3월 2일자 〈조선일보〉에 게재된 '일국수주의자들, 위안부 할머니들에게 막말테러'라는 머릿기사에서 록밴드의 혐한주의를 보도하였다. 거기에는 조선 놈들을 쳐 죽여라, 매춘부 할망구들을 죽여라라는 말이 쓰여진 사진이 게재되었다. 그것은 일본 록밴드가 2013년 1월 26일 유튜브에 올린 영상을 사진으로 찍어 신문에 게재한 것이다. 영상에는 한글 자막까지 달아 놓고, 한류 이이돌 그룹을 조롱하고, 한국의 농민과 군인, 위안부 할머니들을 비하하는 장면들도 있다.

더욱이 3.1절 전날인 2월 28일 위안부 출신 할머니들이 거주하고 있는 〈나눔의 집〉에 조선 놈들을 쳐 죽여라라는 제목의 노래 CD를 포함한 소포가 배달되었다. 소포에는 매춘할머니 죽여라(賣春ババア殺せ), 다케시마에서 떠나라(竹島から出て行け), 동해표기 없애라(東海表記を無くせ)라는 노래CD와 함께 가사를 한국어로 번역한 종이가 동봉되었다. 또한 한류아이돌 그룹인 소녀시대, 카라 등의 사진을 넣어 비하하였다. 그런 내용의 노래나 한류아이돌그룹에 대한 상식이하의 발언이나 표현은 그동안 양국의 시민사회가 정성을 갖고 노력해온 한일관계를 일시에 무너뜨리는 힘으로 작용할 수 있다.

시민우익들은 역사문제나 영토분쟁에 대해서 편파적인 주장을 하여 일본인의 마음을 자극하거나 유도하거나 이웃국가를 적대국으로

규정하여 비난하는 등 다양하게 활동하고 있다. 특히 혐한주의를 극단적으로 실천하고 있는 것이 〈재일 특권을 허용하지 않는 시민모임 이하 재특회라 칭함〉 (在日特権を許さない市民集まり)〉이다. 재특회는 재일 한국인이나 조선인이 소지하고 있는 재일특권을 없애고 보통의 외국인과 동등하게 대우하도록 하는 내용을 활동강령으로 하여 설립한 단체이다. 재특회는 2007년 1월 20일 정식으로 활동을 개시했고, 전국적으로 회원 1만 2천명이 가입하고 있으며 각 지역과 인터넷을 통해 활동을 해 왔다. 그들은 주로 사회에 불만을 가진 젊은 층으로 구성되어 활동하고 있으며, 한국의 경제성장에 피해의식을 가지고 있는 단체로 알려지고 있다. 또한 특별 영주자격이나 다양한 경제적 편의를 가진 재일 한국인이나 조선인을 재일특권으로 부당하다고 인식하여 철폐하도록 요구하고 있고, 외국인이나 각지의 반일적이라고 여기는 개인, 단체 등에 대해서 가두선전, 데모, 집회 등으로 비난하는 활동을 벌이고 있어 배외주의단체, 인종차별주의단체로 간주되고 있다.

재특회 활동은 한국에 대해 집중적으로 비판하고 있다는 특징이 있다. 올림픽 개최지 선정을 둘러싸고 두 달 간 반한이나 혐한 시위를 중단했지만 올림픽 개최지가 도쿄로 정해지자 반한운동을 재개하였다. 혐한주의에서 진전된 반한운동은 도쿄의 한인 타운에서 월 2회 열리고 있다. 2013년 8월 재특회 회원 120여명은 도쿄 신주쿠의 한 공원에서 도쿄 한국학교의 무상화 철폐 집회를 열었다. 이어 욱일승천기 등을 든 채 한인 타운 신오쿠보 일대 거리를 두 시간가량 행진했다. 이들은 도둑 국가 한국, 다케시마를 내 놓으라 등 반한 구호를 외치며 행진했다.[64)]

---

64) 그런 가운데서도 반한 운동에 반대 하는 인권단체 회원들은 그들의 행진을 따라다니며 인종 차별반대, 재특회는 일본의 수치라고 외치며 혐한 시위 중단을 요구했다.

재특회는 동화사이트, 게시판, 블로그, SNS 등과 같이 인터넷을 통해서 활동을 강화하고 있다. 발족 당시 회원은 130명, 2007년 1,000여 명, 2011년 10,000명, 2013년 14,000여 명으로 늘어나고 있고, 그중에서 약 1,500내지 2,000여 명 정도가 행동대원으로 활동하는 것으로 알려지고 있다. 그리고 일본의 최대우익단체 〈일본청년사〉(日本青年社)나 〈천풍의 회〉(千風の会), 〈주권회복을 위한 모임〉(主権回復を目指す会), 〈일본을 수호하는 시민모임〉(日本を護る市民の会) 등과 공동으로 투쟁하기도 한다. 다음은 재특회의 주장 내용을 소개한 것이다.

〈표 65〉 재일특권을 허용하지 않는 시민 모임의 주장내용

구 분	주장내용	특 징
재일 한국인 및 조선인 특별영주자격과재류특별허가	- 특별영주자는 샌프란시스코조약이 발효한 1952년 4월 23일까지 일본국적소유자였던 자가 또는 그 자손이 역사적 경위로 재류자격을 다른 영주외국인과 같은 대우를 받은 재일특권을 비난함. 특권을 박탈할 것을 주장 - 복지급부금, 세금 면세 등에 관해서 재일 한국인과 조선인이 일본 국민보다 유리한 대우를 받고 있다고 하여 재일특권으로 비난함	재일특권 비판
	특별영주자격제도를 유지하는 근거로 하고 있는 '현재 일본에 있는 재일 한국인과 조선인이 일본군에 의해 강제 연행돼서 온 사람들이고 자손이라는 주장'은 역사적 사실이 아니라고 하여 특별영주자격 박탈과 제도폐지를 요구함	특별영주 비판
재일특권	- 실명과 통명을 병기하거나 통명 자체의 폐지를 주장 - 재일 한국인이나 조선인이 범죄피의자인경우에 한해서 본명이 아니라 통명으로 보도하고 있어 범죄책임을 일본인에게 전가하고 있음	실명통명 비판

한 시민은 도쿄가 세계 평화를 상징하는 진정한 올림픽 도시가 되기 위해서는 혐한 시위가 사라져야 한다고 주장하였다.

연금생활 보호	- 2012년 65세 이상 재일 한국인 및 조선인 중에서 일부가 연금수여자격이 없음에도 복지급부금이나 생활보호를 요구하는 것은 부당하다고 주장	복지혜택 비판
역사인식	- 조선인강제연행이나 위안부문제는 전후 날조한 선전이고, 재일 외국인이 특별영주자격을 유지하기 위한 협상카드에 불과함 - 독도문제, 일본해호칭문제, 역사교과서문제, 야스쿠니신문제 등을 둘러싼 한국, 북조선, 중국 측의 역사인식에 기초한 언설에 반대함	역사, 영토 문제비판
한국	- 한국의 다케시마 실효지배 비판, 반일적인 간섭이나 정책을 강하게 비판하고 있음. 반일국가중의 하나로 인식, 한일국교단절 국민대행진을 실시하고 있음	반한운동
파칭코	- 재일 한국인이나 조선인의 경영자가 80%에 달하는 파칭코업계는 고객에게 사행 행위이며 도박으로 위법성이 있고 파칭코업이 개인과 사회에 악영향을 끼치고 있음 - 이들 단체가 후원하고 있는 일본 국회의원은 그들의 충복이 되고 있다고 보아 파칭코 폐지를 반대하는 관련 의원을 규탄하는 거리시위	파칭코업 비판
자위대 미군기지	- 방위문제의 근간인 일미안전보장, 일미지위협정 및 재일 미군기지의 존재에 대해서 중국위협론이나 핵억지론을 근거로 시인하는 입장을 취함	일본방위 강조

일본에서 벌어지고 있는 혐한인주의에 대해서 미국은 인권보고서를 통해서 우려를 표명하였다. 반한운동을 헤이트스피치(hate speech, 증오연설)로 인식하여 외국인 증오현상이라고 보고 있다. 활동이 제재를 받지 않고 도쿄 한복판에서 활보하는 것은 일본 정부나 일부시민의 양심이 사라지고 있기 때문이며, 정권의 암묵적인 승인이 작용하고 있는 점이 없지 않을 것이다.

혐한주의는 혐한류론으로 진전되고 있다. 그 용어는 일부 일본인이 한국 문화를 혐오하는 흐름을 총칭한다. 혐한류운동은 매우 다양한 모습으로 나타나고 있다. 예를 들면 독도 횡단을 한 배우가 출연한 드라마 방영을 취소하는 것으로 비화되었다. 일본 위성 TV 닛폰은 한국 배우가 출연한 한국 드라마 〈신이라 불리운 사나이〉 방영을 연기한다고 밝혔다. BS닛폰은 당초 2012년 8월 21일 첫 방송을 내보낼 계획이었지만 출연 배우가 광복절 독도 수영 횡단 행사에 참여해 이를 그대로 방영할 경우 시청자들의 항의가 쏟아질 우려가 있어 이 같은 결정을 내렸다고 밝혔다.

일본 내에서 혐한주의는 혐한서적으로 나타났다. 1993년 『추악한 한국인』 등과 같은 서적은 과거에도 꾸준히 나왔다. 하지만 일본 대표 서점이 특별 판매대를 마련할 만큼 인기를 끈 일은 없었다. 2000년 이후 한동안 한류가 붐을 일으키는 가운데 한국에 대한 이미지가 많이 개선되어 한일관계는 어느 때보다 좋았다. 그러나 한일외교관계가 경색되는 가운데 혐한류가 본격적으로 시작되었다. 일본에서는 혐한류 만화를 시작으로 혐한서적이 팔리고 있다. 주요 서점은 2013년 2월 혐한 도서 특별판매대를 마련하였다. 도쿄 진보초 산세이도(三省堂) 판매대에는 박근혜대통령 사진과 함께 서적 10여종이 있었다. 한국 때리기 시리즈 『매한론:어리석은 한국론』(呆韓論)과 『악한론』(悪韓論)을 합쳐 31만부가 팔렸다. 일본시사통신 서울특파원 출신이 썼다는 매한론은 20만부가 팔렸다. 내용에는 한국은 빈 깡통 같은 나라, 부끄러움을 모르는 비상식국가, 세계가 경멸하는 불쌍한 나라, 매춘 수출대국 등이라고 노골적이며 악의적인 표현도 포함되어 있다.

또한 혐한도서의 원조격인 『만화 혐한류』(マンガ嫌韓流)는 2005년 출간이후 100만부 넘게 팔렸다. 그 중에 야마노(山野 車輪:やまの しゃりん)는 『만화혐한류』(マンガ 嫌韓流), 『만화혐중국류』(マンガ 嫌中国流), 『한국 가운에 일본』(韓国のなかの日本), 『재일의 지도』(在日の地図)등을 그려 대

표적인 혐한류 만화가가 되었다. 2014년 5월 1일자 『주칸분슌』(週刊文春)에서는 여객선 세월 호 참사를 다루면서 '일본의 지원 거절, 300 여명을 방치해 죽게 한 박근혜의 대죄', '일본인에게 위화감, 한국페리 침몰의 비극'같은 자극적인 제목을 달고 있다. 『사피오』(SAPIO)5월 호에는 '한국의 거짓이 드러나는 날', '일본인이 알아야할 거짓말쟁이 한국의 정체' 등을 표지로 달았다. 그리고 구라야마 미쓰루(倉山満)는 『일한근대사』에서 200년의 역사 속에 항상 중화제국 제1의 앞잡이였고, 만주사변은 조선을 보호하기 위한 전쟁이라고 주장하였다. 그럼에도 불구하고 8만 부나 팔렸다.

일본에서 혐한류는 출판대국의 몰락이 한 몫을 하고 있다. 2000년 2조 3,966억 엔이었던 출판시장 규모가 2013년 1조 6,823억 엔으로 줄었다. 다른 한편으로는 한국에 의한 엄중한 일본비판에 대한 저항이 깔려 있다. 일본 정치인에 대한 올바른 역사인식에 대한 강한 요구 및 한일정상회담 거절 등과 같은 한일외교관계 경색 등이 작용하고 있고, 일본 내에 불고 있는 한류로 인한 일본의 한국화 현상에 대한 견제가 발동한 것이다. 일본의 한국화 현상이나 붐으로 일본의 문화입지가 약해진 것에 대한 경계이기도 하다. 혐한류 현상은 일본인이 수용하는 과정에서 벌어지는 문화충격에 대한 저항이라고 할 수 있지만 인종차별주의나 정치적인 목적으로 연결되서는 안될 것이다.

일본에서는 시민이나 문화단체에 의한 반한운동이나 우익 운동이 벌어지고 있는 가운데 지식인들이나 문화그룹에 의한 운동도 일어나고 있다. 일부 문화단체는 일본 정부의 의도적인 언론 길들이기 일환으로 일어나고 있다고 보고 있다. 예를 들면, 중립적 보도로 공영방송의 모범 사례로 평가받던 일본 NHK에 대한 조치가 전형적인 예이다. 국영방송인 NHK는 전전 제국주의 침략을 합리화하는 선전 도구

역할을 했다는 반성을 토대로 1950년 재출발했지만 최근 역사문제에 대한 일본 정부의 요구에 발맞춰 줄 것을 강하게 요구받고 있다. 특히 아베 신조 정부가 들어서면서 NHK에 대한 정치적 장악이 두드러지기 시작했다.[65)]

아베 총리는 2006-7년 제1차 아베 내각을 구성하는 가운데 NHK길들이기를 시도했지만 중도 퇴진으로 인하여 실천하지 못했다. 그 후 제2차 아베 내각이 성립되면서 NHK에 대한 장악이 본격적으로 시작되었다. 그는 2013년 7월 참의원 선거에서 압승한 이후 11월 NHK경영위원회 위원 4명을 자신의 입장에 맞는 인물로 교체했다. 그 중 한 위원은 일본의 반성을 담은 사관을 자학사관이라고 비판해온 소설가 하쿠타 나오키(百田尚樹)였다.[66)] 그리고 일본군 강제동원 위안부가 존재하지 않는다고 주장하고 보수계정치단체 〈일본회의〉대표위원을 하고 있는 하세가와 미치코(長谷川三千子) 사이타마대 명예교수를 임명했다.[67)]

---

65) NHK 교육방송은 2001년 일본시민단체가 개최한 여성국제전범법정을 다룬 프로그램을 방송했다. 여성전범재판은 일본군의 위안부 강제동원을 인정하는 내용이었다. 2005년 <아사히신문>에 따르면, 당시 관방 부장관이었던 아베 신조는 위안부제도가 인도에 어긋나는 죄이며 일왕에 책임이 있다는 내용을 삭제하도록 압력을 가했다고 전했다. 이후 아베 신조는 2009년 잡지사와의 인터뷰에서 NHK직원은 공영방송이라는 자각이 필요하다고 하였다.

66) 하쿠타 나오키는 일본군 창설을 주장하는 한편, 와타나베 쇼이치(渡部昇一)와의 대담에서 아베정권에서는 더욱 큰 정책과제로서 헌법 개정을 추진하고, 군대창설에 밑그림을 그려야 한다고 주장했다. 그리고 헌법 개정에 관해서 점령 하에서 제정된 헌법이 70년간 전혀 개정되고 있지 않은 것은 이상한 것이라고 하였다. 중국의 남경학살에 대해서는 일본병사에 의한 범죄는 소수 있었지만 일본군에 의한 대학살은 없었다고 주장하였다. 2014년 2월 도쿄도지사선거에서 다모가키 도시오(田母神俊雄) 후보자의 가두연설에 참가해서 동경대공습이나 원폭투하에 대해서 대학살이었고, 동경재판은 그것을 숨기기 위한 재판이었다고 주장했다.

67) 일본공영방송 NHK의 최고의사결정기관 NHK경영위원회 위원인 하세가와 미치코

NHK 경영위원 햐쿠타 나오키(百田尚樹)는 최근 난징대학살이 조작됐다고 말을 했다. 이들이 선출한 것으로 알려진 모미이 가쓰토 NHK 회장은 취임 기자회견에서 전쟁 지역 위안부가 있었다는 말을 했다. 또한 극우논객으로서 알려진 사쿠라이 요시코(桜井よしこ)는 아베 총리의 사상적 동지로 유명하며, 기고와 강연, 방송활동을 통해 일본군의 위안부 강제동원을 부정해 왔다.[68] 그녀가 이사장을 맡고 있는 〈국가 기본문제연구소〉는 위안부 강제동원을 사과한 고노 담화 폐기운동을 벌이고 있다. 〈역사사실위원회〉의 위원으로서 워싱톤 포스트 2007년 6월 14일호에 미하원 121호 결의를 철회할 것을 요구하고 위안부 동원에 일본 정부와 구 일본군의 조직적이며 계획적 강제연행은 없었다고 주장하였다.

그런 분위기 가운데 위안부를 보도한 기자에 대한 비판과 협박이 쇄도하여 언론의 자유에 대한 압박이 가해지고 있다. 일본군 위안부 피해자 첫 증언을 〈아사히신문〉이 보도하였고, 보도한 사람은 아사히

(長谷川三千子) 사이타마대 명예교수는 극우 테러범을 찬양한 사실이 있다. 하세가와는 2012년 <아베 신조가 총리가 되기를 원하는 민간인 모임>을 만들어 활동한 인연으로 NHK의 위원이 됐다. <마이니치신문>은 2014년 2월 5일 하세가와가 1993년 아사히신문사를 찾아가 권총자살을 했던 노무라 슈스케(野村秋介)를 찬양하는 추도문을 작성하여 2013년 10월 발표했다. 노무라는 1963년 정치인의 집을 방화하고, 1977년 경제단체 회관에서 인질극을 벌이고, 1993년 자신이 이끄는 극우단체를 비판하는 기사 등에 불만을 품고 아사히신문사를 찾아가 신문사 간부에게 사과를 요구하고 권총자살을 했다. 하세가와는 노무라 자살 20주년에 즈음해서 노무라가 신에게 죽음을 바치면서 덴노헤이카를 외쳐, 금상 폐하가 다시 현세에 다시 살아있는 신이 됐다라고 하였다.

68) 사쿠라이 요시코(櫻井よしこ)는 남경학살을 역사적 사실에 기초하지 않은 정치적 창작으로서 그린 영화 〈남경의 진실〉의 찬성자로 이름을 올렸다. 그리고 〈새로운 역사교과서를 만드는 모임〉의 시판본 〈일본인의 역사교과서〉(2009년)에 투고했다. 사쿠라이는 위안부 김학순 씨에 대해서 김학순씨는 정신대가 아니라 가난해서 부모에 의해 팔려나간 불쌍한 여성일 뿐이라고 주장했다.

신문 우에무라 다카시(植村隆)기자였다. 1991년 8월 11일 당시 우에무라 기자의 보도내용을 소개하면 다음과 같다. 즉

> "전 조선인 종군위안부 전후 반세기 무거운 입을 열다: 일중전쟁이나 제1차대전 당시, 「여자정신대」(女子挺身隊)의 이름으로 전장에 연행되어, 일본군인 상대로 매춘 행위를 강제한 「조선인종군위안부」 가운데, 한 사람이 서울시내에 생존해 있다는 것을 알아, 「한국 정신대 문제대책협의회」 (윤정임 공동대표, 15단체 약30만명)가 청취 작업을 시작했다. 동협의회는 10일 여성의 이야기를 녹음한 테이프를 아사히 신문기자에게 공개했다. 테이프에서 여성은 「생각해보면 지금에도 신체가 떨린다」라고 말했다. 체험을 숨겨온 그녀들의 무거운 입이 전후 반세기만에 겨우 열기 시작했다. 윤정임 대표에 의하면, 그 여성은 68세로 서울시내에서 혼자 살고 있다. 중략 여성의 말에 의하면, 중국 동북부에서 태어나 17세에 속아서 위안부가 되었다. 2백 내지 3백 명의 부대가 있는 중국 남부의 위안소에 연행되었다. 위안소는 민가를 사용하고 있었다. 5명의 조선인여성이 있어, 한 사람당 1실이 제공되었다. 여성은 춘자(가명)라는 일본 이름이 붙여졌다. 한 살 위인 여성이 일본말을 해, 장교를 상대했다. 나머지 4명은 일반 병사 2내지 3백명을 상대했고, 매일 3-4명을 상대하게 하였다. 「감금되어 도망가고 싶은 생각 밖에 없었다. 그리고 상대로 오지 않기를 바랄 뿐이었다」라고 말했다. 또한 주 1회는 군의의 검진이 있었다. 수개월간 상대를 하였지만 도망갈 수 없어, 전후가 돼서 서울에 돌아왔다. 결혼했지만 남편이나 자식이 모두 죽고, 현재는 생활 보호를 받아 살아가고 있다.[69]

당시 우에무라 기자의 보도는 일본사회를 크게 흔들어 놓았고 새로운 변화를 일으키는 계기가 되었다. 위안부문제가 사실로서 인식하는 계기가 되었던 것이다. 그런 공론화는 1993년 일본군 위안부의 존

---

69) 우에무라 다카시 <아사히신문> 오사카판 27면 1991년 8월 11일

재와 강제동원을 사실로 인정하고 사죄한 고노담화에 결정적인 영향을 미쳤다. 보도이후 우에무라 기자는 기자를 그만두고 2012년 호쿠세이 학원대학(北星学園大学) 강사로 취임해서 강의를 하고 있다. 그러나 2012년 5월과 7월 대학에 우에무라를 사직시키라는 협박과 학생에게 위해를 가하겠다는 협박문을 받게 된다. 또한 대학에게 왜 날조하는 인물을 채용 했는가 라는 취지의 항의가 쇄도했다. 당 대학 학장은 종군 위안부문제 및 우에무라 기사에 대해서는 본 대학이 판단할 입장이 아니라고 하여 2014년도 후기 수업을 계속하게 하였다.

일본 시민이나 지식인 모두가 위에서 언급한 시민이나 지식인처럼 부정적으로 활동하고 있는 것은 분명히 아니다. 그런 상황에서도 우에무라를 지원하기 위해서 「패배하지마 호쿠세이! 모임」(負けるな北星！の会)이 학자, 변호사, 저널리스트 등이 중심이 되어 구성되기도 하였다. 그러나 점차 사회정의의 편에서 강하게 목소리를 내는 시민이나 지식인의 세력이 약화되고 있는 것 또한 사실이다. 일본성장을 지탱해온 시민이나 지식인의 양심을 약화시키거나 기능을 무디게 할 가능성이 있어 역으로 일본을 위험에 빠뜨리는 힘으로 작용할 수 도 있을 것이다.

오늘날 일본의 위기는 각종 사회현상에 대해서 책임지지 않기 때문에 벌어지는 현상이라고 할 수 있다. 책임부재가 개인이나 가정, 단체나 사회, 기업이나 공공기관, 정부나 국가에 만연되고 있는 것이다. 일본이 책임부재시대에 접어들어 혼란을 거듭하고 있다. 책임지는 시민이나 리더가 적기 때문에 근대사에 대해서 책임지지 못하고, 역사에 대해서 책임지지 못하고, 지진과 원전 폭발에 대해서 책임지지 못하고, 인구증가 정책에 책임지지 못하고, 정부 부채 증가에 책임지지 못하는 총체적인 책임부재 일본으로 드러나고 있는 것은 아닌지 의심이 간다. 근간에는 무조건 일본이라는 맹목적인 국익주의가 내재된 결과일 수 도 있을 것이다.

일본에서 우익적 시민이나 지식인은 일본적 질서로의 회귀를 주장하고 있고, 배척주의를 근간으로 강한 일본을 원하고 있다. 평화를 이야기할 때 전쟁을 전제로 하고 있고, 책임을 이야기 할 때 회피를 염두에 두고 있다. 그런 힘은 결국 두 얼굴의 일본, 일본인, 일본적 질서로의 회귀로 전환될 수 있다. 21세기 일본이 당면하고 있는 각종 위기를 극복하는 방법이나 논리는 이중적인 대응방식으로 진행되고 있다는 점에서 우려스러운 것이다. 현재 진행되고 있는 이중적인 대응방식은 결국 갈등과 알력이라는 대립적인 정책으로 구체화 되어 일본국민이나 국제사회를 혼동하게 하는 과오를 범할지도 모른다는데 그 위험성이 있다.

일본병증후군

21세기 문턱에 서있는 일본의 최고 문제는 일본과 일본인이 자신감을 잃고 있다는 점일 것이다. 일본적 신화를 이어가는데 새롭게 탄생시켜야 하는데 자신감을 상실하고 있는 것이다. 화려하게 보낸 20세기에 향수만을 느끼고 거기에 젖어 뒤만을 보고 싶어 하는 것이다. 앞보기를 두려워하고 있고, 앞으로 나가기를 두려워하고 있다. 옆 보기를 두려워하고 있는 것이다. 좌우 살피는 것을 두려워하고 있다. 그렇기 때문에 일본, 일본인, 일본사회가 당황하고 기를 펴지 못하고 경쟁을 피하고 있는 것이다. 그런 분풀이로 한국이나 중국 등 경쟁 국가나 경쟁 국민을 미워하고 증오하고 있는지도 모른다. 그런 현상을 통틀어 일본병이라고 명명하고자 한다.

이른바 일본병은 역으로 일본인의 약점이라는 측면이 있지만 성장하고 승계 해오는 과정에서 생긴 부작용이라는 점도 있다. 따라서 일본인의 약점이나 부작용을 치유하는 것이 일본병을 치유하는 방책이 될 것이다. 치유해야하는 이유는 21세기 일본을 성장 사회로 이끄는 열쇠가 되기 때문이다. 다음의 표는 일본병으로 불리어지는 요소를 소개한 것이다.[70]

〈표 66〉 일본병의 종류

구 분	내 용
감염의식결여	일본병 감염자는 자신이 일본병에 걸려있어도 쉽게 그것을 인식하지 못하는 경향이 있다.
적극적 행동결여	일본병감염자는 모든 일에 있어서 수동적인 심적 경향이 있다.
현저한중류계급의식	일본병감염자는 극단적으로 자신이 돌출되는 것을 두려워해 나서면 징을 맞는다는 교훈을 마음에 새기고 있다.
보지 않고, 말하지 않고, 듣지 않는 사상	봉건시대의 권화(權化)라고도 할 수 있듯이 도쿠카와 이에야스(德川家康)의 신봉자가 많다.
부끄럼문화의 상실	부끄럼이라는 일본 문화의 근저에 있는 심적 경향을 지키는데 무시하든지, 완전히 잃어버리고 있다.
정치적 체념	정치라는 것은 세습적 노동이고, 선거에서 자신이 누구를 투표해도 무의하다는 체념기분을 가지고 있다.
탈아입구의식	여전히 아시아제국에 대해서 우월의식을 가지고 있고, 미국을 시작으로 구미선진국에 대해서는 비굴한 열등의식을 가지고 있다.
부정적 경향	일본의 결점만을 찾아 장점을 보려고 하지 않은 부정적인 심적 경향을 강하게 가지고 있다.
모험정신결여	자신이 리스크를 지고 선두에 서는 것을 극력 피하는 경향이 있다.

70) www.yahoo.com에서 재구성함

텔레비전중독	눈앞에 범죄가 일어나도 그것은 텔레비전 속에서, 텔레비전 게임에서 일어나는 것이라고 생각하는 경향이 있다.
타인의식	타인의 일(他人事:ひとごと)의식이 강해, 예를 들면 부자친구사이에도 모두타인의 일처럼 관여하는 것을 회피하는 경향이 있다.
브랜드에의 과잉 의존의식	명품에 눈과 귀를 빼앗기는 현상이 있고, 유명한 세계적인 상품을 선호하는 경향이 있다.

일본병을 한마디로 정의하거나 내용을 말할 수는 없지만, 일본인이나 일본사회에 독특하게 자리 잡고 있는 의식이나 행동이다. 일본병이라는 증후군은 2000년대 전후 일본 국력의 약화와 함께 발생한 마음의 병이라고 할 수 있다. 결과적으로 일본의 실패 때문에 발생한 국민의 정신적 혼미를 의미한다. 그런 일본병을 극복하기 위해서는 어떤 처방이 필요한 것일까?

오구라 기조 도쿄대 종합인간학부 교수는 현재 일본사회가 심리적으로 좁아지고 있다고 보고 있다. 포용하는 여력이 없어지고 있는 것이다. 성장기를 통해 많은 것을 가지고 수용했던 1980년대 일본과 비교해보면, 완전히 달라졌다. 총체적인 자신감 상실, 고독감과 허탈함이 사회를 지배하고 있다. 아시아를 거절하고 싶어 한다. 한국과 중국이 앞서가는 부분이 있고 강한 경쟁상대로 등장한 것이 싫은 것이다. 그들과 경쟁하기 싫은 것이다. 드센 그들과 엮이고 싶지 않고 우리끼리 조용히 살고 싶은 것이다. 일본사회에서 유행하고 있는 일본병이다. 더욱 큰 문제는 그것을 일본 우익으로 불리는 그룹이 느끼는 것이 아니라 일반인으로서 일본인이 느끼고 생각하고 있다는 점이다. 따라서 그런 현상은 일본적 자신감의 상실이라고 할 수 있고, 그것은 일본적 신화 상실로 귀결된다고 할 수 있다.

일본에서 생성되어 전파되고 있는 자신감 상실은 근대화기 주장했던 탈아론과는 역설적인 관계에 있다. 탈아론은 아시아에서 일본이 문명적으로 문화적으로 서구화하여 각 사회영역을 발전시키자는 주장이다. 그 저의에는 서구적 가치를 수용하고 기술과 학문을 수용해서 일본을 발전시켜 서구세력과 동등하게 경쟁하자는 의미가 함의되어 있다. 아시아 여러 국가가 일본의 경쟁상대가 되지 못한다는 자부심의 발로였던 것이다. 그러나 최근 일본은 동아시아에서 한국이나 중국을 박차고 앞으로 나갈 수 있는 상황임에도 불구하고 망설이고 있고 방향성을 잃고 헤매고 있는 것이다. 이른바 자신감의 몽환적 상실이다. 그것은 비교 우위에 있었던 일본의 자존심을 무너뜨리는 현상으로 진행되고 있어 매우 경계해야 할 상황이다.

그리고 일본에서 벌어지고 있는 중병 중의 하나는 정상성 상실이라는 일본병이다. 일본은 근대화하는 과정에서 정상적으로 여겨졌던 일상들을 유지하고 지탱하는 것이 매우 중요하게 여겨졌다. 예를 들면, 가족 구성원으로서 활동하고 인식하는 가운데 때가 되면 학교에서 공부하고 졸업과 동시에 직장에 들어가 직장인으로서 살아가는 것이다. 그리고 그 과정에서 이성을 만나 결혼하고 새로운 가정을 꾸려 가족을 가진 삶을 더불어 하는 것이다. 그리고 오랜 직장생활을 하고 황혼을 맞이하면서 인생을 정리하고 삶을 마감하는 극히 일상적인 삶을 영위하는 것이다. 그러나 일상적이며 보편적인 삶을 유지하고 지탱하는데 매우 제한적이어서 그런 삶을 이끌어가는 데 자신감을 상실하고 있는 것이다.

정상성 상실은 타인과의 관계에서 기능하는 협력성 상실로 이어지고 있다. 일본에서는 기본적으로 공동체가 삶의 공동체이기도 하고 생존 공동체이기도 하고 정치, 경제, 사회, 문화 공동체이기도 하였다.

그러나 협력성 상실로 인하여 공동체가 해체되는 가운데 가족, 이웃, 지역 사회, 국가 등이 해체하는 과정을 급속하게 경험하고 있다. 그리고 외국인과 공존하는 방법을 터득하기보다는 배척하는 방법을 터득해 더불어 살아가는데 한계를 가지고 있다. 협력성 상실은 그것의 원동력이며 사회의 기본적인 정신이었던 협동 정신을 잃게 한 것이다. 따라서 혼자서도 잘 살지 못하고 더불어 잘 살지도 못하는 생산성 낮은 개인주의가 횡행하고 있다.

마지막으로는 일본 정신의 상실이다. 일본 정신은 우리끼리 살아가자는 끼리 정신, 하나의 직업과 회사로 살아가자는 하나정신, 일본이 최고라는 일등 정신, 정해진 룰을 지켜야 한다는 룰키핑정신, 지도자만을 보고 따라가야 한다는 일편단심 정신 등 다양한 내용을 포함하고 있다. 그것의 긍정성과 부정성을 논하기 전제 그런 정신은 많은 부정적인 측면을 가지고 있었지만 분명히 20세기 일본을 일으키는데 순기능을 하였다. 21세기에는 일본 정신이 기능하지 못할 뿐 아니라 새로운 시대에 적응할 수 있는 모습으로 전환하는데 한계를 보이고 있다.

일본 정신의 상실은 20세기에 건강하게 구축해온 일본적 신화를 잃게 하거나 빛을 흐리게 하는 쪽으로 진행하고 있어 매우 우려스럽다. 일본 붕괴를 초래할 수 있는 요인으로 작용할 수 있어 경계해야 할 것이다. 그것은 정치적 자신감의 상실, 경제적 자신감의 상실, 사회적 자신감의 상실, 문화적 자신감의 상실 등으로 이어지고 있다. 총체적인 일본의 자신감 상실로 이어지고 있다. 원론적인 이야기 이지만, 유감스럽게도 일본병을 치유할 사람은 일본인 이외에 아무도 없다. 우선 일본사람이 일본정신을 시대에 맞게 새롭게 각색하고 발굴하는 것이 급무이다. 그리고 그것의 목적, 목표, 방향, 패턴을 찾아야 한다. 한마디로 표현하면 신일본을 만들어 내고 살릴 수 있는 신일본정신이다.

제8장 신사회프로젝트

인구관리프로젝트

근대화 이후 일본은 1억 인구를 목표로 하는 인구증가 정책을 추진해 왔다. 강대국이 되기 위해선 그만한 인구가 필요했던 것이다. 태평양전쟁 말기 일본은 결사항전을 주장하면서 '1억 국민 총옥쇄'(総玉砕)를 강요했을 때 1억 명은 식민 지배하에 있던 조선과 대만인까지 포함한 숫자였다. 전후 일본이 1억 인구를 돌 판한 것은 고도경제 성장기인 1967년이다. 그 때 대대적인 자축행사를 가졌다. 하지만 1980년대 이후 저출산에 의한 소자화가 고착화되고 외국인 노동자에 대한 폐쇄적인 이민정책을 유지해 인구감소에 대해서 적극적으로 대응하지 못하였다. 더욱이 그 동안에 고령화 사회가 진행되는 가운데 인구구조에 치명적인 소자고령화라는 인구병의 확산을 막지 못하였다. 그런 흐름은 인구재앙을 촉발하는 도화선이 되고 있다.

일본이 1868년 메이지유신 이후 시작한 근대화 과정에서 확장형의 국가를 구축하는 과정에서 인구가 급증하였다. 일본내각부 통계자료에 기초해서 1912년부터 근미래인 2110년의 인구추이를 보면 다음과 같다.

〈그림 31〉 일본의 과거와 미래 인구추이

(단위 : 년, 만 명)

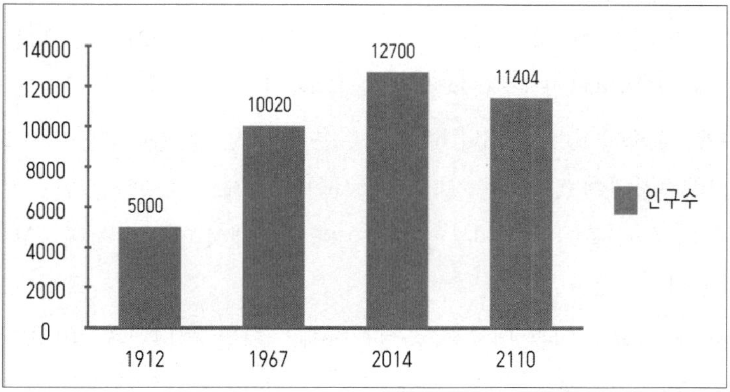

그림에서 일본의 인구추이를 보면, 1912년 인구수는 5천만이었고 1967년 전후 최초로 1억 명을 넘겼으며 2014년 1억 2,718만 명으로 최고조에 달하였다. 그러나 소자화 현상이 지속적으로 진행된다면, 2110년에 줄어드는 것은 자명하다. 다만 출생률이 회복되고 이민자 유입을 매년 20만이라고 가정하면 1억 1,104명이 될 것으로 예상된다.

2012년 기준으로 일본의 합계출산율(여성1명이 일생동안 낳는 평균자녀수)은 1.41명이다. 그것은 인구 1억 1,718만 명을 유지하기엔 낮은 출산율이다. 일본 정부는 설사 합계출산율을 인구 유지 가능 수준인 2.07명으로 끌어올려도 2110년 인구는 9,136만 명이 될 것으로 예상하고 있다. 지금처럼 아이를 적게 낳으면 산술적으로 100년 뒤인 2110년 일본 인구는 4,286만 명으로 줄어든다. 일본 인구 추이는 2014년까지 증가추세를 보이다가 이후 감소추세로 돌아서고 있는 특징이 있다. 이 감소추이는 다양한 영역에 부정적인 영향을 줄 것으로 예상되어 잘못하면 인구 재앙으로 다가오고 일본 재앙으로 비화될 가능성이 농후하다는 점에서 대단히 중요한 의미를 가지고 있다.

2015년 6월 1일 일본 총인구는 1억 2,689명으로 전년 동일기간 대비 22만 명 약 0.17% 감소하였다. 0세에서 14세는 1,621만 명으로 전년대비 15만 4천 명 약 0.94% 감소, 15-64세는 7,757만 2천 명으로 약 1.49% 감소하였다. 그러나 65세 이상은 3,323만 명으로 전년대비 110만 명 증가하여 0.22% 증가하였다. 사회와 경제를 지탱하는 인구비율과 인구수가 줄어들고 피부양 대상이나 비경제적 인구가 늘어나고 있는 것이다.

아래 그림은 일본 내각부 통계자료에 나타난 2014년과 2015년 총인구수이며, 그것을 인구모형에 기초해서 설명해보면 가분수형의 모습을 하고 있어 매우 불안한 모습을 하고 있다는 것을 알 수 있다.

〈그림 32〉 일본의 총인구 추이

(단위 : 만 명)

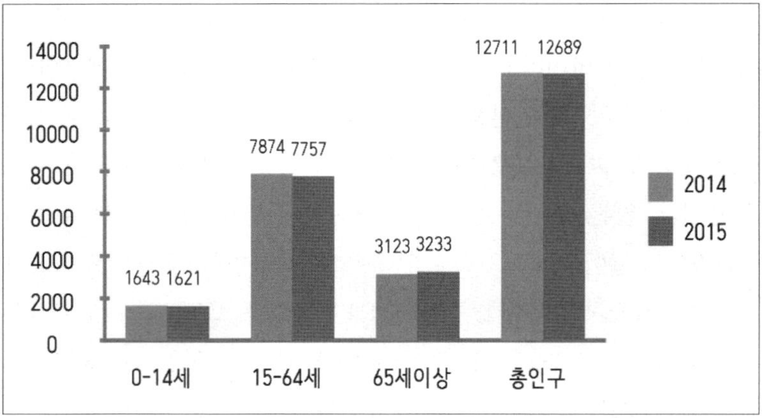

인구 추이를 연령대로 보면, 0-14세, 15-16세는 모두 감소하는 추세이고, 65세 인구는 증가하는 추세에 있는 것으로 나타나고 있으며 총인구는 감소되고 있다. 인구감소는 실제로 다양한 영역에서 부정적 결과를 낳고 있으며, 사회구조와 국가구조를 변화시켜 국력을 약화시키는 요인으로 작용하고 있다. 인구감소는 가족해체, 지역사회 해체, 인구구조 역전현상, 국가붕괴 등으로까지 연결되고 있다는데 매우 심각하다.

일본에서 인구 감소는 도시의 공동화 현상으로 나타나고 있다. 그것을 도너츠현상(ドーナツ化現象)이라고도 한다. 인구분포도로 보면, 중심부가 공동화되기 때문에 링 도너츠를 닮아 붙여진 것이다. 도너츠현상은 중심시가지 인구가 감소하고, 교외 인구가 증가하는 현상이다. 도너츠화가 일어나는 요인은 생활수준 향상으로 환경이 좋은 주변지역으로의 인구이동, 중심부의 주거비 폭등이나 환경 악화, 교외의 대형점 진출, 주변의 생활환경 향상, 도심부의 주거환경 악화 등이 작용하기 때문이다.

그리고 단지형 고령화로 인하여 인구유입 감소, 성인이 된 자녀의 독립과 분가, 기존 주택지로부터 인근지로의 주택지 이전, 오래된 주택으로부터 새로운 주택으로의 이동, 교외 측의 인구감소, 급격한 고령화, 동일한 생활스타일을 하고 있는 노인이 사는 곳에 입주하는 노인들의 증가 등과 같은 요인도 작용하고 있다. 최근에는 도쿄, 오사카, 나고야 등 3대도시에 인접하고 있는 현으로 인구가 급격히 이동하였다. 도쿄의 경우 23구중 세다가야구(世田谷区)는 인구 85만 명으로 정령지정 도시의 여건을 갖추고 있지만 중심부의 치요다구(千代田区) 인구는 4만 3000명으로 매우 적다.

도시의 공동화는 주택과 생산수단의 공동화로 이어지고 있다. 〈후생성인구문제연구소〉에 따르면 총인구수는 감소하고 경제활동 인구비율도 감소하고 있는데 비해 상대적으로 고령화 비율은 높아지고 있다. 그런 인구 동태는 도심부의 학교 등 공공시설의 비효율화와 고비용화를 초래하고 제도와 시설 무력화, 공동체붕괴 등으로 이어지고 있다. 일본에서는 고령화와 인구 감소로 인하여 도시에 사람이 살지 않고 주택에 사람이 사라지는 주택의 공동화 현상이 급속도로 진행되고 있다. 그런 현상은 다음의 표에서 소개한 빈집의 추이를 보면 알 수 있다.

〈표 67〉 일본의 빈집 추이

(단위 : 년, 채)

구분	1963	1973	1983	1993	2003	2013	2018	2023
주택수	210만	310만	386만	459만	539만	606만	1,079만	1,397만
점유율	2.5%	5.5%	8.6%	9.8%	12.2%	13.5%	16.9%	21%

자료: 〈조선일보〉 2014년 9월29일에서 재구성

일본 정부 발표에 따르면, 2013년 현재 전체 6,063만 채 주택 가운데 13.5% 820만 채가 빈집이다. 2008년 조사 때보다 63만 채가 증가했고, 이런 추세라면 2023년에는 약 1,397만 채가 빈집일 가능성이 높다고 〈노무라 종합연구소〉가 예측했다. 빈집의 재산 가치는 총 50조 엔으로 추정된다. 방치된 것은 주택만이 아니라 개인 소유 산림의 25%가 소유 불명의 토지로 전락할 수 있다고 보고 있다. 토지 가치가 상속 비용보다 더 낮기 때문이다. 경작 포기 농지도 전체 농지의 약 10%인 40만 헥타아르나 된다.

고령화와 인구감소로 인하여 지방에서 빈집이 방치되는 경우 어쩔 수 없는 현상이지만 주택이 여전히 부족한 대도시에서도 빈집이 늘어나고 있다. 도쿄도의 빈집비율은 10.9%로 열집 가운데 한 집이 빈집이며 계속 증가하고 있다. 도쿄자치단체 조사회의 보고서에 의하면 빈집은 임대용 주택이 66%로 가장 많고, 자가 주택 24.5%, 매각용 주택 5.3%, 별장 2% 순으로 나타났다. 방치된 임대용 주택은 낡아서 임차인을 구하지 못한 주택이 대부분이다. 홋카이도의 유바리시(夕張)의 경우 빈집비율이 30%가 넘는다. 비어 있는 자가 주택은 고령자들이 양로원 등 노인 복지시설에 입소하거나 사망한 후 폐가로 방치된 집들이다. 집 주인이 사망했지만 자녀가 없어 상속이 이뤄지지 않는 경우도 많은 것으로 나타났다.

또한 지방이나 도시에서 빈집이 늘어나는 현상에 더해서 지방 도시의 부동산 가격이 일반적으로 하락하고 있다. 그런 가운데서도 일부 특수 수요로 인하여 주택 가격이 오른 곳이 있다. 예를 들면, 외국인 관광객이 많이 찾는 홋카이도 구치안(俱知安)마을은 주택지가 6.9%올랐다. 그리고 쓰나미로 피해를 입은 미야기현은 수요가 늘면서 1.2% 상승했다. 그러나 지방도시는 인구감소로 인하여 수요가 줄어들면서 대체로 하락하고 있다. 광역자치 단체 가운데 인구 감소로 주택지 하락률이 4.4%로 가장 높은 곳은 아키다(秋田)현이다. 이곳은 인구 감소율이 전국 1위이다. 이곳은 매년 1만 명씩 줄고 있다. 공장 폐쇄도 땅값 하락에 영향을 미치고 있다.

일본 정부나 지방자치단체에서는 다양한 방법으로 빈집 활용정책을 내놓아 시행하고 있다. 대책으로는 우선 사고를 방지하기 위해 빈집을 강제로 철거할 수 있는 조례를 만들어 대응하고 있다. 그리고 지방자치 단체가 집주인에게 자금을 대주어 리모델링한 후 임대하도록 돕기도 한다. 빈집을 저렴하게 임대하거나 시민단체에게 빌려주기도 한다. 빈집 비율이 높은 유바리시는 빈집이 많은 지역의 주택 단지에 사는 주민들을 다른 중심지역으로 이주시키는 작업을 하고 있다. 일본 정부는 제도적 결함에 원인이 있다고 보고 세제를 개편하고 있다. 중고 주택이 매매되지 않은 것을 세제나 금융 제도의 문제로 보고 있다. 신축 주택을 사면 3년간 재산세를 절반 면제 받을 수 있고, 주택 대출도 중고 주택보다 혜택이 좋으며 대출도 쉽게 받을 수 있다. 1960-70년대 주택을 대량으로 공급하기 위해서 마련된 각종 제도가 주택 과잉 시대에도 그대로 적용되고 있는 것이다. 집주인들이 빈집을 철거할 경우 재산세를 내야하기 때문에 망설이고 있다. 왜냐하면, 3,000만 엔짜리 토지에 집이 지어져 있으면 연간 7만 엔의 재산세를 내면 되지만 이를 철거하고 대지로 만들 경우 연간 42만 엔의 세금을 내야하기 때문이다.

일본에서는 고령화로 인하여 단독세대가 증가하는 새로운 단독패밀리가 증가하고 있다. 다음의 그림은 단독세대수 추이를 나타낸 것이다.

〈그림 33〉 단독 세대수 추이

(단위 : 만)

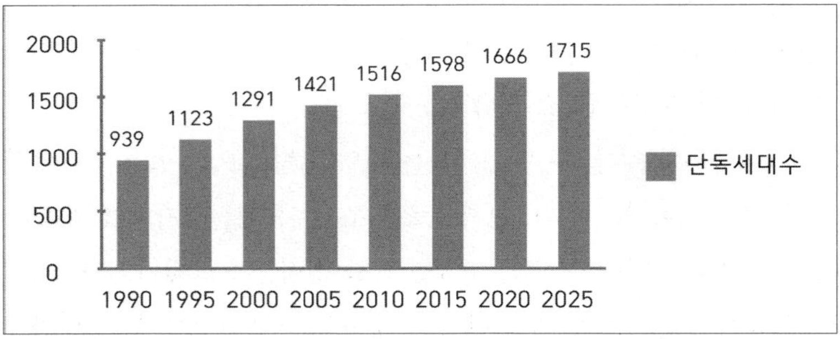

자료: 川又三智彦, 2007,『2020年の日本からの警告』, 光文社, p.192-3

그림에서 보면, 단독 세대수는 1990년 939만 세대에서 1995년 1,123만세대로 천만 세대를 넘어섰다. 그럼에도 불구하고 이후에도 계속 증가추세에 있다. 2025년에는 1,715세대로 증가할 것으로 예상되고 있다. 단독 세대수의 증가는 결혼을 하지 않는 젊은 세대가 증가하고 고령화로 인하여 홀로 사는 노인세대가 많아지기 때문이다. 이것은 개인행복 시대를 예고하는 것이 아니라 개인불행 시대를 예고하는 의미가 함의되어 있다.

1996년 일본 정부는 처음으로 〈고령화사회백서〉를 정리하였다. 그 자료에 의하면, 1997년 70세 이상 인구가 인구의 10%를 돌파하였으며, 1998년 65세 이상 고령자가 있는 세대가 1,400만호로 어린이가 있는 세대수를 능가하였다. 2007년 단카이 세대가 퇴직을 시작하였다. 그 여파로 2020년 일본 고령화가 진전되어 경상수지 적자가 커질 것이라고 IMF가 경고하였다. 2025년에는 부부와 어린이로 구성되는 세대가 감소하고 3세대에 1세대가 싱글세대가 될 전망이다. 2050년 고령화 일본에는 이민자 60만 명이 필요하다고 다보스회의가 예측하였다.

인구 감소는 경제영역의 공동화현상으로 나타나고 있다. 인구감소는 주택의 공동화와 경제 환경의 공동화를 초래하고 있다. 경제 환경의 공동화는 경제활동인구의 감소, 소비시장의 감소, 생산라인의 감소 등과 같은 경제파탄으로 이어진다는 점에서 매우 위험스러운 것이다. 마을에 슈퍼와 같은 소비시장이 사라지고 있어 쇼핑하기가 힘이 든다. 더욱이 도시에서나 지역에서나 경제활동을 통해서 소득을 얻거나 소비할 수 있는 소득수단과 생계 수단이 사라짐으로써 자동적으로 인구방출 효과가 생겨 도시나 지역을 더욱 공동화하게 되는 악순환이 지속되고 있다.

교외화와 도심공동화의 진전은 도시나 농산어촌에까지 크게 영향을 주고 있는 것으로 나타나고 있다. 수도권 이외의 지역에서도 인구밀도가 낮아지고 있으며, 동시에 경제활동의 장으로서 점포가 사라지거나 빈 점포가 많아지고 있다. 동북지방 건설국 조사에 의하면 동북부 지역의 현 내에 비어있는 점포 비율을 보면 다음과 같다.

〈그림 34〉 현별 빈 점포비율

(단위 : %)

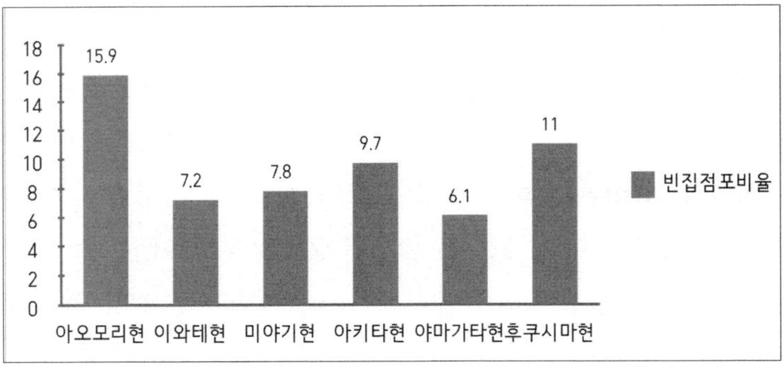

그림에서 동북지방의 현별로 빈 점포를 순서별로 보면, 아오모리 15.9%, 후쿠시마현 11%, 아키타현 9.7, 미야기현 7.8%, 이와테현 7.2%, 야마가타현 6.1% 등으로 나타나고 있다. 빈 점포가 늘어나는 것은 지역인구가 감소하거나 소비력이 약화되고 있기 때문이다. 젊은 이들이 지역을 떠나거나 결혼한 젊은 층이 적은 것이고, 또한 소비력이 약하거나 제한된 노인 인구가 많기 때문이기도 하다.

인구감소는 삶의 환경이나 가치관을 변화시키는 요인으로 작용하는 한편 미래 사회에 대한 희망이나 현재 삶의 계획을 바꾸는데 까지 영향을 주고 있다. 대표적인 현상이 사토리세대(覚り世代)의 등장이다. 사토리(覚り)세대의 등장은 여러 가지 측면에서 많은 문제를 야기하고 있다. 일본에 대한 미래적 희망을 버리는 것이고, 기초 공동체를 만들지 않게 하는 요인이며, 인구를 증가시키지 못하게 하는 요인으로도 작용하고 있기 때문이다. 일본에는 4가지가 없는 사토리세대가 범람하고 있어 현재의 일본과 미래의 일본을 어둡게 하고 있다. 2010년에 출판된 〈탐을 내지 않는 젊은이〉에서는 마치 득도한 것처럼 욕망을 억제하며 사는 젊은 세대를 사토리 세대로 정의했다. 사토리 세대의 특징은 자가용, 고급브랜드 옷, 음주, 여행 등을 금하고, 연애, 소비, 출세에도 소극적이다. 초식(草食)계 젊은이가 늘어 하나의 세대 현상으로 자리 잡고 있다. 사회학자 후루이치 노리토시는 젊은이들이 장기 불황의 현실에 적응한 결과라고 분석했다. 절약과 불행위의 생활화가 합리적인 선택이며 삶의 방식이 되어가고 있는 것이다.

소극적 자세는 자녀 교육에서도 드러난다. 〈아사히신문〉의 조사에 따르면, 고소득 가정의 자녀가 좋은 교육 받는 것을 어떻게 생각하느냐 는 질문에 어쩔 수 없다는 등 용인론이 60.2%로 2008년 조사(43.9%)보다 크게 높아졌다. 미미즈카 히로아키(耳塚寛明) 오차노미즈대학교수는 열심히 노력하면 좋은 대학 가서 좋은 직장을 가질 수 있다는 성장 시대의 학력 신화가 붕괴한 결과라고 분석했다. 명문대 졸업생도 좋은 직장을 얻기 어려워지면서 입시 경쟁이 약화되고 국민 관심사에서 멀어졌다. 그와 같은 사토리 세대는 일본 경제에 크게 영향을 미칠 것이라는 점이 중요하다. 경제 회복 여부는 사토리(悟り) 세대의 변화 여부에 달렸다고 할 정도이다. 일본 정부가 경제 회복을 위해 총력전을 펴고 있지만, 가장 큰 걸림돌이 소비욕망을 잃어버린 젊은 세대라는 분석이 나오고 있다. 문제는 소비가 왕성해야 할 젊은 층의 절제가 내수 시장을 위축시켜 불황을 심화시키

고 있다는 점이다. 30대미만 독신 회사원의 자동자 보유율은 1999년 63.1%에서 2009년 49.6%로, 20대 해외여행자 수는 2000년 417만 명에서 2012년 294만 명으로 줄었다. 일본이 젊은이의 무기력함에 긴장과 고민을 하고 있다.

인구감소, 사토리 세대 등장, 소자고령화 등에도 불구하고 일부 경제가들은 인구감소를 재앙으로 보기보다는 극복할 수 있는 인구현상으로 보는 견해도 있다. 경제가들 사이에서는 인구가 감소해도 1인당 국내총생산(GDP)을 늘리면 된다고 보고 있다. 과도한 인구감소는 인간의 집적이나 교류를 통한 기술혁신을 지향할 수 있는 숙명적인 기회가 될 수 있다는 것이다. 그런 가운데서도 국민생활의 질을 저하시키지 않도록 하는 것이 중요하다. 그리고 70세까지를 신 생산연령으로 규정하는 것이다. 지금 15세에서 65세미만이 아니라 70세까지 신 생산연령인구로 위치지운 것은 매우 긍정적인 시도이다. 일본인의 평균수명은 남성 80세, 여성 86세로 늘어나고 있지만 고령자의 체력도 향상되고 있다. 인력부족경제가 지속되는 가운데 귀중한 전력이 될 수 있다. 무엇보다도 60세 후반 연금을 급부하는 측에서 보험료를 부담하는 측으로 전환되면, 연금재정에도 좋게 작용할 수 있다. 70세까지 현역 이라는 목표를 향해 연금과 고령자 고용이 하나가 되는 개혁이 필요하다.

인구는 국력이라는 말이 실감나는 시대이다. 특히 미래사회에서 인구수는 국력으로 직결되어 국가의 존립까지도 결정할 수 있는 요인으로 작용하고 있다. 근대화하는 과정에서 각 사회영역의 발전은 인구증가에 맞춰져 진행되고, 인구증가가 근대화의 가장 중요한 요인으로 작용했다. 또한 인구증가로 근대화, 도시화, 기계화, 상품화, 기업화 등이 거대화되고 규모가 커져 생산과 소비를 지탱하는 가운데 국가,

기업, 사회, 제도, 교육기관, 정부기관, 민족 등을 지탱하였다. 만약 단순계산으로 인구가 줄어들면, 국가, 기업, 사회, 제도, 정부 등도 축소되거나 없애야 한다. 그런 점에서 보면, 인구정책이야말로 현시점에서 가장 중요한 정책이며 국가발전정책이며 국가 생존 전략이라는 점에서 그 중요성이 더해지고 있다.

일본 정부는 21세기 최대 과제중의 하나로 인구 감소를 어떻게 저지하여 1억 인구를 유지하는가 하는 점에 초점을 맞춰 다양한 정책을 추진하고 있다. 인구1억 유지에 국운을 걸고 있는 것이다. 일본 경제와 사회의 활력을 유지하기 위해서는 인구감소를 저지하는 것이 필요하기 때문이다. 일본 정부는 인구감소의 마지노선이라고 여기는 1억 인구를 유지하기 위해선 출산율 대책만이 아니라 이민자 수용이라는 특단의 조치를 구상할 필요성이 생겼다. 이민자에게 문호를 개방한 싱가포르의 정책도 참고하고 있다. 매년 20만의 이민자를 받아들이면 2110년까지 1억 1,404만 명이 될 것으로 예견하고 있다. 이민자들이 일본에 정착해 살면서 낳을 자녀 2,268만 명이 미래 일본 인구의 한축을 구성해 다민족 국가로 탈바꿈할 것으로 예상된다. 일본 정부는 향후 이민법 개정을 통해서 간호사, 기능사, 기술자 중심의 이민을 장려하겠다고 밝혔다.

2020년 도쿄올림픽을 앞두고 외국인 건설노동자를 적극 유치 하겠다고 했고, 가입을 앞둔 TPP(환태평양경제동반자협정)에도 외국인이민 확대가 명시돼 있다. 또한 정부는 국가전략특구법안을 통해 외국인 노동자 규제완화는 물론 외국인에 대한 감세정책까지 마련했다. 총리를 위원장으로 하는 일본 내각부 산하 경제재정 자문위원회의는 이런 방안을 논의해 2014년내 이민 자유화 등에 관한 보고서를 냈다. 경제재정자문회의 유식자회의 〈선택하는 미래〉위원회는 인구급감과 초고령화 대책에 관해서 50년 후 1억 명 정도의 인구를 유지하도록 해야 한다는 제언을 하였다.

인구 감소가 계속되면 경제기반이 흔들리고, 사회보장제도도 유지할 수 없게 된다. 유식자회의가 목표를 정하여 정부에 실현 하도록 요구하는 것은 타당한 것이다. 일본의 합계 특수 출산율은 1.4전후로 매우 낮다. 이 수준으로 진행되면, 50년 후 현재 3분의 2로 약 8,700만 명까지 감소할 것으로 보인다. 한편 부부가 이상으로 하는 자녀수는 평균 2.4명이다. 실제 출산율과의 격차는 경제적 이유 등 결혼이나 양육을 체념하는 사람이 많기 때문인 것으로 보인다. 또한 제언은 비정규노동자의 처우개선이나 자녀가 많은 세대지원 강화 등 어린이를 낳고 교육하는 환경 만들기의 중요성을 지적하고 있다. 문제는 재원확보이다. 제언은 예산배분의 중점을 고령자에서 어린이로 대담하게 전환하고, 출산과 양육지원을 증가시키는 답을 내놓았다. 그리고 의료나 개호비용 억제를 위해서 고령자에게도 지불능력에 따라 부담을 요구하는 개혁을 진행하고, 생활학습개선 등 예방중시를 충실하게 할 것을 주문하였다.

한편 일본 정부는 지방에서 도쿄권으로 인구유출이 일본전체의 인구감소에 박차를 가하고 있는 것으로 보고 있다. 도쿄권에는 높은 가임이나 보육소부족 등으로 출생률이 매우 낮다. 민간기구인 〈일본창성회의〉(日本創成会議) 의 분과회는 도쿄로의 인구집중으로 지방자체단체의 반수에 해당되는 896시정촌이 2040년 소멸될 위기 처해있다고 보고 있다. 유식자로 구성된 〈일본창성회의〉는 희망 출산율로서 1.8을 제시했다. 지방 활성화가 중요한 정책이라고 여겼기 때문이다. 지역 중핵도시에 고용창출을 위해 사업체의 지방이전에 세제대우를 하고, 주변 지방자체단체와 연계해서 지역전체의 수준을 올리는 것이다.

현 시점에서 일본 정부는 최종적으로 1억 인구 정책을 위해서 〈지방창생〉프로젝트와 〈1억총활약사회〉프로젝트를 국가프로젝트로 상정해 총력적으로 추진하고 있다. 인구감소로 인한 재앙과 국가 붕괴를 막아보려는 노력이다. 인구감소는 직접적으로 저 출산에 의해서 생기는 현상이다. 아이를 낳지 않거나 적게 낳는 것이다. 새로운 인구 현상에 영향을 준 요인들로는 가치관의 변화, 양호한 영양 체계, 의료 기술 발달, 사회보장제도 건전화, 정신적 물질적 건강 등 많은 요인들이 작용한 결과이다. 따라서 인구감소를 억제하기 위해서는 아이를 많이 낳게 하고 나이 든 세대가 자연스럽게 죽음을 맞이할 수 있게 해주는 것이다. 인구 재앙은 분명히 인재이다. 지금의 인구 감소라는 인구재앙은 적자생존 논리와 공존생존 논리사이에서 선택한 대가일지도 모른다.

신교육프로젝트

전후 일본은 일본국헌법에서 강조한 평화주의와 민주주의를 최고 국시로 인정하고 그에 맞는 교육 방향의 기초를 다져왔다. 즉 평화교육과 민주교육을 공교육에서 중시해온 것이다. 자유주의와 평등주의와 같은 인류 보편적 가치에 대한 교육을 강조하고 그 한가운데 인간이 있고 그 인간에 대한 존엄성을 중시하는 교육 정책이 이루어져왔다. 그러나 일본위정자나 우익론자들은 그 과정과 성장과정에서 일본 국가를 잃어버렸고, 정체성을 잃은 새로운 일본인이 탄생되어 부정적으로 기능하고 있어 새로운 교육이 필요하다고 주장하고 있다.

대표적인 인물이 나카소네 야스히로(中曾根康弘), 이시하라 신타로(石原愼太郎) 등이다. 그들이 주장하는 교육은 애국이다. 일본을 사랑하고 국가를 생각하는 교육을 통해서 일본인의 가치관과 정체성을 갖추자는 주장이다. 국가에 대한 애국은 충성과 복종으로 표현되었다. 일본에서 그런 개념은 제2차 세계대전을 수행하는 가운데 강제적으로 요구한 것이기에 현실적으로 비판받거나 재발되어서는 안되는 이념으로 정착되었다. 그럼에도 불구하고 시대 개념으로 다시 등장하는 것은 다양하게 풍요를 만끽한 일본인들이 국가를 잃어버리고 개인만을 생각하기 때문이며 국가 위기를 극복하기 위한 수단을 애국 교육으로 상정했기 때문이다.

일본은 국가가 추진하는 공교육의 목적과 목표를 교육 기본법에 기초하고 있다. 현행 교육 기본법은 전문, 제4장 18조로 구성되어 있다.[71] 교육 기본법은 전문, 제1장 교육기본법의 목적 및 이념, 교육의 목적, 제2조 교육의 목표, 제3조 생애학습의 이념, 제4조 교육의 기회균등 등으로 되어있다. 그리고 제2장에서는 교육실시에 관한 기본, 제5조 의무교육, 제6조 학교교육, 제7조 대학, 제8조 사립학교, 제9조 교원, 제10조 가정교육, 제11조 유아기의 교육, 제12조 사회교육, 제13조 학교, 가정 및 지역주민 등의 연계협력, 제14조 정치교육, 제15조 종교교육 등이다. 제3장은 교육행정, 제16조 교육행정, 제17조 교육진흥기본계획, 제4장 법령의 제정, 제18조 부칙 등으로 구성되어 있다. 다음의 표는 교육기본법의 체계와 내용을 간단하게 소개한 것이다.

---

71) www.yahoo.com에서 재구성함

〈표 68〉 교육기본법의 체계

구 분	구체적인 내용
전문	일본 국민은 끝임 없는 조력으로 구축해온 민주적이며 문화적인 국가를 더욱 발전시킴과 동시에 세계평화와 인류의 복지향상에 공헌하는 것을 원하고 있다. 우리는 그 이상을 실현하기 위해, 개인존중을 중시하고, 진리와 정의를 희구하고, 공공정신을 존중하고, 풍부한 인간성과 창조성을 갖춘 인간육성을 기함과 함께, 전통을 계승하고, 새로운 문화 창조를 목적으로 하는 교육을 추진한다. 여기에 우리는 일본국헌법정신에 의거하고 우리국가의 미래를 개척하는 교육기본을 확립하고, 그 진흥을 추구하기 위해 이 법률을 제정한다.
교육 목표1조	교육은 인격완성을 목적으로 하고, 평화롭고 민주적인 국가 및 사회의 형성자로서 필요한 자질을 준비한 신심과 함께 건강한 국민 육성을 추구하지 않으면 안된다.
교육 목표2조	교육은 그 목적을 실현하기 위해 학문자유를 존중하고 이어 내세운 목표를 달성하도록 행한다. - 폭넓은 지식과 교양을 체득하고 진리를 추구하는 태도를 길러 풍부한 정조와 도덕심을 배양함과 동시에 건전한 신체를 양성하는 것 - 개인가치를 존중하고 그 능력을 신장하며, 창조성을 배양하고 자주 및 자율정신을 기르는 동시에 직업 및 생활과의 관련을 중시하고 근로를 존중하는 태도를 양성하는 것 - 정의와 책임, 남녀평등, 자타경애와 협력을 존중함과 동시에 공공정신에 기초하고 주체적으로 사회형성에 참여하고, 그 발전에 기여하는 태도를 양성하는 것 - 생명을 존중하고 자연을 소중히 하며, 환경보전에 기여하는 태도를 양성하는 것 - 전통과 문화를 존중하고, 그것들을 담고 있는 우리나라와 향토를 사랑함과 동시에, 타국을 존중하고 국제사회의 평화와 발전에 기여하는 태도를 양성하는 것
생애학습 이념3조	현행법에서 새롭게 규정된 것 국민개개인이 자기인격을 닦고 풍부한 인생을 보낼 수 있도록, 그 생애에 걸쳐 모든 기회에 모든 장소에서 학습할 수 있고, 그 성과를 절적하게 활용할 수 있는 사회실현을 꾀하지 않으면 안된다.

교육 기회균등	현행법 하에서 장애자에 대한 교육 기회균등에 대해서 새롭게 규정하였다. 모든 국민은 동등하게 그 능력에 맞는 교육 받을 기회를 제공해야 한다. 인종, 신조, 성별, 사회적 신분, 경제적 지위 또는 출신가문으로 교육상 차별되지 않는다. 국가 및 지방공공단체는 장애가 있는 사람이 그 장애상태에 대응해서 충분히 교육을 받도록 교육상 필요한 지원을 강구해야 한다. 국가 및 지방공공단체는 능력이 있음에도 불구하고 경제적 이유로 수학이 곤란한 자에 대해서 장학조치를 강구해야 한다.
교육 실시에 관한 기본2장	의무교육(5조)헌법26조 2항에 기초해서 의무교육에 관한 규정을 두고 있다. 의무교육의 목적에 대해서 각 개인이 갖고 있는 능력을 신장하는 사회에서 자립적으로 살아가는 기초를 배양하고, 국가 및 사회형성자로서 필요한 기본적인 자질을 배양하는 것을 목적으로 행한다.
현행법 과 구법 의 차이	- 현행법에서는 도덕교육에 대해서 전문에 공공정신을 존중하는 것을 제시하고 있고, 제2조에서 교육목표로서 풍부한 정조나 도덕심을 배양하는 등 육성되어야만 하는 국민의 모습이 제시되고 있다. 또한 구법에서는 도덕교육에 관한 규정은 없고, 도덕교육에 대해서 문부과학성이 고시한 학습지도요령에 제시하였다. - 현행법에서는 애국심에 대한 교육목표의 하나로 전통과 문화를 존중하고 그것을 담은 우리국가와 향토를 사랑함과 동시에 타국을 존중하고, 국제사회의 평화와 발전에 기여하는 태도를 배양하는 것이 제시되고 있다. 구법에서는 애국(심)교육에 관해서는 언급하고 있지 않다. - 현행법에서는 보통교육의 연한은 구체적으로 기재하지 않고, 별도 법률에 정하는 것으로 하고 있다. 구법에서는 제4조에서 9년의 보통교육을 받게 할 의무가 있다고 되어있다. - 현행법제9조에서는 교원에 대해서 양성과 연구충실을 기해야 한다고 규정되어있다. 구법에서는 교원의 양성이나 연수에 관해서 언급되어 있지 않다. - 현행법에서는 교육이 법률에 기초해서 행해야 한다고 명시되었다. 구법에서는 국민전체에 대해서 직접적으로 책임을 지고 행해야 한다고 되어 있다. - 현행법에서는 생애학습의 이념, 대학, 사립학교, 가정교육, 유아기교육, 학교, 가정 및 지역주민들의 상호 연계협력, 교육진흥계획이 추가되었지만, 구법에 있던 남녀공학에 대한 기술은 삭제되었다.

교육기본법에서 새롭게 규정한 것은 애국심과 관련된 것이다. 즉 현 교육기본법에서는 "애국심에 대한 교육목표의 하나로 전통과 문

화를 존중하고 그것을 담은 우리국가와 향토를 사랑함과 동시에 타국을 존중하고, 국제사회의 평화와 발전에 기여하는 태도를 배양하는 것이 제시되고 있다."라고 되어 있다. 그것은 신법에서 새롭게 규정한 것으로 구법에서는 애국(심)교육에 관해서 언급하고 있지 않은 개념과 목표이다.

새로운 교육기본법에서는 특별하게 애국심을 강조하고 있다. 애국심을 함양하는 것이 공교육의 중요한 목적과 목표로 등장한 것이다. 애국심의 내용은 전통과 문화를 존중하는 것이다. 그리고 일본 국가와 향토를 사랑하는 것으로 되어있다. 전통은 일본에서 계승되고 있는 일본 정신이나 문화도 포함되고 있지만 그 핵심에는 일본 역사이다. 애국심 교육은 역사교육으로 귀착되고 있다. 애국심의 궁극적인 목적은 국가를 사랑하는 것이다. 국가를 사랑하는 것은 결국 객관적 가치에 의한 충성이 아니라 애국적인 충성을 요구하는 의미가 함의되어 있다고 볼 수 있다. 그런 점에서 일본 정부가 추진하고 있는 교육은 역사 민족주의로의 회귀이다. 역사 민족주의는 애국적인 내용을 담은 역사 교과서를 만들고 그것을 현장에서 실천하는 것으로 완성되는 것이다.

일본이 추구하는 역사 민족주의는 일본적 역사를 일본적 교육을 통해서 일반화시키는 의미를 함의하고 있다. 역사 민족주의에 입각한 일본의 역사적 사실이나 역사교육은 보편적인 역사적 사실이나 역사교육이 아니라고 할 수 있다. 역사적 사실이나 교육은 왜곡된 역사를 보편화된 역사적 사실로서 교육하고 있다는 의미와 동일한 것이다. 그렇다면 왜 편파적인 역사적 사실과 교육을 하려고 하는 것일까 하는 점이다.

그것은 일본의 역사가 비판을 받고 있고 있을지라도 그것을 인정하여 대응하고 싶어 하지 않기 때문이다. 역사 민족주의는 근대사를 부정하는 데서 출발한다. 즉 고의적으로나 자의적으로나 관련성이 적거나 없다는 종군위안부 부정, 자국생존을 위하고 아시아 해방을 위한 성전이라는 태평양전쟁의 정당화, 근대화과정이었다는 식민지 지배부정, 자의적 노동이었다는 강제노역부정 등 다양한 모습으로 나타나고 있다. 다른 하나는 그 근간에 기초한 일본적 역사교과서를 만들어 교육하는 것으로 나타나고 있다. 그렇게 함으로써 역사적 사실에 기초한 정사를 가르치지 않아 제대로 된 근대사가 학교교육이나 시민교육에서 사라지는 결과를 낳게 될 위험성이 있다.

역사 민족주의에 대한 교육이 가능하게 하는 방법은 민족주의적 역사교과서를 만들어 가르치는 것이다. 그러나 역사교과서의 내용을 검정하여 입맛에 맞게 만들어진 역사교과서일 가능성이 높아 사실로서 역사가 아니라 의도된 허상에 기초한 교과서가 될 수 있다. 그것이 전후 일본 정부가 의도적으로 추진해 온 검정교과서가 내포하고 있는 심각한 문제이기도 하다. 왜 일본 정부는 그런 교과서를 만들어야 하는 것일까? 그것은 근대사를 둘러싸고 각자의 입장에서 해석할 수 있는 여지가 있어 사실적 역사에서 벗어나 해석적 역사를 만들어 국익을 도모하려고 하기 때문이기도 하다.

일본에서 검정교과서 제도는 메이지시대에도 있었지만 오직 등의 이유로 교과용 도서의 검정제도는 서서히 제한되어 왔다. 제2차 세계대전 항복후 교과용 도서의 검정제도가 수정되어 〈문부성검정필교과서〉가 발행되게 되었고, 문부성이 문부 과학성으로 개조됨과 동시에 문부과학성 검정필 교과서가 나왔다. 검정교과서라는 것은 학교 교육 가운데 초등교육과정, 중등 교육과정에 사용되는 문부과학대신의 검정을 통과한 도서를 말한다. 현재 교과서 검정제도는 1947년 제정된

〈학교교육법〉에 기초한 것이다. 이 제도 하에서 민간 출판사가 교과서를 집필해서 공적인 검정과 승인을 위해서 제출한다. 교과서는 일본 학교에서 교육 기준이 되는 학습지도 요령에 의한 것이 되지 않으면 안 되지만, 그 이외에 대해서는 출판사가 자사의 방침에 따라 할 수 있다.

교과서가 완성되면 출판사는 문부과학성에 제출한다. 그러면 〈교과서용도서검정조사심의회〉가 교과용 도서검정기준에 따라 내용을 심사한다. 심의회의 제언에 따라 문부과학성은 부적절한 문언에 재검하도록 출판사에 전달한다. 출판사가 수정 후 심의회가 충분히 수정했다고 판단하면 적정한 답신을 하고 그것에 기초해서 문부과학성이 검정 합격 또는 불합격을 결정한다. 문부과학성에 의해 허가된 교과서는 시정촌 등 각 지역에 진열되고, 일반 국민의 열람이 가능하다. 교과서 사용에 대한 최종 결정은 공립학교인 경우 지역 교육위원회가, 사립학교인 경우 각 학교가 한다.

검정교과서에 대해 규정을 하고 있는 〈학교교육법〉 (1947년 법률 제26호)의 내용을 보면 다음과 같다. 즉

1. 소학교, 중학교, 고등학교, 중등교육학교, 특별지원학교의 소학부, 특별지원학교의 중학부, 특별지원학교의 고등부에 있어서는 문부과학대신의 검정을 통과한 교과용 도서 또는 문부과학성이 저작의 명의를 가진 교과용 도서를 사용해야 한다.
2. 전항의 교과용도서 이외의 교재로 유익 적절한 것은 그것을 사용할 수 있다.
3. 제1항의 검정신청에 관련된 교과용 도서에 관해서 조사 심의하기 위해 심의회 등(국가행정조직법, 1948년 법률 제8조에 규정한 기관을 말한다)에 대해서는 정령으로 정한다.

위 내용의 요점은 공교육에서 사용되는 교과서에 대해서 검정을 해야 한다는 점이다.

일본 정부가 검정교과서에 기대하는 것은 애국심이며 애국 교육이다. 따라서 애국심을 교과서 검정 통과 기준의 하나로 규정해 역사 교과서에서 애국심을 저해하거나 국가의 존엄을 해하는 요소를 없애기를 바라고 있다. 제국주의 침략과 관련한 내용이 사라질 전망이다. 아베 신조 총리는 2006년 제1차 내각 때 〈교육기본법〉을 개정해서 애국심 항목을 설정했다. 문부과학성 산하 〈교과서검정심의회〉는 교육기본법의 목표에 따라 중대한 결함이 있다고 판단되는 교과서에 대해 검정에서 불합격 판정을 내릴 수 있도록 새 기준을 마련했다. 또한 교과서 검정신청을 할 때 교육기본법의 목표를 어느 정도 구현했는가를 명시하는 서류도 제출하도록 했다. 이와 관련해서 시모무라 하쿠분(下村博文)문부상은 교과서에 애국심을 기른다는 교육기본법의 취지를 반영해야 한다는 점을 강조했다.

검정교과서가 문제가 되는 것이 역사교과서이다. 근대사에 대한 다양한 입장, 각국의 입장, 정서 등이 있어 역사적 사실에 대한 인식이 달라지기 때문이다. 따라서 동일한 역사를 가지고 다르게 기술내지는 인식하고 있어 많은 문제를 일으키는 원인이 된다. 중학사회과 전교과서에는 독도(일본명 다케시마), 센카쿠열도(중국명 댜오위다오) 등의 기술내용이 많아지고 있다. 그것은 역사적 사실에 대한 입장 차이에서 오는 것으로 대립이나 갈등의 씨앗으로 작용하고 있다.

2015년 문부과학성은 2016년부터 중학교에서 사용되는 교과 서 검정결과를 발표하였는데 사회과에서는 처음으로 공민의 전 교과서가 독도(竹島, 島根県隠岐の島町), 센카쿠열도(尖閣諸島, 沖縄県石垣市)를 취급하는 등 영토에 대한 기술이 대폭적으로 증가했다. 독도와 센카쿠열

도에 대해서는 2015년부터 사용되는 초등학교 교과서에서도 사회 관련 과목에 기술되어 있어 의무교육 단계에서 모든 아동과 학생들이 배우도록 하였다. 2015년 검정에서는 9개 교과서 계 104점이 신청되었고, 자유사(自由社)와 학습사(学び舎)의 역사교과서가 많은 결점이 있다고 하여 불합격되었지만 재신청하여 합격하는 등 신청교과서가 모두 합격하였다. 사회과의 전교과서에서 다케시마와 센카쿠열도로 기술된 것은 영토문제가 관심이 높아지고 있는 것을 의미하고, 교과서 작성 지침이 되는 학습 지도 요령의 해설서가 2014년 1월 개정되어, 지리, 역사 등에 대해서 지도 하도록 명기 하였기 때문이다.

이번 사회과의 근현대사에서 통설적 견해가 없는 사항의 기술에 그 뜻을 명시하는 것과, 정부 견해를 존중하는 기술을 요구한 신 검정 기준도 처음 적용되었고, 관동대지진의 조선인 학살수를 수 천 인으로 한 기술에 처음으로 검정의견이 제시되어 통설이 아니다 등을 가필해서 합격하는 경우도 있었다. 2016년도 이후 기술되지 않았던 위안부(慰安婦)를 다룬 교과서가 있었지만 신 검정 기준에 기초해서「군과 관헌에 의한 이른바 강제연행을 직접적으로 증명하는 자료는 발견되지 않고 있다」(軍や官憲によるいわゆる強制連行を直接示すような資料は発見されていない)라는 정부 견해를 기술했다.[72] 그리고 자위대나 천황에 대

72) 새로 마련된 교과서 검정기준은 의견 청취 등의 절차를 거쳐 확정되어 2014년 중학교 과서 검정부터 적용되었다. 검정심의회는 또 사회, 역사, 지리교과서 검정과 관련해서 근현대사의 역사적 사실에 대해 수치나 통설적 견해가 없는 경우, 그것을 명시해서 학생들의 오해가 생기지 않도록 하고, 각의 결정을 통한 정부의 통일적 견해, 최고재판소의 판결이 있는 경우 서술하도록 하며, 미확정된 시사적 사건과 관련된 기술은 특정 사항을 지나치게 강조하지 않도록 한다는 등의 기준을 확정했다. 이번 기준안은 심의회 소속전문가 22명중 1명만이 반대했다. 반대의견을 제시한 전문가는 정권이 교체됐다고 점정기준을 바꾸는 것은 있을 수 없는 일이며, 국정교과서로 돌아가는 것 아닌가라는 비판을 했다. 도쿄게이주추(東京藝術)대학 가토 고메이(加藤公明) 교수는 이번 개정안이 정부의 방침에 맞게 교과서를 기술하도록 집필자들을 압박하

한 기술이 많아졌다.

새로운 검정교과서 기준에 따라 중국 난징 대학살, 종군위안부, 독도의 영유권, 센카쿠열도의 영유권, 강제 징용자, 일본의 법적 배상 및 보상 등과 같은 내용들이 교과서에서 제외되거나 일본에게 유리하게 기술될 것이다. 따라서 교과서 검정기준에 의해 쓰여질 역사교과서는 근대사를 일본 중심적으로 해석하는 극우파 주장이나 편파적인 역사관 등이 게재될 전망이다. 또한 교육현장에서도 그런 교과서를 채택할 가능성이 높아졌다. 그 예로 미야기(宮城)현 의회는 중학교 역사 공민 교과서를 채택할 때 애국심, 국기, 국가, 영토문제 등의 항목을 평가하도록 해야 한다는 청원을 통과시켰다. 그 청원은 극우단체인 〈새로운 역사 교과서를 만드는 모임〉이 제기한 것이다.

따라서 왜곡된 역사교육은 현실적으로 과거사에 대한 반성이나 자성을 강하게 부정하게 하고 현실적으로 보상이나 배상을 회피하거나 면피하는 결과를 초래하여 과거를 묻어버리게 할 것이다. 그 결과 일본과 관련된 많은 역사가 사라지거나 버려지게 될 가능성이 있다. 그렇게 된다면, 젊은 세대는 근대사의 진실을 올바로 알지 못하고, 그들이 승계하는 역사는 반 쪽 역사가 될 수 있는 것이다. 미래적으로 보면, 객관적인 역사교육이 제대로 되지 않아 근대사를 둘러싼 미래형 갈등의 온상이 될 수 있다. 그런 갈등 구조는 동북아시아에서의 불협화음과 정쟁을 불러올 수 있는 소지가 많다는데 문제가 있다.

는 것이라고 비판했다.

지방창생프로젝트

일본 정부는 각 지방자치단체의 마을을 부흥시키고, 사람을 육성하며 일자리를 만들어내는 지방창생 프로젝트를 세워 추진하고 있다. 2014년 9월 2일 아소타로(麻生太郎) 부총리 겸 재무대신은 지금 단계에서 이것이 지방 창생이다라고 정의하기는 어렵다고 하였다. 지방창생의 이념은 마을, 사람, 일 창생(まち · ひと · しごと創生)을 핵심 주제로 정부가 마을, 사람, 일 창생본부를 설치하고 마을, 사람, 일 창생법안을 제정하여 실천하고 있다. 지방창생은 도쿄일극 중심의 해소, 지역사회 문제해결, 지역취업 기회 창출 등을 목적으로 하고 있다.

아베 총리는 2014년 9월 3일 지방창생 담당을 신설하여 대신으로 이시바 시게무(石破茂), 내각부 부대신에 히라(平将), 내각부 대신정무관 고이즈미(小泉進次郎), 대신보좌관 이토(伊藤達也) 등을 임명하고, 동일 〈마을, 사람, 일 창생본부〉 (まち · ひと · しごと創生本部)의 창설을 각의 결정하여 지방창생을 위해 시동을 걸었다. 이어 후속조치로서 2014년 11월 21일 〈마을, 사람, 일 창생법〉과 개정지역 재생법을 성립시켰고, 〈마을, 사람, 일 창생본부사무국〉을 발족시켰다. 지방창생은 제2차 아베 내각이 내세운 야심찬 지방 활성화 프로젝트이다.

그리고 구체적으로 지원하기 위해 2014년 보정예산으로 지방창생 선행형 교부금, 생활지원 교부금 등을 각각 1,700억 엔과 2,500억 엔을 배분하였다. 전자는 관광 진흥이나 산업진흥, 인재육성 및 확보 등의 사업에, 후자는 프리미엄 부가상품권이나 고향 명물상품 여행권, 차세대지원 정책 등에 사용하였다. 2015년 12월 24일 국가 총합 전략 개정이 각의 결정되었다. 지역 전체의 관광 전략으로 지역 호텔 등의 숙박시설이나 음식점과 연대해서 일괄적으로 움직이는 일본판DMO

의 정비추진이 포함되었다. 2016년 1월 20일 지방창생에 관련해서 1,000억 엔의 지방창생 가속화 교부금 등 합계 3,189억 엔이 포함된 보정예산이 성립되었다.

〈마을, 사람, 일 창생본부〉(まち · ひと · しごと創生本部)는 인구 급감, 초 고령화라는 일본이 직면한 현안에 대해서 정부가 하나되어 지역이 각각의 특징을 활성화하고 자율적이며 지속적으로 사회를 창생하는 것을 목적으로 설립되었다. 일본 국민이 장래에 희망과 꿈을 갖고 누구나 안심하면서 생활할 수 있는 지역 만들기를 추진하기 위한 것으로 매력 넘치는 지방을 창생하고, 지방으로의 사람 이동을 유도하는 것이다. 경제회복이 전국 각지에서 실감할 수 있도록 하는 것이다. 지방창생은 지역진흥 활성화를 지칭하지만 정의와 의미에 대해서 정부는 특정적으로 확정하지 않고 있다. 다만 농업, 관광, 과학기술 이노베이션 등 다양한 시점에서 실천 방안이 모색되고 있다.

지방창생 계획은 경제사회에 큰 장애가 되는 것을 극복하기 위한 전략이다. 즉 지방으로부터 시작된 도쿄권이나 도시부로 확대되는 인구 유입을 시정하기 위해 각 지역의 인구 동향이나 장래 인구추이, 산업 실태 등을 파악하는 것이다. 더불어 국가의 종합전략 차원에서 지방자치단체 스스로 지방판 종합 전략을 책정하고 실시하는데 필요한 정보, 인재, 재정 등을 지원하는 것이다. 지방의 자립성, 장래성, 지역성, 직접성 그리고 결과 중시에 근거해서 행한다는 원칙을 가지고 있다. 지방에 있어서 안정된 고용창출, 지방으로의 인구유입, 젊은 세대의 결혼과 출산, 양육 등의 희망이 실현되고, 시대에 맞는 지역 만들기, 지역 간 연대 등을 추진함으로서 지역 활성화와 그 호순환 유지를 실현하는데 목적이 있다.

다음의 표는 일본 정부가 무너져가고 있는 지방을 살리는 방안으

로 국운을 건 이른바 지방창생의 총합전략과 목표를 소개한 것이다

〈표 69〉 지방창생의 총합전략과 목표(2020년)

구 분	내 용
지방 젊은이 고용수 확대	5년간 30만 명(2015년 시점에는 5.9만 명)실현
	젊은 세대의 정규직노동자(스스로 희망한 비정규직노동자포함)의 점유율을 다른 연령대와 동일한 수준(2014년 15-34세 92.7%, 모든 연령대 93.7%)으로 향상
지방에서 도쿄권으로 인구 유입 제한	- 6만명 감소(2014년 1,723증가), 도쿄권에서 지방으로 유입 4만명 증가(2014년 11,152명) - 도쿄권으로의 인구이동 제한 실현
인구활성화정책	- 안심하고 결혼이나 출산, 육아가 가능한 사회실현(2013년 그렇게 생각하는 비율이 19.4%에서 40% 이상증가) - 제1자 출산전후의 여성 계속 취업률 55% (2010년 30%)실현 - 결혼 희망 실적지표 80% (2010년 68%)실현 - 부부의 예정어린이수(평균 2.12명)의 실천율 95% (2010년 93%)달성
지역 인프라	- 편리성이 높은 지역에 거주하는 인구비율 시정: 3대도시권 90.8%(2014년 90.5%) -지방 중핵도시권 81.7% (78.7%), 지방도시권41.6% (38.6%) - 지역 공공교통망 형성 계획의 책정총수 100건 (2015년 60건)실현
장기비전	- 출생률 1.8로 증가, 도쿄 일극 중심을 시정하여 2050년 실질 GDP를 1.5-2% 지속적 유지, 2060년에는 1억명 전후 인구 확보

표에서 보듯이 일본 정부는 21세기 일본 뿐 아니라 지방의 사활을 내걸고 지방창생운동을 국가전략으로 내세웠다. 그것은 지방 젊은이 고용수 확대, 지방에서 도쿄권으로 인구유입 제한, 인구활성화 정책, 지역인프라 구축, 장기비전 실현 등으로 구성되어 있다. 그 중에서도 장기비전으로서 출생률 1.8% 증가, 도쿄일극중심을 시정하여 2050년 실질 GDP를 1.5-2% 지속적 유지, 2060년 1억 명 전후 인구 확보 등을 국책으로 설정하였다.

다음의 표는 아베정부가 추구하고 있는 지방창생의 비전을 소개한 것이다. 그것은 지방창생 정책, 지방창생특구 등으로 구성되어 있다.

〈표 70〉 지방창생의 장기비전

구 분		내 용
정책	신형 교부금	- 각 지방자체단체의 지방판총합전략에 대한 교부금. 지방자립성이나 관민운동을 요건으로 한 선구성이 있는 사업에 이용. 예를 들면, 인구유입이면 일정기간 유입 수나 증가율과 같은 지방자치단체가 책정한 구체적인 수치 목표를 국가가 정사해서 교부금이나 대상사업으로 결정 - 촉진상황을 국가나 지역주민과 함께 매년 검증해서 경우에 따라 수정을 요구하고 교부 변경 가능. 구체적인 수치목표를 세워 진보상황을 계측하는 KPI(중요실적평가지표)의 설정이나 PDCA 사이클을 확립하고, 개개 사업에서 민간 자금을 유발하고, 장래에는 교부금에 의지하지 않고 자립하는 사업구축을 촉진함
	국가총합 전략내용	- 6차산업시장 : 10조엔(2013년 4.7조엔) -농림수산물 수출액 :1조엔(2014년 6,117억엔) -방일외국여행소비액 : 4조엔(2014년 2.0조엔) -지역중핵기업, 중핵사업후보지원 : 1,000사, 고용수 8만명 창출(2014년 0.1만명) -연간 지방이주알선건수 : 11,000건(2014년 4,000건) -기업 지방거점기능강화건수 : 7,500건증가(2015년 808건), 지방고용자수를 4만명증가(2015년 6,600명) -출신지방대학에 진학하는 비율 평균 36%(2015년 32.3%) -젊은이 취업률78% (2014년 76.1%) -지원 니즈가 높은 임산부 지원 100% -남성의 육아휴업취득률 13% (2014년 2.30%) -주민의 활동조직 3,000단체(2014년 1,656단체) -연계중추도시권의 형성 수 30권역(2015년 4권역) -중고 리폼시장규모 20조엔(2013년 11조엔)
	목적	지역사회활성화를 위해, 국가가 규제를 완화하는 특례를 특정지역에 적용하는 제도
		- 산업 국제경쟁력을 강화하고 국제적인 경제활동거점형성을 위해, 경제사회개혁이나 규제개혁 등 정책을 추진하는 특구. 총합특구나 구조개혁특구는 지방자치단체의 신청을 국가가 인정하여 특구를 지정하지만 국가전략특구는 민간이나 지방자체 단체

특구	국가전략 특구	와 국가가 하나가 되어 필요한 사업을 추진하기 위해 국가가 주도해서 특구지정함 - 국가전략특구제도를 이용해서 지방창생을 목적으로 한 지방창생특구가 있고, 예로서 원격의료, 원격교육, 자동비행, 자동주행 등의 신기술을 실증하는 영역을 확보하고 새로운 상품이나 서비스에 관한 이노베이션 환기를 컨셉으로 하는 근 미래기술실증 특구가 있음
	총합특수	- 일본의 경제사회 활성화로 지속적인 발전을 위해, 산업구조나 국제적인 경쟁조건변화, 소자고령화 진전 등의 경제사회 정세변화에 대응해서 산업국제 경쟁력강화, 지역활성화에 관한 시책을 추진하는 특구. 산업국제 경쟁력강화를 목적으로 한 국제전략 총합특구와 지역활성화가 목적인 지역활성화 총합특구 등 2가지가 있음
	구조개혁 특구	- 관민사업이나 경제활동이 옛 규제에 의해 방해되는 것에 대해서 특구를 설정해서 구조개혁을 추진함으로써 지역특성을 활용한 지역활성화실현을 목적으로 창설된 특구, 2015년 법개정으로 특구가 추가됨 - 통상 국가자격이 필요한 통역 안내 업무를 지방 자체 단체의 연수 수료로 취득하게 함. -지방도로공사의 유료도로 시설소유와 운영권을 민간에게 매각 가능하도록 함

지방창생 장기비전은 정책으로서 지방창생을 위한 교부금 지급 내용, 국가에 의한 종합전략 내용 등으로 구성되었다. 특구로는 국가전략 특구, 총합특구, 구조개혁 특구 등으로 구성되어 국가가 전략적으로 특구를 특화시키는 것을 함의하고 있다. 중앙정부의 권한을 지방자치단체로 이전하는 한편 지방자치단체의 권능과 자율성을 확보하여 지방의 활성화를 도모하는데 목적이 있다.

다음의 표는 국가가 전략적으로 특구를 구체적으로 특화시키기 위한 정책적 특징을 소개한 것이다.

〈표 71〉 특구의 정책적 특징

구 분	구체적인 정책내용
특구	〈창업, 개업, 고용특례〉 - 창업이나 연금 사회보험 수속을 1개소에서 신청 가능한 창구설치 - NPO법인 설립수속 신속화 - 창업직후 기업인재 확보 지원을 위한 국가공무원이 기업으로 전직한 후 다시 국가공무원으로 복귀한 경우 수당 배려 - 실버인재센터에 등록한 고령자 노동시간 연장 등 고령자고용 규제완화 – 외국인의 창업 요건 완화, 가사대행 서비스 해금 - 법인세 대우조치 등 과세특례 적용 - 특구에서 사업을 경영하는 기업에 융자한 지정 금융기관에 이자보조금 지급 〈의료〉 - 고도선진치료 실현 - 의료법인 이사장에 의사가 아니어도 취임 가능 – 혈액을 원료로 하는 시험용세포 등의 제조 및 판매규제 완화 - 임상수련제도에 있어서 외국인의사 수용규제완화 〈농림수산업〉 - 기업의 농업 참여요건 완화 - 국유림 대부, 사용 대상자나 면적 규제완화 - 어업 생산 조업 설립이나 유지요건 인수 완화 〈보육, 교육, 사회복지〉 - 지역한정보육교사의 도입 - 공립학교 관리운영을 민간에게 위탁하는 공설공영학교 설치 - 도시공원에 보육소나 사회복지시설 설치인가
총합특구	〈마을 만들기〉 - 건축에서 용적률이나 용도지역 규제완화 - 도로이벤트 등 도로 점유 규제완화 - 외국인을 위한 숙박업시설에 개인 소유맨션 등 이용 가능한 민박, 역사적 건축물을 숙박시설로 활용하는 경우 요건완화 등 여관업법 적용제외 – 도시계획인가 절차 등 일괄화 〈정령, 조례 등에 의한 규제특례조치〉
	〈국제전략총합특구와 지역활성화총합특구의 특례〉 - 큰 틀에서 주거, 상업, 공장의 용도 분리하는 용도 지역 규제완화 - 법인세 우대조치 과세 특혜적용

	- 특구에 관한 사업을 운영하는 기업에 융자하는 지정 금융기관에 이자 보조금지원 - 보조금 등 처분 제한에 관련된 수속특례 - 중소기업 기반 정비기구에 의한 시정촌에 대한 자금대여 – 정령, 조례 등에 의한 규제특례 조치
국제전략 총합특구 특례	- 국유건물과 부지무상양도 - MICE(국제회의) 참가자를 태운 객선의 기항가능 - 농업용 자동차 차검유효기간을 1년 연장 - 공장건설시 부지면적에 대한 환경시설설치규제완화

특구에 대한 정책은 의료, 농림수산업, 보육, 교육, 사회복지, 마을만들기, 정령조례 등에 대한 특혜조치 등으로 되어 있다. 총합특구는 국제전략총합 특구와 지역활성화총합 특구 등으로 되어 있어 지방자치단체의 국제화를 동시에 추진하는 목적을 가지고 있다. 중앙정부는 권한을 지방자치단체에 이전함과 동시에 실현가능한 정책을 통해서 지원하는 전략을 구사하고 있고, 지방자치단체는 이전받는 권한과 지원을 통해 현장에서 실천하는 전략을 구사하고 있는 특징이 있다.

다음의 표는 지방창생을 위한 정책과 전략으로서 정보 및 인재 지원에 관한 계획을 소개한 것이다.

〈표 72〉 정보 및 인재지원 계획

구 분	내 용
빅데이터 제공	국가나 민간이 가진 기업간 거래나 산업분야별 정보, 시간마다의 사람흐름 등 지역경제에 관한 다양한 정보를 수집한 빅데이터, 지역경제분석시스템(RESAS)제공, 일부 정보를 제외하고 누구나 이용 가능함

지방창생 인재지원 제도		시정촌의 보좌역으로 국가공무원이나 대학 연구자, 민간 싱크탱크인재 파견 시 지방 창생에 의욕 있는 시정촌의 총합 전략 시책 추진지원
	지방창생 담당자	지방자치단체의 지방 창생의 실시 상담, 일괄하는 상담창구, 각각 도도부현 출신이나 근무 경험이 있는 각 성청 직원이 대응함
	프로페셔널인재전략거점	각 지역기업과 도시권 기업에서 상품개발 등 다양한 전문지식을 가진 인재를 연결하는 거점설치, 지역활성화 및 호순환을 위해 지역 기업의 사업 혁신이나 신상품개발 등 적극적인 경영에 대한 지원
	지역활성화전도사	지역성장력강화나 고용창출 등을 담당할 인재육성을 위해 지역산업, 농림수산업, 관광 등 특정지식을 가진 전문가 소개
지역재생 계획	지역재생 제도	지역 활성화나 고용창출을 추진하기 위한 지방자치단체의 지역재생계획을 지원하는 제도, 농지 면적 요건에 관련 없는 기업이나 NPO법인의 시설전용 가능, 지방에 본사 기능을 이전하는 기업에게 세제 우대조치 등 규제완화. 관광객 유치, 도로나 공항 인프라 정비 사업에 관한 보조금 지원시책 추진
	중심시가지활성화	중앙시가지, 도시기능이나 경제활동 활성화를 위한 소자고령화, 소비생활 등 사회 환경 변화에 응해 지원하는 제도. 시정촌이 책정한 중심시가 지역활성화 기본 계획을 내각이 설정하고, 도시재생정비 계획 사업, 주거 사업, 중심시가지 공동주택 공급사업, 중심시가지 재흥전략 보조금, 중심시가지 활성화소프트사업 등의 각종지원
	도시재생 제도	21세기형 도시재생 프로젝트나 토지 유효이용을 환경, 방재, 국제화 등의 관점에서 추진하는 제도. 2014년 각의결정으로 의료, 복지, 상업시설 등이 주거주변 또는 공공교통으로 접근가능하도록 하고, 일상 생활에 필요한 서비스가 신변 주위에 있도록 하는 컴펙트 도시를 목적으로 생산성 향상이나 도시경영비용의 감소를 목적으로 하는 도시재생 기본 방침
	환경모델/도시환경미래도시	온실 효과 가스배출의 대폭적인 삭감 등 목표를 세우고, 저탄소 사회실현과 지속적 발전을 위한 환경 모델 도시를 기반으로, 저탄소, 성에너지 등 환경가치나, 개호나 육아 등 사회적 가치, 고용이나 관광 등 경제적 가치가 있는 환경미래 도시실현과 그 성공사례의 국내외 보급을 목적으로 실시

지방창생을 위한 정보 및 인재지원은 우선적으로 개혁과 재생에 필요한 빅데이터를 제공하는 것이다. 지방창생 인재 지원 제도는 지방창생 담당자 육성, 전문가 거점 확보, 지역 활성화 전도사를 육성하는 것을 목적으로 하고 있다. 지역재생계획은 지역재생 제도를 정비하고, 중심시가지의 활성화와 도시재생 제도를 정비하는 것이다. 인간과 더불어 존재하는 환경미래도시를 건설하는 것이 중요한 목적이다.

다음의 표는 지방창생을 위한 국가계획에 의해서 실제로 추진되고 있는 지방자치단체의 현황과 내용을 소개한 것이다.

〈표 73〉 지역창생 특구 활용 현황

구 분	내 용
미야기현 (宮城県仙台市)	지역 한정 보육사 시험 실시, 도시공원에 보육소 설치 가능한 특례이용하고 대기아동 제로를 목표로 함
아키타현 (秋田県仙北市)	시내 국유 임야 이용의 규제완화를 통해 국내외로부터의 기업이나 연구자, 일반인이 참가하고 성능이나 조작 기술을 경쟁하는 드론래스(ドローンレース)의 개최 예정. 외국인 의사의 지방 진료 해금특례를 이용 외국인 관광객을 대상으로 한 진료와 지역 온천에서의 요양을 조합한 의료 쓰어리즘(医療ツーリズム)확충
니가타현 (新潟県新潟市)	농림 생산법인 설립요건 완화를 이용, 대기업 편의점 등 사업자가 농업에 참가하고 있음
도쿄권 (東京都圏, 千葉県千葉市)	도쿄도, 치바시 마쿠와리 도심에서는 도쿄만 임해부의 물류거점에 가깝고, 고층 맨션이 많은 특징을 이용해서 맨션 각호의 배란다에 도론으로 직접 배송 추진, 특구내의 약국으로부터 각 거주로의 처방전을 보내는 서비스실시예정
가나가와현 (神奈川県)	외국인에 의한 가사 대행서비스 해금예정
아이치현 (愛知県)	공설 민영학교 설치나 기업의 농업참가 특례활용 검토

칸사이권 (京都府 · 大阪府 · 兵庫県)	관서권(京都府 · 大阪府 · 兵庫県) 교토시에서는 iPS세포 개발한 교토대학과 그 주변 iPS관련기업이나 연구시설이 집적되어 있고, iPS세포에서 만든 실험용 세포 제조 판매 특례를 이용해서 관련 산업 발전촉진
효고현 (兵庫県養父市)	농업 담당자를 늘리기 위해 농업에 관련된 특례를 이용해서, 신규사업자에 의한 경작 휴양지의 재생이나 농가 레스토랑운영, 대기업의 농업 참가추진, 민가를 숙박시설로 활용
히로시마현 (広島県 · 愛媛県今治市)	민간 주도의 도로에 의한 교량거점 추진, 히로시마현은 외국인의 가사 지원, 창업, 진료 등을 추진, 이마바리시(今治市)에서는 수의대학 유치, 지역지장 산업이나 관광에서의 외국인 인재 수용
후쿠오카현 (福岡県福岡市)	보행지원 로봇, 개호자가 베드에서 휠체어로 이동할 경우 이승보조장치, 개호로봇의 실용화 추진, 수도권 고령자가 북큐슈로 U턴하고 일하는 경우를 대비해서 시니어 하로 워크설치(シニア · ハローワーク), 고령자 고용확대, 인재나 노하우 집적 추진, 민박이나 고민가등 역사적 건축물을 숙박가능하게 하는 관광 정책추진
오키나와현 (沖縄県)	대기업 테마파크 운영회사의 현 내에서 사업계획 지원, 국영공원내의 건설 제한 규제완화
정보활용예	지역경제분석시스템(RESAS)이용한 강좌를 대학에 개설함, 학생 등 젊은이들에게 각각 지역의 현상과 장래에 대한 이해를 높이는데 목적 있음, RESAS 보급을 위해 고교생에서 일반까지를 대상으로 한 RESAS를 이용해서 지역의 현상과 과제를 분석해 해결안을 제안하는 정책 아이디어 콘테스트 개획됨

일본 정부가 위기를 극복하기 위해 야심차게 추진하고 있는 지방창생 계획은 다양한 목적과 방향성을 가지고 있는 특징이 있지만 다른 한편으로는 비판과 과제를 갖고 있다. 긍정적인 측면은 일본이 처하고 있는 위기를 지방창생을 통해서 극복하려는 목적이 있다는 점이다. 그것을 실천하고 실현하는데 필요한 구체적인 정책과 지원이 부족한 상황이다. 2016년도 신형교부금이 1,000억 엔 규모로 2014년 보정예산으로 선행 계상된 1,700억 엔을 밑돌고 있다. 보정예산을 대폭

적으로 요청했던 전국지역 사회로부터 불만의 목소리가 높아지고 있다. 또한 지정된 특구에 대해서 외국인 의사에 대한 임상수련 제도의 요건 완화로 지방 진료소에서도 수용 가능하도록 한 계획에 대해서 일본 의사회는 단독 진료소에 근무하는 외국인 의사에 대해 한 사람의 일본인 지도의사가 있으면 좋겠다는 의견을 내놓고 있다.

중앙정부가 주도적으로 추진하고 있는 지방창생 계획은 각 지방이 처한 상황에 맞는 맞춤 정책으로의 전환이 필요한 실정이다. 그 과정에서 지방자치 단체가 주도적으로 이끌어갈 필요가 있고, 그에 대응할 수 있는 재원과 인재가 필요하다. 문제는 당장 필요함에도 불구하고 확보하거나 실천하는데 많은 시간과 비용이 들 것으로 예상된다. 중앙정부의 계획과 지방자치 단체의 계획이 동시에 충족되는 지방창생 계획과 실천이 필요하다고 할 수 있다. 현재로선 계획하고 실천하는데 많은 의문과 문제점을 내포하고 있는 것이 사실이다.

1억총활약사회

일본 정부는 구조적인 문제인 소자고령화에 정면으로 대응하고 새로운 성장이 가능한 사회를 만들기 위해 〈1억총활약사회〉를 국가의 핵심전략으로 내세웠다. 지방창생계획과 더불어 일본사회를 개혁하고 발전시키는 전략이라고 할 수 있다. 1억총활약사회는 구체적으로 희망을 낳는 강한 경제(希望を生み出す強い経済), 꿈 꾸는 어린이 육성지원(夢をつむぐ子育て支援), 안심연결 사회보장(安心につながる社会保障) 등 신3개화살(新・三本の矢)의 실현을 통해서 달성하도록 구성되어 있다.

아베 총리는 2015년 10월 제3차 아베 내각의 핵심정책으로서 1억총활약사회를 슬로건으로 내세웠다. 그 정책을 실현하기 위해서 1억총활약 담당상으로 가토 가쓰노부(加藤 勝信)를 임명하였다. 아베 총리는 금융완화, 재정출동, 성장전략 등 3개 화살을 아베노믹스의 핵심전략으로 추진해 왔고, 후속조치로 강한 경제, 육아지원, 사회보장이라는 신3개화살로의 이행을 선언하면서 신 아베노믹스를 주창하였다. 아베노믹스의 2단계목표는 1억총활약사회이다. 1억이라는 의미는 역사적으로도 많이 써먹은 용어이기도 하다. 전시 중 일본 정부는 1억일심(一億一心), 1억히노다마(一億火の玉)를 슬로건으로 하였고,[73] 그리고 종전 후 히가히사(東久迩)내각은 1억총참회(一億総懺悔)를 내걸은 적이 있다.

아베 총리는 1억총활약사회를 실현하기 위해 〈1억총활약국민회의〉(一億総活躍国民会議)를 설치하였다.[74] 그 정책은 인구감소와 초고령화를 어떻게 극복하고, 사회경제 활력을 어떻게 유지해갈 것인가 등 일본이 직면한 매우 중요한 과제에 대해서 구체적인 답을 내도록 설정되어 있다.[75] 중장기적으로는 소자화에 제동을 거는 것이며, 양육이나

---

73) 이것은「進め一億火の玉だ」(すすめいちおくひのたまだ)로 제2차 세계대전 중 대정익찬회(大政翼賛会)가 내세운 슬로건의 일종이며 그것을 주제로 한 군가이기도 하다.

74) 1억총활약국민회의는 일본의 구조적인 문제인 소자고령화에 정면으로 대응하기 위해서 제시한 신3개화살을 추진할 목적으로 1억총활약사회를 향한 플랜정책에 관해서 심의를 하는 기관으로 2015년 10월 설립되었다. 국민회의 의장은 아베 신조총리, 의장 대리는 1억총활약 담당 대신 가토(加藤勝信), 구성원은 관방장관 등 대신, 유식자 15명 등으로 구성되었다.

75) 지방창생은 지방을 새롭게 활성화하는 국가전략 사업이다. 일본 정부는 지방의 인구 감소 억제를 목표로 한 지방창생(地方創生)의 선진적인 추진을 확정한 사업에 총액 236억 엔의 교부금을 배분하기로 결정했다. 지방창생의 주역인 지자체의 구체적인 움직임이 시작됐다. 전국의 지자체는 총합전략으로 불리는 인구대책, 지역 활성화 플랜을 책정하고 있다. 정부는 유망하다고 판단된 677지자체 합계 709개 사업에 교부

개호지원을 강화하고 여성이나 젊은이, 고령자의 노동력을 늘리는 것이다. 아베 정부가 내세운 1억총활약사회의 실천 목표는 잘못되지 않았지만 다양한 시책을 구체화할 필요가 있다.

구체적으로 1억총활약사회는 젊은이도 고령자도, 여성과 남성도, 장해나 난병에 처한 사람도 한번 실패를 경험한 사람도, 모두가 활약할 수 있는 사회이다. 한 사람 한 사람의 개성과 다양성이 존중되고 가정에서, 지역에서, 직장에서 각각의 희망이 실현되고, 능력을 발휘할 수 있고 각자가 삶의 의미를 느낄 수 있는 사회이다. 또한 강한 경제의 실현과 추진을 통해서 얻을 수 있는 성장성과에 의해 양육지원이나 사회보장 기반을 강화하고, 더욱 그것이 경제를 강하게 하는 성장과 분배의 호순환을 창출해가는 새로운 경제사회 시스템을 만드는데 목적이 있다.

다음의 표는 1억총활약사회의 실현을 위해 정부가 구체적으로 추진하고 있는 대책을 소개한 것이다. 1억총활약추진설치 규정, 기본적인 구상, 방향성, 긴급대책 등으로 구성되어 있다.

〈표 74〉 1억 총활약 사회의 실현을 위한 대책

구 분	실천 내용
1억총활약 추진설치규칙	- 제1조 관방장관 산하에 일본의 구조적인 문제인 소자고령화에 정면으로 대응하고, 강한 경제, 꿈꾸는 어린이 육성지원, 안심 사회보장의 신3화살의 실현을 목적으로 하는 1억총활약사회를 향한 계획 책정과 관련된 기획, 입안, 종합조정에 관한 사무를 처리하기 위해 1억총활약추진실을 둠 - 제2조 추진실에는 실장, 실장대리, 실장대리보, 차장, 심의관, 참사관, 기획 그 이외 실원을 둠

금을 배분한다. 관광, 이주촉진, 마을 만들기, 농업 진흥 등을 중심으로 지자체의 연대가 활발하다.

<table>
<tr><td>기본적 구상</td><td>- 아베노믹스의 성과와 과제
- 포섭과 다양성이 초래하는 지속적인 성장
- 중요과제에 대응하여 호순환 강화</td></tr>
<tr><td>방향성</td><td>- 희망을 낳는 강한 경제
- 꿈꾸는 어린이 육성지원
- 안심연결 사회보장
- 민간에게 기대할 수 있는 방향에서 추진
- 필요한 정책자원 확보</td></tr>
<tr><td rowspan="3">긴급대책</td><td>1.GDP600조 엔의 강한 경제를 위한 긴급대책
- 투자촉진 생명성혁명실현
- 최저임금 인상을 통한 소비환기
- 여성, 젊은이, 고령자, 장애자 등의 활약촉진
- 로컬 아베노믹스의 추진을 통한 지역의 부가가치 창조력 강화</td></tr>
<tr><td>2. 희망출생률 1.8에 직결하는 긴급대책
- 결혼, 어린이양육의 희망실현 기반과 젊은이의 고용안정 대우개선
- 결혼, 임신, 양육 각 단계의 부담, 어려움, 불안 해소를 위한 지원
- 출산, 양육의 현장인 지역실정에 기초한 일하는 방식개혁추진
- 출산 후 양육 중에도 취업 가능한 보장서비스 충실
- 양육이 가능한 3세대 동거, 근처주거가 가능한 환경 만들기
- 희망하는 교육을 받는데 방해되는 경제사정 등 다양한 제약극복
- 양육이 곤란한 상황에 있는 가족, 어린이 등에 대한 배려 대책강화</td></tr>
<tr><td>3. 개호이직제로에 직결되는 긴급대책
- 고령자의 이용니즈에 대응한 개호서비스 기반확보
- 요구되는 개호서비스를 제공하기 위한 인재육성, 확보, 생산성 향상
- 개호하는 가족의 불안이나 고민에 응할 수 있는 상담 기능강화 및 지원체제강화
- 개호에 대응하는 가족이 개호휴업, 개호휴가를 얻기 쉬운 직장환경개선
- 건전하고 풍요로운 노후를 보낼 수 있는 건강수명 연장을 향한 대책강화
- 삶의 보람을 가지고 사회참가하고 싶은 고령자를 위한 다양한 취업기회확보 및 경제적 자립을 위한 지원</td></tr>
</table>

자료; 1억총활약추진규칙은 平成27年10月13日内閣総理大臣決定자료, 1억총활약사회의 실현을 위한 대책은 平成27年 11月26日 一億 総活躍国民会議자료에서 재구성

아베 총리는 2016년 참의원 선거에서 1억총활약사회 구축을 선거 공약의 중심으로 할 생각이다. 그것을 실현하기 위해서 후생노동성, 재무금융, 문부과학 등의 기관이 협력하고 예산에 반영할 방침이다. 아베 수상은 명목국내총생산(GDP) 600조 엔의 목표에 대해서 매년 명목성장률 3% 성장이 실현되면 2020년 쯤에는 충분하게 달성할 것으로 판단했다. 2016년도 법인실효세율 인하폭은 31.33%에서 더욱 인하할 것이라는 입장을 밝혔다. 그리고 희망출산율 1.8목표는 2020년대 중반정도에 실현될 것으로 보고 구체적으로 헤이세이 29년도까지 보육 수용 폭의 조정 목표를 40만 명분에서 50만 명분으로 확대하고, 신혼 양육세대의 공적임대 주택 우선 입거나 가임 경감, 3세대 동거 주택보수 비용보조 등을 실시할 예정이다. 개호이직제로는 수도권 국유지 약 90개소를 개호시설 사업자에게 임대하는 정책을 실시하여 대응하고 현행 40% 개호 휴업 급부의 비율을 높일 계획을 갖고 있다.

다음의 표는 아베 총리가 추진하고 있는 1억총활약사회의 목표와 그것을 실현하기 위한 2015년도 보정예산을 소개한 것이다. 제1화살은 희망을 낳는 강한 경제를 위해 〈명목 GDP 600조 엔의 실현을 위한 긴급대책〉, 제2화살은 꿈꾸는 어린이 육성지원을 위한 〈희망출생률 1.8에 직결하는 긴급대책〉, 제3화살은 안심연결 사회보장을 위한 〈개호이직제로에 직결되는 긴급대책〉 등으로 구성되어 있다.

〈표 75〉 1억총활약사회 실현을 위한 2015년도 보정예산

(단위 : 억 엔)

구 분	대책과 예산액	총 액
제1화살 희망을 낳는 강한 경제	〈명목 GDP 600조엔의 실현을 위한 긴급대책〉 - 사이버 안보대책, 성에너지설비 도입 지원 1,025 - 중소기업의 생산성 향상 등 지원 거래조건 개선 등 1,250 - 연금생활자 등 지원 임시 복지 급부금 3,624 - 지방판총합전 략에 기초한 지방 거래지원 1,096 - 관광산업 생산성 향상 211	7,206
제2화살 꿈 꾸는 어린이 육성 지원	〈희망출생률 1.8에 직결하는 긴급대책〉 - 불임치료에 대한 조성확충 7 - 지역에서 결혼활동 지원 36 -소아 주산기(周産期)의료체계정비촉진 20 - 대기 아동해소가속화플랜 추진 511 - 보육사 확보대책 추진 726 - 보육사 급여체계 수정 93 - 3세대 동거 촉진 161 - 학교시설과 화장실 공조(空調)정비 438 - 어린이 미래 응원 지역네트워크 형성지원 25 - 독거 가정 지원 117 - 아동학대 방지대책 강화 91	2,225
제3화살 안심연결 사회보장	〈개호이직제로에 직결되는 긴급대책〉 - 재택 시설서비스의 정비충실 가속화 922 - 서비스 제공 고령자를 위한 주택정비 189 - 개호시설 정비에 국유지 활용 20 - 개호 인재 확보 444 - 장애자 시설정비 60 - 연금생활자 등 지원 임시복지 급부금 (다시 게재 예정)	1,635

자료: 平成27年12月18日 内閣官房一億総活躍推進室자료에서 재구성

아베 총리는 1억총활약사회를 추진하기 위해 구체적으로 필요한 자금을 보정예산으로 대응하고 있다. 그리고 1억총활약사회를 위해

자민당추진본부가 설치되어 당 차원에서 지원과 전략을 구상하고 있다. 총재 직할기관 1억총활약추진본부(1億總活躍推進本部 본부장 逢澤一郎)는 처음 회합에서 제3차 아베 신조 개조 내각의 최대 목표인 1억총활약사회 실현을 위해 의견을 집약하였다. 아베 총리는 신3개 화살의 목표로서 내세운 제1화살 희망을 낳는 강한 경제로서 〈명목 GDP600조엔〉, 제2화살 꿈 꾸는 어린이 육성지원으로서 〈희망출생률 1.8〉, 제3화살 안심연결 사회보장으로서 〈개호이직제로〉에 대해서 논의하였다. 정부는 2016년 〈일본1억총활약플랜〉(ニッポン 1 億総活躍プラン)이나 2016년 여름 참의원 선거를 위해 2016년 4월 기점으로 정책 제언을 정리할 것으로 알려지고 있다.

다음의 표는 2015년에 이어 1억총활약사회 실현을 위한 2016년도 목표, 긴급 대책과 예산 등의 내용을 구체적으로 소개한 것이다.

〈표 76〉 1억 총활약사회 실현을 위한 2016년도 대책과 예산

(단위 : 억 엔)

구분	대책과 예산액	총액
제1화살 희망을 낳는 강한 경제	〈명목 GDP600조 엔 실현을 위한 긴급대책〉 - IoT, 로봇, 인공 지능의 기술개발실증 등 지원 74 - 사이버 안보 대책 22 - 성에너지설비 및 성에너지 주택도입 지원 625 - 여성 장애자등의 활약지원 90 - 지방판총합전략에 기초한 지방조직화 지원 1000 - 관광산업진흥 416 - 연금생활자 등 지원 임시복지 급부금 450	2,677
	〈희망출생률 1.8에 직결하는 긴급대책〉 - 유아교육 무상화 126 - 교육비부담경감 1417 - 아동부양수당 기능충실 1746	

제2화살 꿈 꾸는 어린이 육성 지원	- 경력 향상조성금 확충410 - 니트 프리라이터 등의 취로 고용안정화지원 75 - 지역에 있어서 결혼을 위한 활동지원 5 - 불임치료를 위한 조성확충 158 - 임신기부터 양육기까지의 지속적인 지원 28 - 다양한 보육 서비스 충실(주부주도형보육사업) 835 - 보육인재 확보 및 육성 414 -3세대 동거 추진 150 - 독거 부모가족 다자녀세대 지원 3436 -아동 학대방지 64	8,864
제3화살 안심연결 사회보장	〈개호이직제로에 직결되는 긴급대책〉 - 고령자 취로 창업 지원 강화 40 - 개호 시설 주택서비스 정비 423 - 서비스 제공 고령자를 위한 주택정비320 - 개호인재 확보 육성 163 - 개호에 가담하는 가족을 위한 총합적 상담체제 정비 16 - 개호 휴업 급부 증액 44 - 건강 수명 연장을 위한 추진 9 - 연금생활자 등 지원 임시복지 급부금 (다시 게재 예정)	1,015

자료: 平成27年12月24日 内閣官房一億総活躍推進室자료에서 재구성

1억총활약사회 실현을 위한 2016년도 대책과 예산을 보면, 경제 성장과 관련된 예산이 2,677억 엔이고, 양육관련 예산이 8,864억 엔이며, 사회보장 관련 예산이 1,015억 엔이다. 여기에서도 알 수 있는 것은 제일 시급한 경제성장에 대한 투자가 적다는 점이다. 가장 시급하고 일본을 위기로 몰고 간 저성장의 문제를 등한시하고 있는 것은 아닌가 하는 의심이 가고 또한 선거를 앞둔 선심정책이 아닌가 하는 의문을 갖게 한다. 그와 더불어 1억총활약사회 전략으로 내세운 1억총활약 긴급대책의 예산 목적의 편승을 허용해서는 안되면, 긴급으로 대응

해야 할 정책인가, 유효성은 있는가 등을 체크해야 할 필요가 있다는 목소리가 높아지고 있다.

아베 총리는 희망출생률 1.8과 개호이직제로에 직결하는 정책을 강조하였다. 그러나 각 성청이 제시한 비정규노동자의 유가 휴업 취득 촉진, 불임 치료의 조성 확대, 로봇이나 정보통신기술(ICT)을 활용한 개호 등은 기존 정책을 총체적으로 나열한 것에 불과한 것이라는 비판도 있다. 또한 총활약의 간판 전략이 되면 예산을 딸 수 있다고 하는 생각이나 관련성이 적은 메뉴까지 포함하는 자세는 철저하게 배제되어야 하며 그렇지 않으면 유효하지 못한 사업도 들어갈 가능성이 많다는 점도 내포하고 있다. 그리고 희망출산 1.8전략이나 개호이직제로가 총활약사회와 연결되는가 하는 점이다. 1억총활약사회라는 개념을 정확하게 규정할 필요가 있다.

문제가 되는 것은 총활약과 관련성이 인정되지 않은 정책까지 포함되어 있는 점이다. 문부과학성의 스포츠 사업에 의한 GDP 확대구상이나 생산성 혁명을 지탱하는 학교시설의 내진화 대책추진 등은 총활약과 직접적으로 관련된 정책은 아니다. 총무성이 여성 활약추진으로 내세운 여성 소방직원의 적극적 PR전개나 여성 소방단의 가입 촉진 등도 그런 유형의 정책이다. 총활약이 무분별한 정책까지 포함해서는 안된다는 비판이 일고 있는 이유이다. 1억 총활약사회는 말 그대로 일본인 모두가 활약하는 사회를 구축하는데 목적이 있지만 그 실천 대책은 구체적이며 집중적이며 계획적으로 세워질 필요가 있다.

또한 인구측면에서 보면, 출생률이 개선되지 않으면 2060년에는 8,700만 명까지 감소되고 고령화는 40%에 달하게 될 것으로 예측되고 있다. 노동인구도 2005년에는 지금의 3분 2가 될 전망이다. 그런 흐름에 제동 걸지 않으면 사회보장제도의 유지는 어렵다. 정부는 1억

총활약사회의 중점 목표로 출생률 1.8을 내세워 늦어진 소자화 대책을 최우선 과제로 설정하였다. 1인 여성이 생애 낳는 어린이의 평균치를 나타내는 합계 특수출생률은 2016년 1월 현재 1.42이다. 젊은이가 결혼이나 육아를 희망하는 대로 되면 1.8로 회복할 것으로 보인다. 그런 차이의 요인은 경제적 과제와 함께 일과 육아의 양립이 곤란한 고용 관행이나 보육소 부족이다. 젊은 층의 경제기반을 강화하기 위해 비정규 노동자의 처우개선과 정규사원으로의 전환지원을 추진할 필요가 있다. 직업능력 개발 체제 정비도 중요하고 다자세대에 대한 경제지원이나 장학금 확충 등 육아 부담을 줄이는 방법도 필요한 실정이다.

그리고 중점 지표의 개호이직제로는 단카이 세대가 고령화하는 가운데 긴급한 과제로 등장한 것이다. 개호를 이유로 한 이직자는 40-50세대를 중심으로 연간 10만 명에 달한다. 개호서비스가 불충분 하다는 것을 의미한다. 특별양호 노인홈의 입거를 기다리는 사람이 50만을 넘고 있다. 정부는 보육이나 개호의 수용처를 증강해서 계획할 필요가 있다. 문제는 보육, 개호서비스를 담당하는 인력 확보다. 여러 업종에서 사람부족이 심각하고 서비스제공에 지장이 속출하고 있다. 최대 문제점은 저임금이다. 또한 고령화와 함께 증가한 의료비 억제는 사회보장제도를 유지시키는데 최대의 관심거리이다. 관련 의술의 기능을 높여 경상자의 대병원 진료를 줄여야 한다. 퇴원 지원이나 주택진료 등 고령화 니즈에 맞는 의료를 충실하게 하여 고비용 의료체제를 바꿀 필요가 있다.

그런 내용을 가진 아베 총리의 신3개 화살에 대한 비판이 정면으로 나오고 있다. 아베노믹스가 제1단계의 검증도 하지 않은 채 제2단계로 이행하는 것에 의문이 든다. 그것은 안보관련 법안의 강행 채택으로 인하여 내각 지지율 저하를 끌어올리기 위한 속임수에 불과하다는 비판이 있다. 육아지원에서는 희망 출생율 1.8실현, 대기아동제로, 유아교육 무상화 등을 포함하고 있다. 재원에 대한 구체적인 안이 없다. 개호이직을 제로로 하겠다는 계획도 좋지만 노인홈이나 개호시설을 늘려도 일손 부족이 문제이다.

또한 명목 GDP를 2020년도에 600조 엔으로 할 계획이다. 그것이 가능할 것인가 하는 의문이 제기되고 있다. 명목성장률 3%, 실질성장률 2%의 성장이 필요하지만, 2014년도 실질성장률은 마이너스 0.9%이다. IMF의 전망으로는 2015년 0.6%, 2016년 1.0%이다. 과연 앞으로 일본이 성장률 2-3%를 유지할 수 있을까라는 의문이 든다. 확실하게 주가는 아베 정권 발족 시 18,000엔대로 회복하고 있지만 개인 소비는 늘지 않고 있다. 실질임금이 여전히 마이너스 3% 정도이다. 소비세 중세만이 원인은 아니다. 정규노동자는 그 사이에 60만 명이 줄었고, 비정규 노동자는 180만 명 증가하였다. 저축 제로 세대도 30%를 넘고 있으며 빈부 격차가 확실하게 확대되고 있다.

환율은 80엔대부터 120엔대 전후로 엔저가 유지되고 있지만 수출수량은 증가하지 않고 있으며, 대기업 장부상의 이익은 부풀려지고 있다. 설비 투자로 이어지지 못하고 있다. 야단스럽게 추진된 일본 은행의 인플레이션 정책도 효과가 제한적이다. 오히려 국채의 대량 구입으로 시장을 흔들고 있고, 출구 전략을 세울 수 있는 상황이 못된다. 성장 전략은 성과가 보이지 않는다. 제2차 아베 내각이 출범한 이후 2년 3개월간 GDP는 524조 엔에서 528조 엔으로 나타나 변화가 미미하다. 경제 잠재 성장률은 0.3% 밖에 되지 않는다. 이대로 가면 600조엔 달성은 어려운 실정이다. 아베노믹스에 대한 철저한 검증이나 실천 과정 없이 미사여구로 다음의 목표를 내세우는 것은 문제가 있다.

아베 정부가 일본의 국운을 걸고 추진하고 있는 대표적인 정책은 아베노믹스, 지방창생, 신3개화살, 1억총활약사회 등이다. 아베노믹스는 이른바 금융완화, 재정확대, 경제성장 등 3개화살로 구성되어 있다. 그리고 지방창생은 지방창생의 이념으로 마을, 사람, 일 창생(まち·ひと·しごと創生)을 핵심 전략으로 하여 정부는 마을, 사람, 일 창생본부를 설치하고 마을, 사람, 일 창생 법안을 제정하였다. 중요한 것은 도쿄일극 중심의 해소, 지역사회 문제해결, 지역 취업기회 창출 등이다. 그리고 신3개화살은 1억총활약사회를 실현하기 위한 목표로 내세운 제1화살 희망을 낳는 강한 경제로서 〈명목 GDP600조엔〉, 제2화살 꿈꾸는 어린이육성 지원으로서 〈희망출생률 1.8〉, 제3화살 안심연결 사회보장으로서 〈개호이직제로〉가 주축을 이루고 있다.

그처럼 다양한 목표를 가지고 일본 재생, 강한 일본 만들기 등이 추진되고 있지만 가장 중요한 것은 일본을 어떻게 성장시킬 것인가 하는 점이다. 보다 엄밀하게 말하면 지속 가능한 성장을 계속 유지하는 것이다. 성장 없는 일본 재생이나 강한 일본 만들기는 슬로건이나 속임수에 지나지 않기 때문이다. 아베 총리가 새로운 국가상을 만들기 위해 추진하고 있는 각종 국가프로젝트가 성공적으로 마무리 되려면 성장하고 있는 실적과 성장할 것이라는 확신을 일본과 국민에게 주는 것 이외의 선택지는 없을 것이다. 만약 성장이 결여된 정책이나 전략으로 끝날 경우 아베 내각이나 국운은 재생하기 어려운 위험에 처하게 될 것이다.

〈참고문헌〉

구견서, 1999,『현대일본사회론』, 지문당
구견서, 2000,『현대일본문화론』, 시사일본어사
구견서, 2001,『현대일본사회의 이해』, 한울출판사
구견서, 2004,『일본민족주의사』, 논형
구견서, 2007,『일본영화와 시대성』, 제이엔씨
구견서, 2011,『일본애니메이션과 사상』, 제이엔씨
구견서, 2013,『국가의 희생』, 용오름
구견서, 2015,『21세기 유토피아사회』, 인문사

朝日新聞出版, 2014,『朝日キーワード』, 朝日新聞出版
飯田哲也, 2008,『現代日本社会論』, 学文社
神田文人編集, 2005,『戦後史年表』, 小学館
伊藤憲一, 1991,『「二つの衝撃」と日本』, PHP연구소
伊藤憲一, 2007,『新・戦争論：積極的平和主義への提言』, 新潮新書
猪口邦子, 2004,『戦略的平和思考—戦場から議場へ』, NTT出版
石川幸憲訳, 2003,『インターネットは民主主義の敵か』, 毎日新聞社
United Nations, 2010–2015, UNCTAD Handbook of Statistics, United Nations
小川淳也, 2014,『日本改革原案 2050年 成熟国家への道』, 光文社
川又三智彦, 2007,『2020年の日本からの警告』, 光文社
片山杜秀, 2007,『近代日本の右翼思想』, 講談社選書
神田文人編, 2005,『戦後史年表』, 小学館
神原元, 2014,『ヘイト・スピーチに抗する人びと』, 新日本出版社, pp191–200
小宮山宏(監修), 2015,『「新」国富論—日本の成長は地方創生から始まる』, ダイヤモンド社
北田暁大, 2003,「ネット世論 嗤う日本のナショナリズム」,『世界』第720号, 岩波書店
北田暁大, 2012,『嗤う日本の「ナショナリズム」』, 日本放送出版協会
筒井若水, 2002,『国際法辞典』, 有斐閣
近藤瑠漫・谷崎晃編著, 2007,『ネット右翼とサブカル民主主義, マイデモクラシー症候群』, 三一書房
経済企劃庁編集, 2000–2015,『国民生活白書』, 経済企劃庁
経済産業省編集, 2000–2015,『通商白書』, 経済産業省
原水爆禁止日本協議会専門委員会編, 1961,『原水爆被害白書』, 日本評論社
鴻上尚史, 2009,『「空気」と「世間」』, 講談社
樋口直人, 2014,『日本型排外主義—在特会・外国人参政権・東アジア地政学』, 名古屋大学出版部
厚生労働省大臣官房統計情報部, 2000–2014,『数字で見る雇用の動き〈平成13年版〉

—平成12年雇用動向調査報告』, 厚生労働省大臣官房統計局
厚生労働省, 2014,『厚生労働白書〈平成26年版〉健康長寿社会の実現に向けて』, 厚生労働省
厚生労働省, 2014,「特集:平成26年版労働経済の分析」,『厚生労働白書』, 厚生労働省
厚生労働省, 2015,『厚生労働白書 —人口減少社会を考える 希望の実現と安心して暮らせる 社会を目指して』, 厚生労働省
厚生労働省雇用均等児童家庭局, 2001,『平成23年版 働く女性の実情』(概要版), 厚生労働省
厚生労働省編集, 2000–2015,『厚生労働白書』, 厚生労働省
厚生労働省編集, 2000–2015,『女性労働白書』, 厚生労働省
厚生労働省編集, 2000–2015,『労働経済白書』, 厚生労働省
厚生労働省雇用均等児童家庭局, 2011,『働く女性の実情』, 厚生労働省
国土交通省観光庁, 2010–2015,『観光白書』, 国土交通省観光庁
国土交通省編集, 2010–2015,『首都圏白書』, 国土交通省
国際法学会, 2005,『国際関係法辞典 第2版』, 三省堂
佐瀬昌盛, 2014,『いちばんよくわかる集団的自衛権』, 海竜社
佐瀬昌盛, 2012,『新版 集団的自衛権—新たな論争のために』, 一楼社
佐藤誠三郎, 2009,『死の跳躍」を越えて 西洋の衝撃と日本』, 千倉書房
佐藤誠三郎 · 岡崎久彦, 2003,『日本の失敗と成功』, 扶桑社文庫
沢田昭二編, 1999,『共同研究広島 · 長崎原爆被害の実相』, 新日本出版社
総務省統計局, 2015,『日本統計年鑑』, 総務省統計局
総務省統計局, 2000–2015,『日本の統計』, 総務省統計局
阪田雅裕, 2013,『政府の憲法解釈』, 有斐閣
鈴木謙介, 2005,『カーニヴァル化する社会』, 講談社
鈴木宗徳, 2011,『リスク化する日本社会』, 岩波書店
杉原高嶺 · 水上千之 · 臼杵知史 · 吉井淳 · 加藤信行 · 高田映, 2008,『現代国際法講義』, 有斐閣
成美堂出版編集部, 2000–2016,『今がわかる 最新時事用語』, 成美堂出版
宝島社, 2008,『ネット右翼ってどんなヤツ?, 嫌韓, 嫌中, 反プロ市民, 打倒バカサヨ』, 宝島社
竹内康人, 2013,『調査 朝鮮人 强制労動 炭鉱編』, 社会評論社
谷山博史編集, 2015,『「積極的平和主義」は, 紛争地になにをもたらすか?!』, 著作権コンテンツ
田原総一朗 · 山田恵資, 2012,「徹底討論 田原総一朗×山田恵資 安倍晋三とネット右翼野放しにしたら日本が終わる」,『週刊現代』第54巻, 講談社
豊下楢彦 · 古関彰一, 2014,『集団的自衛権と安全保障』, 岩波新書
内閣官房国家戦略室, 2012,『日本再生戦略:フロンティアを拓き,「共創の国へ」』, 内閣官房国家戦略室
内閣府経済社会総合研究所景気統計部, 2015,『主要耐久消費財等の普及率』, 内閣府

内閣部統計, 2015,『景気動向指数』, 内閣部
内閣部編集, 2000−2015,『経済財政白書』, 内閣部
内閣部編集, 2000−2015,『少子化社会白書』, 内閣部
内閣部編集, 2000−2015,『高齢社会白書』, 内閣部
内閣部男女共同参画局, 2000−2015,『女共同参画白書』, 内閣部男女共同参画局
中野晃一, 2015,『右傾化する日本政治』, 岩波新書
西村幸祐 · 安田浩一, 2013, 緊急激論「ネトウヨ亡国論」に異議あり!」,『WiLL』第98巻第2号, ワック
日本政策投資銀行設備投資研究所, 2014,『産業別財務データハンドブック』,
日本政策投資銀行設
ニュース リテラシ研究所, 2016,『まるわかる時事用語』, 新星出版社
浜田宏一, 2013,『アベノミクスとTPPが創る日本』, 講談社
浜田宏一編集, 2013,『リフレが日本経済を復活させる』, 中央経済社
浜田宏一 · ポール · クルーグマン, 2016,『2020年 世界経済の勝者と敗者』, 講談社
古谷経衡, 2013,『ネット右翼の逆襲「嫌韓」思想と新保守論』, 総和社
堀幸雄, 1993,『戦後の右翼勢力』, 勁草書房
松本和幸, 2003,『経済成長と国際収支—日本政策投資銀行設備投資研究所経済フォーラム』, 日本評論社
PHP研究所, 1995,『戦後50年日本の歩み』, PHP研究所
フリー百科事典, 2015,『ウィキペディア』, UTC
広島市 · 長崎市原爆災害誌編集委員会編, 1979,『広島 · 長崎の原爆災害』, 岩波書店
文芸春秋編集, 2000−2016,『文芸春秋 論点100』, 文芸春秋
防衛省編集, 2000−2015,『防衛白書』, 防衛省
松葉真美, 2009,「集団的自衛権の法的性質とその発達 −国際法上の議論(PDF)」,『レファレンス』第696巻, 国立国会図書館
森田桂子, 2005,「武力紛争の第三国に対する武力行使の正当性」,『防衛研究所紀要』, 防衛庁防衛研究所
文部科学省編集, 2000−2015,『文部科学白書』, 文部科学省
安田浩一, 2010,「徹底取材「在特会(在日特権を許さない市民の会)」の正体−いまや日本社会で最もやっかいな存在「ネット右翼」とは何者か」,『g2』vol. 6, 講談社
安田浩一, 2011,「ネット右翼に対する宣戦布告−話題騒然 ·「在特会」桜井誠会長の正体の続編」,『g2』vol. 7, 講談社
安田浩一, 2012,『ネットと愛国−在特会の「闇」を追いかけて』, 講談社
安田浩一 · 山本一郎 · 中川淳一郎, 2013,『ネット右翼の矛盾 憂国が招く「亡国」』, 宝島社
安田寛, 1987,『自衛権再考』, 知識社
山本草二, 2003,『国際法』有斐閣
山野車輪, 2010,『外国人参政権は, 要らない』, 晋遊舎
山野車輪, 2011,『マンガ 嫌韓流』1, 晋遊舎
山野車輪, 2011,『マンガ 嫌韓流』2, 晋遊舎

山野車輪, 2011,『マンガ 嫌韓流』3, 晋遊舎
山野車輪, 2011,『マンガ 嫌韓流』4, 晋遊舎
山野車輪, 2006,『在日の地図 大韓棄民国物語』, 海王社
山野車輪, 2007,『韓国のなかの日本─韓国・新発見ツアー 日韓国境突入編』, 辰巳出版
山野車輪, 2008,『韓国のなかの日本─愛憎哀号ソウル編』, 辰巳出版
渡邉昭夫, 2014,『日本をめぐる安全保障 これから10年のパワー・シフトー』, 亜紀書房
〈朝日新聞〉社說 2000−2015년 http://www.asahi.com
〈毎日新聞〉社說 2000−2015년 http://mainichi.jp/opinion/news
〈読売新聞〉社說 2000−2015년 http://www.yomiuri.co.jp/editorial
〈日経新聞〉社說 2000−2015년 http://www.nikkei.com/article
〈産経新聞〉社說 2000−2015년 http://www.sankei.com/column/news
〈중앙일보〉사설 2000−2015년 http://news.joins.com/article
〈동아일보〉사설 2000−2015년 http://news.donga.com/Column
〈조선일보〉사설 2000−2015년 http://newseum.chosun.com
http://www.yahoo.com

구견서

일본 東京大学에서 사회학박사를 받고 현재 평택대학교 일본학과 교수로 재직하고 있다.

저서로는 『현대일본사회론』(1999), 『현대일본문화론』(2000), 『일본 知識人의 사상』(2001), 『현대일본사회의 이해』(2001), 『일본문화총서』(2003, 공저), 『일본민족주의사』(2004), 『일본영화와 시대성』(2007), 『일본애니메이션과 사상』(2011), 『나, 사랑, 세상을 피우고』(2011, 시집), 『일본연구의 성과와 과제』(2013, 공저), 『국가의 희생』(2013년), 『유토피아사회』(2015년) 등이 있다.

21세기의 일본
Japan 21st century

초판 1쇄 발행 _ 2016년 6월 20일

저 자 · 구 견 서
발행인 · 정 현 걸
발 행 · 신 아 사
인 쇄 · 토탈프로세스
주 소 · 서울특별시 은평구 통일로 59길 4 (2층)
전 화 · (02) 382-6411 팩스 · (02) 382-6401
홈페이지 · www.shinasa.co.kr
E-mail · shinasa@daum.net
출판등록 · 1956년 1월 5일 (제 9-52호)

ISBN 978-89-8396-940-8(93300)

정가 16,000 원